“两山”实践示范区建设规划研究
——以衢州市为例

万　军　王　倩　苏洁琼　周劲松　著

中国环境出版集团·北京

图书在版编目（CIP）数据

“两山”实践示范区建设规划研究：以衢州市为例/万军等著. —北京：中国环境出版集团，2020.4

ISBN 978-7-5111-4259-7

Ⅰ. ①两… Ⅱ. ①万… Ⅲ. ①生态经济—区域经济发展—研究—衢州 Ⅳ. ①F127.553

中国版本图书馆 CIP 数据核字（2019）第 294918 号

出 版 人 武德凯
责任编辑 林双双
责任校对 任 丽
封面设计 艺友品牌

出版发行 中国环境出版集团
（100062 北京市东城区广渠门内大街 16 号）
网 址：http://www.cesp.com.cn
电子邮箱：bjgl@cesp.com.cn
联系电话：010-67112765（编辑管理部）
发行热线：010-67125803，010-67113405（传真）

印 刷 北京中科印刷有限公司
经 销 各地新华书店
版 次 2020 年 4 月第 1 版
印 次 2020 年 4 月第 1 次印刷
开 本 787×1092 1/16
印 张 19.25
字 数 386 千字
定 价 98.00 元

当代生态环境规划丛书

序　言

2005年，时任浙江省委书记的习近平同志，首次提出了“绿水青山就是金山银山”（以下简称“两山”理念）的重要论述，并反复强调要牢固树立绿水青山就是金山银山的理念，生态本身就是经济、保护生态就是发展生产力；绿水青山既是自然财富，又是经济财富；人不负青山，青山定不负人。十几年来，浙江省在探索创新、广泛践行“两山”理念，涌现出一批破解发展与保护难题、实现人与自然和谐共生的典型地区。

衢州市位于浙江省西部、钱塘江源头，是浙江省重要生态屏障。长期以来，衢州市委、市政府高度重视生态文明建设，注重人与自然和谐共生，特别是近年来，大力推进“两山”实践，取得了丰富的实践成果。2017年，衢州市成为全国首批13个“绿水青山就是金山银山”实践创新基地，这是全国仅有的两个以地级市为单元命名的“两山”实践创新基地之一。2018年，由浙江省人民政府办公厅印发《浙江（衢州）“两山”实践示范区总体方案》，衢州市又成为浙江省首个全市域“两山”实践示范区。

2017年年初，我院受衢州市委、市政府委托，牵头编制《浙江（衢州）“两山”实践示范区建设规划》（以下简称《规划》），这是全国首个全市域的“两山”实践示范区建设规划。当时，研究层面对“两山”理念的内涵仍不明晰，对打通“两山”转化通道仍未形成广泛共识，规划技术组结合我院在环境战略研究方面的深厚积累，从理论内涵开始，到“两山”转化模式，再到政策机制，进行了扎实系统、富有探索意义的研究，并完整、创新地体现在了规划文本中，获得了广泛认可。总的来说，在理论研究、编制方法、实践落地等5个方面进行了探索创新。一是系统剖析“两山”理念内涵和外延，描绘了“两山”理念概念框架，提出了不同经济发展水平下和生态环境水平下“两山”关系的四象限图；二是定位于总体性、战略性、创新性规划，将习近平总书记的“两山”理念以及生态文明体系在全市域进行贯彻落实；三是首创提出体现“两山”转化的指标体系与“两山”评价方法，提出绿水青山指数和金山银山指数，表征“两山”转化程度；四是以衢州市为案例开展了“两山”转化县域层面的典型模式研究，为其他以县域为单元开展“两山”转化的城市提供了借鉴；五是首次系统地核算衢州市生态系统生产总值（GEP），并对衢州市进行“绿金指数”评价。

“两山”理念实践是一项继承性、长期性的工作，需要从认识、理念、方式、方法等方面系统推进，同时，“两山”理念实践又是创新性、探索性工作，需要在实践过程中不断创新。作为全国第一个“两山”建设规划，以衢州市为典型案例的研究是一个很好的创新性探索，但我相信，在社会各界的不断努力下，在深入推进生态文明建设过程中，结合各自的优势和特点，在不断实践、不断创新过程中，将会形成各具特色的“两山”实践模式和实践经验，美丽中国建设也将会各美其美、美美与共！

是为序。

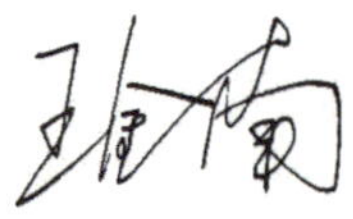

2019 年 11 月

前　言

“绿水青山就是金山银山”（以下简称“两山”理念），是习近平生态文明思想的重要组成部分，是绿色发展观的深刻体现，深刻阐释了发展与保护的辩证统一关系，更新了关于自然资源的传统认识，是执政理念和发展方式的深刻转变。2017 年 10 月 24 日，党的十九大审议通过把“增强绿水青山就是金山银山的意识”等内容写入党章。习近平总书记指出，要牢固树立绿水青山就是金山银山的理念，生态本身就是经济、保护生态就是发展生产力；绿水青山既是自然财富，又是经济财富；人不负青山，青山定不负人。

衢州市位于长江三角洲地区，地处浙、闽、赣、皖四省交界处，生态环境质量优势明显。习近平总书记在浙江工作期间，曾先后 8 次来到衢州视察指导工作，每次必讲生态环境。衢州市委、市政府高度重视“两山”理念实践，将“两山”建设作为新衢州发展战略体系的重要支撑。2017 年年初，衢州市委、市政府委托生态环境部环境规划院和浙江环资公司组成技术租，编制《浙江（衢州）“两山”实践示范区建设规划》（以下简称《规划》），并建立了工作推动机制，成立了“两山”工作专班，在全市域开展“两山”理念实践的顶层设计，形成了具有衢州特色的“两山”理念实践体系。

《规划》深入贯彻落实习近平生态文明思想，在系统分析“两山”理念内涵的基础上，提出了打通衢州市“绿水青山”向“金山银山”转化的总体目标，并就近期（2022 年）、远期（2035 年）分别提出“两山”实践示范区建设目标，构建了“两山”实践示范区建设的五大战略任务体系，包括生态安全体系、生态环境治理体系、生态经济体系、生态文化体系、生态制度体系，提出搭建“两山”实践转化平台，并制定了保障措施。《规划》研究建立了“两山”评价指标体系，开创性提出了“两山”指数用以评价“两山”实践示范区建设进展，探索开展了衢州市“绿金指数”评价。2018 年 7 月 18 日，《规划》通过专家评审，2019 年 7 月 18 日，衢州市政府常务会议专题审议通过《规划》，是我国第一个地市级“两山”理念实践建设规划。

本书为《规划》前期研究成果，是《当代生态环境规划丛书》之一，较为系统地从理念内涵、指标体系、形势分析、战略路径、任务体系、“两山”转化模式、实施保障等方面，开展了“两山”实践战略性规划研究。全书共11个章节，第1章阐述了“两山”理念的发展历程及理论内涵，主要由杜艳春、王倩、程翠云撰写；第2章研究构建了“两山”理念实践的评价指标体系及评价方法体系，主要由周劲松、王倩撰写；第3章对衢州市进行了“两山”实践示范区建设基础分析，开展了中长期环境经济形势研判，主要由周安国、蔡娟、关杨和方聪撰写；第4章研究了“两山”实践战略路线图及衢州市践行“两山”理念的核心任务，主要由万军、王倩、秦昌波和苏洁琼撰写；第5章开展了衢州市生态功能分区与生态安全格局体系构建研究，提出了提升生态产品供给能力的主要举措，主要由肖旸和苏洁琼撰写；第6章开展衢州市水、大气、土壤环境评价，探索了水环境管控分区研究、大气环境质量改善研究与土壤分级分类管控研究，主要由牛韧、张南南和温丽丽撰写；第7章研究了衢州市特色绿色产业体系，主要由关杨和翟瑞雪撰写；第8章研究了衢州市各区县“两山”转化模式，主要由容冰和王倩撰写；第9章研究生态文化体系与绿色风尚体系，主要由李婕旦和程翠云撰写；第10章研究“两山”实践制度，主要由程翠云和杜艳春撰写；第11章为规划实施保障体系研究，主要由苏洁琼撰写。全书由万军、王倩、苏洁琼、肖旸统稿。

在规划编制过程中，技术组得到生态环境部生态司、浙江省生态环境厅的指导，得到衢州市委、市政府、衢州市生态环境局、衢州市“两山”工作专班以及衢州市各部门、各市（区、县）等相关单位工作人员的大力支持，在此一并表示感谢！

由于时间和能力有限，本书难免存在诸多不足，随着理论研究与实践探索的不断深入，“两山”理念在规划的内容框架、研究思路与技术路线中也将持续完善。本书的出版希望与相关技术人员共同研究、探讨、借鉴，共同深化和推广“两山”理念实践。

《规划》编制技术组

2019年11月

目 录

第 1 章 “绿水青山就是金山银山”理论内涵研究

“绿水青山就是金山银山两山”系统剖析了经济与生态在演进过程中的相互关系，深刻揭示了经济社会发展的基本规律。本章系统梳理了“绿水青山就是金山银山”这一重要理念的发展历程，深入研究了理论定位、科学内涵及理念外延，总结凝练了“两山”转化的实践经验及支撑体系，为开展衢州市“两山”实践示范区建设研究奠定了理论基础。

1.1 发展历程研究

1.1.1 习近平生态文明思想

党的十八大以来，习近平总书记以宽广的全球视野、深远的使命担当，多次对生态文明作出全面、系统、深入的阐述，相关重要讲话、论述、批示多达 300 余次，提出了一系列新理念、新思想、新战略，深刻回答了“建设怎样的生态文明、如何建设生态文明”等重大理论问题，逐步形成了科学系统的习近平生态文明思想，为破解发展的资源环境瓶颈制约提供了有力武器，为树立“四个自信”提供了强大支撑，为世界可持续发展提供了中国理念、中国方案和中国贡献。

（1）习近平总书记关于生态文明建设的重要论述

党的十八大以来，习近平总书记在国内外重要会议、考察调研、访问交流等场合，通过“两山论”“眼睛”“生命”“生命共同体”等论述多次强调加强生态环境保护，维护生态安全（表 1-1）。习近平总书记关于生态文明建设的重要论述，为保护生态环境、建设生态文明指明了方向。

表 1-1　习近平总书记关于生态文明建设的重要讲话汇总

序号	时间	场合	主要内容
1	2013 年 4 月 10 日	在海南考察工作时的讲话	保护生态环境就是保护生产力，改善生态环境就是发展生产力。良好的生态环境是最公平的公共产品，是最普惠的民生福祉。对人的生存来说，金山银山固然重要，但绿水青山是人民幸福生活的重要内容，是金钱不能代替的
2	2013 年 5 月 24 日	主持中央政治局第六次集体学习时的讲话	国土是生态文明建设的空间载体，要整体谋划国土空间开发，划定并严守生态红线，构建科学合理的城镇化推进格局、农业发展格局、生态安全格局
3	2013 年 9 月 7 日	出访哈萨克斯坦在纳扎尔巴耶夫大学发表的演讲	我们既要绿水青山，也要金山银山。宁要绿水青山，不要金山银山，而且绿水青山就是金山银山
4	2013 年 11 月 8 日	在党的十八届三中全会上作关于《中共中央关于全面深化改革若干重大问题的决定》时的说明	山水林田湖是一个生命共同体，人的命脉在田，田的命脉在水，水的命脉在山，山的命脉在土，土的命脉在树
5	2014 年 4 月 15 日	在国家安全委员会第一次会议上的讲话	首次提出了总体国家安全观，并把生态安全纳入国家安全体系
6	2015 年 1 月 19—21 日	在云南考察工作时的讲话	要把生态环境保护放在更加突出的位置，像保护眼睛一样保护生态环境，像对待生命一样对待生态环境，在生态环境保护上一定要算大账、算长远账、算整体账、算综合账，不能因小失大、顾此失彼、寅吃卯粮、急功近利
7	2015 年 3 月 6 日	在十二届全国人大三次会议参加江西代表团审议时的讲话	要把生态环境保护放在更加突出的位置，环境就是民生，青山就是美丽，蓝天也是幸福。要着力推动生态环境保护，像保护眼睛一样保护生态环境，像对待生命一样对待生态环境。对破坏生态环境的行为，不能手软，不能下不为例
8	2015 年 7 月 6 日	在吉林省调研时的讲话	要大力推进生态文明建设，强化综合治理措施，落实目标责任，推进清洁生产，扩大绿色植被，让天更蓝、山更绿、水更清、生态环境更美好
9	2015 年 11 月 7 日	在新加坡国立大学发表的演讲	坚持绿色发展，就是要坚持节约资源和保护环境的基本国策，坚持可持续发展，形成人与自然和谐发展现代化建设新格局，为全球生态安全作出新贡献
10	2016 年 1 月 5 日	在重庆召开推动长江经济带发展座谈会上的讲话	走生态优先、绿色发展之路，使绿水青山产生巨大生态效益、经济效益、社会效益。当前和今后相当长一个时期，要把修复长江生态环境摆在压倒性位置，共抓大保护，不搞大开发

序号	时间	场合	主要内容
11	2016 年 1 月 26 日	在中央财经领导小组第十二次会议上的讲话	森林关系国家生态安全。要加强重点林业工程建设，实施新一轮退耕还林。要着力提高森林质量，坚持保护优先、自然修复为主，坚持数量和质量并重、质量优先，坚持封山育林、人工造林并举。要着力建设国家公园，保护自然生态系统的原真性和完整性，给子孙后代留下一些自然遗产。要研究制定国土空间开发保护的总体性法律，更有针对性地制定或修订有关法律法规
12	2016 年 3 月 7 日	在十二届全国人大四次会议参加黑龙江代表团审议时的讲话	要加强生态文明建设，划定生态保护红线，为可持续发展留足空间，为子孙后代留下天蓝、地绿、水清的家园。绿水青山是金山银山，黑龙江的冰天雪地也是金山银山
13	2016 年 3 月 10 日	在十二届全国人大四次会议参加青海代表团审议时的讲话	一定要生态保护优先，扎扎实实推进生态环境保护，像保护眼睛一样保护生态环境，像对待生命一样对待生态环境，推动形成绿色发展方式和生活方式，保护好三江源，保护好“中华水塔”，确保“一江清水向东流”
14	2016 年 8 月 22—24 日	在青海调研考察时的讲话	生态环境保护和生态文明建设，是我国持续发展最为重要的基础。青海最大的价值在生态、最大的责任在生态、最大的潜力也在生态，必须把生态文明建设放在突出位置来抓，尊重自然、顺应自然、保护自然，筑牢国家生态安全屏障，实现经济效益、社会效益、生态效益相统一
15	2016 年 12 月 2 日	在全国生态文明建设工作推进会议上的讲话	各地区各部门要切实贯彻新发展理念，树立“绿水青山就是金山银山”的强烈意识，努力走向社会主义生态文明新时代。……切实把党中央关于生态文明建设的决策部署落到实处，为建设美丽中国、维护全球生态安全作出更大贡献
16	2017 年 1 月 18 日	在世界经济论坛 2017 年年会开幕式上的主旨演讲	要保护好生态环境，推动经济、社会、环境协调发展，实现人与自然、人与社会和谐。要落实联合国 2030 年可持续发展议程，实现全球范围平衡发展
17	2017 年 10 月 18 日	在中国共产党第十九次全国代表大会上的报告	我们要建设的现代化是人与自然和谐共生的现代化，既要创造更多物质财富和精神财富以满足人民日益增长的美好生活需要，也要提供更多优质生态产品以满足人民日益增长的优美生态环境需要。必须坚持节约优先、保护优先、自然恢复为主的方针，形成节约资源和保护环境的空间格局、产业结构、生产方式、生活方式，还自然以宁静、和谐、美丽
18	2018 年 5 月 18—19 日	在全国生态环境保护大会上的讲话	自觉把经济社会发展同生态文明建设统筹起来，充分发挥党的领导和我国社会主义制度能够集中力量办大事的政治优势，充分利用改革开放 40 年来积累的坚实物质基础，加大力度推进生态文明建设、解决生态环境问题，坚决打好污染防治攻坚战，推动我国生态文明建设迈上新台阶

（2）习近平生态文明思想的核心内容

习近平生态文明思想涵盖了生态文明建设的历史定位、基本理念、根本要求、政治要求、目标指向、实践方法、根本保障、国际视野等诸多方面，为推进美丽中国建设提供了方向指引、根本遵循和实践动力。

生态文明建设的历史定位。习近平总书记指出，生态兴则文明兴、生态衰则文明衰。生态文明是人类社会进步的重大成果，是实现人与自然和谐发展的必然要求，是关乎人类福祉和民族未来的长远大计。同时，这也是加快转变经济发展方式、提高发展质量和效益的内在要求，是坚持以人为本、促进社会和谐的必然要求，是全面建成小康社会、建设美丽中国的时代抉择，是积极应对气候变化、维护全球生态安全的重大举措。这种站在人类共同利益的视角思考生态自然、经济和人类关系的观点，回答了生态文明建设的历史定位问题。

生态文明建设的基本理念。习近平总书记指出，人与自然的关系是人类社会最基本的关系，人因自然而生，人与自然是共生关系，对自然的伤害最终会伤及人类自身。要尊重自然规律，对自然有敬畏和友爱之心，用之以时、取之有度、和谐平衡，坚持保护优先，实施生态立国战略。这为建设生态文明指明了必须遵循的总体原则，是我们党执政理念的升华，体现出我们党对发展规律认识的深化，回答了生态文明建设基本理念问题。

生态文明建设的根本要求。习近平总书记提出“绿水青山就是金山银山”和绿色发展理念，更新了关于自然环境无价的传统认识，打破了简单把发展与保护对立起来的思维束缚，指明了实现发展和保护内在统一、相互促进和协调共生的方法论，带来的是发展理念和方式的深刻转变，也是执政理念和方式的深刻转变，为生态文明建设提供了根本遵循。这是对发展思路、发展方向、发展着力点的认识飞跃和重大变革，成为发展观创新的最新成果和显著标志，回答了发展与保护的本质关系问题。

生态文明建设的核心要义。习近平总书记指出，“环境就是民生，青山就是美丽，蓝天也是幸福”。建设生态文明既是民生，也是民意。随着社会发展和人民生活水平不断提高，人民群众对美好生活有了更高要求，与清洁空气、清澈水质、清洁环境等更多优良生态产品密切相关。建设生态文明的核心就是增加优质生态产品供给，满足人民群众对良好生态环境新期待，让良好生态环境成为普惠的民生福祉，成为提升人民群众获得感、幸福感的增长点。这是对民生内涵的进一步丰富和发展，回答了生态文明建设的目标指向问题。

生态文明建设的政治要求。习近平总书记指出，生态环境问题是重大经济问题，也是重大社会和政治问题。生态环境安全直接关系社会安全和政治安全。天蓝、地绿、水清是人民群众过上美好生活的基础，关系人民群众的切身利益，也关系党的执政成效。保护生态环境作为一项重大政治任务，体现党的治理能力，关乎党的执政形象。加强生态治理，主体在于各级党委、政府，要害在于领导干部，关键在于强化政治担当。这强化了各级党委、政府加强生态治理的主体责任和政治担当，回答了生态文明建设中的政治要求和责任问题。

生态文明建设的实践方法。习近平总书记强调，"山水林田湖是一个生命共同体，人的命脉在田，田的命脉在水，水的命脉在山，山的命脉在土，土的命脉在树"。推进生态文明建设，应遵循生态系统的整体性、系统性及其内在规律，进行整体保护、系统修复、综合治理，统筹考虑自然生态各要素，坚持山上山下、地上地下、陆地海洋和流域上下游等联动，增强生态系统循环机能，维护生态平衡。这从自然生态要素的空间系统性和生态环境保护的时间系统性两个维度，提出环境治理是一个系统工程，要以系统工程思路抓生态建设，形成了生态文明建设的系统观和方法论。

生态文明建设的根本保障。习近平总书记指出，保护生态环境必须依靠制度、依靠法治。在生态环境保护问题上，就是不能越雷池一步，否则就应该受到惩罚。生态文明和环境保护重在建章立制，按照源头严防、过程严管、后果严惩的思路，制定与执行并重，惩处与激励并举，让制度成为刚性的约束和不可触碰的高压线，把制度建设作为推进生态文明建设的重中之重，着力破解制约生态文明建设的体制机制障碍。这回答了生态文明建设的关键手段和保障机制问题。

生态文明建设的国际视野。习近平总书记强调，人类是命运共同体，建设绿色家园是人类的共同梦想，生态危机、环境危机成为全球挑战，没有哪个国家可以置身事外，独善其身。国际社会应该携手同行，共谋全球生态文明建设之路。中国提出生态文明是国家治理整体战略的重要组成部分，也是全球治理中国方案的重要内容。生态文明是世界发展的潮流，中国进行的生态文明建设成果也将惠及周边国家，中国生态文明建设理念和实践正得到国际社会高度评价和广泛认同。这体现了宽广的全球视野和统筹国际国内两个大局的战略抉择，回答了生态文明建设的国际话语权问题。

（3）生态文明建设的重大意义

推进生态文明建设是我们党坚持以人为本、执政为民，维护最广大人民群众根本利益特别是环境权益的集中体现，是中国特色社会主义的应有之义。随着经济社会的快速发展，人民群众对干净的水、新鲜的空气、洁净的食品、优美宜居的环境等方面要求越来越高。建设生态文明，为人民群众创造良好生产生活环境，不仅是改善民生的需要，而且拓展了我国现代化建设的领域和范围。中国特色社会主义，既应该是经济发达、政治民主、文化先进、社会和谐的社会，也应该是生态环境良好的社会。把经济建设、政治建设、文化建设、社会建设以及生态文明建设都搞好，是贯彻落实科学发展观、实现经济社会全面、协调、可持续发展的必然要求。只有把生态文明建设的理念、原则、目标等深刻融入和贯穿到经济、政治、文化、社会建设的各方面和全过程，才能全面推进现代化，为人民创造良好生产生活环境。

1.1.2 “两山”理念发展历程

“任何理论都不是凭空产生的，都有理论的源头，都有实践的基础，都有历史的背景，都有时代的主题。”2005 年 8 月，时任中共浙江省委书记的习近平，在浙江省安吉县天荒坪镇余村考察调研时，听取了余村关停矿山、发展生态旅游做法的汇报后，首次提出了“绿水青山就是金山银山”（以下简称“两山”理念）的科学论断。此后，基于实践经验和管理需求，习近平对“两山”之间关系的三个发展阶段进行了深刻总结，并提出了“既要绿水青山，也要金山银山。宁要绿水青山，不要金山银山，而且绿水青山就是金山银山”的思想论述体系。我们把这一重要思想简称为“两山”理念。十余年来，“两山”理念不仅在浙江大地开花结果，指导着绿色浙江、生态浙江和“两美浙江”建设，而且已经作为执政理念写入中央文件，是习近平生态文明思想的重要组成部分。本部分结合“两山”理念提出的时代背景，以时间为脉络，梳理了习近平总书记关于“两山”理念的重要论述，将“两山”理念发展划分为提出、丰富和升华三个阶段，如图 1-1 所示。

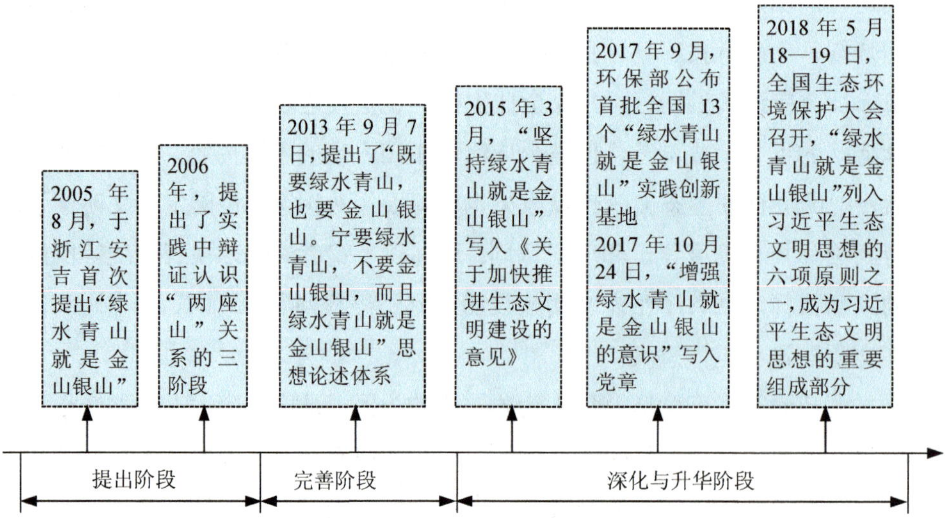

图 1-1 “两山”理念发展脉络图

（1）理念提出

“两山”理念的提出主要源于 21 世纪初浙江空前的资源与环境压力。浙江陆域面积只有 10.55 万 km^2，但山河湖海皆备，“七山一水两分田”，生态环境质量居全国前列。改革开放以来连续 20 多年的高增长，使浙江从一个资源小省变成了经济大省，并创造了被誉为“浙江模式”的发展神话，但同时也使得浙江面临空前的资源与环境压力，遭遇“成长中的烦恼”。随着浙江省环境污染、生态危机愈演愈烈，“浙江模式”遭到了不少人的质疑：杀鸡取卵式的发展，究竟有多大的推广价值和可能？

专栏 1-1　2003 年浙江生态环境现状

根据浙江省编制的能源消费平衡表，2003 年，浙江每产生 1 亿美元 GDP 排放 28.8 万 t 废水，产生 1 亿美元工业增加值排放 2.38 亿标 m^3 工业废气、排放 0.45 万 t 工业固体废物，上述指标均大大高于发达国家的几倍甚至几十倍。同时，随着经济的快速发展和城镇化、工业化进程的加快，浙江耕地资源的减少非常明显，1997—2003 年，全省耕地面积减少 726 万亩①，相当于 2003 年末实有耕地面积的 30.4%。

正是在这种背景下，浙江省委、省政府毅然提出了以壮士断腕的精神搞好环境保护，以“腾笼换鸟”的决心搞好转型升级，转变过去粗放的发展方式。2003 年 7 月，浙江省委十一届四次全体（扩大）会议在杭州召开，习近平代表省委作了工作报告，这份工作报告明确提出了“八八战略”，即进一步发挥八个方面的优势，推进八个方面的举措，其中的第五条，即为“进一步发挥浙江的生态优势，创建生态省，打造‘绿色浙江’”。与以往相比，生态省战略目标的提出，既看到浙江省经济快速发展所带来的环境问题，又看到浙江生态建设和环境保护的优势。

同时，在这一时期，担任浙江省委书记的习近平就如何使经济发展与生态保护协调发展这一课题进行了分析思考，并运用认识论的方法阐释了这两者之间的辩证关系，为“两山”理念的提出奠定了基础。2003 年 8 月 8 日，习近平在《浙江日报》“之江新语”专栏发表题为《环境保护要靠自觉自为》的评论，阐述了应该如何正确认识生态保护的重要性，分析了理顺经济发展与生态保护两者关系时必然经历的三个阶段：“‘只要金山银山，不管绿水青山’，只要经济，只重发展，不考虑环境，不考虑长远，‘吃了祖宗饭，断了子孙路’而不自知，这是认识的第一阶段；虽然认识到环境的重要性，但只考虑自己的小环境、小家园而不顾他人，以邻为壑，有的甚至将自己的经济利益建立在对他人

① 1 亩≈666.67 m^2。

环境的损害上，这是认识的第二阶段；真正认识到生态问题无边界，认识到人类只有一个地球，地球是我们的共同家园，保护环境是全人类的共同责任，生态建设成为自觉行动，这是认识的第三阶段。”可见，“两山”重要思想的雏形此时已开始形成。

2005 年 8 月 15 日，时任浙江省委书记的习近平在安吉县天荒坪镇余村考察时，听取了余村关停矿山、发展生态旅游做法的汇报后，对余村探寻绿色发展新模式的做法给予了高度评价，并讲到“一定不要再去想走老路，还是迷恋过去那种发展模式。所以刚才你们讲到下决心停掉一些矿山，这个就是高明之举，绿水青山就是金山银山，我们过去讲既要绿水青山，又要金山银山，其实绿水青山就是金山银山本身，它有含金量。我感觉到从安吉的名字想到和谐社会的建设，我想到人与自然的和谐，我想到经济发展的转变。要坚定不移地走这条路，有所得，有所失，鱼和熊掌不可兼得的时候，要知道放弃，要知道选择。发展有多种多样，要走可持续发展的道路，绿水青山就是金山银山！”这是习近平首次明确提出“绿水青山就是金山银山”的重要论断。

2005 年 8 月 24 日，习近平以笔名“哲欣”在《浙江日报》“之江新语”专栏发表了评论文章《绿水青山也是金山银山》，再次肯定了这一保护生态、绿色发展的新路子，指出如果能够把“生态环境优势转化为生态农业、生态工业、生态旅游等生态经济的优势，那么绿水青山也就变成了金山银山”。

到 2006 年，浙江大地全面铺开“两山”建设实践之际，习近平又多次以讲话、撰文的形式，进一步充实、完善“两山”重要思想。2006 年 3 月 23 日，习近平再次在《浙江日报》“之江新语”专栏发表《从“两座山”看生态环境》一文，进一步从金山银山与绿水青山对立统一的角度，对“两山”重要思想作了更为完整、更为严谨的表述，尤其是正确对待经济发展与生态保护两者关系经历的三个阶段，作出更准确、完整的论述。

专栏 1-2　习近平关于实践中对“两座山”之间关系认识的阶段论

第一个阶段是用绿水青山去换金山银山，不考虑或者很少考虑环境的承载能力，一味索取资源。

第二个阶段是既要金山银山，但是也要保住绿水青山。这时候经济发展与资源匮乏、环境恶化之间的矛盾开始凸显出来，人们意识到环境是我们生存发展的根本，要留得青山在，才能有柴烧。

第三个阶段是认识到绿水青山可以源源不断地带来金山银山，绿水青山本身就是金山银山。我们种的常青树就是摇钱树，生态优势变成经济优势，形成了一种浑然一体、和谐统一的关系。这一阶段是一种更高的境界，体现了科学发展观的要求，体现了发展循环经济、建设资源节约型和环境友好型社会的理念。

以上这三个阶段，是经济增长方式转变的过程，是发展观念不断进步的过程，也是人和自然关系不断调整、趋向和谐的过程。对“只要金山银山，不要绿水青山”的批判、对“既要金山银山，又要绿水青山”的要求、对“绿水青山就是金山银山”的预测是习近平同志主政浙江时“两山”重要思想的基本内容。

（2）理念完善

“两山”理念的完善主要源于党十八大以来国家“资源危机”“环境危机”“气候危机”的严峻形势。如果以浙江省的局部与中国的全局做一个类比，那么党的十八大以来全国面临的资源与环境形势正是 21 世纪之初浙江所面临的资源与环境形势。由于不顾生态环境和资源能源代价的片面的增长方式，导致我国生态危机、环境危机、资源危机、气候危机不断加剧。同时，中国国内环境危机的加剧也引发了国际社会的“中国环境威胁论”。资源环境问题无论在国内还是在国际上，都已经成为重大的民生问题、政治问题。因此，营造良好的国际发展环境，敦促转变发展模式、寻求环境和经济利益的平衡点成为习近平总书记思考和关注的重点。

专栏 1-3　党的十八大以来我国的资源环境形势

能源资源约束强化，石油等重要资源的对外依存度快速上升。耕地逼近 18 亿亩红线，水土流失、土地沙化、草原退化情况严重。一些地区由于盲目开发、过度开发、无序开发，已经接近或超过资源环境承载能力的极限。全国一些地区持续遭遇重污染天气袭扰，大气污染、水污染、土壤污染等各类环境污染呈高发态势。

2013 年 4 月，习近平在海南考察时强调，“保护生态环境就是保护生产力，改善生态环境就是发展生产力。良好的生态环境是最公平的公共产品，是最普惠的民生福祉。对人的生存来说，金山银山固然重要，但绿水青山是人民幸福生活的重要内容，是金钱不能代替的”。在他眼中，生态环境与人民生活质量息息相关。“小康全面不全面，生态环境质量是关键”。能否解决生态破坏严重、生态灾害频繁、生态压力巨大等问题，直接关系着人民群众对全面小康的认可度和满意度。习近平对如何更好造福人民、提升全面小康含金量的思考进一步丰富了“两山”理念。

2013 年 9 月 7 日，习近平在哈萨克斯坦纳扎尔巴耶夫大学发表重要演讲并回答学生提问时指出：“中国明确把生态环境保护摆在更加突出的位置。我们既要绿水青山，也要金山银山。宁要绿水青山，不要金山银山，而且绿水青山就是金山银山。我们绝不能以牺牲生态环境为代价换取经济的一时发展。我们提出了建设生态文明、建设美丽中国的战略任务，给子孙留下天蓝、地绿、水净的美好家园。”这一回答是对“两山”重要思想的进一步完善，也是对错误发展观的猛烈棒喝。

在这一阶段，习近平站在全国乃至全球可持续发展的角度，对“两山”理念中绿水青山与金山银山之间的辩证关系进行了系统阐述，形成了“既要绿水青山，也要金山银山。宁要绿水青山，不要金山银山，而且绿水青山就是金山银山”的思想论述体系。

（3）理念升华

“生态兴则文明兴，生态衰则文明衰”，生态文明建设关系人民福祉、关乎民族未来长远大计。习近平总书记指出：“生态文明是人类社会进步的重大成果。人类经历了原始文明、农业文明、工业文明，生态文明是工业文明发展到一定阶段的产物，是实现人与自然和谐发展的新要求。”2015 年 3 月，《关于加快推进生态文明建设的意见》通过，正式把“坚持绿水青山就是金山银山”写进中央文件，“两山”理念上升为治国理政的基本方略和重要国策。

2016 年 3 月 7 日，全国“两会”期间，习近平参加黑龙江省代表团审议时再次明确，“绿水青山是金山银山，黑龙江的冰天雪地也是金山银山”。

2016 年 5 月 23 日，习近平在黑龙江省伊春市考察调研期间强调，“守着绿水青山一定能收获金山银山”。

2016 年 5 月，联合国环境大会（UNEA）发布了《绿水青山就是金山银山：中国生态文明战略与行动》，表明以“绿水青山就是金山银山”为导向的中国生态文明战略为世界可持续发展理念的提升提供了“中国方案”和“中国版本”。

2016 年 12 月 2 日，全国生态文明建设工作推进会议在浙江省湖州市召开，习近平对生态文明建设作出重要指示，再次强调要树立“绿水青山就是金山银山”的强烈意识。

2017 年 9 月 21 日，环境保护部在浙江省安吉县召开全国生态文明建设现场推进会，会上公布首批全国 13 个“绿水青山就是金山银山”实践创新基地，呈现出了我国探索“绿水青山就是金山银山”实践路径的典型做法和经验。

2017 年 10 月 18 日，党的十九大报告指出“必须树立和践行绿水青山就是金山银山的理念，坚持节约资源和保护环境的基本国策，像对待生命一样对待生态环境，统筹山水林田湖草系统治理，实行最严格的生态环境保护制度，形成绿色发展方式和生活方式，坚定走生产发展、生活富裕、生态良好的文明发展道路，建设美丽中国，为人民创造良好生产生活环境，为全球生态安全作出贡献”。

2017 年 10 月 24 日，中国共产党第十九次全国代表大会审议并一致通过十八届中央委员会提出的《中国共产党章程（修正案）》，把“增强绿水青山就是金山银山的意识”写入党章。

2018 年 5 月 18—19 日，全国生态环境保护大会召开，“绿水青山就是金山银山”列入习近平生态文明思想的六项原则。2018 年 6 月 16 日，“坚持绿水青山就是金山银山”作为习近平生态文明思想的重要组成部分，写入中共中央国务院印发的《关于全面加强生态环境保护 坚决打好污染防治攻坚战的意见》。

1.2 理论定位研究

“两山”理念运用人民群众易于理解的通俗语言和形象比喻深刻揭示了经济发展和生态环境保护的辩证统一关系，明确了经济社会发展的努力方向和最高境界，是习近平生态文明思想的重要组成部分。

- “两山”理念的出发点是要补齐生态环境短板，顺应人民群众对良好生态环境的期待。

习近平总书记指出，与全面建成小康社会奋斗目标相比，与人民群众对美好生态环境的期盼相比，生态欠债依然很大，环境问题依然严峻。“两山”理念是习近平在 21 世纪初面对浙江省空前的资源环境压力下提出的，出发点就是要解决损害群众健康的突出环境问题，摆脱对粗放型增长的依赖，让人民群众在经济发展中有更多的获得感与幸福感。党的十八大以来，习近平对生态环境保护提出的一系列要求，归纳起来就是要顺应人民对良好生态环境的期待，正如他在 2014 年亚太经合组织峰会（APEC）欢迎宴会上致辞时所强调的，“希望蓝天常在、青山常在、绿水常在，让孩子们都生活在良好的生态环境之中，这也是中国梦中很重要的内容”。

- “两山”理念的落脚点是要把绿水青山源源不断地转化为金山银山，实现中华民族的永续发展。

2017 年 5 月 26 日，中央政治局进行第 41 次集体学习，习近平指出中华文明已延续了 5 000 多年，如何再延续 5 000 年直至实现永续发展？尊重自然、顺应自然、保护自然，就是习近平给出的答案，也是习近平对中华文化中天人合一、和谐平衡思想的深刻理解。“两山”理念，从根本上更新了我们关于自然资源无价的传统认识，打破了简单把发展与保护对立起来的思维束缚，强调要遵循人与自然和谐，实现发展和保护内在统一、相互促进和协调共生，源源不断地将生态环境优势转化为经济社会发展的优势，实现永续发展。

- “两山”理念的核心要求是寻找到“两座山”的转化路径，走绿色发展的道路。

生态环境的问题，往上追溯都是经济发展模式的问题。“两山”理念中，绿水青山和金山银山既有本质上的区别，又存在相互转化的可能，这种转化途径最为关键的就是发展模式的探寻。“两山”转化的发展模式，必然是要摒弃以往依赖规模粗放扩张、过多依赖高能耗高排放产业的发展模式，采用集约、高效、循环、可持续的发展方式开发利用自然资源、环境容量和生态要素，即实现绿色发展。只有通过绿色发展，才能实现绿水青山源源不断地向金山银山转化，否则都是“竭泽而渔”式的暂时利益。同时，绿水青山持续不断地转化为金山银山需要良好的生态环境支持，因此，兼顾生态环境的绿色发展成为满足人类社会发展需求的先决条件和必要途径，也是“两座山”转化的必然路径。

1.3 内涵与外延研究

1.3.1 研究现状

近年来，学者们较多围绕哲学层面的理论内涵和典型区域的实践经验开展研究，阐释“两山”理念的哲学意蕴和实践指导价值；同时，基于“两山”理念呈现的绿色发展观，部分学者从经济学角度，针对转化机制、转化路径等开展研究。哲学方面，黄承梁（2015）从唯物史观和自然史观的视角提出了与习近平所述“我们既要绿水青山，也要金山银山。宁要绿水青山，不要金山银山，而且绿水青山就是金山银山”相印证的“人类纪元—人类世—生态纪”三个史观维度。赵建军和杨博（2015）阐释了“两山”的哲学意蕴与时代价值，认为“两山”论断体现了马克思主义生态自然观的本质特性，指明了人与自然从冲突走向和谐的方向。卢宁（2016）认为，“两山”理念从生产力视角回答了“以什么样的生产力观来处理生态环境与生产力关系”的问题。郇庆治（2016）认为,“两山”论断是社会主义生态文明观的形象化表达。社会经济发展方面，周宏春（2015）认为,“两山”代表了生态环境价值的本来面貌，反映了人对自然生态价值的认识回归，他进而提出了应围绕产业绿色化和生态经济化指导“资源优势变成经济优势”的实践，并不断完善强制性与市场化的政策机制。雷明（2015）针对“两山”理论与绿色减贫进行分析后指出，实现可持续减贫和绿色发展共赢的关键在于打造切实可行的自然资源向资本和财富的绿色转化机制。胡咏君和谷树忠（2015）认为，“两山”的转化路径实质上就是生态资源转化为生态资产，即自然资源的市场化、价值化。沈满洪（2015）从源泉论、目的论、阶段论、方法论、民生论、发展论、制度论等角度简述了“两山”论断的理论意蕴。王金南等（2017）指出，应围绕绿色低碳产业体系、生态环境体系、绿色合作体系以及制度创新体系等方面构建“绿水青山就是金山银山”的发展机制。经验研究方面，夏宝龙（2015）、裘东耀（2015）、单锦炎（2015）分别从浙江省、湖州市和安吉县层面总结了区域社会经济发展中贯彻“绿水青山就是金山银山”理念的思路、具体举措和实践成效。2015 年 8 月 11 日，浙江省委宣传部等单位联合主办了“绿水青山就是金山银山”理论研讨会，从哲学、人类文明演替、社会经济发展、浙江实践等层面阐释“两山”理念的内涵与意义。

综合来看，关于“绿水青山就是金山银山”理念的阐释，理论研究较多地集中于哲学、社会经济发展、人类文明演替等宏观视角，对现实的指导意义相对有限；经验研究则主要总结了区域发展中的具体措施如何体现了“两山”论断的内涵。

1.3.2 理念内涵

“绿水青山就是金山银山”，是一种发展理念，是一种由绿水青山到金山银山的转化，是可持续的发展方式和路径，是一种制度安排和发展的必然结果。本节将在辨析生态文明建设过程中，在绿水青山、金山银山各自含义和地位的基础上，厘清绿水青山与金山银山的关系，最终明确“两山”理念的内涵。

（1）绿水青山

绿水青山中，青、绿表示明朗，让人看着舒服的颜色，绿水青山泛称美好山河，形容美丽的河山。因此，置于生态环境保护和生态文明建设的大背景下，“两山”理念中，绿山青山应为优良的生态环境，能够提供优质生态产品和服务的生态环境，能够为城市和区域提供环境竞争力的生态环境，能够为经济和社会发展提供永续源泉和本钱的生态环境。

- 绿水青山具有资源与环境双重属性。

绿水青山泛指自然环境中的自然资源，自然资源具有资源与环境双重属性，“两山”理念中的绿水青山也具有双重属性，既包括为人类提供服务和福利的有形的、实物形态的资源供给，如矿产资源、水资源、果实、木材等；也包括隐形的或不可见的或非实物形态的生态系统服务，如空气的净化和氧气的供给、气候调节、景观享受等。马国霞等（2017）对 2015 年我国陆地生态系统提供的产品和服务价值进行核算，结果显示，2015 年森林、湿地、草地、荒漠、农田、城市等生态系统生产总值（GEP）为 72.81 万亿元，是 2015 年 GDP 的 1.01 倍，生态调节服务是生态系统最主要的生态服务类型。绿水青山的属性使其成为具有多种功能的战略资源和生态要素，因此，保护绿水青山就是保护自然价值和增值自然资本。

- 绿水青山是区域与城市生态竞争力。

蓝天白云、青山绿水是长远发展的最大本钱，“绿水青山可以带来金山银山，但金山银山买不到绿水青山”。生态环境质量不仅是区域和城市经济发展的基础，也是衡量区域和城市综合竞争力的一个重要指标。良好的环境质量不但是创建宜居城市的必要条件，而且对吸引人才、吸引投资也很重要。生态环境质量，对不同级别竞争力的城市有着不同的意义。低竞争力的城市往往需要通过牺牲生态环境来提高自身的竞争力，高竞争力的城市则以高质量的生态环境作为提升自身竞争力的有力武器。绿水青山表征着一种生态优先发展战略，保护生态环境不仅可以改变城乡面貌与人居环境，更能改变城市的发展观和价值观。因此，保护生态环境就是保护社会经济发展潜力，绿水青山的生态优势能够显著提高区域和城市的竞争力。

- 绿水青山需要被保护与修复。

从生态环境对社会经济的支撑作用来看，一方面，生态环境为社会经济发展提供了自然资源，提供了容纳废弃物的场所；另一方面，生态环境为社会经济发展提供了游憩审美等舒适性资源，提供了生命支撑功能。绿水青山所表征的优质生态环境一旦遭到破坏，恢复起来很难，甚至导致人类文明的湮灭。考虑到部分绿水青山向金山银山的转化是以降低自然资源数量和生态环境质量为代价来实现的，从能够持续转化的层面来看，损耗性利用后的绿水青山需要被治理、保护与修复，需要借助于金山银山解决地方突出环境问题、改善提升区域环境质量和对山水林田湖草进行统一保护、统一修复等。

综上所述，从绿水青山能够向金山银山有效转化的层面讲，“两山”理念中，绿水青山所指的自然资源，应该是在一定的生态环境底线水平上的山与水，不是泛指区域内所有的山与水，也不是单指特别高品质的山与水，是相对比较基础的绝对值的概念。概括来讲，只要是具有一定的竞争力、能够以绿色发展模式持续向金山银山转化的自然资源均是绿水青山。

（2）金山银山

- 金山银山的含义是经济收入以及与收入水平关联的民生福祉。

无论是在农耕文明、工业文明，还是生态文明时代，人们对物质生活的追逐和对生活满足感的需求，一直是经济社会前进的直接动力，是人与自然关系中“人”的价值的体现。在“两山”理念及其实践中，金山银山是转化目标，也是绿色发展的目标，从狭义的角度理解，代表了经济增长或经济收入；从广义的角度讲，代表的是经济收入以及与收入水平关联的民生福祉。考虑到“两山”理念的出发点是要补齐生态环境短板，顺应人民群众对良好生态环境的期待，因此，我们认为，金山银山是广义的含义。同时，考虑到生态环境治理的高投入、低效益和公益性，一定质量和数量的金山银山，也是进行环境综合治理、反哺绿水青山的基础和支撑。

（3）关系辨析

● “两山”理念中，“两座山”之间存在兼顾、取舍和转化三种关系。

在“两山”理念中，习近平关于绿水青山与金山银山关系的阐释，实际上是以通俗易懂的语言论述生态环境与经济发展的关系，既矛盾又辩证统一。“既要绿水青山，又要金山银山”，强调经济发展与环境保护的兼顾，既要保护好生态环境，又要发展好经济，二者构成一个有机整体，缺一不可。“宁要绿水青山，不要金山银山”，强调经济发展与环境保护的取舍，即在鱼和熊掌不可兼得的特定条件下一定要把生态环境保护放在优先位置，绝不能以牺牲生态环境去换取一时的经济发展。“绿水青山就是金山银山”，是一种更深层次的内涵和境界，关键在于“就是”二字，还原了绿水青山本身的价值面貌，阐明了保护生态环境就是保护生产力、改善生态环境就是发展生产力的理念，揭示了从“经济人”到“理性经济人”的精神升华，揭示了“绿水青山就是金山银山”的转化驱动。

从理论上看，“两山”论的核心要求是找到绿水青山向金山银山持续、高效率的转化路径。考虑到绿水青山应该是在一定的生态环境底线水平上具有转化能力的生态环境资源，因此，在“两山”理念的实践建设中，不同生态环境品质、不同经济发展水平的区域，如何对待、处理“两座山”的关系及其转化路径有所不同。按照区域生态环境品质的优良与否与经济发展水平的高低，将不同区域“两山”关系及转化路径分为四类，如图 1-2 所示。

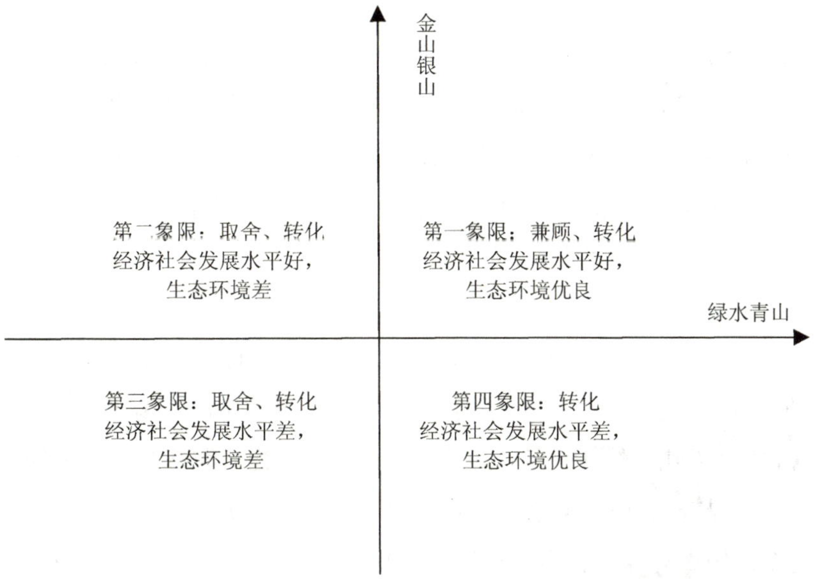

图 1-2 不同经济发展水平和生态环境水平下“两山”关系

图 1-2 中，第一象限和第四象限均为生态环境优良的地区，具有转化的生态环境基础，但经济发展水平不同；经济发展水平落后的地区，应严格秉持“绿水青山就是金山银山”的转化理念，遵循自然规律，积极探索有效的转化模式和通道，走生态经济发展道路，切勿在开发利用自然上走弯路；经济发展水平好的地区，说明在一定程度上已经实现了经济与环境的协调发展，可同时秉持兼顾、转化两种理念，做大做强绿水青山向金山银山的转化模式。第二象限和第三象限均为生态环境差的区域，不具有转化的生态环境基础，如果区域经济发展水平好，在一定程度上说明以往经济的发展多是以牺牲生态环境为代价获得的，未来的发展应秉持取舍、转化理念，在保护环境的前提下，寻求有效的转化通道来发展经济；如果区域经济发展水平较差，一般为扶贫攻坚等国家政策的重点关注区域，也应秉持取舍和转化两种理念，在护美绿水青山的前提下做大金山银山。

（4）理念内涵

- “两山”理念还原了绿水青山本身的价值面貌。

从自然经济社会复合生态系统角度来讲，自然资源系统是自然经济社会复合生态系统的有机组成部分，不仅为社会经济发展提供自然资源产品且容纳废弃物，也为社会经济发展提供游憩审美等舒适性资源，还提供生物物种与遗传多样性维持、土壤肥力保护、环境净化等支撑与维持地球生命系统的功能。在经济社会发展的很长一段时间中，并未很好地体现出“自然资源”的价值，因此，才有了对自然资源“取之不尽、用之不竭”的错误认识。“两山”理念的“就是”二字，从环境与自然资源经济学的角度，还原了绿水青山所代表的自然资源的价值面貌，充分肯定了经济社会发展中应予以考虑的自然资源价值，使其不仅涵盖提供工农业生产原料、景观娱乐等自然资源的直接使用价值，也涵盖无法商品化的生态系统服务功能表征的间接使用价值，甚至包括能够为区域当下和未来提供竞争力的自然资源选择价值和存在价值，构建了一套生态文明新时代绿水青山的价值体系。

- “两山”间的转化是全方位且相互的过程。

“两山”理念中，绿水青山的使用价值（包括直接使用价值、间接使用价值和选择价值）和被使用价值（包括保留价值和存在价值），均可以在一定条件下作为向金山银山的转化支撑，即“两山”的转化是全方位的。同时，尽管从经济社会发展的角度来看，无论是地方政府还是公众都更为关注绿水青山向金山银山的转化，提高发展水平和生活水准，但通过金山银山对绿水青山的反哺、修复和支撑，护美绿水青山，不断累积生态资源资产的过程也是转化的重要方面，更是“两山”建设的基础。

综上所述，绿水青山所表征的自然资源系统与金山银山所表征的经济社会系统相互影响，互为支撑，均为自然经济社会复合生态系统的组成部分。自然再生产与经济社会再生产形成一个生态经济有机整体，两者间虽然有质的区别，但它们之间可以相互转化，共同推动自然经济社会总资产的不断变化。如何将绿水青山高品质、高效率地转化为金山银山，如何利用金山银山反哺、呵护绿水青山，实现社会总资产的最大化，满足人们对美好生活的需要，是“两山”理念的根本所在。基于此，“两山”理念的内涵是“青山金山同在、经济生态均强”，经济社会发展基础与自然资源环境基础是“两山”建设的两个重要基础，相互支撑、相互补充、相互转化。概念框架如图 1-3 所示。

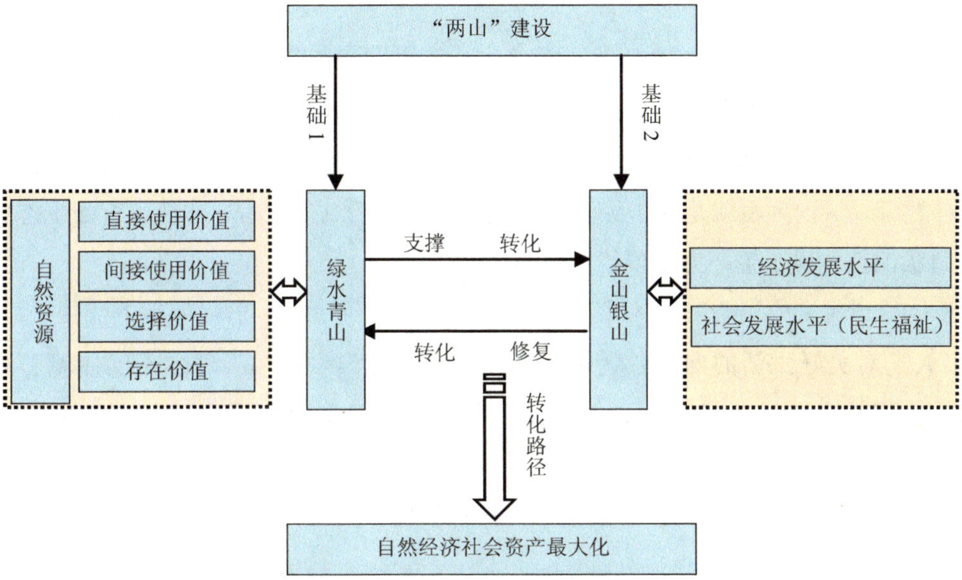

图 1-3 “两山”理念概念框架

1.3.3 理念外延

- 从生态观看，“两山”理念是马克思主义生态观的中国探索。

绿水青山就是金山银山，实质上指明了马克思主义生态自然观下人类生存、发展的前提基础与价值归宿的关系。绿水青山是人类活动所处的自然环境，而金山银山指的就是人与自然的协调发展。绿水青山变成金山银山的过程，其本质就是马克思主义生态自然观应用于生态文明建设实践的过程。

- 从发展观看，“两山”理念是“创新、协调、绿色、开放、共享”五大发展理念的基石。

党的十八届五中全会明确提出了包括“绿色发展”在内的“五大发展”理念。“两山”理念的核心要求是要寻找到“两座山”的转化路径，走绿色发展的道路，实现经济生态化和生态经济化。考虑到五大发展理念间相互促进关系，“两山”理念与其他四个发展也具有紧密的关联，是五大发展理念的基石。

- 从阶段论看，“两山”理念是与不同发展阶段紧密相关的唯物主义史观。

“两山”理念是习近平同志在总结认识论三个阶段的基础上提炼出来的。第一阶段的“只要金山银山，不要绿水青山”是因为要首先解决生存问题。“宁要绿水青山，不要金山银山”，是因为经济发展到一定阶段人们越来越关注生活质量和生命质量。“两山”理念是与发展阶段紧密关联的，在不同的发展阶段有不同的追求，在不同的发展阶段要做不同的任务。

- 从生产力看，“两山”理念体现了“生产力”不断向前发展的历史逻辑。

“两山”理念还原了绿水青山本身的价值面貌，阐明了保护生态环境就是保护生产力、改善生态环境就是发展生产力的理念，强调保护生态就是保护自然价值和增值自然资本的过程，保护环境就是保护经济社会发展潜力和后劲的过程，体现了直面生态危机的问题意识，体现了生产力发展的历史逻辑。

- 从“民生论”角度看，“两山”理念充分体现了为人民服务宗旨的民生关切。

“人民对美好生活的向往，就是我们的奋斗目标”。“两山”理念不仅体现了党和政府为人民服务的民生关切，而且展现了生态公平论和环境正义论。在环境破坏面前，人们要共同忍受污染的痛苦；在优质环境面前，人们可以共享生态福利。从这个角度审视，“两山”理念已经远远突破了生态经济的范畴，已经上升到政治和社会的战略高度。

1.4 “两山”转化与实践研究

1.4.1 实践经验

基于前述分析，不同经济发展水平和生态环境水平下“两山”关系不同，因此，“两山”理念的实践转化没有放之四海而皆准的模式。自 2005 年“两山”理念提出以来，各地从实际出发，积极探索，发展形成区域自身的特色和发展模式。2017 年 9 月 21 日，环境保护部公布首批全国 13 个“绿水青山就是金山银山”实践创新基地，呈现出了我国探索“绿水青山就是金山银山”实践路径的典型做法和经验。围绕区域的生态环境本底情况以及实践建设中的侧重点等，这些地区可划分为护美绿水青山、做大金山银山、激活万水千山、共享绿水青山四类，如表 1-2 所示。

表 1-2　全国首批 13 个“绿水青山就是金山银山”实践创新基地及其分类

序号	类型	名称	序号	类型	名称
1	护美绿水青山	河北塞罕坝机械林场	8	激活万水千山	浙江省湖州市
2		山西省右玉县	9		安徽省旌德县
3		福建省长汀县	10		贵州省贵阳市乌当区
4	做大金山银山	浙江省安吉县	11	共享绿水青山	四川省九寨沟县
5		江苏省泗洪县	12		广东省东源县
6		江西省靖安县	13		浙江省衢州市
7		陕西省留坝县			

1.4.1.1　典型地区护美绿水青山的“两山”建设经验

河北省塞罕坝机械林场、山西省右玉县、福建省长汀县等地区，属于图 1-2 中第三象限经济社会发展水平差且生态环境问题突出的区域。在推动“两山”建设的过程中，这些地区严格秉承“取舍、转化”的发展理念，在护美绿水青山的基础上去做大金山银山，优先推动实施自然生态修复和环境污染综合整治工程，区域生态环境质量明显改善，绿水青山的品质不断提升。经过几十年的努力，塞罕坝机械林场成功将莽莽荒漠变成了百万亩人工绿海，使塞罕坝再次成为名副其实的“美丽高岭”；右玉县由不毛之地蜕变为“塞上绿洲”，创造了塞北高原的绿色奇迹；长汀县也由我国南方红壤区水土流失最严重的县份之一，建成了“天蓝水碧、树绿山青”的生态长汀。目前，这些地区基于当地的生态环境资源优势，大力发展生态旅游、森林旅游、林业经济等生态产业，已逐渐获得“两山”转化的内生动力。

（1）河北省塞罕坝机械林场

塞罕坝机械林场是为了改变“风沙紧逼北京城”的严峻形势，1962 年由原林业部在河北省承德市围场县建立的，1968 年划归河北省林业厅管理至今。55 年来，在极端困难的立地条件下，塞罕坝机械林场成功将莽莽荒漠变成了百万亩人工绿海，使塞罕坝再次成为名副其实的“美丽高岭”。林地面积由建场之初的 24 万亩增加到现在的 112 万亩，蓄积量由 33 万 m^3 增加到 1 012 万 m^3，森林覆盖率由 12%增加到 80%，为京津地区筑起了一道坚实的绿色屏障。

大力提高森林质量。多年来，塞罕坝机械林场累计抚育森林 260 余万亩，对人工林采取全周期、全领域、全方位的培育经营，先后开展了华北落叶松人工林集约经营系统、冀北云杉人工林高效经营技术和樟子松经营技术等研究，探索出了大密度初植、多次中间抚育利用和近自然经营相结合的人工林可持续经营模式。森林质量明显提高，蓄积量达 1 012 万 m^3，用只占河北省国有林面积 13%的林地，培育出了占河北国有林蓄积量 35%的森林资源，单位面积的林木蓄积量分别达到全国人工林平均水平的 2.76 倍和全国森林平均水平的 1.58 倍。

着力打赢林业脱贫攻坚战。与建场初期相比，塞罕坝及周边区域小气候有效改善，无霜期由 52 天增加到 64 天，降水量由 410 mm 增加到 460 mm，6 级以上大风天数由 83 天减少到 53 天，每年涵养水源、净化水质 1.37 亿 m^3，吸收二氧化碳 74.7 万 t，释放氧气 54.5 万 t，被誉为"华北绿肺""天然氧吧"。经评估，塞罕坝机械林场的森林资产总价值为 200 亿元，每年可提供超过 120 亿元的生态服务价值。森林旅游、绿化苗木等绿色产业已成为林场收入的主要来源，累计上缴利税近亿元，创造了大量就业岗位。同时，也带动了周边地区的乡村游、农家乐、养殖业、山野特产、手工艺品、交通运输等外围产业的发展，每年可实现社会总收入 6 亿多元。

（2）山西省右玉县

右玉县地处毛乌素沙漠的天然风口地带，曾经是一片风沙成患、山川贫瘠的不毛之地。新中国成立之初，全县仅有残次林 8 000 亩，森林覆盖率不足 0.3%，土地沙化面积占到 76%。70 多年来，右玉县历届县委、县政府领导班子，团结带领全县干部群众坚持不懈植树造林，坚韧不拔改善生态，使全县林木覆盖率达到 54%，90%以上的沙化土地得到有效治理，右玉县也由昔日的不毛之地蜕变为今朝的"塞上绿洲"，创造了塞北高原的绿色奇迹，孕育形成了宝贵的右玉精神，获得"全国生态文明建设示范县"等荣誉称号。

右玉县是国家贫困县，良好的生态环境和厚重的人文积淀，为发展生态文化旅游业脱贫攻坚积累了雄厚的资本。2016 年 2 月，右玉县成功入选首批创建"国家全域旅游示范区"名单。2017 年 4 月 20 日，山西省政府决定同意设立右玉生态文化旅游开发区，右玉县成为山西省唯一一家以生态文化旅游为发展方向的省级开发区。右玉县将按照杀虎口—右卫文化创意园、环县城生态产业园、苍头河湿地体验带三大功能区布局，坚持绿色发展不动摇，大力实施脱贫攻坚、旅游兴县两大战略，着力构建以生态文化旅游业为核心的绿色产业体系，变生态资本为经济资本，化生态优势为经济优势，努力打造践行习近平总书记"两山"理念的样板区和推动绿色发展的先行区、示范区。

（3）福建省长汀县

长汀县曾经是我国南方红壤区水土流失最严重的县份之一，被称为南方"黄土高原"，经过几十年来坚持"治理荒山不放松、山河不绿不罢休"，一任接着一任干，持续推进水土流失治理和生态文明建设，全县水土流失面积逐年减小，基本建成"天蓝水碧、树绿山青”的生态长汀，形成了“长汀经验”及其升级版。截至 2016 年年底，累计完成水土流失治理 68.7 万亩，水土流失面积下降到 39.6 万亩，流失率降为 8.52%。完成植树造林 27.2 万亩，森林蓄积量达 1 557 万 m^3，森林覆盖率达 79.8%。全县林业产业总产值达 27.14 亿元，比 2015 年同期增长 15.76%。长汀县先后荣膺“全国生态文明建设示范县”“全国现代林业建设示范县”等称号。

创新植树造林新模式。根据全县水土流失重点预防区和重点治理区的不同流失类型，采取封山育林、马尾松单一林分改造、林分施肥，补植阔叶树和乔灌草结合的治理模式，增加多层覆盖，提高林地覆盖率，并将造林绿化重点科学规划由以往的增加森林面积为主向森林生态修复转变，促进全县形成营造阔叶林或针阔混交林的植树造林新模式。

不断加大护绿力度。“十二五”期间，通过落实强化封山育林、强化管护保障、强化林业三防“三个强化”措施，维护全县国土生态安全。长汀县全面倡导不炼山造林，禁止天然阔叶树采伐，禁止天然林商业性采伐，全县封山育林 210 万亩；建立了专职护林队 18 支 499 人，组建了县、乡两级森林消防队 29 支 660 人，以及季节性特约森林消防队 17 支 340 人，并投资建立县、乡两级灭火储备库 20 个，营造生物防火林带 1 300 km，建成森林防火预警监测体系平台 1 个，水土流失区正在推进林业有害生物防控体系项目建设；严格落实年度防火责任，全县森林火灾发生率、受害率均低于控制目标，并加强林业有害生物监测防治，持续实现森林病虫害“零成灾”、松材线虫病“零疫点”。同时，严厉打击破坏森林资源违法行为，实现林业行政案件发生数和林木损失数逐年“双下降”。

着力推进生态保护与修复。汀江国家湿地公园总面积 590.9 hm^2，涉及长汀河田、三洲、濯田 3 个乡镇 12 个行政村。公园以客家母亲河汀江为主体，与上游的汀江源国家级自然保护区和汀江大刺鳅国家级水产种质资源保护区三者连成一体，从源头上形成共同保护，维护了汀江湿地生态，被誉为“汀江生态修复典范”“南方丘陵水土流失地区生态建设新模式”。同时，长汀县还将修复典型生态系统、扩大自然保护区面积作为水土流失治理的重要抓手，创建了汀江源国家级自然保护区。保护区总面积 10 379.7 hm^2，主要保护对象为原生性的中亚热带常绿阔叶林生态系统等，全区森林覆盖率高达 93.1%。

发展林下经济、森林旅游等绿色富民产业。2012 年以来，长汀县林业部门顺应林农绿中盼富的期待，将治理水土流失与治穷相结合，引导林农充分利用森林资源优势，因地制宜发展林下经济、森林旅游等绿色富民产业，在治理修复生态环境的同时，促进林农增收致富。根据全县各乡镇自然资源条件，长汀县在相应乡镇建设了“三区”“多点”

的林下经济产业发展体系，即建设了以姜黄、三叶青、仿野生灵芝为主的林下种植发展区，以黄栀子、百合为主的林下种植发展区，以河田鸡林下养殖为主的发展区。同时，建设了以豪猪为主的特色养殖点，以红菇等野生菌类为主的保育采摘点，以福建汀江源国家级自然保护区、汀江国家湿地公园等为主的森林景观利用发展点，做到充分发挥各乡镇资源禀赋优势，发展壮大特色林业产业。2016 年，长汀全县林下经济经营总面积达 160.51 万亩，实现产值 23.46 亿元，全县农民人均林业纯收入达 3 515 元，其中林下经济人均纯收入占比达 49.6%。

1.4.1.2 典型地区做大金山银山的“两山”建设经验

浙江省安吉县、江苏省泗洪县、江西省靖安县、陕西省留坝县等地区，属于图 1-2 中第一、第四象限生态环境优良、经济发展水平参差不齐的区域。在推动“两山”建设的过程中，这些地区基于当地的生态环境资源优势，兼顾绿水青山养护与转化，积极发展生态有机农业、生态工业、生态旅游等，推动传统产业绿色转型，同时以高品质的绿水青山为竞争力吸引高端新兴产业，探索出了生态经济化、经济绿色化的有效路径，打造了生态和经济互促共进的绿色发展方式。

（1）浙江省安吉县

安吉县是浙江北部一个极具发展特色的生态县，是习近平总书记发表“两山”理念的首发地。十多年来，安吉县坚定不移养护绿水青山、转化绿水青山、共享绿水青山，打造三产融合生态经济新形态，走出了一条经济发展与生态保护同步推进、绿水青山与金山银山互促共进的山区科学发展新路子。2016 年，全县实现地区生产总值 324.87 亿元，五年年均增长 8.2%；城乡居民人均可支配收入分别达到 44 358 元和 25 477 元，五年年均分别增长 9.4%和 10.2%；三产结构比由 2011 年的 10.8∶48.7∶40.5 调整到 8.2∶44.4∶47.4，成功跻身全国百强县。

一产加快“接二连三”。按照高效生态品质智慧农业发展目标，加快农业“两区”建设，大力发展生态循环农业、休闲农业，不断提升白茶、笋竹、蚕桑发展层次，“安吉白茶”成为全国首个在华东林交所上市的绿茶品牌。先后被评定为“全国农村产业融合发展试点示范县”“全国森林旅游示范县”“国家毛竹生物产业基地”“国家农业综合开发县”“全省农村一二三产业融合发展试点县”。加快实现“产品变礼品、园区变景区、农民变股民”的目标。

二产加快转型升级。坚持生态环保导向，大力发展装备制造、绿色食品、电子信息等新兴产业，改造提升竹、椅两大传统产业。竹业经济综合实力全国第一，打响了“绿色地板、安吉标准”区域品牌；椅业发展到七大系列 500 多个品种，年产 7 000 万把，占国内市场 1/3 以上份额，成为省级现代产业集群转型升级示范区。

三产加速高端提升。成功创建全国旅游标准化示范县、国家乡村旅游度假实验区和全国首个乡域 4A 级景区。全力打造浙江省首批旅游经济综合改革试点示范县、长三角首选乡村休闲旅游目的地。中国内地首个世界著名品牌乐园凯蒂猫家园、亚洲最大的水上乐园欢乐风暴、省浙商回归旅游综合体项目“大年初一”风景小镇相继开业。以美丽乡村建设为基础的乡村旅游蓬勃兴起，天文观象、高山滑雪、竹海熊猫、生态影视等特色景点让人流连忘返。2016 年接待游客、旅游总收入 1 829 万人次、233 亿元，分别是 2011 年的 2.5 倍、4.5 倍。

（2）江苏省泗洪县

泗洪县创新实践“生态立县”战略，将植树造林、污染治理、生态恢复与旅游资源开发、生态产业发展有机结合，“绿化造林”成为该县新经济形态，“污染治理”催生生态产业链，“生态旅游”成为经济版图重要一极，开创了一条生态效益与经济利益双丰收的可持续发展道路。2016 年全年实现地区生产总值 395 亿元，增长 9.3%；城镇居民人均可支配收入 22 950 元、农村居民人均可支配收入 13 660 元，分别增长 8.3% 和 9.5%。

将“绿化工程”作为重要经济形态培育。泗洪县创新工作思路，不是将植树造林视为简单的绿化工程，而是将植树造林与林果产业培育有机结合，成功创塑绿色经济形态。泗洪县西南岗地区属于丘陵地带，岗冲交错，农业生产条件差，不适宜发展常规的灌溉农业，因地制宜，泗洪县政府大力扶持西南岗地区林果种植项目，培育了 10 万余亩的生态林果基地，西南岗的生态劣势成功转变为发展优势，成功带动该县绿色经济持续好转。

“退与进结合”挖掘绿色经济发展潜力。生态是泗洪最大的特色，泗洪县严格划定生态红线，大力推进退渔还湿工程，加强畜禽污染整治力度。但保护生态不等于放弃发展，泗洪县把握“退与进”的尺度，退养水面种植水生植物开发生态产品，在生态恢复的同时大力发展生态旅游产业，深挖乡镇特色，以节为媒，文旅结合，不断提升全县旅游品质，将生态旅游产业培育成经济的重要一极。2016 年，全县接待游客 400 万人次，实现旅游综合收入 38.1 亿元，是 2011 年的 7.7 倍，荣获首批“最美生态旅游目的地”“全国最美健康养生旅游名县”“中国旅游综合实力十强县”等称号。

生态农业提速发展。推行种养结合、稻虾混作、水上牧场等农业生产新模式，“泗洪大闸蟹”获批国家地理标志商标，出口量连续 11 年位居全省县级第一，创立国家级出口大闸蟹质量安全示范区，“泗洪大米”再次入选全国名特优新农产品目录。农村电子商务迅猛发展，同步牵手淘宝、京东等电商，成功举办泗洪 2016“蟹逅京秋”网上螃蟹节，青阳镇老庄村、临淮镇洪胜村入选“全国淘宝村”，被评为“农村淘宝全国优秀示范县”“京东农村电商示范县”。大众创业如火如荼，朱湖镇王路果树基地等 4 个创业项目被评为江苏省大学生优秀创业项目，成功入选全国首批返乡创业试点县。探索“两委三中心”管理新模式，42 个试点小区全面完成“两委三中心”建设任务。精准扶贫成效显著，探索“互联网＋公益＋扶贫＋保险”新路径。

“种养结合”推动畜禽粪便资源化利用。泗洪县以畜禽粪便资源化利用和“种养结合”拉伸生态产业链条，成功将生态之累转化为生态财富。泗洪县车门乡团结村从牛粪治理出发，成功走出一条“奶牛养殖＋牛粪制作有机肥＋牛粪发酵栽种葡萄＋葡萄架下散养草鸡”的路径，泗洪县瑶沟乡崔庄村从鸡粪治理出发，走上“鸡粪＋沼气＋发电”的生态养殖之路。泗洪县创新运作模式，畜禽养殖污染治理显成效，新产业助力经济发展。

（3）江西省靖安县

靖安县地处赣西北，空气、水质优良，全县森林覆盖率达 84.1%，三爪仑景区达 95.7%，景区内负氧离子含量高达 10 万个/cm^3，有“天然氧吧”美誉。靖安县依托自身生态环境优势，全面践行“以河为贵、以树为荣、以旅为先、以得为本、以城为美、以俭为宝”的“六以”工作理念，实施“一产助推旅游、二产服从生态、三产激活全局”的模式，发展全域绿色有机农业、推进农业“接二连三”，坚定不移走生态保护与经济发展共赢之路。2016 年全县生产总值 39.3 亿元，较 2015 年增长 8.8%。

强力发展全域绿色有机农业。靖安县立足生态禀赋和特色产业优势，把发展绿色有机农业作为农业产业发展的“第一特色经济”来培育、“第一金字招牌”来塑造、“第一工作抓手”来推进。被评为江西省绿色有机农产品示范县、江西省绿色生态农业十大行动试点县。目前，全县有 39 个农产品获得绿色有机食品认证，认证面积 9.3 万亩；靖安白茶、靖安椪柑入选“国家地理标志保护产品”。

低碳工业提质换挡。靖安县被纳入江西省工业绿色转型试点县。国家重点项目洪屏抽水蓄能电站正式发电；硬质合金工具、绿色照明两大省级产业基地不断做大做强，江钨硬质合金有限公司棒材产品产量跃居全国第三，合力照明产能全省第一，超维新能源正式在“新三板”上市。扎实开展降成本优环境专项行动，智慧园区平台初步搭建，园区管理水平进一步提升。

全域旅游风生水起。被列为“全国首批全域旅游示范区创建单位”，获评“江西省旅游强县”。三爪仑旅游区被评为“江西省省级旅游度假区”，三爪仑获批“江西省省级生态旅游示范乡镇”，中源入选全省首批休闲服务业集聚区建设试点。重点做好“动静”结合文章，致力打造禅修祈福圣地和户外运动天堂，东白源生态养生谷、中源国际滑雪等项目强势推进。2016 年，全县共接待游客 600 万人次，同比增长 31.2%。

（4）陕西省留坝县

留坝县位于陕西省西南，汉中市北部，属陕西省扶贫开发重点县。留坝县政府围绕建设生态宜居家园，着力提升城镇品质，全力保护生态环境，成功打造“留坝蓝、留坝净、留坝美”的亮丽城市名片，省级生态镇实现全覆盖，主要河流水质和空气质量始终保持优良，连续三年荣登“全国百佳深呼吸小城榜”，荣膺省级卫生县城、省级文明县城、省级生态县和全国首批“中国天然氧吧”，大力促进生态旅游和生态农业发展，带动一产调结构、二产出产品、三产优服务。2016 年，全县生产总值突破 14 亿元大关，年均增长 12.5%，较 2011 年翻了一番，城乡居民人均可支配收入较 2011 年也实现翻番。

大力发展生态旅游。紧紧围绕建设中国山地度假旅游示范区目标，加快推进旅游产业开发，倾力打造“全域留坝、四季旅游”品牌。张良庙紫柏山和栈道漂流成功创建为 4A、3A 级旅游景区，紫柏山国际滑雪场和中国栈道水世界抢占陕南旅游发展新高地。“双节”、山地自行车大赛、滑雪大赛等旅游赛事活动精彩纷呈，留坝对外知名度和影响力空前提升。“十二五”旅游综合收入和游客接待人数较“十一五”分别翻了两番和三番，旅游带动三产增加值占到全县经济总量的“半壁江山”。荣膺“中国县域旅游之星”“全省首批旅游示范县”的称号。

推动发展生态农业。留坝县强力推进现代农业园区建设，着力发展品牌农业、休闲农业、良心农业，促进农旅深度融合。围绕粮油、食用菌、畜禽、果蔬等主导产业，突出香菇、木耳、土鸡、蜂蜜、蔬菜、西洋参、猪苓等重点农产品，大力实施农产品品牌战略。截至 2015 年 9 月，全县“三品一标”认证农产品 9 个，其中无公害农产品 2 个、绿色食品 3 个、有机农产品 1 个、地理标志农产品 3 个。

1.4.1.3 典型地区激活万水千山的“两山”建设经验

浙江省湖州市、安徽省旌德县、贵州省贵阳市乌当区等地区均为生态环境优良的区域，生态环境资产丰厚。如何进行制度和政策创新，形成激活绿水青山的体制机制，推动以绿水青山为表征的生态环境资产进一步转化为以金山银山为表征的经济社会资产，培育拓展依托绿水青山实现生态价值的路径机制，成为这些地区“两山”建设的重要考虑，并在不断实践中积累了丰富经验。其中，贵阳市乌当区将大数据理念引入生态文明建设，从“自然乌当”“生态乌当”到“生态健康之区”，形成了“两山”建设的“4G”模式；湖州市颁布实施《湖州市生态文明先行示范区建设条例》，率先出台全国首个自然资源资产保护与利用绩效考核评价、领导干部自然资源资产离任审计办法，全面构建生态文明建设法规体系；安徽省旌德县创新试点以林长制、河长制为代表的“双长制”，以及自然资源资产负债表与GDP综合考核机制等。

（1）浙江省湖州市

湖州市地处长三角中心区域，先后获得“国家环保模范城市”“国家卫生城市”“国家园林城市”“中国优秀旅游城市”“中国魅力城市”“全国城市综合实力百强市”“国家森林城市”“中国最幸福城市”等荣誉称号，并成为全国首个地市级生态文明先行示范区，是中国美丽乡村的发源地、“生态＋”的先行地，始终以制度创新引领生态文明建设和“两山”建设。

全面构建生态文明建设法规体系。颁布实施全国首部生态文明先行示范区建设的地方性法规《湖州市生态文明先行示范区建设条例》，从规划建设、制度保障、监督检查、公众参与等方面作出规定，为湖州市生态文明建设提供了坚实的法制保障。顺利完成自然资源资产负债表编制和领导干部自然资源资产离任审计国家试点任务，率先出台全国首个自然资源资产保护与利用绩效考核评价、领导干部自然资源资产离任审计办法，深化自然资源资产负债表编制成果运用。制定实施《湖州市生态文明先行示范区标准化建设方案》，出台全国首个《生态文明标准体系编制指南》地方标准，为湖州市生态文明标准体系的构建、运行和持续改进提供规范和指导。积极开展国家生态市创建工作，成为全国首个实现国家生态县区全覆盖的国家生态市和浙江省首批国家生态市。

全面推动生态文化建设。围绕“绿水青山就是金山银山”重要思想提出十周年，举办一系列纪念和研讨活动，湖州生态文明建设的影响力进一步扩大。推行《市民生态文明公约》，设立“湖州生态文明日”，生态文明建设的公众认同感、参与度不断提升。

（2）安徽省旌德县

旌德县位于皖南山区、黄山北麓，生态优美，山水特色鲜明，是国家级生态示范区建设试点县和省级生态县。在推动生态文明建设的进程中，旌德县政府建立自然资源资产负债表与GDP综合考核的“一张表”和“一本账”等体制，成为安徽省以制度创新引领生态文明建设、建立体制机制保障、培育拓展依托绿水青山实现生态价值的路径机制方面的排头兵。同时，旌德县政府创新试点以林长制、河长制为代表的“双长制”，将林长制重点生态功能区示意图与河长制河流水库水系示意图合二为一，制作成旌德县林长制、河长制示意图，实行一图制挂图作战。

（3）贵州省贵阳市乌当区

贵州省贵阳市乌当区将大数据理念引入生态文明建设，从“自然乌当”“生态乌当”到“生态健康之区”，着力于生态空间布局规划、生态环境保护建设、生态产业体系建设、生态文明社会建设，形成“绿水青山就是金山银山”的生态文明建设“4G”模式。建成4个大数据创业孵化基地，入驻大数据关联企业173家，贵州乌当智源大数据服务产业集聚区获批省级现代服务业聚集区，大数据产业规模总量达 80.13 亿元。

1.4.1.4 典型地区共享绿水青山的“两山”建设经验

浙江省衢州市与广东省东源县均为区域重要的生态屏障和饮用水水源地，四川省九寨沟县拥有获“世界自然遗产”“世界生物圈保护区”“绿色环球 21”三项国际桂冠和国家首批 5A 级风景名胜区称号的九寨沟风景名胜区。这些地区，不断加强源头地区和景区的生态保护力度，严格区域环境空间管制，保值增值生态资产，使群众共享绿水青山保护成果，增强群众实践“绿水青山就是金山银山”的获得感。以衢州市为例。近年来，衢州市委、市政府坚定履行“钱江源头筑屏障，一江清水送下游”的承诺，2014 年衢州市率先成为浙江省无市控以上劣Ⅴ类断面的设区市；2016 年，全域所有乡（镇、街道）的河流水质均优于Ⅴ类水标准。

（1）浙江省衢州市

衢州市位于钱塘江上游，华东地区腹心，是全国 9 个生态良好地区之一、全省首个全市域国家级生态示范区。长期以来，衢州市委、市政府以维护钱塘江上游生态系统整体功能为重点，加强源头地区的生态保护力度，将衢州建设成为美丽浙江的重要生态屏障，使群众共享绿水青山保护成果。

加强全市环境空间管制。抓住开化国家主体功能区建设试点机遇，推广试点经验，修编实施全市环境功能区划，将全市分为自然生态红线区、生态功能保障区、农产品安全保障区、人居环境保障区、环境优化准入区、环境重点准入区等 6 大类 28 个环境功能区，明确各环境功能小区环境保护目标，提出管控措施和产业环境准入要求，实施差别化环境管理。构建全市统一的产业布局空间体系，建立完善空间准入、总量准入、项目准入“三位一体”和专家评价、公众评价“两评结合”的环境准入制度，严禁在园区外布局项目，严禁“三高”项目落地。在全省率先实行工业项目决策咨询机制，对环保、能耗不达标或不适合在衢州布局的项目，一律予以拒绝，“十二五”以来否决不符合产业和环保政策的项目 400 多个，总投资 200 多亿元。

加大源头地区生态保护力度。以维护钱塘江上游生态系统整体功能为重点，加强对湖泊、湿地、自然保护区、森林公园、资源重点开发区等区域的生态保护和利用，国家一级、二级保护珍稀植物物种、动物种类分别占全省的 56.6%和 52.5%。强化生态公益林保护，制定森林抚育配套扶持政策，促进森林扩面提质，统筹推进平原绿化，开展森林大道、森林公园、森林园区、森林巨化“四大森林”建设，全市森林覆盖率多年维持在 71.5%左右的高位，高出全省 10 个百分点，位列全省第二，“十二五”期间累计造林 40 万亩，年均抚育更新森林 28 万亩，公益林面积达 469 万亩，新增平原绿化面积 2.2

万亩。开展河道综合整治，强化水土保持工作，全力修复河道水生态，成功创建国家水土保持生态文明城市和全国水生态文明城市建设试点。加快推进废弃矿山生态环境治理与修复，衢江区、常山县通过钙产业整治提升，关停 174 孔石灰立窑、209 家（条）钙企业（生产线），并对矿区综合整治进行规划，实现矿区向景区的嬗变。

持续开展“五四三”等环境整治工作。深入推进“五水共治”，2013 年在全省率先开展“共建生态家园”行动，向所有行政村选派生态指导员，严格落实河长制，加快治污项目建设，在全市域推广“开启模式”“两溪模式”“集美模式”“贺田模式”等创新做法，启动开展“清千塘美百河”，2014 年、2015 年连续两年夺得“五水共治”大禹鼎，在全省率先实现全市域消除劣Ⅴ类水质断面、消除黑河臭河垃圾河、禁止河道采砂、生猪和水产生态环保养殖“四个全市域”，出境水、饮用水水源地水质合格率连续 10 年达 100%。强势推进“三改一拆”，以“无违建”创建为抓手，注重拆改结合、拆用并举，建立新增违建动态巡查处置机制，确保新违建及时发现、及时处置，全市累计拆除违法建筑 2 600 多万 m^2，实施“三改”3 000 余万 m^2，腾出土地 3 万亩，拆后土地利用率达 70%。纵深推进“四边三化”，实施高铁、高速公路沿线重要节点、大面积环境突出问题的改造提升，彻底解决重点区域和重要节点“脏、乱、差”问题，全面提升浙江“西大门”形象，累计清理乱堆乱放面积 112.36 万 m^2，立面整治 470.9 万 m^2。大力推进大气污染防治，重点抓好工业废气、建筑扬尘、汽车尾气、餐饮油烟、秸秆焚烧“五气”整治，2015 年市区空气质量指数（AQI）优良率达到 84.9%，$PM_{2.5}$ 浓度均值从 2013 年的 68 $\mu g/m^3$ 下降到 45 $\mu g/m^3$，降幅为 33.8%，居全省第一。

（2）广东省东源县

东源县是广东省重要生态屏障和饮用水水源地，被省委、省政府划定为“生态保护区”。东源县政府严格控制自然资源开发规模和强度，积极探索绿富双赢新路径，确立了“绿色引领、生态支撑、创新发展、实绩为基”的发展理念，错位发展对空气和水环境质量要求较高的新型生态经济，深入实施“南粤水更清”行动计划，扎实开展东江水环境综合整治，切实保障广东和香港饮用水安全，2016 年新丰江水库水质保持在Ⅰ类标准，辖区内东江干流水质保持在Ⅱ类标准。

（3）四川省九寨沟县

九寨沟县位于四川省北部高原，阿坝藏族羌族自治州东北部，拥有获“世界自然遗产”“世界生物圈保护区”“绿色环球 21”三项国际桂冠和国家首批 5A 级风景名胜区称号的九寨沟风景名胜区。九寨沟县政府扎实有效推进生态建设，大力保护景观多样性，全面落实天然林保护、退耕还林和草原生态奖补等政策，夯实发展全域旅游的生态环境基础。

推进“旅游＋”共融共生。九寨沟以生态为基、文化为核、旅游为衣，大力促进旅游业在第一、第二、第三产业间的深度融合，正在开启丰富多彩的“旅游＋”时代，让全域旅游成为新型发展良方，让每一个村庄、每一个乡（镇）、每一个地区，直到全县，点、线、面都要美起来、富起来，共享绿水青山。“旅游＋农业”，坚持农旅融合，推动乡村旅游连片发展，在新村建设上注重乡土味道，打造休闲观光、古村寻迹、农耕体验等为一体的特色美丽村寨；在产业调整上坚持“田园变果园，果园变花园，花园变公园，公园变乐园”，走一镇一色、一村一品、一处一景的旅游经济道路，推动农业全链条升值，把农业从单纯的“赏花销果”，向集“吃、住、赏、购、体验”于一体的多业态转变。“旅游＋文化”，深入挖掘公式舞、南坪曲子、登嘎甘公式（熊猫舞）、川西藏族山歌 4 项国家级非物质文化遗产特色内涵，着力打造具有地方特色和民族特色的节庆文化活动，形式上可参与，内容上易接受，思想上能认同，成功举办了 2016 年全域九寨 • 涂墨狂欢节。“旅游＋扶贫”，通过产业规划布局，把产业“种”成景观。再通过节会，提升产业影响力。农民不但能卖农产品，更能卖风景，传统农业与旅游联姻，让乡村旅游与脱贫产业深度融合，真正达到稳定增收。漳扎镇牙扎村 2016 年通过发展户外运动吃上了旅游饭，成功脱贫。“旅游＋体育”，继 2016 年举办中国“疯狂熊猫”九寨沟半程高原马拉松活动后，2017 年将举行五粮液 • 阿坝州第三届特色美食节、2017 中国九寨沟半程马拉松赛、2017 中国四川大熊猫国际生态旅游节分会场暨全域九寨 • 涂墨狂欢季、九寨采花灯会等活动，较好地满足了游客知识获得、文化感知、休闲娱乐等个性化、多样化的旅游需求，实现了从封闭的旅游自循环向开放的融合发展方式转变，有利于增加旅游综合消费，摆脱门票经济依赖，既为旅游业自身发展拓展了空间，也为带动其他产业提供了动能，为整个经济结构调整注入了活力。2017 年上半年，全县接待游客 321.2 万人次，实现旅游收入 40.1 亿元，分别比上年同期增长 7.85%和 6.95%。

1.4.2 支撑体系

“两山”理念的核心要求为寻找转化路径，按照生态文明总体建设要求，基于“两山”实践创新基地的典型做法和经验，为实现绿水青山源源不断地转化为金山银山的“两山”建设目标，夯实生态支撑、发展生态经济、完善生态制度、弘扬生态文化等均能为“两山”建设提供有力支撑。

- 夯实生态支撑，护美绿水青山。

加快构建以改善生态环境质量为核心的目标责任体系和以生态系统良性循环和环境风险有效防控为重点的生态安全体系，守好生态家底，维护环境安全，护美绿水青山。坚持“山水林田湖草是一个生命共同体”理念，构建“生态环境战略分区—生态安全格局—生态保护红线”三级生态安全格局管控体系，系统推进生态系统保护、修复与建设，增值生态资源资产。同时，实行环境质量底线管理，坚持治水、治气、治土并进，推进联防联控和流域共治，有效防范和降低环境风险，全面提升生态环境质量供给水平。

- 发展生态经济，做大金山银山。

加快构建以产业生态化和生态产业化为主体的生态经济体系，做大金山银山。首先，传统产业在国民经济发展中依然占有重要地位，通过生态设计、循环经济、清洁生产等推动传统产业循环低碳绿色转变，降低传统产业的资源能源消耗和环境污染水平，提高传统产业的生态化和绿色化水平，推动产业的转型升级。其次，依托当地的生态环境特征和产业发展特征，培育一批自然生态、低碳环保、田园康养、运动休闲、智慧治理等主题的典型模式，找到绿水青山向金山银山直接转化的通道和路径，将生态环境优势变为生态农业、生态工业、生态旅游等生态经济的发展优势，找到区域可持续发展的内生动力。

- 做好制度支撑，激活万水千山。

推动建立以治理体系和治理能力现代化为保障的生态文明制度体系，激活万水千山。以领导干部自然资源资产离任审计、河长制等落实地方环境保护责任，以排污许可、工业污染源达标排放、损害赔偿等落实企业的主体责任，加强信息公开，推动公共参与，形成政府、企业、社会共治的治理体系。同时，构建产权清晰、多元参与、激励约束并重、系统完整的制度体系，健全资源税、环境税、碳税等财税制度，水权、矿权、林权、用能权等自然资源产权制度，以及生态补偿、循环补贴、低碳补助、绿色金融等其他资源环境经济学手段，引导绿水青山自身价值的回归，调配绿水青山保护者和金山银山受益者间的利益，也是打通“两山”转换通道的重要制度支撑。

- 强化文化建设，共享绿水青山。

加快建立健全以生态价值观念为准则的生态文化体系，深入发掘我国儒家思想、历史文化、山水文化中的传统生态文化资源，弘扬尊重自然、顺应自然、保护自然的生态文明理念。融合生态文化与民生体验，打造文化小镇，发展生态文化旅游，创建自然生态资源品牌，发展生态文化相关产业，推动与其他产业的融合发展。构建环境服务惠民体系，开展富有地域特色的生态文化活动，实施生态文化普及化战略，推动生态文化的传播，让生态价值、生态道德、生态习俗内化于心并外化于行。鼓励公众参与，加强环境教育，倡导绿色低碳的生活方式。

第 2 章 “两山”理念实践评价体系研究

“两山”理念涵盖了自然生态环境和人类经济社会活动这一复杂巨系统。为科学评估各地“两山”理念实践的成果，需建立客观科学的评价体系来反映这个复杂巨系统的运行结果。本章对“两山”理念进行了详细的语义分析，自上而下、从宏观到微观，建立了“两山”理念实践评价技术框架，并借鉴相关评价体系的设计经验，构建了逻辑严密的评价指标体系，根据指标、指数间的逻辑关系，设计了具体的评价技术方法。

习近平总书记“两山”理念的内容涵盖了自然生态环境和人类经济社会活动这一复杂巨系统。为科学评估各地“两山”理念实践的成果，仅用少数几个“一阶指标”（直接来源于监测或统计的指标）来反映这个复杂巨系统的运行结果，极有可能失之偏颇。将“两山”理念进行详细的语义分析解构，自上而下，从宏观到微观，层层推进，最终筛选提出代表性强的“一阶指标”及其模块化、系统化的层级结构，形成逻辑较为严密的评价指标体系，并根据指标、指数间的逻辑关系，设计具体的评价技术方法。

2.1 “两山”理念实践的评价技术框架

2.1.1 “两山”示范区评价技术路线设计

本章研究以习近平总书记“两山”理念和相关科学论断为依据，借鉴相关研究成果，以衢州实践为案例，进行“两山”理念内涵的语义解构，依据逻辑一致性原理构建语义模型，在此基础上将模型各子模块进行评价指标转化，形成了“两山”理念实践示范区建设进展的评估指标体系，结合衢州市具体评估需求，开展指标数据搜集整理和分析工作，根据数据可获得性、准确性、权威性等实际情况，通过对指标进行替代、删减等方法对理论指标体系进行优化，形成可操作性强的实用评价指标体系，同步对具体指标的含义、计算公式、阈值标准等作出说明；根据“两山”理念包含的逻辑关系，设计科学合理的评估技术与方法，形成“两山”评价指数，定性定量评测衢州“两山”理念实践示范区的建设进展，分析研判衢州“两山”理念实践示范区建设成效与不足，研究提出衢州“两山”理念实践示范区需要重点关注、重点突破及持续推进的领域。

具体技术路线如图 2-1 所示。

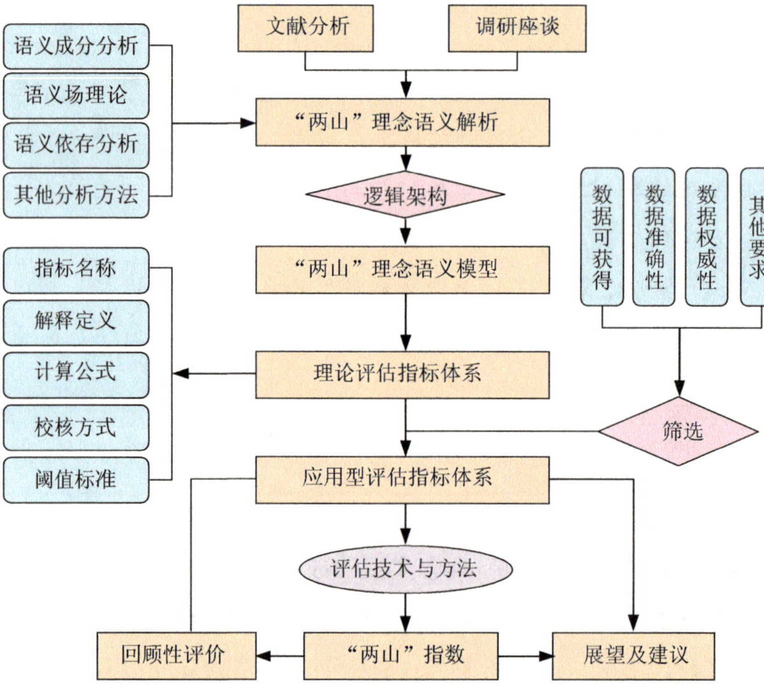

图 2-1 “两山”示范区建设进展评估技术路线

2.1.2 “两山”理念体系语义分析

通过对习近平总书记“两山”理念和相关科学论断核心语句的提炼，并展开以“认知型”评价为导向的语义分析，提出相应评价需求框架。

本节在上一章“两山”理念实践示范区的理论体系研究的基础上，就“宁要绿水青山，不要金山银山”“既要绿水青山，也要金山银山”“让绿水青山变成金山银山”3 句核心语句进行语义分析。

2.1.2.1 “宁要绿水青山，不要金山银山”的语义分析

“宁要绿水青山，不要金山银山”这一语句的语义，从本质上对经济发展与环境保

护的取舍作出了根本性的规定，即保护好优良的生态环境（绿水青山）是关系人民福祉、关系民族未来的长远大计。改善提升生态环境质量是我们最公平的公共产品，是最普惠的民生福祉，绝不能以牺牲优良的生态环境（绿水青山）去换取一时的经济快速发展（金山银山），这一句话是整个“两山”理念的基石与出发点。

基于以上语义分析，本书评估的语义模型概化为：绝不能以牺牲生态环境为代价换取经济的一时发展。评估具体要求为：在确定衢州市的大气、水、土壤、生态环境的质量底线的基础上，根据相关生态环境优良程度确定具体评估数值；对未达到相应底线要求的，应考虑惩罚性的变权权重，以体现“宁要……，不要……”这一优先性判断的要求。

就具体的底线性要求而言，其底线大致体现在：绿水青山总体评估结论、生态环境状况总体量度、公众生态环境满意情况等客观和主观评估数值，根据相关国家标准、科研结论和具体数值含义，不得低于某一阈值。

2.1.2.2 “既要绿水青山，也要金山银山”的语义分析

“既要绿水青山，也要金山银山”这一语句的语义，强调了生态文明建设与经济建设并不存在本质上的冲突，两者协同发展是可以实现的。这一语句强调经济发展与环境保护的兼顾，即既要保护好生态环境，又要发展好经济，二者构成一个有机整体，缺一不可，最终达到生态效益、经济效益的共赢。“既要绿水青山，也要金山银山”这一句话是整个“两山”理念的目标和收敛点。

基于以上语义分析，“两山”理念实践的评估需求是：在不否定工业文明对金山银山的贡献作用的基础上，在维护和改善生态环境质量的同时，强调科学合理发展工农业（尤其是对生态环境质量有一定影响的行业）、合理推进城镇化及相关第三产业发展的重要性。评估语义的模型概化上应体现为绿水青山的评估值与金山银山的评估值是一种“缠绕”关系，存在着“一荣不荣、一损俱损”的逻辑关系。

“既要绿水青山，也要金山银山”这一语义的评估学应用价值主要体现在两个方面：一是从评估内容上来说，金山银山具体指代什么，还需要从“两山”理念的含义出发进行细致框定；二是从评估方法上来说，如何将绿水青山和金山银山这两者进行集成评估，形成总体评估结论，具体的方法选择上还需要进一步斟酌。

2.1.2.3 “让绿水青山变成金山银山”的语义分析

“让绿水青山变成金山银山”这一语句的语义，表达了生态环境优势可以转化为巨大的经济发展优势，强调“绿水青山就是金山银山”的转化驱动，从另一个维度诠释

了经济发展与生态环境保护的辩证关系，强调了绿水青山对金山银山的驱动作用，强调如何开发和利用好山水资源，在“宁要绿水青山，不要金山银山”的前提下，让绿水青山清洁、高效转变成金山银山，在生态效益不降低和改善的前提下，实现经济效益的提升。

从生态环境科学的原理来说，生态环境是具有一定生态环境容量资源的，在对生态环境的开发和利用过程中，只要在一定时间范围内，人类活动的强度不超过这一特定生态环境容量，人类经济活动带来的一定程度上的生态改变和污染排放是仍然可以让绿水青山保持原状不恶化的，在此原理基础上，人们的经济开发利用，如何清洁高效地利用“生态环境容量”这一“被动”类型的资源，是一个重点内容。

基于以上语义分析，“两山”理念实践的评估需求是：如何在对生态环境服务价值合理估值的基础上，评价绿水青山转化为金山银山的“质”与“量”的优势。从转化的“质”的层面来说，单位污染排放对应的 GDP 产出、单位国土面积的生态环境服务价值对应的 GDP 产出等内容都是其关注的内容；从转化的“量”的层面来说，居民人均可支配收入、主要农产品生态种植面积比例、绿色融资等都是其关注的内容。

2.1.3 “两山”理念的语义模型构建

基于以上语义分析，从“绿水青山就是金山银山”这一基础性认知出发，以“宁要绿水青山，不要金山银山”“既要绿水青山，也要金山银山”“让绿水青山变成金山银山”为基本逻辑构架，构建基础性评价模型如图 2-2 所示。

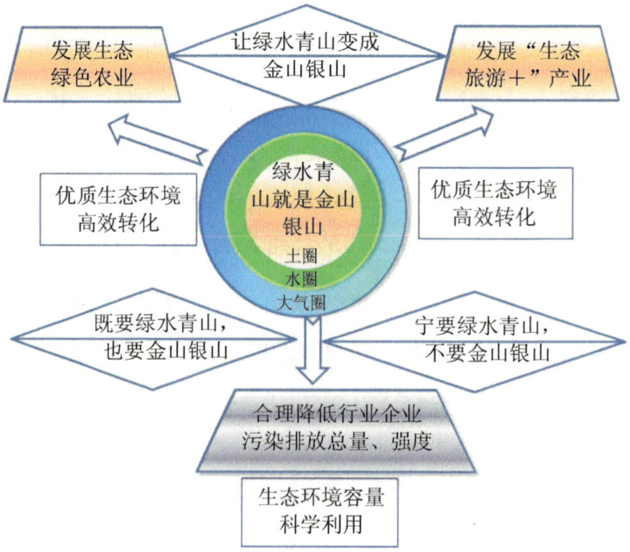

图 2-2 “两山”示范区建设进展评估语义模型

2.1.4 “两山”理念评估模型解析

基于上节的总体语义模型构建，对模型中各子模块进行深入的语义解析解构，以便于“两山”理念实践示范区的评估指标体系的设计与构建。根据“两山”理念中反复出现的两个核心词组绿水青山和金山银山进行细化分析，明确其具体指代内容，分析内容的层级划分、层内集合和列举等逻辑关系，为具体评估指标筛选、权重设计提供指导。各子模块的具体含义分析如下。

2.1.4.1 绿水青山子模块分析

绿水青山是一个并列词组，按其字面意思，可简单分成绿水和青山两个单词，这两个单词在中国传统文化中各有含义，其中：

绿水意指水质洁净、水生态优良的水体（包括河流型水体和湖库型水体），并由此引发的东方传统审美体验，如唐代李白《子夜四时歌·春歌》中的“秦地罗敷女，采桑绿水边”、宋代李之仪《南乡子·绿水满池塘》中的“绿水满池塘。点水蜻蜓避燕忙。杏子压枝黄半熟，邻墙”等。

青山意指青葱的山岭、长满绿色植物的山，并由此引发的东方传统审美体验，如唐代孟浩然《过故人庄》中的诗句“绿树村边合，青山郭外斜”、元代白朴《天净沙·秋》中的散曲“……青山绿水，白草红叶黄花”等。

综合绿水和青山两个词来看，其在中国传统文化中又有了派生出来的、范围更广泛的含义：绿水青山泛称美好的山河、风景优美的山水互生互养的生态环境，正如唐诗所描述的那样：只有“青山满蜀道”，才能“绿水向荆州”；也只有“千岩泉洒落”，才有“万壑树萦回”。

党的十八大以来，针对我国面临的资源与生态环境压力，中共中央、国务院于 2015 年 3 月印发了《关于加快推进生态文明建设的意见》，正式把“坚持绿水青山就是金山银山”写进文件。党的十八届五中全会提出，实施山水林田湖生态保护和修复工程，筑牢生态安全屏障。党的十九大进一步提出了“加快生态文明体制改革，建设美丽中国”的重大历史目标和历史任务，“两山”理念的绿水青山正是“美丽中国”在生态环境领域中的具象体现。本章基于以上理解，结合生态环境科学方面的原理和术语体系，将绿水青山的具体指代内容，尽量按照科学分类原则（不缺项、不溢出、不交叉），列举如下：

（1）绿水青山总体上可分为客观规定和主观感受两大类。

（2）绿水青山的客观规定可分为总体生态评价、水环境质量、大气环境质量、土壤环境质量等。

（3）总体生态、水环境质量、大气环境质量、土壤环境质量等内容的解析和细化，可以在具体指标设计层面予以明确。

2.1.4.2 金山银山子模块分析

金山银山，从个人和家庭角度来说，就是指可用于消费或投资的大量货币财富，潮汕俗语说“金山银山食唅完”即是此意。从“两山”理念的语境出发，金山银山指的是经济收入以及与收入水平关联的民生福祉。从“君子爱财，取之有道”的角度来说，人们对金山银山的追求是经济社会前进的直接动力，是人与自然关系中“人”利用自然生态环境资源和自身体力智力资源所创造的并被认可接受的价值的过程。本章基于以上理解，结合相关经济、社会和环境方面的原理和术语体系，将金山银山的具体指代内容，尽量按照科学分类原则（不缺项、不溢出、不交叉），列举如下：

（1）金山银山总体上可分为两大类：自然生态环境资源的经济利用效率这一“质”方面的属性规定，自然生态环境资源的经济成效这一“量”方面的属性规定。

（2）自然生态环境资源的经济利用效率又可分为两类：某种形式的单位经济产出的自然资源的利用强度，某种形式的单位经济产出的污染排放强度。

（3）自然生态环境资源的经济成效：包括社区居民因生态环境优美带来的收入增长、绿色农业产品的生产等成效。

2.2 “两山”理念实践的评价指标体系构建

借鉴已有相关生态文明建设试点示范区指标、生态文明评价考核指标体系和其他相关指标体系，根据“两山”理念的评价语义模型及其解析细化成果，构建“两山”理念实践示范区的评价指标体系。

2.2.1 相关评价体系设计经验借鉴

从国家和地方两个层面出发，收集整理我国以往和现有生态文明建设实践相关评价指标体系，分析其内在逻辑架构，为“两山”理念实践示范区评价指标体系的构建提供参考和借鉴。

2.2.1.1 国家层面生态文明管理实践相关评价指标体系

（1）国家生态文明建设试点示范区指标

从 20 世纪 90 年代开始，国家环境保护总局就开展了生态示范区、生态省、生态县等一系列生态创建工作。党的十八大之后，环境保护部在以前研究的基础上制定了《国家生态文明建设试点示范区指标（试行）》（环发〔2013〕58 号），进一步加强对生态文明建设试点工作的协调、指导和监督，制定明确了生态文明试点示范县（含县级市、区）建设指标和生态文明试点示范市（含地级行政区）建设指标。生态文明试点示范县（含县级市、区）建设指标和示范市（含地级行政区）建设指标均由生态经济、生态环境、生态人居、生态制度、生态文化 5 个评价子系统组成，分别设置 29 个和 30 个具体指标（表 2-1）。

表 2-1　生态市、生态县建设指标体系

生态经济	生态环境	生态人居	生态制度	生态文化
资源产出增加率	主要污染物排放强度	新建绿色建筑比例	生态环保投资占财政收入比例	党政干部参加生态文明培训比例
单位工业用地产值	化学需氧量（COD）	生态用地比例	生态文明建设工作占党政实绩考核的比例	生态文明知识普及率
再生资源循环利用率	二氧化硫（SO_2）	公众对环境质量的满意度	政府采购节能环保产品和环境标志产品所占比例	生态环境教育课时比例
碳排放强度	氨氮（NH_3-N）		环境影响评价率及环保竣工验收通过率	规模以上企业开展环保公益活动支出占公益活动总支出的比例
单位工业增加值新鲜水耗	氮氧化物		环境信息公开率	公众节能、节水、公共交通出行的比例
	受保护地占国土面积比例			节能电器普及率
	林草覆盖率			节水器具普及率
	污染土壤修复率			公共交通出行比例
	生态恢复治理率			

为贯彻落实党中央、国务院关于加快推进生态文明建设的决策部署，鼓励和指导各地以国家生态文明建设示范区为载体，以市、县为重点，全面践行“绿水青山就是金山银山”理念，积极推进绿色发展，不断提升区域生态文明建设水平，2016 年环境保护部印发了《国家生态文明建设示范区管理规程（试行）》《国家生态文明建设示范县、市指标（试行）》（环生态〔2016〕4 号），在前一个指标体系的基础上，从生态空间、生态经济、生态环境、生态生活、生态制度、生态文化六个方面，分别设置 38 项（示范县）

和 35 项（示范市）建设指标。

（2）国家生态文明先行示范区建设目标体系

根据《国务院关于加快发展节能环保产业的意见》（国发〔2013〕30 号）中关于在全国范围内选择有代表性的 100 个地区开展国家生态文明先行示范区建设，探索符合我国国情的生态文明建设模式的要求，国家发展改革委联合财政部、国土资源部、水利部、农业部、国家林业局制定了《国家生态文明先行示范区建设方案（试行）》。其中制定了国家生态文明先行示范区建设目标体系。

国家生态文明先行示范区建设目标体系包括经济发展质量、资源能源节约利用、生态建设与环境保护、生态文化培育、体制机制建设 5 个方面 51 个具体指标。每个指标值下设基本值、目标值和变化率 3 个项目。

（3）其他部门生态文明建设相关指标体系

国家林业局于 2013 年 9 月发布了《推进生态文明建设规划纲要（2013—2020 年）》，其中在第二章“推进生态文明建设的基本思路”中提出了具体的发展目标，并以指标体系的形式制定了 2015 年和 2020 年的目标。国家林业局推进的生态文明建设主要指标体系由生态安全、生态经济、生态文化 3 个方面组成，如表 2-2 所示。

表 2-2 国家林业局推进生态文明建设主要指标体系

类别	类型	序号	指标	2015 年目标	2020 年目标
生态安全	森林	1	林地保有量/万 hm^2	30 900	31 230
		2	森林覆盖率/%	21.66	＞23
		3	森林蓄积量/亿 m^3	143	150
		4	森林植被碳储量/亿 t	84	88
	湿地	5	湿地保有量/万 hm^2	5 363	5 417
		6	自然湿地保护率/%	55	60
	荒漠	7	比 2010 年新增沙化土地治理面积/万 hm^2	1 000	2 000
	草原	8	草牧场防护林带控制率/%	80	85
	农田	9	农田林网控制率/%	85	90
	城市	10	城市建成区绿化覆盖率/%	39	39.50
	海岸	11	沿海防护林达标率/%	85	90
	生物多样性	12	林业自然保护区面积占国土面积比例/%	13	15
		13	森林公园面积占国土面积比例/%	2	3
		14	濒危动植物物种保护率/%	90	95

类别	类型	序号	指标	2015 年目标	2020 年目标
生态经济	经济价值	15	林业产业总产值/万亿元	6	10
	生态价值	16	森林生态服务功能年价值量/万亿元	12	16
		17	湿地生态服务功能年价值量/万亿元	9.88	12
生态文化	宜居环境	18	城市人均公园绿地面积/m^2	13	15
		19	村屯建成区绿化覆盖率/%	23	25
		20	空气负氧离子含量达到 WHO 标准的达标率*	50%地区	60%地区
	生态观念	21	义务植树尽责率/%	65	70
		22	生态文明教育普及率/%	80	85

注：*空气负氧离子，根据世界卫生组织（WHO）划定的标准，清新空气的负氧离子含量为每立方厘米空气中不低于 1 000～1 500 个。

2.2.1.2　地方层面生态文明管理实践相关评价指标体系

在党的十八大召开之后，地方政府在中央政府的指导下开展了广泛的生态文明建设实践活动，其中以生态文明试点示范县（含县级市、区）和示范市（含地级行政区）建设、生态文明先行示范区建设为重点。地方在设计生态文明评价指标体系时，除了按照上级有关文件的要求设置指标体系，还在规定指标体系下设置了具有地方特色、结合地方实际、反映地方情况的特色指标。

以浙江省为例，2016 年 2 月印发的《浙江省省级生态文明建设示范县、市指标（试行）》（美丽浙江办〔2016〕1 号），省级生态文明建设示范市指标体系由 5 个基本条件以及资源节约利用、绿色产业发展、环境质量改善、生态系统保护、人居环境改善、生活方式绿色化、制度机制完善 7 个方面 17 项任务 21 项建设指标组成。

2.2.1.3　生态文明相关指标体系特点小结

根据我国中央和地方人民政府主导施行的生态文明评价指标体系，经过对比分析，研究发现：

（1）这些指标体系多采用范围法构建体系框架

按生态文明建设的主要方面分类，然后逐类分层定出具体目标，如国家生态文明先行示范区建设目标体系分经济、能源、环境、文化、体制机制 5 个方面进行评价（该体系框架综合了范围法和目标法两种构建方式），国家生态文明建设试点示范区评价指标体系分空间、经济、环境、人居、制度、文化 6 个方面进行评价，国家林业局推进生态文明建设主要指标体系则分安全、经济、文化 3 个方面进行评价，三者均在范围框架下在每个范畴里设置了一定数量的具体指标，关注的范围也集中在生态经济、生态环境、生态制度、生态文化等方面。

（2）面向政府管理需求的特点突出

指标多分为约束性和参考性指标两类，其中，约束性指标多以《国民经济和社会发展第十三个五年规划纲要》《政府信息公开条例》《清洁生产促进法》等法律法规、政府规章等硬性约束为基础设计。政府相关部门根据各自职能制定了具有不同侧重点的评价指标体系。如国家生态文明建设试点示范区评价指标体系是环境保护部在推行生态文明建设试点示范区过程中使用的评价体系，在指标体系完整的基础上侧重设置了生态保护、环境保护、环境质量等方面的指标，国家林业局推进生态文明建设主要指标体系根据不同的生态系统类型设置指标，侧重关注森林、湿地、草原等生态系统的生态安全和生态经济，具有鲜明的部门管理特色。

（3）指标体系层次简明扼要，指标数量适中

其中国家生态文明先行示范区建设目标体系和国家生态文明建设试点示范区评价指标体系设置了两级指标体系，国家林业局推进生态文明建设主要指标体系设置了三级指标体系。指标数量多在 20 个到 50 个之间，根据地区实际情况设置一定数量的特色指标，与联合国可持续发展委员会（Commission on Sustainable Development，CSD）建立的可持续发展指标体系和中国科学院可持续发展研究组《中国可持续发展战略报告》中建立的可持续发展指标体系 100 个到 200 个指标的情况相比指标较少。

2.2.1.4 指标体系设计借鉴

针对以上我国生态文明评价指标体系的相关研究，结合“两山”理念实践示范区评价指标体系设计需求。虽然我国生态文明评价指标体系相关研究已经在不同评价尺度、不同类型评价地区利用多种评价方法进行了实践，并在得出评价结果的基础上对评价区域生态、资源、环境与经济的协调程度开展了量化研究，基本勾勒出我国生态文明建设的现状，提出了生态文明建设制度与机制方面的建议，为政府相关职能部门对生态文明建设的管理提供了政策支撑，但以上这些指标体系在具体评价实践活动中，尤其是应用在“两山”理念实践示范区的评价指标体系时，或多或少存在以下一些不足和缺陷：

（1）指标体系多以分类列举的方式构建指标体系，呈一维线性结构，指标子模块间仅呈现为简单的加和关系，在应用到“两山”理念实践示范区的评价过程中时，无法满足“两山”理念中反映的“兼顾论”“取舍论”“统一论”等要求。

（2）一些研究提出的指标体系中的具体指标值的监测与统计存在着可操作性不强、数据不准确等问题。在实际计算指标值时仅能通过地区间比较或者模糊指标值来确定，误差较大。

（3）由于生态文明建设与多个政府机构职能相关，不同的政府机构设置了以各自职能为重点内容的评价指标体系，指标存在着一定程度的交叉重复，这种体系林立的局面给政府管理的效率和效力造成一定的影响。

2.2.2 理论型评价指标体系构建

在分析总结一般评价指标体系构建原则的基础上，结合“两山”理念体系的语义分析、“两山”理念评估模型各子模块的解析，构建理论型评价指标体系。

2.2.2.1 理论型评价指标体系构建原则

总体来说，一般评价指标体系的构建原则符合科学分类原理，基本构建原则大致可总结为两大原则：

（1）系统性原则

不但从不同的侧面反映自然生态环境、经济和社会这些子系统的主要特征和状态，而且还要反映子系统间内在的联系。系统内各指标间相互独立又彼此联系，共同构成一个反映该系统运行规律的有机统一体。指标体系的构建自上而下，从宏观到微观层层深入，形成一个不可分割的评价体系。

（2）典型性原则

确保评价指标具有极强的代表性，尽可能准确反映出特定语义涵盖的特征、性状，保障指标筛选不能过多过细，以免使指标过于烦琐，相互重叠。这样可以尽量缩小指标间指示内容的重复，提高评价结果的可靠性，其次也便于数据计算。

2.2.2.2 理论型评价指标体系构建成果

以习近平总书记“两山”理念和相关科学论断为依据，结合衢州“两山”理念的具体实践，分析绿水青山和金山银山的具体内容及其之间的逻辑关系，从系统性、典型性和可量化等原则出发，结合“两山”理念体系的语义分析成果和“两山”理念评估模型各子模块的解析细化内容，在保证核心指标数据可获得的前提下，分析提炼形成理论型评价指标体系。具体转化提炼分析过程见表 2-3。

表 2-3 “两山”理念实践示范区理论型评估指标体系

系统分析	子模块转化		分项转化		提炼指标
	子模块	指数层	子模块细化	分指数层	
“两山”理念实践示范区建设进展→“两山”系统指数（H）	绿水青山子模块	青山指数（Ee）	主观规定	主观分指数	公众生态环境满意度指标
			客观规定：总体生态评价	生态分指数	生态环境质量优良率（EI）
					生态环境特重大突发事件
			客观规定：水环境质量	水环境分指数	地表水环境质量水质达到或优于III类比例
					地表水劣V类水体比例
					饮用水水源水质达标率
					地下水质量综合评价指标
					城区黑臭水体治理率
			客观规定：大气环境质量	大气环境分指数	环境空气优良天数比例
					$PM_{2.5}$ 年均值
					酸雨 pH 年均值
			客观规定：土壤环境质量	土壤环境分指数	土壤监测点位达标率
					受污染耕地安全利用率
	金山银山子模块	金山指数（Eg）	自然生态环境资源的经济利用效率	环境容量高效利用分指数	单位 GDP 废水排放量
					单位 GDP 能耗
					单位工业增加值 COD 排放强度
					单位工业增加值氨氮排放强度
					单位工业增加值 SO_2 排放强度
					单位工业增加值 NO_x 排放强度
			自然生态环境资源的经济利用成效*	青山高效转化分指数	居民人均可支配收入
					主要农产品中有机、绿色产品种植面积比例
					单位国土面积的旅游业收入
					战略性新兴产业增加值占 GDP 比重
					第三产业增加值占 GDP 比重
					绿色融资额

注：*鉴于自然生态环境资源优化对公众个体体力智力的改善、对经济产业和社会发展的优化成果无法严格量化，故自然生态环境资源的经济利用成效这一细化内容的各列举指标与其对应内容并不严格一一对应。

2.2.3 应用型评价指标体系构建

根据理论型评价指标体系构建成果，结合指标数据可获得性、指标重要性和可替代性，对理论指标进行筛选，删减替代部分评价指标，形成可操作的应用型评价指标。

2.2.3.1 应用型评价指标构建原则

结合“两山”理念实践示范区的建设成效进行评价需求，在部分指标的评价数据或定性评判资料不可获得的前提下，这些评价指标的删减、替代应遵循以下原则：

（1）部分评价指标的指代内容能够以现有其他统计监测数据（资料）基本代表的，应尽量选择“替代”操作，不能基本代表的，应选择“删除”操作。

（2）部分评价指标现阶段无统计监测数据（资料）可以替代的，如果其重要程度较高（如一个分指数层下仅一个指标），可用其指代内容对应的总量、分量或比例的方式予以替代，如重要程度较低（如一个分指数层下若干指标之一），可以选择“删除”操作。

2.2.3.2 应用型评价指标构建成果

对理论型评价指标进行删减、替代，形成应用型评价指标体系，体系包括 2 大类、6 分项、16 个具体指标，具体成果见表 2-4。

表 2-4 “两山”理念实践示范区应用型评估指标体系

序号	指数	指标名称	单位
1	绿水青山指数	公众生态环境满意度	%
2		生态环境状况指数（EI）	量纲为一
3		地表水环境质量水质综合评价指标	%
4		集中式饮用水水源地水质优良比例	%
5		空气环境质量优良天数比例	%
6		$PM_{2.5}$浓度	$\mu g/m^3$
7	金山银山指数	单位 GDP 用水量	t/万元
8		单位 GDP 能耗	t 标煤/万元
9		单位工业增加值的化学需氧量排放强度	kg/万元
10		单位工业增加值的氨氮排放强度	kg/万元
11		单位工业增加值的二氧化硫排放强度	kg/万元

序号	指数	指标名称	单位
12	金山银山指数	单位工业增加值的氮氧化物排放强度	kg/万元
13		居民人均可支配收入	元
14		农产品三品比例	%
15		战略性新兴产业增加值占 GDP 比重	%
16		第三产业增加值占 GDP 比重	%

注：如发生生态环境特重大突发事件，“两山”指数评价采取“一票否决”，综合评价为不及格（≤60）。

2.2.3.3 应用型评价指标说明

评价指标体系各指标的含义说明如下：

（1）主观分指数

公众生态环境满意度：居民对本地区生态环境状况的满意程度。具体数据来源于各地统计局相关满意度抽样调查数据。

（2）生态分指数

生态环境状况指数（EI）：是表征行政区生态环境质量状况的生物丰度指数、植被覆盖指数、水网密度指数、土地胁迫指数、污染负荷指数和环境限制指数的综合反映。具体数据来源于生态环境保护监测统计数据。

计算方法：详见《生态环境状况评价技术规范》（HJ 192—2015）。

（3）水环境分指数

地表水环境质量综合评价指标：区域内基于地表水监测断面的水质级别，进行综合评价以反映区域内水环境质量总体优良程度。

计算方法：地表水常规监测断面水质综合计分之和/地表水常规监测断面个数，计分标准：Ⅰ类水质断面计为 1 分，Ⅱ类水质断面计为 0.9 分，Ⅲ类水质断面计为 0.8 分，Ⅳ类水质断面计为 0.65 分，Ⅴ类水质断面计为 0.6 分，劣于Ⅴ类水质的断面计为 0 分。具体数据来源于环境保护部门监测统计数据。

集中式饮用水水源地水质优良比例：水质优良的集中式饮用水水源地个数/集中式饮用水水源地总个数。具体数据来源于环境保护部门监测统计数据。

（4）大气环境分指数

环境空气质量优良天数比例：空气质量达到或优于二级标准的天数/年有效监测天数，具体数据来源于环境保护部门监测统计数据。

$PM_{2.5}$浓度：监测环境空气中尘埃或飘尘的空气当量直径小于等于 2.5 μm 的尘埃或

飘尘在环境空气中的浓度。具体数据来源于环境保护部门监测统计数据。

（5）环境容量科学利用分指数

单位 GDP 用水量：行政区内单位地区生产总值所使用的水资源量。

计算公式：地区用水总量（m^3）/地区生产总值（GDP，万元）。具体数据来源于统计局统计数据。

单位 GDP 能耗：地区能源消费总量（吨标准煤）/地区生产总值（GDP，万元）。具体数据来源于统计局统计数据。

单位工业增加值的化学需氧量（COD）排放强度：工业 COD 的年排放量/工业增加值。具体数据来源于统计局、环保部门统计数据。

单位工业增加值的氨氮（NH_3-N）排放强度：工业氨氮的年排放量/工业增加值。具体数据来源于统计局、环保部门统计数据。

单位工业增加值的二氧化硫（SO_2）排放强度：工业二氧化硫的年排放量/工业增加值。具体数据来源于统计局、环保部门统计数据。

单位工业增加值的氮氧化物（NO_x）排放强度：工业氮氧化物的年排放量/工业增加值。具体数据来源于统计局、环保部门统计数据。

（6）青山高效转化分指数

居民人均可支配收入：居民可用于最终消费支出和储蓄的总和，即居民可用于自由支配的收入。具体数据来源于统计局统计数据。

农产品三品比例：有机、绿色、无公害农产品种植面积/农作物种植总面积。具体数据来源于农业部门统计数据。

第三产业增加值占 GDP 比重：第三产业增加值/地区生产总值（万元）。具体数据来源于统计局统计数据。

战略性新兴产业增加值占 GDP 比重：战略性新兴产业增加值/地区生产总值(万元)。具体数据来源于统计局统计数据。

2.2.3.4 应用型评价指标归一化和阈值设计

（1）指标归一化方法设计

指标归一化是为了统一各项指标的量纲，使原本不能用于相互比较的指标具有可比性和可加和性。指标的归一化一般采用极差标准化和专家级分法两类方法，对参评因子进行无量纲化处理，以便于最终的评价加和。

1）极差标准化

该方法首先确定该指标的最低下限（$X_{下限}$）和最高上限（$X_{上限}$），并将这两个数值对应于指数值 0 或 1，然后根据以下两种情况确定指数值：

①在上限与下限之外的数值，即 $X>X_{上限}$或 $X<X_{下限}$，分别根据具体情况取 0 或 1。

②在两者之内的数值，即 $X_{下限}<X<X_{上限}$，一般可以采用线性方程式确定：

$$f_i=\frac{X-X_0}{X_1-X_0} \tag{2-1}$$

式中：X_1——与归一化分值 1 相对应的指标值；

X_0——与归一化分值 0 相对应的指标值。

X_0、X_1 根据具体情况，对应于 $X_{下限}$、$X_{上限}$，该归一化分值属于[0，1]。

对于 $X_{上限}$、$X_{下限}$不确定的情况，可以采用某几个特定值赋予百分值的方法给予处理（具体特定值可搜集整理相关法规标准、重大规划目标等文件），如生态环境状况指数（EI），按照《生态环境状况评价技术规范》（HJ 192—2015），其分值大于 75 时可视为优秀，则可以将 EI 等于 75 时的分值定为 90 分，采用线性赋值方法进行极差标准化，具体计算见式（2-2）；对于特定值与指标值存在数量级差异的情况，视情况采用指标值对数化处理后再采用线性赋值方法进行极差标准化，具体计算见式（2-3）。

改良的线性极差标准化的公式如下：

$$f_i=b+(a-b)\times\frac{X-X_b}{X_a-X_b} \tag{2-2}$$

式中：X_a——与归一化分值 a 相对应的指标值（$0<a<1$）；

X_b——与归一化分值 b 相对应的指标值（$0<b<1$，$b\neq a$）。

对数化后改良的线性极差标准化的公式如下：

$$f_i=b+(a-b)\times\frac{\lg(X)-\lg(X_b)}{\lg(X_a)-\lg(X_b)} \tag{2-3}$$

式中：对数的底数根据特定值与指标值存在的具体数量级差异来确定，本研究根据原始数据情况，确定以 10 为对数底数。

2）专家级分法

专家级分法是采用专家的意见，按照专家经验和已有文献资料，对指标直接赋值（分级）。此方法主要用于没有定量数据或本身就比较宽泛而需要综合考量的评价因子，如脱硫电价的执行情况、农村环境综合整治任务落实情况等指标。由于该方法主要依靠专家的经验等进行赋分（分级），所以一般具有简便、直观和主观性较强的特点。

3）具体归一化方法设计

参考借鉴各种归一化设计方法，改良完善相关方法，设计“两山”理念实践示范区应用型指标的归一化方法，具体设计见表 2-5。

表 2-5　应用型指标的归一化方法一览表

指数	指标名称	归一化方法设计
绿水青山指数	公众生态环境满意度	直接采用原值
	生态环境状况指数（EI）	改良线性极差标准化
	地表水环境质量水质综合评价指标	改良线性极差标准化
	集中式饮用水水源地水质优良比例	改良线性极差标准化
	空气环境质量优良天数比例	改良线性极差标准化
	$PM_{2.5}$ 浓度	改良线性极差标准化
金山银山指数	单位 GDP 用水量	对数化后改良线性极差标准化
	单位 GDP 能耗	改良线性极差标准化
	单位工业增加值的化学需氧量排放强度	对数化后改良线性极差标准化
	单位工业增加值的氨氮排放强度	对数化后改良线性极差标准化
	单位工业增加值的二氧化硫排放强度	对数化后改良线性极差标准化
	单位工业增加值的氮氧化物排放强度	对数化后改良线性极差标准化
	居民人均可支配收入	改良线性极差标准化（分段）
	农产品三品比率	直接采用原值
	战略性新兴产业增加值占 GDP 比重	改良线性极差标准化
	第三产业增加值占 GDP 比重	改良线性极差标准化

（2）评价指标阈值设计

采用极差标准化方法进行指标归一化的过程中，确定单项指标的阈值是最关键的环节。一般来说，对各项指标阈值的确定，主要依靠国家、行业和地方规定的标准，并参考其他相关的科学研究成果中对指标阈值的确定。对于没有相关标准的指标，可以将全国范围内对多样本的指标数值进行比较，通过区域间指标数据的横向比较确定各指标的相对阈值，该方法是在剔除极端数值后，将该指标的最高值和最低值作为该指标的上限与下限。具体确定方式分为以下几类：

1）国家、行业和地方规定的标准。国家已发布的环境质量标准如《环境空气质量标准》（GB 3095—2012）、《生态环境状况评价技术规范》（HJ 192—2015）和地方政府颁布的标准和规划区目标、特别区域的保护要求（如绿化率要求、水土流失防治要求）等。国际标准如世界卫生组织大气、水环境方面的标准等均是可选择的评价标准。

2）背景和本底标准。以评价区域自然生态环境的背景值和本底值作为评价标准。

3）类比标准。以未受人类严重干扰的自然生态环境或者相似自然条件下的原生自然生态系统作为类比标准；以类似条件的生态因子和功能作为类比标准，如类似森林覆盖率应考虑不同类型的地形条件。类比标准须根据评价内容和要求科学地选取。

4）全国范围内或世界范围内同一指标值的比较。通过不同区域或者不同年份的指标数值比较，确定该指标值的阈值。通过全国各省（自治区、直辖市）数据比较，采用最高值作为该指标值的上限，最低值作为其下限。该方法中需要综合考虑各指标的原始数据的分布情况，排除个别极端数值，以体现所赋分值在各省（自治区、直辖市）之间的差异性。

5）国家、行业和地方发布的相关规划目标指标。

参考借鉴以上各种阈值设计方法，查阅相关法规、标准、规划和相关国内国外统计数据，综合考虑空间和时间评价需求，设计“两山”理念实践示范区应用型指标的归一化方法，具体设计见表 2-6。

表 2-6　应用型指标的阈值设计依据一览表

指标名称	阈值依据
公众生态环境满意度	以调查统计的百分值为计算依据
生态环境状况指数（EI）	《生态环境状况评价技术规范》（HJ 192—2015）
地表水环境质量水质综合评价指标	以指标综合计算的百分值为计算依据
集中式饮用水水源地水质优良比例	《“十三五”生态环境保护规划》
空气环境质量优良天数比例	《“十三五”生态环境保护规划》
$PM_{2.5}$浓度	《环境空气质量标准》（GB 3095—2012）
单位 GDP 用水量	《国家级生态文明建设指标体系》（环办生态函〔2017〕1194 号），《浙江省循环经济发展“十三五”规划》
单位 GDP 能耗	《国家级生态文明建设指标体系》（环办生态函〔2017〕1195 号），发达国家一般水平
单位工业增加值的化学需氧量排放强度	2015 年环境统计、国家统计局 2015 年统计年鉴，国内城市环境统计相关数据
单位工业增加值的氨氮排放强度	2015 年环境统计、国家统计局 2015 年统计年鉴，国内城市环境统计相关数据

指标名称	阈值依据
单位工业增加值的二氧化硫排放强度	2015 年环境统计、国家统计局 2015 年统计年鉴，国内城市环境统计相关数据
单位工业增加值的氮氧化物排放强度	2015 年环境统计、国家统计局 2015 年统计年鉴，国内城市环境统计相关数据
居民人均可支配收入	国家统计局 2016 年居民人均可支配收入，浙江省 2016 年居民人均可支配收入，瑞士 2014 年人均可支配收入
农产品三品比例	以调查统计的百分值为计算依据
战略性新兴产业增加值占 GDP 比重	浙江省统计数据，《国民经济和社会发展第十三个五年（2016—2020 年）规划纲要》
第三产业增加值占 GDP 比重	浙江省统计数据，《国民经济和社会发展第十三个五年（2016—2020 年）规划纲要》

2.3 “两山”理念实践的评价方法构建

根据应用型指标体系中各指标的重要性差异，给“两山”理念实践示范区建设进展的应用型评价指标体系的各个指标赋予相应权重。在此基础上，根据“两山”理念的评价语义模型中体现的逻辑关系，参考一般评价方法，构建“两山”理念实践示范区的评价方法；开展“两山”理念实践示范区的评价。

2.3.1 评价指标权重设计

2.3.1.1 一般权重设计方法借鉴

在各项评估中，对指标权重的确定一般采用层次分析法、因素分析法和均值法等。层次分析法是在专家打分的基础上，进行相应的计算得到；因素分析法继承了层次分析法分层次赋予权重，在各层次内部对指标赋予权重，最后进行层次权重和层次间权重组合运算形成总体衡量权重的思想。

（1）层次分析法

层次分析法的特点是在对复杂决策问题的本质、影响因素及其内在关系等进行深入分析的基础上，利用较少的定量信息使决策的思维过程数学化，从而为多目标、多准则或无结构特性的复杂决策问题提供简便的决策方法。尤其适合于对决策结果难以直接准确计量的场合。

层次分析法（AHP）又称多层次权重分析法，它是美国著名运筹学家萨蒂（T.L.Saaty）

教授于20世纪70年代初期创立的，其基本原理是将一个复杂问题分解为一系列简单的判断指标，请有关专家依据他们积累的丰富经验和知识作出逻辑判断和比较，并通过一定的方法把它们组合起来，得到对原始问题的分析判断。层次分析法在权值确定中应用非常广泛。

（2）因素分析法

因素分析法继承了层次分析法分层次赋予权重，在各层次内部对指标赋予权重，最后进行层次权重和层次间权重组合运算形成总体衡量权重的思想；但是，在赋予层权重和层内权重时进行了简化处理，采用了层间排队和层内排队，运用倒序计算的方法来衡量具体的权重水平。

（3）均值法

该方法是认为同一层次所有指标权重相同，参评指标权重均为 $W_i=1/n$，即默认所有指标具有相同的重要性。在评价过程中若采用均值法确定指标的权重，采用加权求和法对指数进行合并，所得指数的分值实际上就是各项评估指标归一化分值的算术平均值。均值法由于是同一层次指数权重取平均值，因此不足以反映指数间的相对重要性，但该方法容易操作。

2.3.1.2 “两山”评价指标权重确定

根据“两山”理念实践示范区建设进展的应用型评价指标体系的各个指标的重要意义，结合衢州现阶段生态环境保护、经济发展方面的重要关注，将绿水青山指数、金山银山指数中的各指标按照“核心指标”“非常重要指标”“重要指标”和“一般指标”进行分类排序，合理确定各等级分差，并对个别指标权重进行微调。具体指标权重设计见表2-7。

表2-7 “两山”评价指标权重设计一览表

序号	指数	指标名称	权重
1	绿水青山指数（100分）	公众生态环境满意度	15
2		生态环境状况指数（EI）	30
3		地表水环境质量水质综合评价指标	25
4		集中式饮用水水源地水质优良比例	5
5		空气环境质量优良天数比例	20
6		$PM_{2.5}$浓度	5

序号	指数	指标名称	权重
7	金山银山指数（100 分）	单位 GDP 用水量	5
8		单位 GDP 能耗	7
9		单位工业增加值的化学需氧量排放强度	7
10		单位工业增加值的氨氮排放强度	7
11		单位工业增加值的二氧化硫排放强度	6
12		单位工业增加值的氮氧化物排放强度	6
13		居民人均可支配收入	20
14		农产品三品比例	18
15		战略性新兴产业增加值占 GDP 比重	14
16		第三产业增加值占 GDP 比重	10

2.3.2 评价方法体系构建

根据“两山”理念的评价语义模型中体现的逻辑关系，参考一般评价方法，构建“两山”理念实践示范区的评价方法。

2.3.2.1 一般评价方法借鉴

一般评价方法多采用加权求和、制约因子等方法：

（1）加权求和法

通过每一层指标确定权重，然后与对应的单项指标分值相乘并求和，得到对应的上级指标，同样的方法，最后得到总体评估分值。

根据得到的权重 W_i 与归一化数值 f_i，计算评估分值 P：

$$P=\sum_{i=1}^{n} f_i W_i \tag{2-4}$$

由于 $\sum_{i=1}^{n} W_i=1$，而 $f_{\max}=1$，$f_{\min}=0$，因此总评价分值 P 介于 0～1，即 $P\in[0,1]$。

该方法是应用最为广泛的方法，数学中常用的算术平均值法可以作为其中的一个特殊情况。该方法通常适用于范围法（domain-based framework）构建的指标体系的评价方法。

（2）制约因子法

制约因子法即最小因子法，该方法是借鉴“短板效应”的原理，将同类同一层指标中分值最小的指标作为限制因子。在下层指标求得分值后，与同一层次同类指标分值比较，取最小值作为对应的上级指标的分值。该方法实际上是认为各指标（指数）对评估对象的影响贡献率是同等的，任一指标（指数）存在一定的缺陷时，都会使系统的整体受到影响。

2.3.2.2 “两山”指标体系评价方法构建

根据“两山”实践示范区指标体系的评价方法，对于生态环境保护不力的地区常采用更为严厉的“一票否决”的评价方法，本章采用发生生态环境特重大突发事件作为“一票否决”性因子。对于其他指标完成度不够的，评价方法采用制约因子方法可能稍显严厉，因此，从逻辑框架层面，结合各指标间相对权重，采用相应评价方法如下：

根据指标层级逻辑关系，研究构建“两山”实践示范区指标体系评价方法，具体评价方法设计如下：

（1）为便于公众理解，“两山”指数（H）、绿水青山指数（Ee）、金山银山指数（Eg）均采用百分制形式进行评估。

（2）在对具体指标选择科学合理的归一化方法的基础上，绿水青山指数（Ee）、金山银山指数（Eg）均采用加权求和等方法进行综合评估，具体计算方法见式（2-4）。

（3）基于对“两山”理念总体逻辑关系的解读，“两山”指数（H）评估方法拟采用幂指数法开展评价，在实践过程中，具体采用几何平均方法进行评估取值，具体见式（2-5）：

$$H=\sqrt{Ee\times Eg} \tag{2-5}$$

式中：H——“两山”指数；

Ee——绿水青山指数；

Eg——金山银山指数。

第 3 章　衢州市环境经济形势分析

衢州市是全国首批 13 个“绿水青山就是金山银山”实践创新基地之一。系统把握衢州市建设“两山”实践示范区面临的状况和趋势，是进一步践行“两山”理念的基本前提。本章从生态环境、区位特征、文化旅游产业等方面分析了当前衢州市“两山”理念实践建设基础，预测研判了衢州市人口、城镇化、经济、产业等关键要素未来主要变化形势与存在的主要问题，分析提出“两山”理念实践建设面临的问题和挑战，为衢州市建设“两山”实践示范区提供基础支撑。

3.1　“两山”理念实践建设基础

3.1.1　绿水青山家底丰厚

地表水环境，衢州市是浙江省唯一拥有饮用国家一级地表水水源的城市。出境水、饮用水水源地水质合格率连续 10 年达 100%。2017 年，衢州市 21 个市控以上地表水监测断面均满足水环境功能区目标水质要求，达标率为 100%；与 2016 年相比，达标率持平。全市县级以上集中式饮用水水源均符合《地表水环境质量标准》（GB 3838—2002）Ⅲ类标准，其中 3 个水源地水质为Ⅰ类，占比 42.9%；4 个水源地水质为Ⅱ类，占比 57.1%。

空气环境，衢州市处于钱塘江上游，是浙西生态功能区的重要区域，空气环境优良。2017 年，衢州市环境空气质量达标率为 86.8%，名列全省第 5；$PM_{2.5}$ 浓度为 42 μg/m^3，名列全省第 6。根据 2017 年的《衢州市环境质量概要》，2017 年衢州市区环境空气质量六项常规监测指标中，SO_2、NO_2 和 CO 达到国家一级标准，PM_{10} 和臭氧（O_3）达到国家二级标准，$PM_{2.5}$ 未达到国家二级标准。

$PM_{2.5}$：2017 年市区 $PM_{2.5}$ 年均浓度值为 42 μg/m^3，比 2013 年下降了 26 μg/m^3；

PM_{10}：2017 年市区 PM_{10} 年均浓度值为 64 μg/m^3，比 2013 年下降了 30 μg/m^3；

SO_2：2017 年市区 SO_2 年均浓度值为 14 μg/m^3，比 2013 年下降了 22 μg/m^3；

NO_2：2017 年市区 NO_2 年均浓度值为 34 μg/m^3，比 2013 年下降了 3 μg/m^3；

O_3：2017 年市区日最大 8 h 滑动平均浓度第 90 百分位数为 144 μg/m^3，比 2013 年上升了 12 μg/m^3；

CO：2017 年市区 24 h 平均浓度第 95 百分位数为 1.1 mg/m^3，比 2013 年下降了 0.3 μg/m^3。

生态资源，从水资源角度来看，2017 年，衢州市地表水资源总量达 103.22 亿 m^3，居全省第三，较上年减少 19.5%，较多年平均值增加 1.9%，占全省水资源总量的 11.7%。

衢州市土地资源丰富，开发利用强度低。2016 年，衢州市建设用地总面积仅占全市土地总面积的 12.1%，与浙江省地级及以上城市和主要横向城市（包括浙江省 11 个地级以上城市，江西省景德镇市、鹰潭市、上饶市、抚州市，以及安徽省黄山市，共 16 个城市）对比，衢州市开发强度同样处于较低水平。

衢州市森林和湿地资源相对丰富。衢州全市森林覆盖率达 71.5%，比全省平均值高出 10%，位居全省第二，全国前列。据浙江省第二次湿地资源调查及编制县级湿地保护规划补充调查，衢州市 8 hm^2 以上湿地面积 2.193 万 hm^2（不含水田面积），占全省湿地面积的 1.97%，相当于全市国土面积的 2.47%，涉及湿地类型有 3 类 8 型。其中，河流湿地 1.109 万 hm^2、占 50.5%，沼泽湿地 0.012 万 hm^2、占 0.6%，人工湿地 1.072 万 hm^2、占 48.9%。丰富的森林和湿地资源使衢州成为全国 12 个具有国际意义的生物多样性分布中心之一。全市有高等植物 2 712 种，占全省的 59.6%，其中属国家一、二级保护的珍稀植物有 30 种，占全省的 56.6%；属国家一、二级保护的动物有 52 种，占全省的 52.5%；仅古田山自然保护区就有陆生脊椎动物 239 种，占全省总数的 37.5%，其中国家一级保护动物有 4 种，二级保护动物有 30 种，省重点保护有 32 种。以仙霞山脉与千里岗山脉为主体的衢州市山地空间开阔、坡度多变，既有适宜登山攀岩等户外度假运动的中低海拔山地，又有适宜宿营、木屋等度假产品开发的低丘缓坡地。

2011—2016 年，衢州市全市生态环境状况指数（EI）均值范围为 84.3（2014 年）～93.7（2010 年），常年保持在 75 以上，等级常年为优。全省 11 个设区市以 EI 值排序，衢州处于第 2～5 名水平，近几年稳定在第 3～4 名。

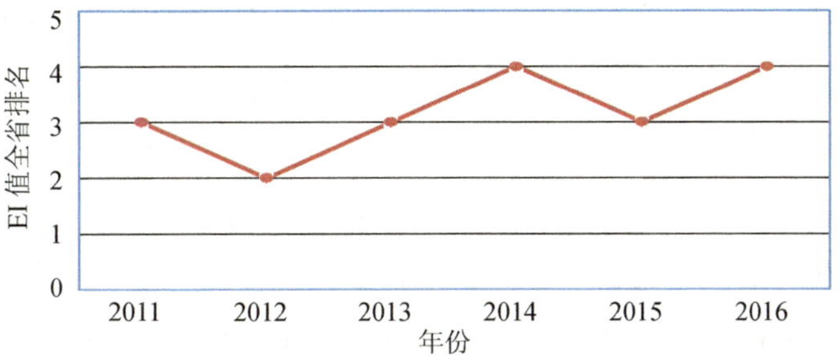

图 3-1　2011—2016 年衢州市生态环境状况指数（EI）全省排名变化趋势

3.1.2　区位条件特点鲜明

地理区位条件上，衢州市属浙江省西部山区地带，位于钱塘江上游，为钱江之源。衢州市地处华东地区腹心地带的浙、赣、闽、皖四省交界处，是长三角、泛珠三角和海西三大经济区交汇的重要节点，也是东部沿海连接中西部地区的“黄金通道”，素称“居浙右之上游，控鄱阳之肘腋，制闽越之喉吭，通宣歙之声势”，川陆所会，四省通衢。衢州市南接福建南平，西连江西上饶、景德镇，北邻安徽黄山，东与省内金华、丽水、杭州三市相交，堪称区域“心腹之所”。衢州市城区位于市域中部，衢江之畔，东接龙游县，南邻遂昌县，西连江山市、常山县，北与建德市、淳安县交界。

交通区位条件上，衢州市素有“四省通衢”之称，交通便捷，陆、水、空交通网四通八达。公路方面，国道、省道纵横境内，市区到各县（市）的半小时经济圈已经形成；杭金衢高速公路、黄衢南高速公路、龙丽温高速公路已全面建成，杭新景高速公路衢州段已开工。铁路方面，浙赣铁路复线的电气化改造已经全面结束，九景衢铁路的衢州至常山段、衢州新铁路客运站已投入使用，杭长客运专线已建成通车。目前，黄衢南高速、杭新景高速、杭金衢高速、龙丽温高速、丽江上高速两纵三横的高速公路和 G205、G320、S315、S316、S317、S320、S325、S227、S328 等的“七纵四横”道路网络体系初步形成，并由高速、国省道将衢州市与安徽、江西、福建等边界区域紧密联系。水运方面，衢江流域综合开发即将全面启动，水位将得到全线衔接，可通行 500 t 级船舶至杭州。航空方面，衢州民航已开通北京、深圳、厦门等航线。

经济区位条件上，衢州市是长三角地区、海西经济区和华中经济区三大经济区的交汇之所。衢州市正逐步融入长三角城市群，承担差异化的产业功能角色；从海西经济区层面而言，衢州是海西经济区中心城市之一，享受海西经济区相关政策支持；从华中经济区层面而言，衢州位于华中经济区的辐射半径之内。如此经济区位条件，令衢州可以多方获取产业转移与政策支持。

生态区位条件上，从全国范围看，衢州市是《全国生态环境保护纲要》所确定的全国九个生态良好地区之一，是首个“国家休闲区”创建试点；从全省范围看，衢州是全省首个全市域国家级生态示范区，是浙江乃至华东的重要生态屏障，属钱塘江中上游黄金水岸风光带，是钱塘江生态经济带的重要组成部分，市域涉及浙江省六个生态功能区中的三个，其生态环境质量关系到全省近一半地域的生态环境安全。同时，衢州始终围绕“生态市”建设目标，大力推进生态创建活动，目前正积极对接和主动参与浙、皖、闽、赣国家东部生态文明旅游区建设及浙江“大花园”建设，力争加快实现全国标志性绿色崛起生态地带，把生态经济培育成为发展的新引擎。

3.1.3 文化旅游基础扎实

历史人文底蕴丰厚，东汉初平三年（192 年）衢州建县，唐武德四年（621 年）建州，是一座拥有 1 800 多年建城史的国家历史文化名城。衢州因孔子第 48 代裔孙南迁至衢衍圣弘道，素有“东南阙里，南孔圣地”的美誉；衢州烂柯山也是中国围棋文化的发源地，素有“山中方一日，世上已千年”的传说。

衢州市有国家级历史文化名城 1 座——衢州古城，全国重点文物保护单位 14 个——孔氏南宗家庙、衢州城墙等，省级重点文物保护单位 64 个——天皇巷天后宫、达源号钱庄等，县级文物保护单位 457 处——神农殿、徽州会馆等。非物质文化遗产中有国家级非遗项目 10 项——西安高腔、南孔祭典等，省级非遗项目 71 项——古琴制作技艺、琼奴与苕郎等，市级非遗项目 227 项——龙舞等，县级非遗项目 683 项。博物馆的馆藏文物，从春秋原始瓷双系罐到南宋金娃娃等 33 件一级文物，到西周原始瓷尊、春秋青铜编钟等 170 余件二级文物；从西汉星云镜、清五彩宋画瓶等近 1 000 件三级文物，3 万余册古籍，近 5 万件（套）。

公共文化“衢州模式”，近几年，衢州在公共文化服务方面探索出了利于自身发展的“衢州模式”，最突出的成绩就是流动公共文化服务，形成了“四有”“四式”的“文化加油站”品牌，“四有”即有场所、有活动、有队伍、有机制；“四式”即公益式、直通式、多元式、播种式。通过“5+X”的模式，即“5”为“流动文化大篷车”“流动图书馆”“流动文化馆”“流动博物馆”“流动电影院”，“X”为“流动青少年宫”“流动科技大篷车”“流动俱乐部”“96811 流动图书馆”等流动服务方式提供丰富多样的流动文化产品，让优质的文化资源输送给难以享受固定设施服务的人群。通过标准化流动公共文化服务促进城乡均等、区域均等、人群均等；通过创新机制建设国内首个流动公共文化服务标准体系，即服务流程职责标准化建设、流动服务内容标准化建设、流动服务环境设施标准化建设、流动服务质量监管标准化建设。流动公共文化服务的衢州模式，为欠发达地区加快构建现代公共文化服务体系提供了生动的样本。

衢州市不断加快公共文化基础设施建设，完善公共文化服务设施网络。目前全市已建成公共图书馆 6 个、文化馆 7 个、国有剧团 2 个、影剧院 1 个、文化艺术中心 1 个，乡镇文化站、村（社区）文化活动室、农家书屋覆盖率达到了 100%，农村文化礼堂 528 个，图书馆分馆 18 个。

文化产业发展迅速，近几年，衢州以建设国家级文化试验区衢州儒学文化产业园为平台，加快推动文化产业发展，形成了衢江特种纸、龙游红木、开化根雕、衢州黄玉等区域特色文化产业。2016 年数据显示，衢州市文化增加值为 26.49 亿元，占全市 GDP 的 5.15%，略低于全省平均水平的 5.8%。

特种纸产业以衢江区最为典型，截至 2015 年，衢州市共有特征值企业 61 家，生产线 130 条，涉及品种 100 余个。2016 年 1 月，全市规模以上特种纸企业产值已达 102 亿元，衢州已成为“中国高档特种纸产业基地”“中国制浆造纸研究院科技成果示范基地”和“浙江省特种纸产业基地”；龙游红木小镇按照“制造基地＋文化旅游”模式，全力打造以国学文化为基础，以紫檀文化为背景，融艺术观赏、文化研究、生态游憩、养生度假于一体的中国红木文化小镇。红木产业分红木家具制造基地、木都商贸区、国学文化体验区、文化创意区四大板块，2016 年数据显示，红木小镇的游客量已达到 200 万人次，最多一天接待 4 万余人次；开化是中国根雕艺术之乡，有联合国教科文组织授予的“一级民间工艺美术家”称号的根雕大师和国内规模最大、工艺水平最高的根雕企业，目前已成立世界唯一的根文化主题旅游区——根宫佛国文化旅游区；常山的黄玉不仅品质好，而且品种也多，目前已形一个以衢州市区黄玉市场为中心、辐射四省九地市甚至更远地区的产销网络。

3.2　衢州市中长期环境经济形势分析

本章参考衢州市、浙江省及区域、全国范围各相关规划研究提出的中长期衢州市经济社会发展目标，并通过引入数学模型、统计学方法进行运算模拟，对衢州市经济社会发展及资源能源开发利用形势进行预测分析，主要以近期即到“十三五”末（2020 年）、中远期即到 2030 年为主要时间节点进行预测。各相关规划文件中提出的衢州市中长期主要发展定位见表 3-1。

表 3-1 衢州市中长期主要发展目标

规划名称	规划年限	主要发展定位目标
衢州市“十三五”规划	2016—2020	与全省同步高水平全面建成小康社会，生态文明、经济发展、城乡统筹、生活品质、社会治理水平均显著提升
衢州市创建省级生态文明先行示范区实施方案	2016—2020	生态环境质量持续稳居全国前列，基本建成绿色经济发达、资源利用高效、城乡环境优美、生态文化繁荣的现代化生态型沿海山区城市，形成可复制、可推广的生态文明建设典型模式
衢州市“十三五”工业发展规划纲要	2016—2020	工业发展迈上新台阶
浙江省城镇体系规划	2011—2020	建成大城市，重点培育特色产业，强化综合交通、现代物流和生态旅游等职能
衢州市城市总体规划	2006—2020	四省边际中心城市，国家历史文化名城，生态园林城市

3.2.1 衢州市人口及城镇化发展形势预测

基于 2000 年、2005 年、2010 年和 2015 年人口数据计算可知，“十五”“十一五”“十二五”期间衢州市户籍人口（总人口）年均分别增长 2.44‰、4.58‰、4.06‰，可见目前全市整体仍处于人口持续增长阶段，但增速相较于“十一五”期间已有所放缓。如以 2016 年衢州市人口总量 257.49 万人为基数，按“十三五”仍保持相近增长率（4‰～5‰）计算，到 2020 年衢州市总人口规模将达 262.68 万～263.99 万人，与“十三五”规划纲要及衢州市城市总体规划给出的预测值较为接近。

中长期，从人口增长趋势来看，《中国科学发展报告 2010》指出，我国部分城市、地区已从 2015 年开始进入人口负增长阶段，预计浙江省将在 2023 年前后率先实现人口零增长。但是，衢州市经济社会整体发展水平相对滞后于全省平均且与全国平均水平较为接近，因此预计 2030 年前后将是衢州市人口增长全面趋缓和停滞的历史时期，2021—2030 年全市仍将保持 4‰左右的平均人口增速。此外，预计至中长期 2030 年衢州市将基本建成Ⅱ型中等城市，根据《国务院关于调整城市规模划分标准的通知》（国发〔2014〕51 号），Ⅱ型中等城市定义为城区常住人口 100 万～300 万人的城市。2016 年，衢州市城区人口（含暂住）为 83.32 万人，根据《中国城市建设统计年鉴》中提供的相关数据，2015—2016 年，我国已建成主要Ⅱ型中等城市包括青岛、烟台、苏州、无锡、南昌、珠海、佛山等。

结合当前主要Ⅱ型中等城市人口规模及衢州市行政区域面积、城区人口占总人口比重及相似横向城市发展历程分析，可预判中长期衢州市人口的基本发展形势为：总人口规模保持相对稳定，城区人口规模和占总人口的比重较大幅度提升。综上所述，可预测到 2030 年衢州市总人口将在 270 万～275 万人；人口城镇化水平方面，预计到 2020 年衢州市人口城镇化率将在 57%～60%，到 2030 年，结合浙江省、全国整体发展进程，衢州市人口城镇化率将达到 70%左右。

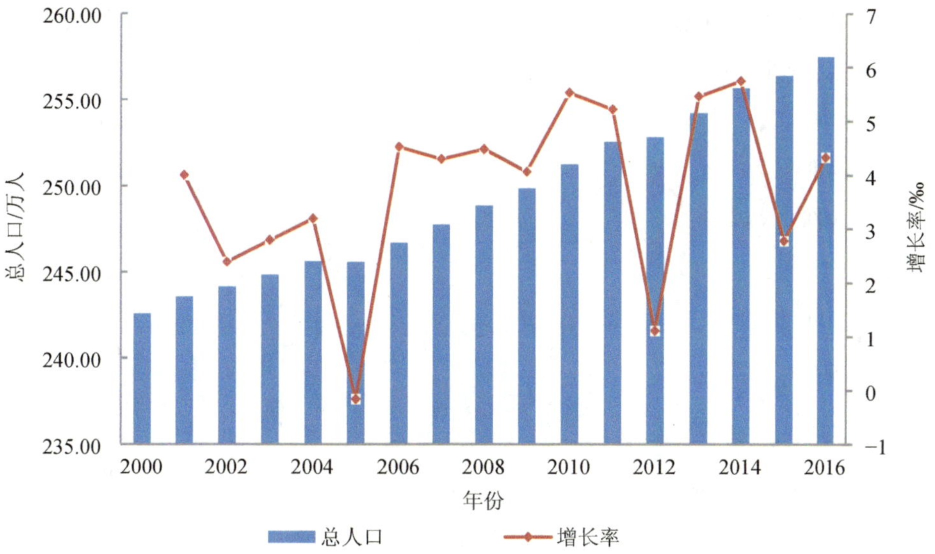

图 3-2　衢州市历年人口数和增长率

3.2.2 衢州市经济发展形势预测

衢州市“十三五”规划纲要对“十三五”期间衢州市整体经济增长情况作出的基本预期为：到 2020 年全市经济总量以不低于 7%的年均增速增长至 1 610 亿元左右，人均 GDP 达 61 820 元以上。此外，《衢州市生态文明示范创建行动实施方案》及《衢州市城市总体规划》提出的 2020 年预期人均 GDP 水平与“十三五”规划纲要基本一致。因此，本章基本沿用相关规划中提出的衢州市近期经济增长预测结果，并以 2020 年 GDP 总量 1 610 亿元（62 000 元人均 GDP）为基准，进一步预测到 2030 年衢州市经济增长情况。经济增长预测主要通过 Logistic 回归和 ARIMA 模型实现，分别以 GDP 增速和人均 GDP 增长率为预测依据。

如按 GDP 增速预测，应用 ARIMA 模型对 1978—2016 年衢州市年 GDP 增速数据进行模拟，并以 2017—2020 年 GDP 年均增长 7%的预期增速为验证，可推算 2021—2030 年衢州市年均 GDP 增速在 6.26%左右，则到 2030 年衢州市 GDP 将达 3 000 亿元以上（2015 年价格）。如按 GDP 总量预测，则应用 ARIMA 模型对 1978—2016 年衢州市 GDP 总量数据进行模拟，并以 2020 年 GDP 总量 1 610 亿元为验证，可推算到 2030 年衢州市 GDP 年均增量将在 80 亿～100 亿元，到 2030 年 GDP 总量为 2 410 亿～2 610

亿元。如按人均 GDP 增长率计算，应用 ARIMA 模型对 1978—2016 年衢州市人均 GDP 增长率数据进行模拟，并以 2017—2020 年人均 GDP 年均增长 6.7%的预期增速为验证，可推算 2021—2030 年衢州市人均 GDP 年均增速将在 6.31%左右，参照人口预测结果可推算到 2030 年衢州市 GDP 总量将达到 3 145 亿元左右，综上所述，可预测 2030 年衢州市 GDP 总量在 3 000 亿～3 145 亿元。

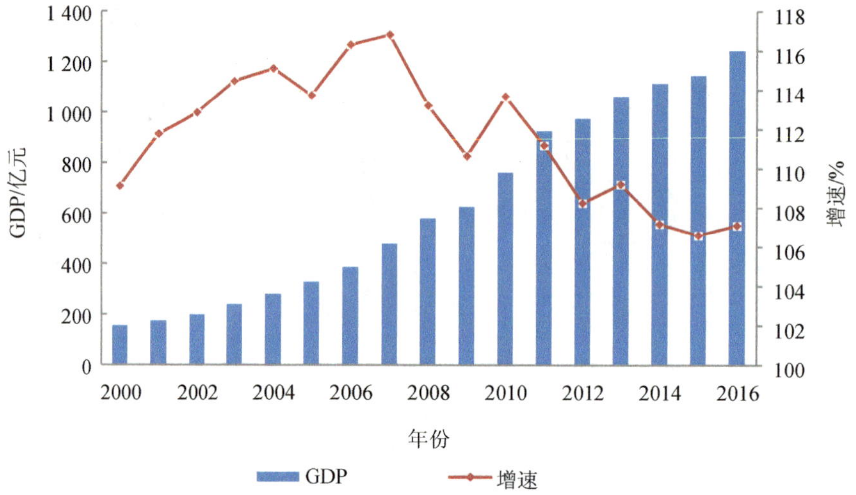

图 3-3 衢州市历年 GDP 总值与增速

3.2.3 衢州市产业发展形势预测

2017 年衢州市三次产业结构达 6.3∶45.1∶48.6，初步实现产业结构的“退二进三”。但从产业结构的发展进程看，2003—2008 年衢州市产业结构中第二产业占比提升较快，累积增长 11.80%，但 2012 年起第二产业占比已呈下降趋势。可见，衢州市工业化发展时间较短，并未经历成熟的工业化进程推进，产业结构一定程度呈现“前置式”“早熟式”发展特征。基于衢州市产业结构发展进程及所处的工业化发展阶段，可预判未来衢州市三次产业结构中，第二、第三产业占比将进一步提升，但具体比例关系仍存在波动可能，第二、第三产业占比可能呈震荡交错变化态势。本章援引衢州市“十三五”期间主要规划中提出的预测结果和预期目标，基于 ARIMA 模型，以衢州市 1978—2016 年 GDP 总量、三次产业增加值和工业增加值为数据基础，分第三产业主导、均衡发展 2 种情景预测到 2020 年、2030 年衢州市三次产业结构。

按三次产业结构以第三产业为主导发展，则衢州市在“十三五”期间将基本实现服务业占比 50%以上的发展目标，由传统工业为主导的县域经济逐步向以现代服务业为主导的都市区经济转变，高铁、互联网、大数据时代及金融、信息、旅游、养老等新兴服务业和生产性服务业得到较好较快发展，到 2020 年三次产业结构调整至 6∶44∶50 左右，第一产业占比下降，第二产业占比基本维持在与 2016 年相同水平，第三产业占比提升较为明显。到 2030 年，基于 ARIMA 模型预测，产业结构将调整至 3.6∶38.1∶58.3 左右，基本实现市经济、社会和产业体系的跨越式发展，由当前工业化中期、“早熟式”的产业发展阶段直接向以高端服务业、生产性服务业为主导的现代化先进产业结构体系迈进。

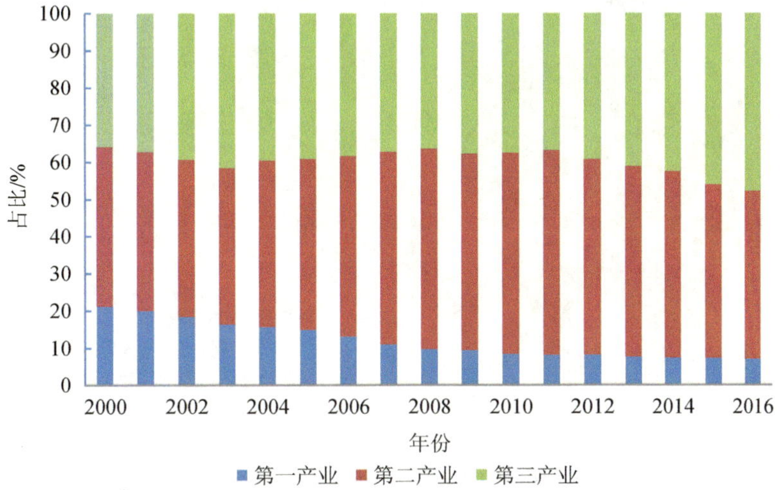

图 3-4 衢州市历年产业结构

按三次产业均衡发展，则衢州市在“十三五”或到 2025 年前后将保持工业经济的相对较快发展，工业增加值年均增速在 6%以上，同时服务业也将持续保持较快速度增长，中长期第二、第三产业占比可能出现波动。预计到 2020 年，衢州市三次产业结构将调整至 5∶46∶49 左右。中长期，采用 ARIMA 模型预测并以 2020 年产业结构为修正可得，到 2030 年衢州市三次产业结构将调整至 2.7∶42.7∶54.6 左右。在此情景下，2021—2030 年衢州市产业结构可能出现一定程度的波动，即第二产业占比在某些年份超过第三产业，但到 2030 年第三产业仍将在三次产业结构中占据主导地位，届时衢州市将处于工业化发展后期向后工业化阶段的过渡期，产业结构优化程度较高，但仍有进一步调整升级的空间。

3.3 “两山”理念实践建设面临的问题与挑战

3.3.1 环境经济协调发展进程停滞

从经济发展趋势和环境质量改善幅度来看，2017 年衢州市空气中 $PM_{2.5}$ 年均浓度相

较于 2016 基本持平，在省内及横向城市中处于较低水平，大气环境质量改

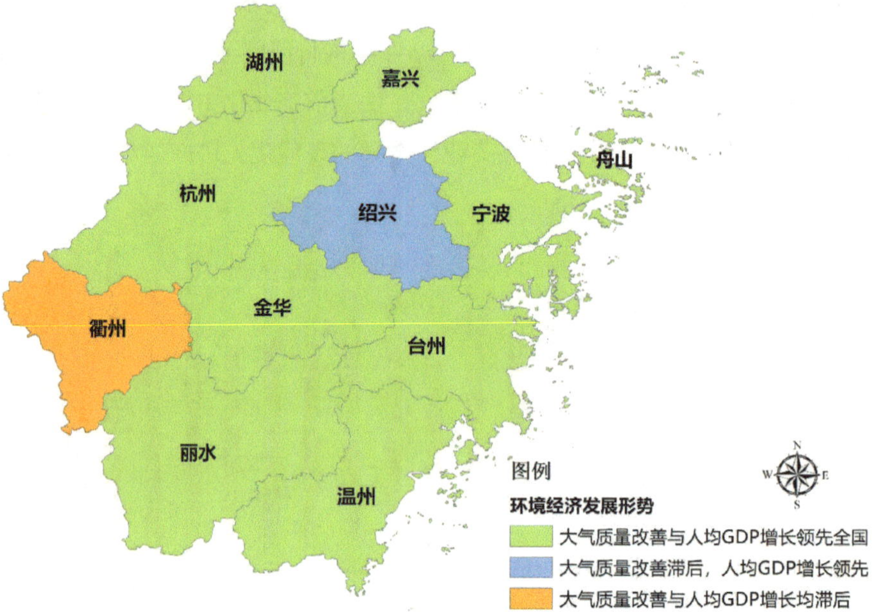

图 3-5 衢州市及主要横向城市环境经济综合发展态势

善进程呈现出较明显反复。同时，2017 年衢州市 GDP 同比增长 7.3%，人均 GDP 同比增长 6.1%，均处于省内及主要横向城市中较低水平，也是浙江省及主要横向城市中唯一一个人均 GDP 增速（全国平均为 6.3%）及空气中 $PM_{2.5}$ 年均浓度改善进程（全国平均为 4.3%）均滞后于全国平均水平的城市。可见，未来衢州市继续推进“两山”实践，建设“两山”示范区仍将面临较大考验。

3.3.2 工业化进程滞后于全省平均水平，继续发展需求较强

工业化一般是指新兴工业部门在现代科学技术推动下的产生、增长、对原有工业部门的变革，以及由此导致的工业结构变化和整体工业生产力水平提高，最终达到先进水平的发展过程。工业化发展阶段是衡量一个国家或地区经济发展进程的重要依据，可以用来表征国家或地区经济、社会、产业的总体发展水平。目前，对工业化发展阶段的研判仍没有统一标准，主要的工业化阶段划分理论包括霍夫曼定理（Hoffmann，1958a；1958b；1965）、钱纳里标准模式（Chenery，1966；1975；1986）、罗斯托的阶段划分理论（Rostow，1959；1990）、库兹涅茨模式（Kuznets，1955；1966）等。其中，钱纳里模式从传统工业化理论角度进行分析，以人均 GDP 为依据对工业化发展阶段进行划分，在定量分析方面具备更强的应用性和直观性，也是目前在我国工业化进

程研究中应用最多的理论方法。本章基于钱纳里工业化阶段判断理论，沿用中国社会科学院在相关研究报告中的进一步拓展，综合人均 GDP、产业结构、就业结构、城镇化进程等指标进行分析，并结合我国、浙江省城市经济发展的自身特征，研判衢州市经济社会发展的综合进程。

基于改进的钱纳里标准，衢州市整体处于工业化发展中期向后期过渡阶段，三次产业结构、重工业占比已基本调整至后工业化阶段水平，但在常住人口城镇化率和就业结构两个方面存在较为明显的滞后。同比浙江省及全国工业化进程，衢州市人均 GDP 略高于全国平均水平，产业结构中第二、第三产业占比相当，城镇化发展水平、重工业占比与全国平均水平基本持平，可见衢州市整体发展进程基本与全国同步，仍处于工业化发展和经济社会加速发展阶段。

表 3-2　衢州市工业化进程研判

		人均 GDP/（2010 年美元）	三次产业结构/（A：I：S）	重工业占全部工业比重/%	人口城镇化率/%	一产就业人员占比/%
前工业化		827～1 654	A＞I	0～20	30 以下	60 以上
工业化阶段	初期	1 654～3 308	A＞20，A＜I	20～40	30～50	45～60
	中期	3 308～6 615	A＜20，I＞S	40～50	50～60	30～45
	后期	6 615～12 398	A＜10，I＞S	50～60	60～75	10～30
后工业化		12 398 以上	A＜10%，I＜S	60 以上	75 以上	10 以下
衢州市		9 416	6.3：45.1：48.6	72.2	55.7	39.3（2014）
浙江省		13 634	3.9：43.4：52.7	60.4（2015）	68.0	13.2
全国		9 322	7.9：40.5：51.6	71.31（2012）	58.5	28.30（2015）

3.3.3　产业结构处于转型升级阶段，中长期可能出现波动

一般认为，第三产业在国民经济结构中占比超过第二产业是国家、区域或城市经济发展质量提升，由传统型、资源能源消耗型、开发建设型经济向服务主导型、环境友好型、可持续型经济转变的重要标志。从全国 35 个直辖市、省会及计划单列市产业结构演变进程来看，经过改革开放以来的高速发展，我国东部沿海地区大部分城市在完成经济体系的构建和产业布局后，已于 2000 年前后（北京、上海、广州等）、2010 年前后（深圳、青岛、南京、杭州、厦门等）两个阶段实现第三产业在国民经济结构中对第二产业主导地位的取代，即产业结构的“退二进三”。中西部、东北地区除武汉、成都等少数

城市外，产业结构调整进程相对滞后，大多于 2015 年前后实现第三产业对第二产业的反超。此外，南宁（1991 年）、哈尔滨（1991 年）、海口和呼和浩特（1990 年之前）早在 1990 年前后就已实现产业结构的“退二进三”，属于较为明显的产业“早熟式”发展，其中南宁第二产业占比由 1990 年之前的 40%左右下降至 2001 年 27.06%的最低值后，又呈震荡增长态势，2016 年重新上升至接近 40%，2009 年起随着第三产业增长放缓，第二产业始终保持较快增速直至“十二五”末，呈现出明显的再工业化发展趋势。

可见，受区域整体经济环境、发展定位、区位特征等方面因素影响，城市产业结构调整升级过程中可能存在平台期或震荡阶段。衢州市于 2016 年首次实现产业结构的“退二进三”，但随着中长期工业制造业的进一步发展，产业结构中第二、第三产业占比可能呈交互震荡趋势，由工业制造业发展导致的生态环境压力也将进入平台期。

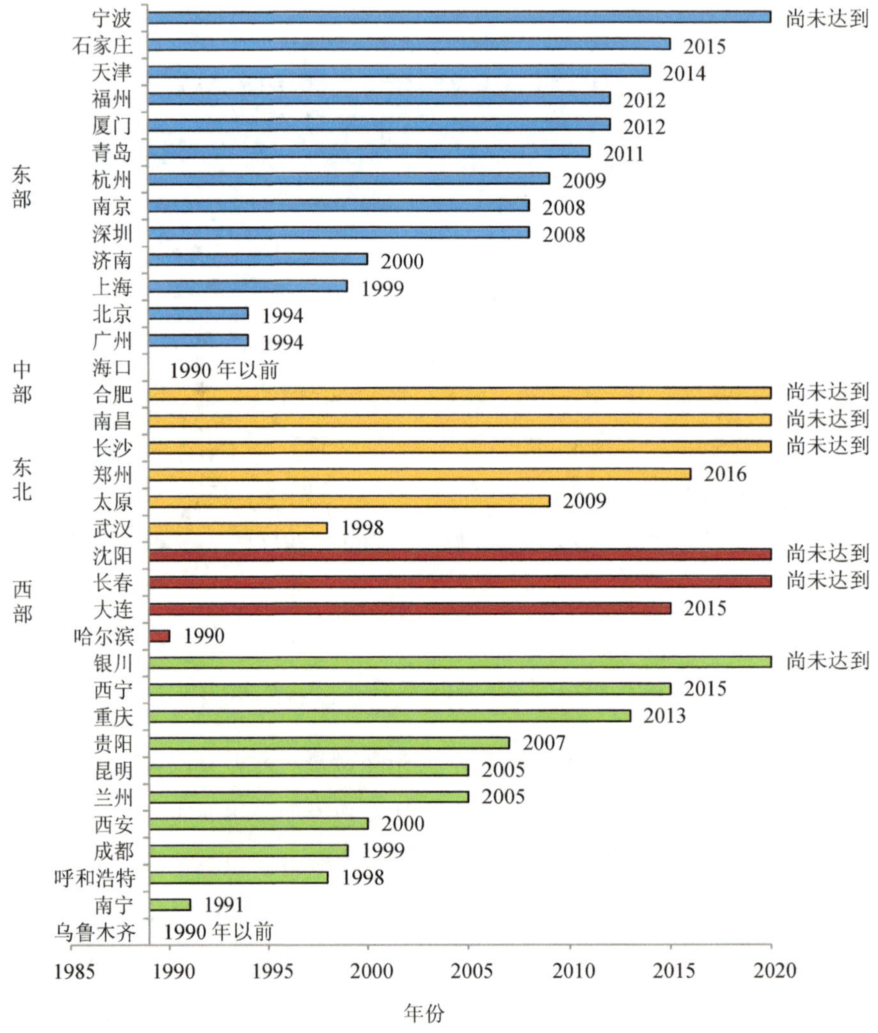

图 3-6 全国主要城市产业结构“退二进三”时间进程

3.3.4　经济发展仍将处于投资型、内向型阶段，开发建设与生态环境保护的矛盾将进一步凸显

2017 年衢州市分别实现全社会固定资产投资、全社会消费品零售总额 1 047.78 亿元、677.89 亿元，其中制造业投资、基础设施建设投资和房地产投资占比分别为 28.8%、41.4%、15.1%，房地产投资处于全国中游水平。可见，衢州市仍处于投资型经济发展阶段，且固定资产投资仍主要集中于工业和基础设施建设领域，尚未达到以房地产投资为主的较高水平投资型社会发展阶段。对外经济贸易方面，2017 年衢州市外贸进出口总额达 366.54 亿美元，同比增长 29.3%，其中出口 261.64 亿美元，占 71.4%，对外经济贸易占 GDP 比重仅为 26.6%，经济对外开放程度较低。根据衢州市“十三五”规划纲要，到 2020 年全市固定资产投资、社会消费品零售总额年均将分别增长 9%以上、9%左右。预计中长期衢州市以投资和开发建设为主导的经济发展模式仍将持续，以工业生产销售、基础设施建设为主导的投资型、内向型经济仍将在全市经济结构中占据主导地位，更加频繁的开发建设活动与生态环境保护间的矛盾将进一步凸显。

第 4 章　“两山”理念实践总体思路研究

为系统谋划衢州市“两山”实践示范区建设总体工作，打通绿水青山向金山银山的转化通道，本章系统研究了示范区建设的总体考虑，提出近期和远期“两山”实践示范区建设目标，研究制定了“绿水青山”和“金山银山”相互转化的战略思路和核心任务，从顶层设计研究“两山”实践示范区建设的总体思路。

4.1　总体考虑

深入贯彻落实习近平生态文明思想，将习近平总书记在全国生态环境保护大会上的重要讲话精神全面贯彻落实，将习近平总书记对生态文明顶层设计和制度体系设计作为本书的主线，从发展方式、治理体系、思维观念等作为切入点，主要建立五个体系，即建立健全以生态价值观念为准则的生态文化体系，以产业生态化和生态产业化为主体的生态经济体系，以改善生态环境质量为核心的目标责任体系，以治理体系和治理能力现代化为保障的生态文明制度体系，以生态系统良性循环和环境风险有效防控为重点的生态安全体系。通过五个体系的建立，建设绿水青山与金山银山的转化平台，打通转化通道，实现衢州生态美、生产美、生活美、人文美、制度美。

4.2　战略思想与目标

以习近平新时代中国特色社会主义思想为统领，全面贯彻党的十九大精神，深入贯彻习近平生态文明思想，落实全国生态环境保护大会要求，统筹推进“五位一体”总体布局和协调推进“四个全面”战略布局，以“八八战略”为总纲，围绕新时代衢州发展战略体系的总体部署，以建设“活力新衢州、美丽大花园”为战略目标，以生态美、生产美、生活美、人文美、制度美为重点，打造生态安全、生态经济、生态环境、生态人文、生态制度五大体系，打通绿水青山与金山银山的转化通道，高质量高水平建设国家“两山”实践创新基地，开创“美丽+智慧”新局面，将衢州建设成为新时代生态文明建设的特色典范和“两山”理念实践的全国标杆。

近期目标：到 2022 年，实现经济发展、生态环境、制度体系、重点工程四个方面目标，“两山”指数达到 78 以上，“两山”实践初见成效——

经济社会发展：经济更繁荣，绿色产业体系基本形成，“美丽+智慧”产业体系初具规模，城乡居民收入增速保持全省领先。

生态环境：生态环境质量保持全省领先，绿水青山分指数进一步提高到 91 以上，生态环境状况指数保持在 90 以上，空气质量优良率 90%以上，城市细颗粒物（$PM_{2.5}$）浓度达标，森林覆盖率保持在 71%以上，稳固保持断面水质达标率、生活垃圾处理率、主要污染物减排指标完成率三个 100%，全市域河流断面水质保持在Ⅲ类以上，能源、水、土地等资源开发利用效率大幅提高。

制度体系：制定一套“两山”评价指标体系，形成一套以绿色资产增值、环境功能维护为目标的空间管控体系，构建“绿金指数”、生态环境资产（GEP）核算等方法体系，打造一批“两山”建设典型模式，创新一批“两山”转化体制机制改革试点，形成一批老百姓共享共惠的“两山”特色品牌。

重点工程：实施一批“两山”建设重点工程，包括生态环境质量提升工程、山水林田湖草系统保护与修复工程、经济生态化提升工程、生态文化建设工程、绿色惠民共享工程等。

远期目标：到 2035 年，生态环境质量继续保持领先，生态产品供给丰富，形成节约资源和保护环境的空间格局、产业结构、生产方式、生活方式，具有优美生态环境、绿色经济体系、特色生态文化、典型转化模式。到 2035 年，“两山”实践进一步取得突破性进展和标志性成果，“两山”指数达到 93 以上，实现良性循环、稳定共生的生态环境与社会经济体系，“两山”建设在全国起示范作用。

4.3 战略原则

坚持品质核心，空间管控。牢固树立良好的生态环境是最公平的公共产品和最普惠的民生福祉理念，坚守生态环境质量底线，优化空间布局，实施环境空间管控，实现“国家公园＋魅力城市＋美丽乡村＋美丽田园”。

坚持生态富民，绿色发展。处理好发展与保护的关系，融合花园式环境、花园式产业、花园式治理思路，将衢州市优越的自然资源、良好的生态环境转化为生产要素和发展资本，实现经济生态化、生态经济化，打造具有持续生态效益和经济社会效益的美丽经济，让美丽风景换来百姓美好生活。

坚持改革创新，激发活力。改革增加生态资产、促进“两山”转化的政策制度、治理机制、市场体系，形成有利于创新生态价值实现的机制与政策体系，构建新型城乡建设体系和环境优质服务惠民体系，增强生态环境监管能力建设，以各类改革创新示范创建激发发展新动能。

坚持典型示范，彰显特色。融合衢州特有生态文化，通过典型引路、以点带面、以创促建，营造实践示范效应，根据衢州市两区一市三县各自禀赋实施特色发展模式和转化路径，打造衢州特色名片，形成具有可复制、可推广、可示范的衢州“两山”实践经验。

坚持尽责协作，全民推进。建立各方有序参与、有力监督、协同推进的社会共治新格局。落实企业的“两山”转化主体责任，整合一切要素共同推进“两山”示范区建设，形成全社会积极践行“两山”理念的文化氛围。

4.4 战略思路

深入贯彻落实习近平生态文明思想，以生态文化体系、生态经济体系、目标责任体系、生态文明制度体系、生态安全体系五大体系建设为方向，全力打造衢州“五美五区”，打通衢州绿水青山向金山银山的转化通道。

以生态美建设，打造浙江生态屏障保护区。建立健全以生态系统良性循环和环境风险有效防控为重点的生态安全体系和以改善生态环境质量为核心的目标责任体系，全面实施山水林田湖草系统保护，构筑“两轴、两翼、十廊、多点”的生态安全格局，确保钱塘江南源出境水质高标准稳定达标，优质生态产品供给能力不断提升，建成山清水秀的浙西大花园。

以生产美建设，打造“两山”转化样板区。以循环经济示范城市、全域旅游示范区、绿色金融改革创新试验区等为平台，加快构建以产业生态化和生态产业化为主体的生态经济体系，绿色产业占 GDP 比重达到 75%以上，主要农产品中无公害、有机、绿色产品种植面积进一步增加，建成“诗画浙江”中国最佳旅游目的地和世界一流生态旅游目的地，打通绿水青山转化为金山银山的通道。

以生活美建设，打造幸福民生体验区。坚持生态惠民、生态利民、生态为民，把解决突出生态环境问题作为民生优先领域，建设“美丽富饶”城市大花园和“强富美和安”乡村大花园，$PM_{2.5}$ 平均浓度优于国家二级标准，保障饮用水安全，基本消灭城市黑臭水体，筑牢守土底线和环境风险防线，城乡社区智慧治理覆盖面达到 100%，让群众共享绿色发展成果。

以人文美建设，打造绿色风尚示范区。弘扬尊重自然、顺应自然、保护自然的生态文明理念，深入挖掘衢州历史文化、山水文化、生态文化资源，传承衢州文脉，建立健全以生态价值观念为准则的生态文化体系，形成人与自然和谐共生的生产生活方式，绿色出行比例达到 85%以上，新能源和可再生能源消费比重稳步提升。

以制度美建设，打造全国生态文明改革综合试验区。全力推进“多规合一”“最多跑一次”、国家公园、重点生态功能区等重大改革试点，建立以大数据为基础的社会信用体系和全市域智慧治理体系，不断健全以治理体系和治理能力现代化为保障的生态文明制度体系。

4.5 核心任务

守好生态家底。坚守浙江生态屏障区的功能定位，建设维护江河源头重点生态功能保护区，划定并严守生态保护红线，建立精细化的水、大气等环境空间管控体系，制定环境准入负面清单，限制损害生态环境的开发建设活动，维护环境质量底线。

增值绿色资产。坚持山水林田湖草生命共同体理念，完善保护地体系管理，系统保护、系统维护，加大生态保护、治理、修复力度，提高生态系统服务功能，增加生态产品供给。改善环境质量，以清洁的空气、优质水源、安全的土壤、优美的城乡人居环境，提高人民群众的幸福感，建设低碳绿色城市和美丽乡村，增进城市竞争力与吸引力。

发展绿色经济。结合衢州市绿色发展、创新发展的重大战略，提高衢州绿色发展水平，限制并优化调整与绿水青山保护不适宜的产业结构。依托绿水青山优势，大力发展生态旅游、休闲度假、文化创意、健康养老、民居民俗、物流会展等特色产业，打造国家休闲试点区。

弘扬绿色风尚。传承衢州文脉，深入发掘衢州市历史文化、山水文化、生态文化资源，弘扬尊重自然、顺应自然、保护自然的生态文明理念。倡导人与自然和谐的生产、生活方式。鼓励公众参与，通过宣传教育、乡规民约等，鼓励公众身体力行，践行绿色生活，加强公众监督参与。

培育典型模式。根据衢州两区一市三县自然资源、生态环境和经济发展的差异，总结并借鉴经验，按照“两山”理论的思想体系，整理设计一批适合生态功能保护区、美丽乡村、绿色城镇、特色休闲旅游、创新创业、生态治理经营等“两山”建设的典型模式，因地制宜推广创新。

完善转化机制。加强区域协作，从流域、省域乃至跨省区域尺度，建立协同保护与发展的协作机制，增进绿水青山保护的惠益共享。加强机制与政策创新，建立“两山”实践的考评机制，建立典型模式推广机制，建立完善绿色城市与美丽乡村的建设推进机制，衔接国家公园管理体制改革要求，完善生态补偿机制，发展绿色金融，加大资金投入与引导等方面，完善转化机制。

第 5 章　生态系统保护与功能提升研究

优良的生态环境不仅是区域和城市经济发展的基础，也是衡量区域和城市综合竞争力的重要指标之一，夯实生态家底，持续提高衢州市更优质的生态产品和服务供给能力，是增强“绿水青山”向“金山银山”转化的基础。本章分析了衢州市生态环境空间现状，研究了重要生态功能分区，提出生态安全空间格局体系，制定了生态系统保护修复及优质生态产品供给能力提升方案，并从城市、城镇、乡村等不同层级研究提出人居环境改善体系。

5.1　生态环境空间现状分析

5.1.1　国土空间区域地表覆盖特征分析

根据《全国生态状况调查评估技术规范》确定的技术方法和一级分类体系，衢州市地表覆盖类型如图 5-1 所示。

衢州市地处浙西山地丘陵区，以森林生态系统为主，森林生态系统面积占比约 60%，除此之外，农田和城镇生态系统面积相对较高，分别占全市总面积的 25%和 8%左右。

根据区域生态系统类型现状，把旱地、裸土、水田等地表覆盖类型归并为生产空间（农业空间），把草丛、阔叶林地、乔木园地、草本沼泽、河流、湖泊、水库、坑塘等地表覆盖类型归并为生态空间，把工业用地、交通用地、居住地等归并为生活空间，经空间计算分析，衢州市生产-生活-生态空间格局如图 5-2 所示。

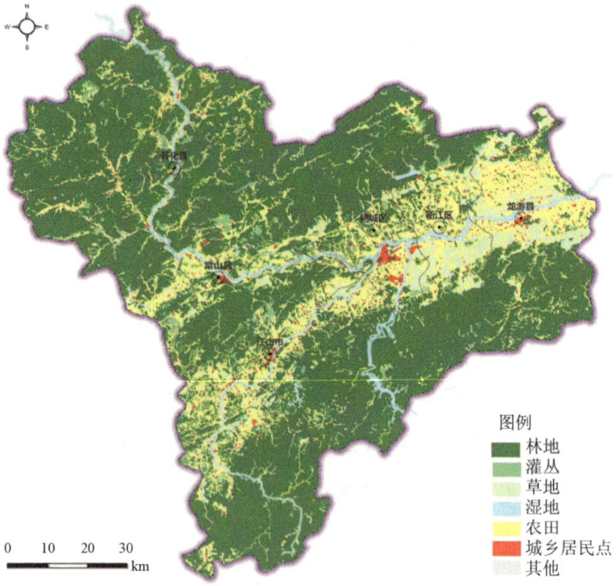

图 5-1 衢州市地表覆盖类型

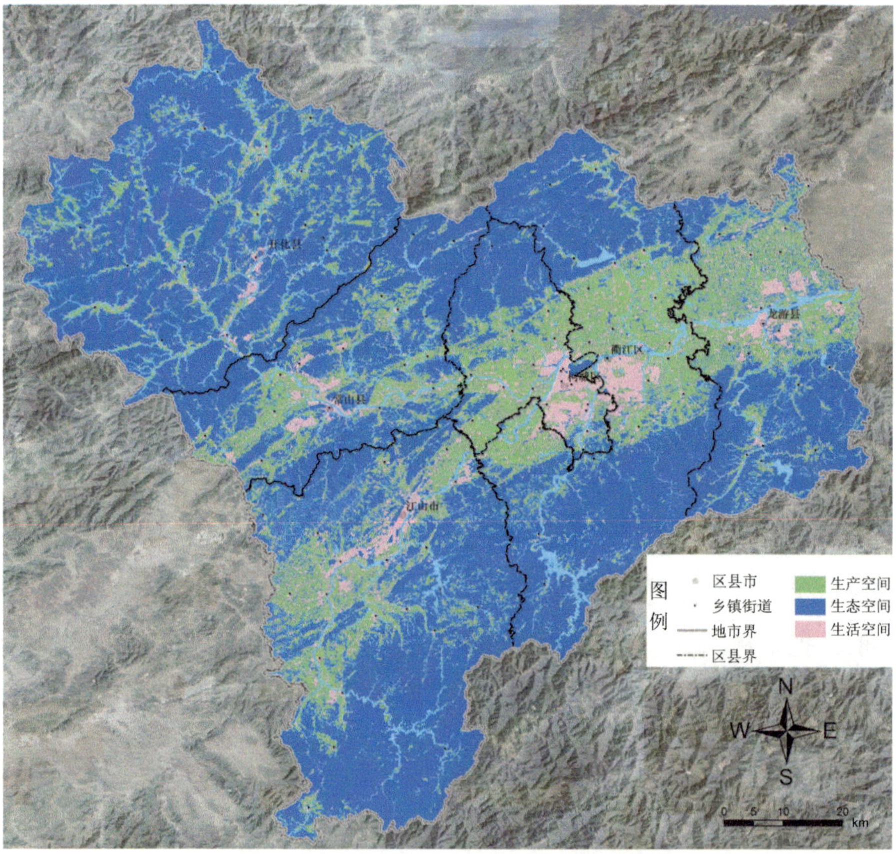

图 5-2 衢州市生产-生活-生态空间格局

5.1.2 区域生态环境现状及变化分析

（1）格局与变化

衢州市以森林、农田、湿地和城镇生态系统为主，总比例超过 91%，其中森林生态系统面积最大，约占全市面积的 60%，主要分布在西北、北部和西南山地丘陵区；其次为农田系统，约占全市面积的 25%，主要分布在中部河谷和金衢盆地等地势平坦区域。根据全国生态环境十年变化（2000—2010 年）遥感调查与评估，近 10 年，衢州市中部盆地地区生态系统格局变化相对明显，主要表现为河谷平原区的城镇建设用地扩张并对应地势平缓区的农田及草地系统面积减少，其他地区无明显变化。10 年间，全市城镇村等建设用地共增加 2.3%，草地面积减少约 1.4%，耕地面积减少约 1.2%，具体见图 5-3。

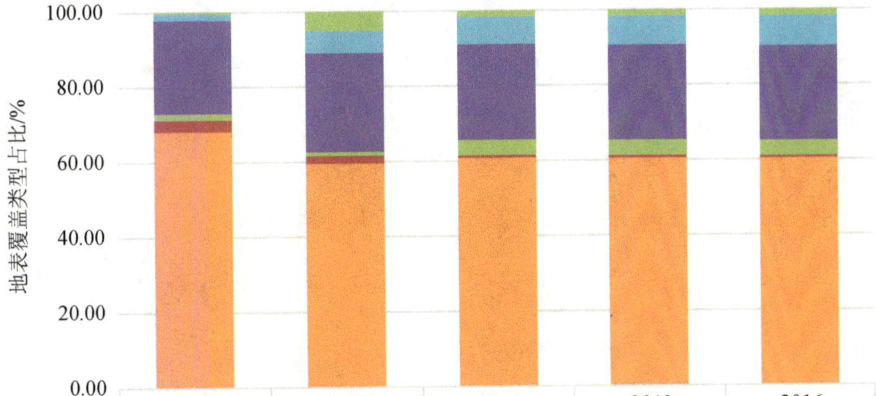

年份	2002	2007	2010	2013	2016
其他	0.53	5.16	1.55	1.60	1.61
城镇人工系统	1.56	5.74	7.24	7.63	8.01
农田系统	24.88	26.33	25.51	25.29	25.17
水域湿地	1.68	1.05	4.10	4.08	4.07
草地系统	3.19	2.12	0.79	0.77	0.73
林地系统	68.16	59.60	60.81	60.63	60.41

图 5-3 衢州市 2002—2016 年地表覆盖类型面积占比及变化

（2）质量、服务功能与变化

浙江全省森林、灌丛和草地生态系统的优、良等级面积分别占各类型总面积的 26.0%、15.7%和 82.4%。10 年间，包括衢州西北和西南地区在内的森林区域略有变好，全市灌丛质量变化较全省变化不明显，草地质量出现较为明显的下降趋势。

衢州市生态系统服务功能极重要和较重要区域主要分布在南北两侧山地丘陵地区和中部金衢盆地外围及盆地西侧山地丘陵区，所占比例超过全市面积的 50%。10 年间，土壤保持功能略有增强，水文调节功能轻微下降，生物多样性维护功能无明显变化。

（3）植被覆盖状况评价（NDVI 指数评价）

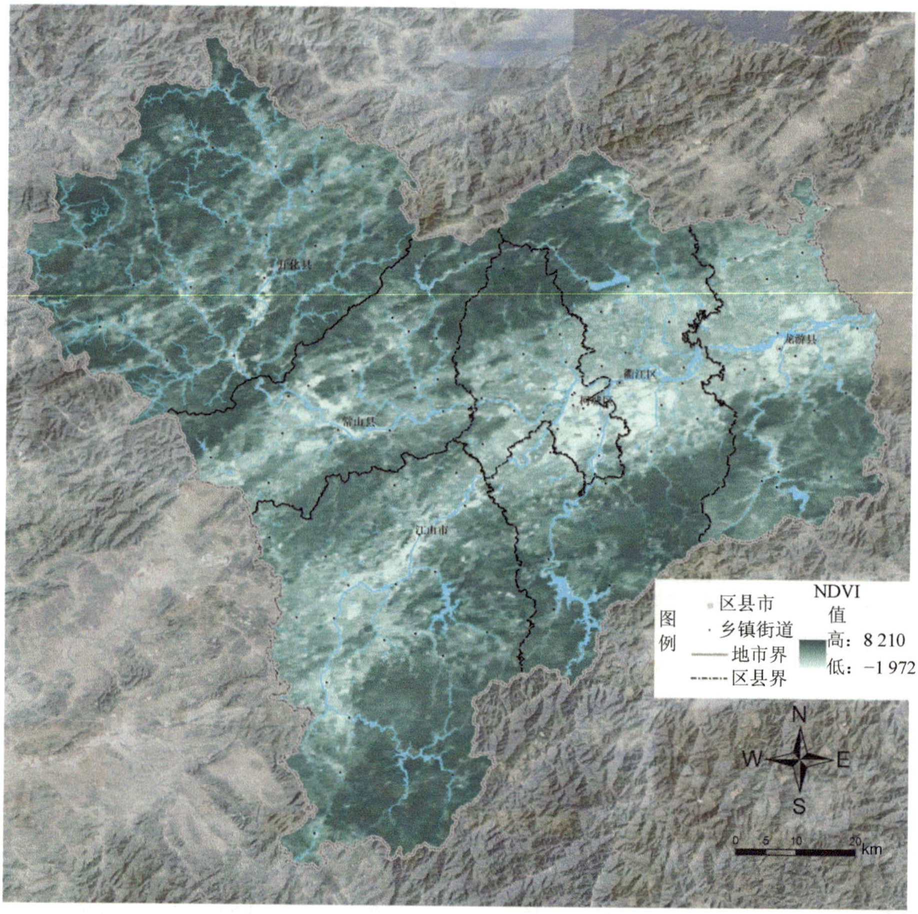

图 5-4 衢州市植被覆盖状况（NDVI 评价）分布

通过评价可知，衢州市植被覆盖状况总体较好，但分布呈现区域差异。以山地丘陵为主的地区森林覆盖率高，区域植被覆盖指数较大，主要包括古田山、千里岗山脉、仙霞山脉和常山南部等区域，而大面积耕地、城镇地区植被覆盖状况一般。

（4）生态环境状况评价

生态环境状况评价依据《生态环境状况评价技术规范》（HJ 192—2015）进行，采用生物丰度指数、植被覆盖指数、水网密度指数、土地退化指数和环境质量指数 5 项评价指标，各指标分别赋予不同权重，最后计算生态环境状况指数（EI）。衢州市地形以丘陵为主，森林覆盖率高，生物多样性较为丰富，降水充沛，生态环境状况等级以优秀为主。2011—2015 年，全市生态环境状况指数（EI）为 82.6～84.3，生态环境状况略有变好，高于同期浙江省 EI 平均水平；全省 11 个设区市以 EI 值进行排序比较，衢州市处于第 2～4 名水平；开化县生态环境状况始终保持在全省县（市、区）评价单元前十位，衢州市生态环境质量明显优于省平均水平，但全市整体森林覆盖、生物多样性丰度等状况略低于丽水市，具体见图 5-5。

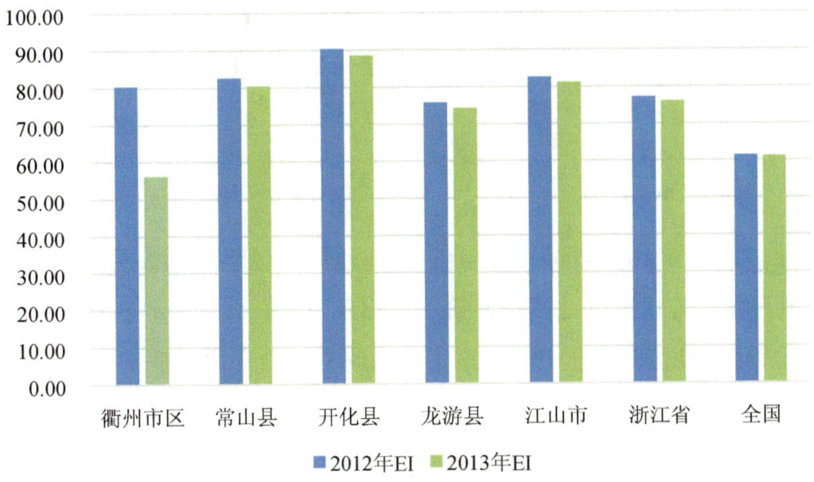

图 5-5　地区间 EI 值比较

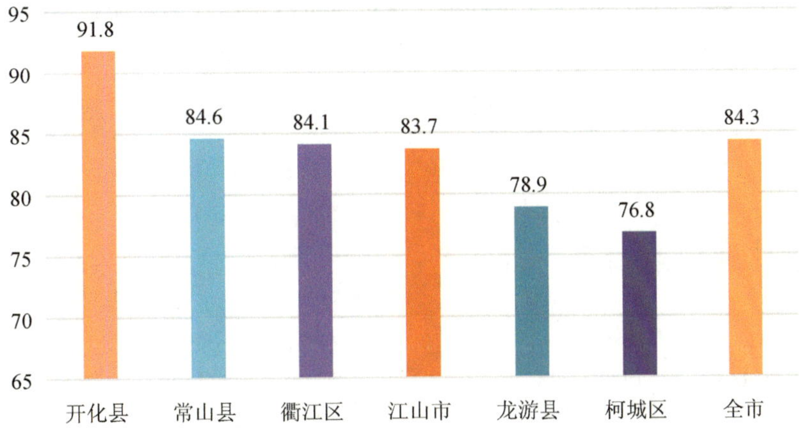

图 5-6　2014 年衢州分区县生态环境状况指数（EI 值）

衢州市 2016 年生态环境状况为优（受数据收集时间所限，生态环境状况评价较其他环境要素滞后一年），各县（市、区）近年平均 EI 值按降序排列依次为：开化县＞常山县＞江山市＞龙游县＞衢州市区。其中开化县和常山县的 EI 值高于全市平均值；柯城区生态环境状况改善明显，其他地区略微变好，变好幅度依次为：柯城区＞龙游县＞开化县＞常山县＞衢江区＞江山市。

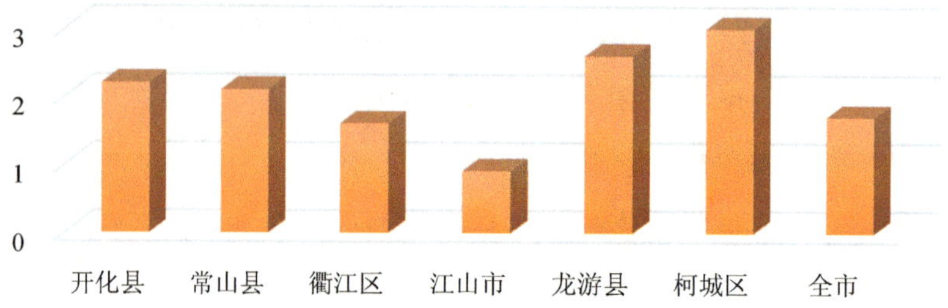

图 5-7　2011—2015 年各区县 EI 变化值

5.1.3　主要结论

总体来看，衢州市 10 年间仅中部河谷盆地地势平缓地区生态系统格局变化相对明显，主要表现为城镇等建设用地扩张并挤占农田及草地。森林和灌丛自然生态系统质量总体变好，土壤保持功能略有提升。湿地生态系统有轻微变化，部分区域湿地面积减少，少量重点湖库富营养化水平增高。

全市生态环境保护应统筹考虑区域流域生态安全格局，加强重点区域污染治理和山体、河口等生态修复，构建地区生态廊道和生态格局。同时加强流域生态保护的综合治理，以自然修复为主，逐步恢复提高流域生态系统服务功能。提升生态农业水平，加强控制农业面源污染，提高湖泊水生态环境，维护水资源供给能力。完善水源涵养重要区的生态补偿机制，充分发挥生态补偿重要作用。另外，按照国家要求，划定并严守生态保护红线，对全市范围内的生态功能极重要区和各类禁止开发区域实施严格保护和监督管理。

5.2　生态功能分区研究

5.2.1　各类自然保护地识别

衢州市重要自然保护地集中体现在禁止开发区，尤其是省级及以上禁止开发区。按照《生态保护红线划定指南》（环办生态〔2017〕48 号），禁止开发区主要类型应涵盖省级及以上自然保护区、地质公园、湿地公园、森林公园、风景名胜区和重要水源保护地 6 大类。基于上述要求，综合考虑衢州市经济社会发展的现状和生态问题，初步识别衢州市自然保护地划定范围，如表 5-1 所示。

表 5-1　衢州市自然保护地识别

序号	类型	名称	位置
1	国家公园体制试点区	钱江源国家公园体制试点区	开化县
2	自然保护区	古田山国家级自然保护区	开化县
		衢江千里岗省级自然保护区	衢江区
		江山仙霞岭省级自然保护区	江山市
		江山金钉子地质遗迹省级自然保护区	江山市
		常山金钉子省级自然保护区	常山县
3	森林公园	浙江钱江源国家森林公园	开化县
		浙江仙霞国家森林公园	江山市
		浙江紫微山国家森林公园	衢江区
		浙江三衢国家森林公园	常山县
		浙江大竹海国家森林公园	龙游县
		桔海省级森林公园	柯城区
4	风景名胜区	江郎山国家级风景名胜区	江山市
		烂柯山—乌溪江省级风景名胜区	衢州市区
		钱江源省级风景名胜区	开化县
5	湿地公园	衢州乌溪江国家湿地公园	衢江区
		绿葱湖省级湿地公园	龙游县
		钱江源省级湿地公园	开化县
		衢江下中洲省级湿地公园（2017 新增）	衢江区
6	重要生态公益林	各县（市、区）重要生态公益林	全市

5.2.2　生态功能区空间布局

生态空间是指具有自然属性、以提供生态服务或生态产品为主体功能的国土空间，主要由重要生态功能区和自然保护地构成。衢州市生态空间包括各类重要生态功能区、自然保护地、重要生态公益林和主要河流等。

衔接国家及浙江省生态功能区划，衢州优先维护的重要生态功能区包括北部钱江源水源涵养与生物多样性维护区、千里岗水土保持区，以及衢州南部生物多样性维护与水土保持重要区 3 大类功能区。重要生态功能分区如图 5-8 所示。

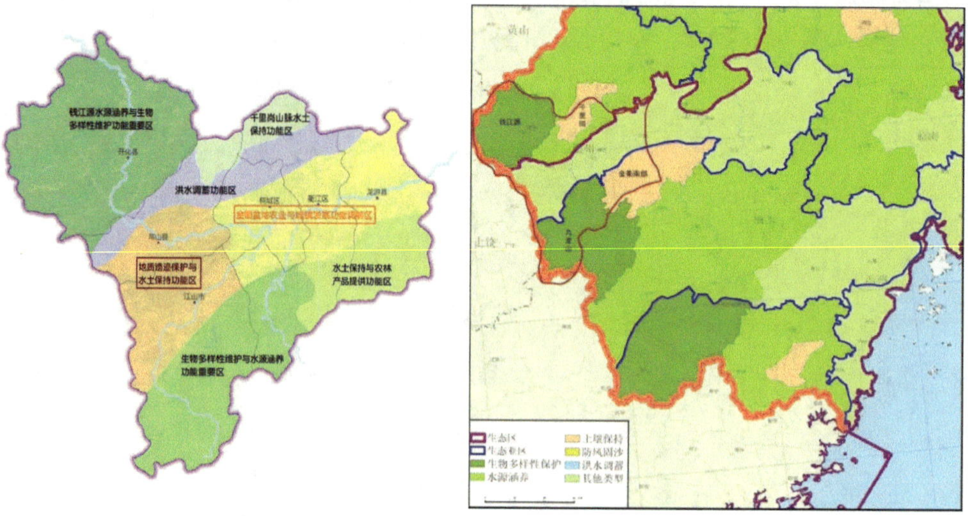

图 5-8 衢州及周边区域生态功能分区

钱江源水源涵养与生物多样性维护重要区：包括开化县全域，该区为钱塘江发源地，具有重要水源涵养功能，同时也是华东地区森林面积保存较大和生物多样性较丰富的区域，是全国生物多样性重点保护区域。该区生态环境问题包括森林生态系统水源涵养、生物多样性维护功能下降，土壤呈现酸化趋势等。

千里岗山脉水土保持功能重要区：包括衢州市境内衢江区西北部和常山县东北部，具有水土保持、水源涵养、生物多样性维护等重要生态功能。区域森林植被种类趋于单一、结构有待提升，且存在一定程度的水土流失。

北部水源涵养及洪水调蓄功能区：包括衢江区东北部和常山北部，具有洪水调蓄、土壤保持和水源涵养的重要功能。

南部山地生物多样性维护与水源涵养重要区可划分为两个子单元区：金衢南部水土保持与农林功能重要区，包括衢江区东南部和龙游南部山地；仙霞山脉生物多样性维护与水源涵养重要区（属九龙山区域生态功能重要区），包括衢江区西南部和江山南部山地。该区也是华东地区森林面积保存较大和生物多样性最丰富的区域之一，具有重要生物多样性维护、水源涵养、饮用水水源保护、土壤保持和生态系统产品提供功能。该区局部地区地质灾害多发，森林生态系统水源涵养功能下降，需加强森林保护与自然恢复。

5.2.3　重要生态功能区分类管控方向

对全市生态空间内包含的各类生态功能重要区进行分类保护与发展建设，维护好绿水青山，从绿水青山中转化发展金山银山。各类禁止开发区域和保护区按法律法规、保护条例等进行严格管控，加强生态空间内重要生态系统服务功能。自然保护区加强森林保护建设，扩大常绿阔叶林面积，坚持自然恢复；以生态公益林等林地为主的生态空间，采取近自然演替的生态措施，提高森林质量与服务功能，优化森林垂直结构，提高生物多样性；必要地区实施生态搬迁，适度发展生态林果业和生态旅游业，实现生态调节、功能维护、休闲旅游、绿色发展相协调。

表 5-2　生态功能重要区分类管控与引导

生态功能重要区	主要生态系统服务功能	主要生态环境问题	保护措施与发展方向
钱江源水源涵养与生物多样性维护区	水源涵养、生物多样性维护、水土保持	森林生态系统涵养水源、维持生物多样性等功能下降；土壤侵蚀，土壤酸化	实施封山育林等措施恢复生态系统功能；开展珍稀物种、濒危物种的保护；强化小流域综合治理，控制水土流失；开展试点区连片建设；加强林业经营区可持续的集约化丰产林的管理；发展生态农业与生态旅游
千里岗山脉土壤保持功能重要区		水土流失；森林植被结构不合理；矿产开采影响生态环境	强化小流域综合治理，加大水土流失治理力度；建设水源涵养保护区，加强生态公益林建设与管护；开展废弃矿山土地生态修复等
北部水源涵养及洪水调蓄功能区	洪水调蓄、水土保持、水源涵养	水土流失，矿产开采影响	加强植被保护，保持水源涵养能力；开展小流域综合治理，控制水土流失等
金衢中南部水土保持与农林功能区	土壤保持、生物多样性维护、水源涵养、生态系统产品提供	水土流失；农业面源污染；森林生态系统功能下降	开展植树造林，提高森林覆盖率和水源涵养能力；综合治理农村环境，发展农林复合型生态产业
仙霞山脉生物多样性维护与水源涵养功能区	生物多样性保护、水源涵养与饮用水水源保护	森林生态系统及水源涵养功能下降；局部地区地质灾害多发	加强自然保护区的建设，形成自然保护区群；加强森林保护与自然恢复；加强生物资源保护，提高生物多样性水平；综合治理小流域水土流失；开展矿区生态恢复与重建；对地质灾害多发点进行监控，采取预防措施；开展生态旅游

5.3 生态安全空间格局体系构建研究

5.3.1 明确生态环境战略分区

（1）空间分区总体思路

践行“两山”理论，将衢州生态资源环境优势转化为生态经济和生态富民优势，根据生态环境资源禀赋，合理确定空间发展布局和区域发展适宜方向，保护好绿水青山，依托绿水青山发展金山银山，以科学的国土空间开发布局提高城乡经济、社会、环境等综合效益。

从衢州市保障区域生态安全的省级重点生态功能区定位出发，科学规划全市域国土空间布局。根据区域国土空间生态环境现状，综合考虑衢州经济社会发展、产业布局、人口集聚趋势，以及各类自然保护区、森林公园、湿地等禁止或限制开发区域生态保护要求，合理引导生态空间、农业空间和城镇空间布局优化。划定并严守生态保护红线，强化空间引导；与永久基本农田、城镇开发边界相衔接，有效管控农业空间和城镇空间布局；根据国家政策要求，提出分区生态环境保护重点任务和差异化管控措施。

（2）生态环境战略分区

基于区域国土空间生态环境评价，衔接上级功能区规划与区划，明确衢州市生态环境战略分区：由古田山—钱江源、以千里岗山脉为中心的北部山地丘陵区以及以仙霞山脉为中心的南部山地丘陵区构成全市生态功能重要区，中部金衢盆地为全市农业与城镇环境维护区，西部重点为农林产品提供与生态功能调节区（表 5-3、图 5-9）。

表 5-3 衢州市生态环境战略分区

战略分区		包含区域	主要环境功能	空间布局划分
生态功能重要区	千里岗生态屏障区	开化县、常山县北部东部、柯城区北部、衢江区北部	水源涵养、生物多样性维护、水土保持	生态空间为主
	仙霞岭生态屏障区	江山市南部、衢江区南部、龙游县南部	生物多样性维护、水源涵养与饮用水水源保护、水土保持、生态系统产品提供	
金衢盆地农业与城镇环境维护区		柯城区西部南部主城区、衢江区中部、龙游县北部	自然人文景观维护与城镇环境调节、农产品提供、生态系统产品提供	核心为城镇空间，其他区域农业空间和城镇空间交错
西部农林产品提供与生态功能调节区		常山县南部、江山市北部	农林及生态系统产品提供、自然景观维护、水土保持	江山北部为农业空间，常山南部林草地为生态空间

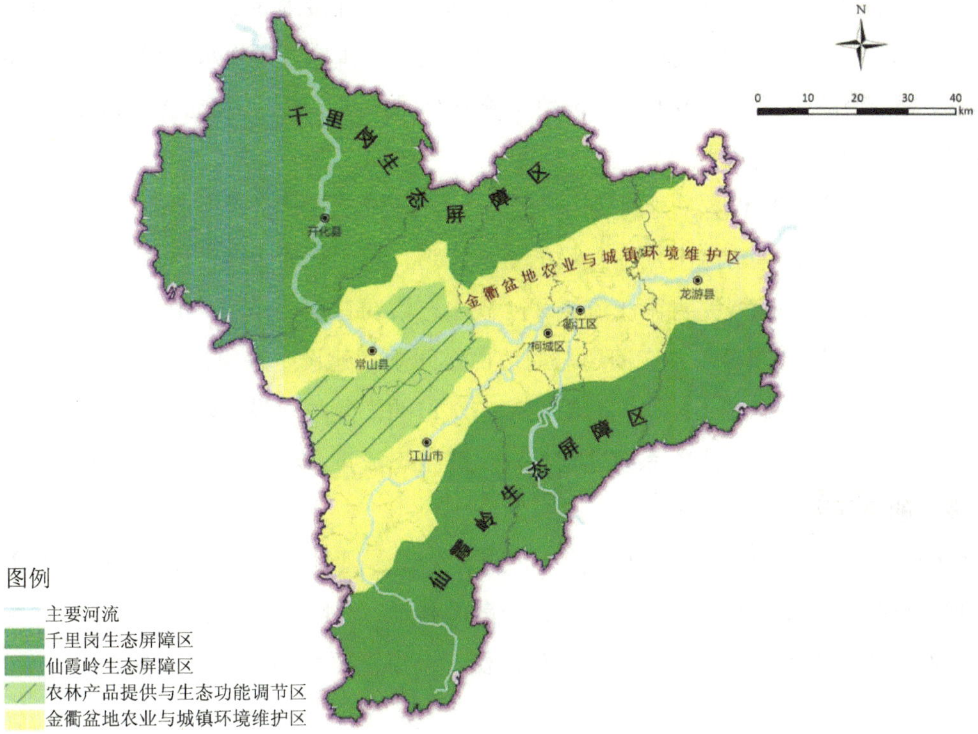

图 5-9　衢州市生态环境战略分区

5.3.2　构建地区生态安全格局

维护区域生态安全格局。突出衢州市在浙江西部乃至华东地区的生态区位优势，以维护钱塘江上游生态系统整体功能为重点，协同周边及下游地区，构筑以钱江源为核心的区域生态安全格局。南北两侧分别构建山地丘陵生态屏障体系，保障全省及华东地区上游源地生态安全，同时自上游源地至衢江及其主要支流，构建“山脉—江河”连通的区域生态廊道，形成上下游生态资源自然流畅的生态通道。通过跨区域森林型生态廊道和绿地建设，加强对连绵山脉、河流干道的维护，建立沿交通干道、河流水系的生态防护体系，促进城乡绿化一体化，强化区域生态网络体系，保障生态安全。

构建地区生态安全格局。依托衢州市山、水、林、田、草等生态要素以及丰富的自然资源，构建“两轴、两翼、十廊、多点”的衢州市生态安全格局：

“两轴”为常山港—衢江和江山港—衢江构成的“Y”形生态景观轴，沿常山港（马金溪）和江山港两港至衢江两侧，依托自然地貌合理布局滩涂、湿地、绿道、绿地公园等，作为全市重要的游憩、观光滨水景观绿带，逐步提升景观设计和配套设施建设。

“两翼”为千里岗山脉生态屏障区和仙霞山脉生态屏障区，其中北翼包括古田山、千里岗自然保护区，钱江源、三衢国家森林公园，以及连接地带的重要生态公益林；南翼包括仙霞、紫微山、大竹海等国家森林公园，乌溪江国家湿地公园，以及区域间生态公益林，对全市跨区县连片山地生态斑块实施系统保护与抚育，严格管控山区生态空间，限制性引导丘陵开发建设。

“十廊”为依托池淮溪、龙山溪、芳村溪、大俱源、石梁溪、庙源溪、芝溪、乌溪江、上下山溪、灵山港等主要河流建设的生态廊道，起到连通生态源区、隔离城镇组团的作用，对衔接、保障、完善衢江流域和区域生态格局有重要作用。沿主要河流两侧设置滨河绿带、湿地公园等，并在河道与周边山丘间规划建设生态绿带，形成山水交流、蓝绿交织的景观型生态廊道。通过对沿河生态廊道的修复与建设，以及流域内其他生态要素的综合整治，提高水生态系统连通性，保障生态流量，组合、串联形成覆盖全市域城镇乡村的多元自然生态空间。

“多点”为衢州市内各类自然保护区、森林公园、风景名胜区、湿地公园、饮用水水源保护地等重点生态功能区，以及全市分散的林地、公园、自然小区等小型生态绿地斑块，结合生态保护红线划定等管控措施，保护全市重要生态节点和生态空间。

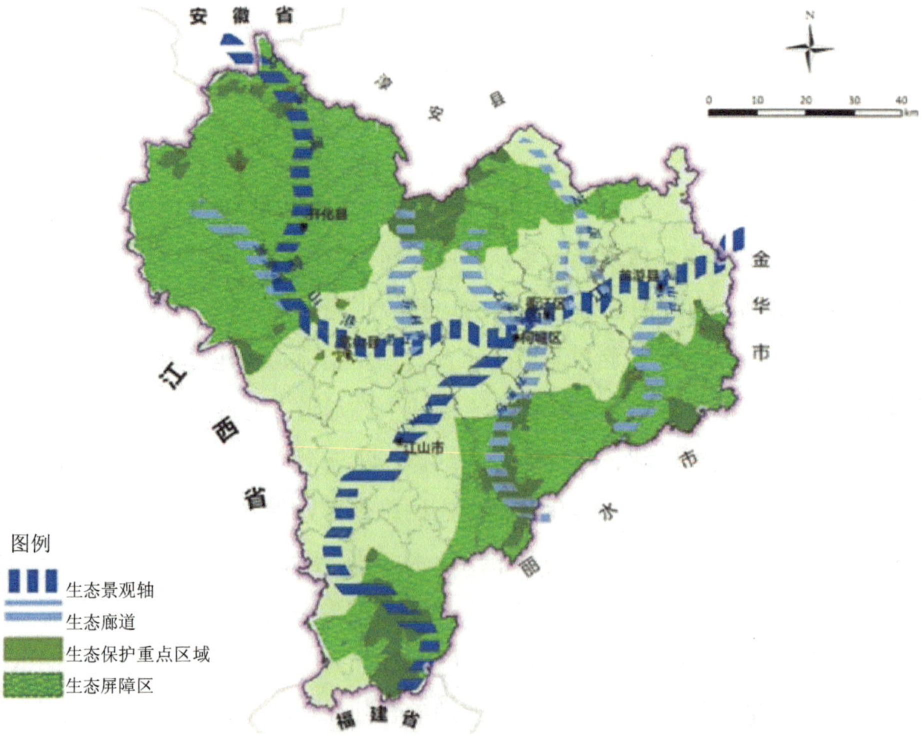

图 5-10 衢州市生态安全格局构建

5.3.3　细化严守生态保护红线

（1）明确国家生态保护红线整体思路

依据“两办”精神及《生态保护红线划定指南》（环办生态〔2017〕48 号）（以下简称《指南》），明确衢州市生态保护红线划定主要思路和整体框架。技术流程包括开展科学评估、校验划定范围、确定红线边界、形成红线成果、开展勘界定标五个步骤。

开展科学评估。按照资源环境承载能力和国土空间开发适宜性评价技术方法，开展生态功能重要性评估和生态环境敏感性评估，确定水源涵养、生物多样性维护、水土保持、防风固沙等生态功能极重要区及极敏感区，作为生态保护红线的基础边界。

校验划定范围。根据科学评估结果，将评估得到的生态功能极重要区和生态环境极敏感区进行叠加合并，与衢州现有保护地进行校验，形成生态保护红线空间叠加图，确保划定范围涵盖国家级和省级禁止开发区域，以及其他有必要严格保护的各类保护地。

确定红线边界。将确定的生态保护红线叠加图，通过边界处理、现状与规划衔接、跨区域协调、上下对接等步骤，确定生态保护红线边界。

形成红线成果。在上述工作基础上，编制生态保护红线划定文本、图件、登记表及技术报告，建立台账数据库，形成生态保护红线划定方案。

开展勘界定标。根据划定方案确定的生态保护红线分布图，明确红线区块边界走向和实地拐点坐标，详细勘定红线边界。

（2）识别衢州市红线重点保护区域

依据《指南》，衢州市生态保护红线基础边界为全市范围内具有重要生态功能的区域，即评估得到的生态功能极重要区和生态环境极敏感区空间叠加范围。评估得到的生态保护红线基础边界需与衢州市各类自然生态保护地进行校验，确保划定范围涵盖国家级和省级禁止开发区域。衢州市各类禁止开发的重点保护区域主要包括 1 个国家公园体制试点区、5 个省级及以上自然保护区、6 个省级以上森林公园、4 个省级及以上风景名胜区（含 1 个世界自然遗产）、1 个国家地质公园、3 个省级及以上湿地公园、12 个饮用水水源地保护区、2 个重要生态公益林、3 个市级以上（含市级）湿地保护区和 5 个市级及以上自然保护小区。另外，按照《指南》要求，位于生态空间以外或人文景观类禁止开发区域，龙游石窟风景名胜区、开化霞山古村落历史文化保护小区等，原则上不纳入生态保护红线。

另外，国家级和省级禁止开发区域名录根据各级法定保护区批准设立情况进行增补和调整，新设立的自然保护区、森林公园、风景名胜区、地质公园、湿地公园、饮用水水源地一级保护区等自动纳入生态保护红线区，实行动态管理。

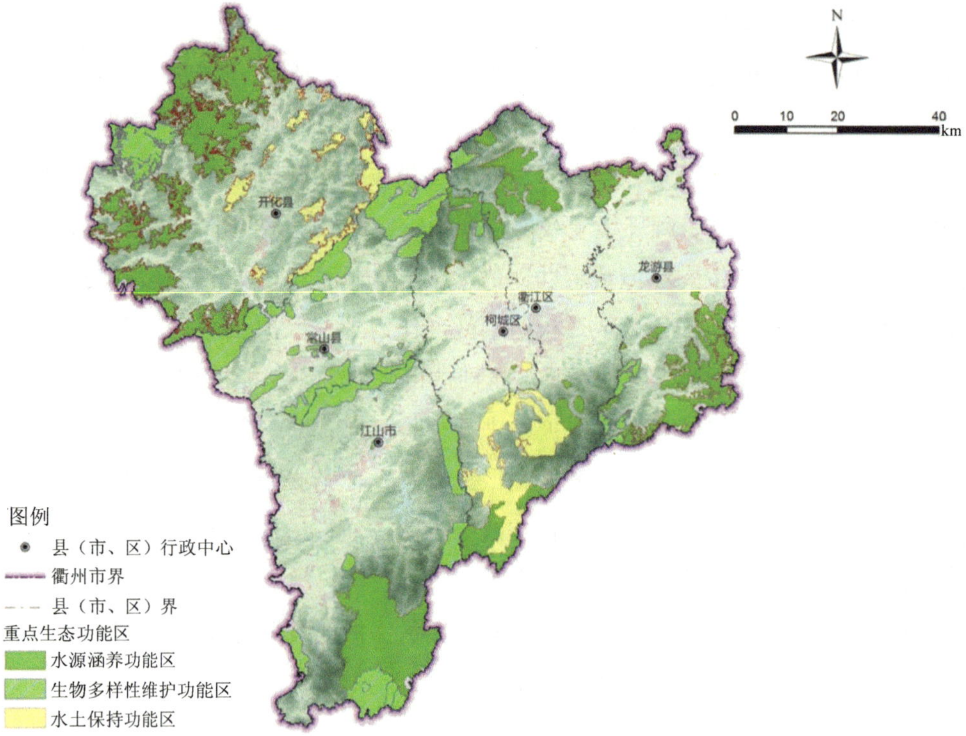

图 5-11 衢州市重点生态功能区类型分布

表 5-4 衢州市生态保护红线禁止开发区域类型清单

序号	类型	级别	划定清单
1	国家公园体制试点区	—	钱江源国家公园体制试点区：含开化古田山国家级自然保护区、钱江源国家森林公园、钱江源省级风景名胜区以及上述自然保护地之间以生态公益林为主的连接地带
2	自然保护区	国家级、省级	古田山国家级自然保护区、衢江千里岗省级自然保护区、江山仙霞岭省级自然保护区、常山金钉子省级自然保护区、江山金钉子地质遗迹省级自然保护区
3	森林公园	国家级、省级	钱江源国家森林公园、紫微山国家森林公园、仙霞国家森林公园、三衢国家森林公园、大竹海国家森林公园、桔海省级森林公园（生态保育区和核心景观区纳入红线）
4	风景名胜区	国家级、省级	江郎山国家级风景名胜区（内含世界自然遗产江郎山“中国丹霞”景观）、烂柯山—乌溪江省级风景名胜区、钱江源省级风景名胜区（核心景区或一级、二级保护区纳入红线）

序号	类型	级别	划定清单
5	地质公园	国家级	常山国家地质公园的地质遗迹保护区（含三衢山、金钉子等核心园区）
6	湿地公园	国家级、省级	衢州乌溪江国家湿地公园的湿地保育区和恢复重建区（远期视情况纳入龙游绿葱湖、开化钱江源、衢江下中洲等省级湿地公园）
7	饮用水水源保护区	县级以上一级、二级保护区	市区尚书塘水库、罗樟源水库、芝溪、乌溪江饮用水水源保护区；常山芙蓉水库、千家排水库、常山港饮用水水源保护区；开化县钱江源水源保护区；龙游县洪畈—社阳—高平桥水库、山门寺水库、黄泥坑水库、灵山港饮用水水源保护区；江山市峡口、白水坑水库饮用水水源保护区等
8	自然保护小区	省级、市级	常山同弓伏江鹭鸟自然保护小区、江山野猪浆猕猴自然保护小区、江山西山香樟自然保护小区、衢江绿葱湖湿地自然保护小区等
9	生态公益林	国家级、省级	包括全市各县（市、区）重要生态公益林

（3）红线划定初步方案与相关规划衔接

依据《指南》，全市生态保护红线划定应基于区域生态功能重要性、敏感性评价形成基础边界；叠加校验重点保护区域确定阶段方案。红线阶段方案需进一步结合土地调查、地理国情普查成果，与城乡规划、土地利用总体规划、湿地、林地保护规划、产业规划、旅游等相关规划进行有效衔接，依照“多规合一”原则并结合开化县空间规划试点经验，在严格保护生态环境基础上，满足各方诉求，调出合理的规划建设用地，预留发展空间。同时增加对生态环境有重要作用，满足红线纳入要求的地类斑块。

衢州下辖 6 县（市、区）的生态保护红线划定方案汇总形成全市生态保护红线划定方案，衔接跨区县生态保护红线斑块，核定各县（市、区）生态保护红线范围与边界。结合第三次土地利用调查工作，勘定各区县生态红线边界走向和实地拐点坐标，通过自然资源统一确权登记明确用地性质与土地权属。在城乡发展建设过程中，适时将对区域生态安全具有重要支撑作用的地区纳入生态保护红线范围。

（4）明确生态保护红线管理制度

推进生态保护红线管理制度建立。将全市域范围的生态保护红线与相关发展建设规划进行有效衔接，明确开发和保护边界，实现生态保护红线、永久基本农田、城镇开发边界三条控制线有效衔接、空间落地。生态保护红线须依据生态服务功能类型，实施强制性严格保护。

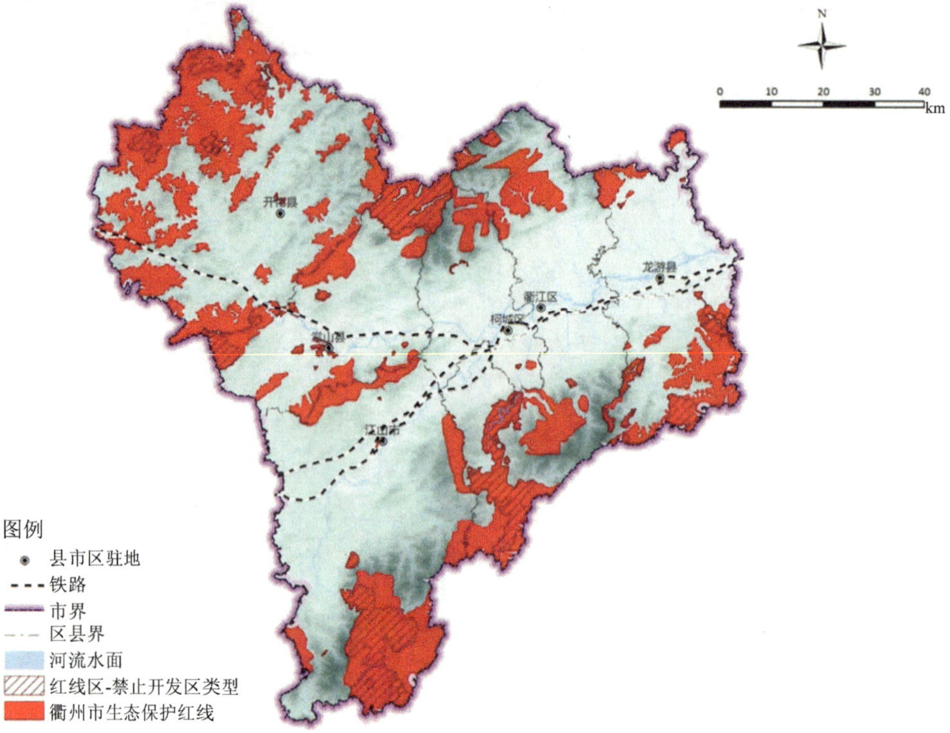

图 5-12 衢州市生态保护红线划定方案

1）严格管控，严禁任意改变用途。生态保护红线须依据生态服务功能类型，实施强制性严格保护，严禁任意改变用途，确保质量不降低、面积不减少、功能不改变。

2）开展红线勘界定标。根据生态保护红线划定方案及红线类型清单，结合第三次土地调查，开展红线勘界定标，核定红线边界。

3）建立红线调整机制。全市生态保护红线一旦划定，原则上只能增加，不得调减红线区范围。因国家重大基础设施、重大民生保障项目建设等需要调整的，由省级政府组织论证，提出调整方案，经生态环境部、国家发展改革委会同有关部门提出审核意见后，报国务院批准。

4）明确红线组织形式。相关职能部门根据衢州市生态保护红线的基本方案，开展本部门职能管辖范围内及辖区内生态保护红线清单和斑块，制定详细的保护方案，报衢州市环境保护行政主管部门备案，纳入县级生态保护红线管理系统。生态保护红线划定后，报衢州市人大常委会审议批复。

5）落实跟踪评估和监督。衢州市环境保护行政主管部门负责联合有关部门对生态保护红线实施情况进行跟踪评估和综合评价，定期开展生态保护红线区生态环境监测和预警工作。组织建立生态保护红线监管平台，制定监管规范，采取遥感监测和地面调查相结合的办法，对生态保护红线区进行监管，严密监控红线区内各类人为活动。市人民政府应建立生态保护红线区监管队伍，提高监管能力。对生态保护红线区保护和管理实施情况进行评估，评估结果作为自然资源资产负债表和领导干部离任审计的重要依据。

5.4 生态系统保护修复与建设研究

5.4.1 实施山水林田湖草系统保护

优先维护南北两翼生态功能重要区。以南北两翼山地生态屏障区为重点，推动建立全市跨区域生态屏障保护机制，对连片山地生态安全屏障实施系统保护与抚育，提升两翼重点生态功能区的水源涵养和生物多样性维护功能。对全市禁止开发区域、自然保护地分类进行保护，优先加强自然保护区建设与管理，推进钱江源国家公园体制试点区（以下简称试点区）建设，统筹协调森林公园、风景名胜区、地质公园、湿地公园等各类保护地规划、建设和管理。

加强河湖湿地等重点水域保护。对钱江源地区河流湖库以及衢江干支流流域重要河湖湿地实施生态保护，加强珍稀水生生物的水域保护，强化湿地保护，推进城市河湖湿地生态化治理，落实重要湿地保护名录管理制度。

保护森林生态系统，精准提升森林质量。推进天然林、公益林保护和抚育，分级分类进行林地用途管制，保护林地资源，加强森林管护基础设施建设，落实公益林建设补助政策。坚持封山育林与人工造林并举，因地制宜，优化林种结构、森林组成以及森林服务功能，提升林分质量和林木蓄积量。对必要地区实施生态搬迁，适度发展生态林果业和生态旅游业，实现生态调节、功能维护、休闲旅游、绿色发展相协调。

开展古树名木保护工作。加强古树名木保护、复壮和生境修复，对全市衰弱、濒危古树名木实施抢救性保护，科学设置标牌及护栏，严格保护古树名木根系、树冠延伸区域，推进古树名木保护信息管理系统建设，切实提高保护和管理水平。

5.4.2 科学保护生物多样性

以古田山—千里岗和仙霞岭生态屏障区为重点开展生物多样性保护。在钱江源、千里岗和仙霞山脉生物多样性维护与水源涵养功能重要区，依托古田山等 5 个国家级自然保护区和省级自然保护区成立基础，以生态学和生物学相关理论为指导，全面加强生物多样性维护与生态环境保护。扩大珍稀濒危野生生物种群数量，确保区内生态系统和自然景观的完整性；加强自然保护区、试点区等机构组织管理，健全各项制度，协调各方关系，完善基础设施；在全面保护的前提下，积极开展科学监测和宣传教育活动，合理有序开展生态旅游，实现保护区可持续发展。

对生态屏障区内划定的生态保护红线区域采取严格管控措施。千里岗自然保护区由于早期采伐开垦及杉木用材林单一种植等因素，中上坡区域黑麂、白颈长尾雉等动物生境呈破碎化，应以森林生态学理论为依据，结合实地调查，科学合理实施人工生境改善，并采取封山育林措施，保护区内除生产生活小区外，其他森林核心区逐步纳入生态公益林或红线管理范围。仙霞岭自然保护区生态环境保护以维持封山育林措施为主；区内森林原则上全部纳入生态保护红线管理范围，植物保护以就地保护为主，迁地保护为辅，迁地保护主要针对种群数量较少的植物进行。另外，实施野生动物生境改善工程，对退化、人工化或破坏严重地段开展栖息地恢复、生境恢复等生态恢复项目。在科学调查和论证的基础上，按照先试点、再推广，逐步实施的原则，按照生态保护红线划定范围进行严格管控，改善并维持区内重要生态系统服务功能；根据主要保护对象的生态学、生物学特性适度辅以人工辅助措施，植被恢复以乡土树种为主，严格防控外来物种入侵。

开展珍稀濒危野生动植物及其生境抢救性修复。保护修复并扩大珍稀濒危野生动植物栖息地、极小种群和原生境保护区，重点对退化、人工化或破坏严重地段开展栖息地恢复、生境恢复等修复工程。优先开展试点区及省级自然保护区的生物本底资源调查，掌握野生物种的分布和濒危状况。开展以云豹、长尾雉、黑麂、南方红豆杉、金钱松等动植物资源为对象的珍稀濒危物种救护、繁育、野化放归、保护研究等工作，优先实施野生动植物保护工程。加强野生动植物监督管理，加快建设野生动物救助中心。

5.4.3 推进重点区域生态修复

实行从山顶到江河的流域生态系统修复。依据衢江流域生态系统分布规律和自然地理特征，围绕森林、湿地、河流、农田、城镇等典型生态系统服务功能的维护与提升，分区分类开展生态修复。实施上下游联动的生态修复，维护和增强全市生态系统自我调节、抵御自然灾害的能力。落实“五水共治”等全流域河道综合治理工作，结合自然和人工湿地建设，改善湖库及入库河口生态环境，开展河道及滨岸带生态修复，打通河流生态廊道，连通重要生态源区。

在流域上游，依托自然保护区与试点区建设，加强植被保护，保持水源涵养能力，开展小流域、坡耕地及林地综合治理，控制水土流失等，修复提升两翼山地生态安全屏障。对中部丘陵区具备条件的坡耕地、重要水源地实施退耕还林，恢复防护林、风景林等森林资源。加强马金溪、池淮溪、龙山溪等上游主要河流的河道整治和岸边生态修复，提升洪水调蓄能力。加强矿山生态修复，加快推进全市废弃矿山生态环境治理修复、毁损山体土地及工矿废弃地等地质环境恢复，以及山区重要水源地保护修复。

在流域下游，以一江两港生态景观轴和石梁溪、芝溪、乌溪江、上下山溪、灵山港等生态廊道为空间格局依托，深入开展河道综合整治和岸边带生态修复。加快恢复河道自然生态功能，强化对骨干河道、城镇河网的清淤、疏浚、清障、保洁、生态护岸等综合治理。疏通流域水脉，提升下游主要河流流域的洪水调蓄、景观提升、水质净化等生态服务功能。

5.5　优质生态产品供给能力提升研究

推进钱江源国家公园体制试点区生态建设。积极推进钱江源地区生态建设，提升建设和管理水平，加强开化国家级生态县、省级重点生态功能区的生态屏障作用。探索省域架构国家公园的生态环境保护与建设新模式，实施并完善国家公园分区管控机制。根据现有分区体系，将古田山国家级自然保护区、钱江源国家森林公园等纳入生态保护红线划定范围的核心保护区和生态保育区，严格按照自然保护区等禁止开发区管理规定进行管理，保存自然生态系统的完整性和空间连续性。核心区外围的游憩展示区和传统利用区对外开放，展示钱江源—古田山地区的自然风光与历史人文景观，在保护试点区自然资源和生态环境的前提下，以原住居民为主体适度开展生态林业、生态农业、传统文化展示等活动。

扩大具有地域特色的森林旅游、湿地康养等生态产品供给。依托全市建有的紫微山、三衢山、仙霞山、大竹海、桔海等国家级和省级森林公园、自然保护区，乌溪江、绿葱湖等国家和省级湿地公园，以及遍布全市的省级林业观光园区、休闲度假基地、森林特色小镇、森林人家、省级生态文化创建基地等生态产品资源，建立全市域森林旅游体系和区、县、市各具特色的生态旅游格局，打造集生态考察、野生动植物观赏、森林和湿地疗养、健身、野营等多种项目于一体的生态旅游康养胜地。

开展绿色生态廊道建设。结合衢州市全流域河道综合治理工程，围绕常山港、江山港和衢江“Y”形生态景观轴，以及池淮溪、龙山溪、芳村溪、大俱源、石梁溪、庙源溪、芝溪、乌溪江、上下山溪、灵山港等全市范围主要河流及沿岸，实施河流型森林生态廊道建设和滨水景观廊道建设。

建设水城共融的生态城市，打造“城在园中”绿化系统。依托全市生态公益林、风景名胜区、各类湿地资源，结合生态景观轴、绿色生态廊道建设，以湿地绿地、道路绿地、防护绿地、园区绿地、小区绿地等各类绿地为连接网络，完善全市绿地系统空间布局，提高建成区绿化覆盖率和人均公共绿地面积。开展平原绿化、彩色林建设、珍贵树种植抚育和森林扩面提质，着力提高南北两侧山地生态屏障区的森林覆盖率和林木蓄积量，持续深化全市域森林城市建设，为建设国际花园城市和可持续发展示范城市提供良好的生态环境基础。

5.6 城市生态产品价值提升研究

5.6.1 衢州市人居环境现状分析

5.6.1.1 加快推进新型城市化建设

城市综合环境质量显著提升。全市市容市貌明显改观，城镇人居环境明显改善。城市绿化工作成效显著，2016 年城市人均公园绿地面积达到 13.85 m^2，基本完成了市区绿道网框架的初步构建。市民出门 300 m 即步入公共绿色空间，形成了“全城皆园”的景观，真正实现了“城在绿中”。更加注重城市绿道建设，结合公园、公共绿化带建设，配套慢行通道和自行车专用车道，不仅改善了行人非机动车慢行交通环境，也为市民选择短途使用步行、自行车的绿色环保的出行方式提供了便利。衢州市、江山市被评为国家园林城市，龙游县、常山县被评为国家园林县城。龙游县被列入全省首批美丽县城试点县，江山市贺村镇、开化县华埠镇作为浙江省小城市培育试点镇，龙游红木文化小镇、开化根艺小镇入围全省首批重点培育的特色产业小镇。衢州市积极推进省级“海绵城市”建设试点。

旧城改造力度进一步推进。衢州市以专项工作法推进城市重大项目建设。2013 年、2015 年相继启动城市建设“十大专项”和“新十大专项”，全面实施书院大桥、信安湖景观桥、江滨隧道、古城墙遗址公园、高铁片区建设等项目，达到了很好的街区整治和提升效果。积极有效推进儒学文化区、水亭街区、北门街区、文昌阁与天王塔、环境整治、水系整治等专项，通过专项工作的建设，将使城区达到“文脉传承清晰，环境整洁有序，生态宜居”，为营造具有浓厚历史积淀和现代服务业相结合的城市有机体打下扎实基础，城市功能和品位进一步提升，特色更加鲜明。此外，衢州市利用“五城联创”等载体，整合资源，集中力量，适时开展了影响城市环境的重点、难点、焦点问题的专项整治活动，对乱设户外广告、随意占道经营、车辆乱停放、乱贴乱画、市场内外脏乱、卫生死角、公厕脏污、水系污染等方面开展了大规模的集中整治，一批群众反映强烈的市容和环境卫生问题得到有效解决，改善了城市面貌。

城市基础设施建设持续快速推进。城市道路基础设施建设投入加大，城市路网结构不断完善。城市供水与污水处理能力明显增强，全市 2011—2014 年新铺设供水管道 539.51 km，排水管道 538.52 km。全市垃圾、内河漂浮物、公厕化粪池实行日产日清，每万人拥有公厕数 4.07 座，水冲率达 100%，城区主干道已基本实行了 18 h、16 h 动态保洁，城区主干道机械化清扫率大幅提升，路面保洁率、清运率均达到 100%。

5.6.1.2　持续推进“两美”乡村建设

促进城乡统筹发展。衢州市在全省率先开展美丽乡村“四级联创”，形成一级抓一级、层层抓落实的工作推进机制，以“一县一带”建设为载体，努力打造美丽乡村升级版。加强村庄环境综合整治，开展清理河道、清洁乡村专项行动和农村“赤膊墙”整治，推进村庄优化布局和农房改造，实现农村生活垃圾源头分类处理和生活污水治理全覆盖。加大历史文化村落保护利用，促进农村生态美、发展美、人文美的统一。

持续提升美丽乡村建设水平。衢州市以治水美村为抓手，在全省率先启动“共建生态家园行动”，打出治水“组合拳”。6 个县（市、区）全部列入省级竞争性资金分配第一梯队，是全省唯一一个全部入围的市，其中龙游、江山、开化包揽前三甲。把农村环境卫生整治作为美丽乡村创建的首要任务，推进农村垃圾集中收集处理。全面推行农村生活垃圾“户集、村收、乡镇运、县处理”机制，“垃圾源头分类减量化资源化利用”的“贺田模式”在 269 个村施行。结合三改一拆、农房改造整治等重点工作，着力推动农村环境整治从普遍推进向深化提升转型。全市累计培育省级美丽乡村先进县 3 个、市级示范乡镇 25 个、精品村 81 个，柯城区七里乡、江山市大陈村被评为首届“浙江省最美乡村”。

强势推进农村经济转型。衢州市以绿色有机农产品为抓手，持续推进一村一品、家庭农场、有机农产品等重点工作“三位一体”联动发展。目前已累计创建“一村一品”专业特色村 246 个，发展家庭农场 3 000 多家，涌现出龙和、新联建等一批典型，加速电商换市，建立了淘宝龙游馆、开化“微茶楼”等网上销售平台。积极发展农家客栈、养生养老、农事采摘等配套项目，促进农家乐转型升级，催生“美丽产业”。积极探索农民培训“四级联培”新模式，建立健全分级分层培训体系，重点打造衢州“金牌月嫂”品牌。以扶贫开发促增收，深入推进产业扶贫、金融扶贫、搬迁扶贫、结对帮扶、特别扶持等举措，稳步推进村级资金互助组织建设，全市资金互助组织试点村累计达到 119 个。

5.6.1.3　深化国家循环经济示范城市建设

城市循环低碳体系逐步形成。衢州市积极推进再生资源回收体系建设，编制衢州市再生资源回收体系建设发展规划，推进再生资源集散中心和信息服务中心建设项目。加大城市再生水处理设施建设力度，实现城市中水回用和再生水利用率大于 10%。促进低碳交通大发展，优先发展公共交通，公共自行车，鼓励低碳绿色出行。推动新建住宅、公共建筑节能和现有建筑节能改造，推广节能环保型家电产品和绿色照明产品，全面推行“限塑令”。加大可再生能源推广力度，实现可再生能源发电装机量达到 39.89 万 kW。衢州市排污权交易中心正式运营，开展排污权有偿使用和交易。覆盖全市的危险废物和医疗废物集中处理中心已建成。加强循环经济宣传教育，围绕全国节能宣传周、全国城市节水宣传周和世界环境日、全国低碳日、地球日、水日等宣传活动，认真开展循环经济示范城市创建工作宣传。

农业循环经济初显生态发展模式。一是农村垃圾处理探索形成“贺田模式”。创造性地建立了“源头分类可追溯减量处理再利用”机制，并在全市推广实施。该模式把垃圾处理工作重点从终端处理转到农户源头分类减量上来，农户把垃圾细分为有机垃圾、可回收垃圾、建筑垃圾、有害垃圾。为实现垃圾分类可追溯，对每只垃圾袋进行二级编码，一级代码表示卫生责任区，二级代码表示户主代号。二是畜禽养殖排泄物综合处理的“开启模式”。浙江开启能源科技有限公司承建世界银行全球环境基金的农业废弃物资源化及沼气发电工程示范项目，由公司定期收集畜禽排泄物，用于生产沼气、发电、有机肥，产生的沼液也通过专用设备输送到各农业生产基地消纳，实现“猪粪收集—沼气发电—有机肥生产—种植业利用”的大循环。三是农村生态环境自我管理的“墩头模式”。柯城区航埠镇墩头村建成全市首个垃圾资源化利用站，成立村级共建生态家园协会，充分发挥其在宣传教育、组织实施、资金筹措和机制保障四个方面的作用，成功探索出“群众主体、四共四分（共识、共建、共管、共享，分片管理、分段示范、分户包干、分类处理）”的共建生态家园“墩头模式”。同时，形成长效机制推广测土配方施肥、促进商品有机肥使用、实行整建制病虫害统防统治、推行秸秆还田等生态循环农业发展。

5.6.1.4 持续推进环境优质服务供给

衢州市持续发力城乡生活污染治理，“十三五”以来，环境基本公共服务水平和均等化程度明显提高，为政府提供环境优质服务奠定了良好的基础。

水处理方面，污水处理系统建设实行“网格化”排摸检测、全市域提标扩容、全覆盖市场运维。全市共有污水处理厂 9 座（含企业），2017 年日处理能力 29.6 万 m^3，城市污水处理率 94.92%。农村生活污水截污纳管方面，衢州市始终坚持把质量监管作为核心环节来抓，全面落实“五五工作法”和“一部四管理”要求，强化对旁站监督员的业务素质培训。2017 年全年开展农村生活污水治理村 355 个，受益农户 4.97 万户。

垃圾处理方面，城市环卫基础设施水平明显提升，城镇生活垃圾无害化处理率与农村生活垃圾集中收集处理建制村比率均达到 100%。开展了垃圾填埋场的评级工作，全市县以上垃圾填埋场基本达到了无害化填埋场的等级要求。在垃圾处理系统建设中深化完善农村生活垃圾集中收集处理体系。大力加强垃圾收集转运体系建设，进一步完善了城乡统筹的垃圾收集体系。建筑垃圾填埋场、生活垃圾填埋场等垃圾终端处理设施不断完善，处理能力不断提升。一线清扫保洁市场化作业模式稳步推进。全面部署推进农村垃圾减量化、资源化处理，持续深化“千村百万妇女学贺田”行动。2017 年，共开展省级农村垃圾减量化、资源化处理试点村 70 个。截至 2017 年年底，建制村已全部实现生活垃圾集中收集有效处理；开展垃圾减量化、资源化、无害化处理村 1 403 个，占建制村总数的 94%。

5.6.1.5　存在的问题

城乡统筹发展水平相对滞后。随着城市化的推进，尤其是高铁新城的建设，衢州市城市配套服务设施建设水平相对滞后，城乡基础设施建设和配套功能有待进一步完善。不同地区基础设施规划与建设共建共享水平不高，给排水、能源、交通等基础设施难以实现城市内部协调布局和区块间有效衔接，在一定程度上导致城市基础设施发展不均衡，综合效益无法得到充分发挥。交通基础设施建设方面，城市交通网络与对外通道不够通畅，区域交通边缘化压力持续加大。例如道路交通设施方面，尚未建成环线交通和城市快速通道，造成城市存在多处拥堵点长期未能缓解。开发区公共设施相对滞后于工业发展，市区行车难、停车难的问题突出；投融资机制创新能力不够，基础设施的承载能力与经济社会发展的要求不相适应。城乡接合部环境“脏、乱、差”的现象还存在，影响城市景观。城乡设施配套差异巨大，城乡一体化发展成效不明显。

美丽乡村品质仍需持续提升。近年来，衢州市农村环境质量明显改善，村容村貌大幅改观，但由于各区市县农村村落数量多，且空间分布较分散，部分位于偏远山区，环境治理难度大，部分地区治理成效不明显。同时，一些农村地区不规范的生产经营和建设开发活动（如种植基地、农家乐餐饮业、旅游开发、公路建设等），对重要生态功能保护区域（如饮用水水源保护区）的生态环境造成了一定影响。随着农村生活污水治理施工的展开，衢州市农村迎来了历史上投资最大的时期，资金投入、项目管理等一系列问题也相继凸显，导致美丽乡村建设重视节点而轻视全村域的建设与提升。此外，历史文化村落保护利用、“赤膊房”整治、“一户多宅”、旧村改造等农村环境欠账仍然较多，全市有“赤膊墙”的乡村数目占比仍然较高。

特色小镇建设仍需加力。近年来，衢州市特色小镇建设加快，各级政府也推出了一系列支持政策，取得了较大成效，同时也存在一些问题。小镇在基础设施建设、人才引进、产业发展、项目推进等多方面都需要资本的投入，然而个别政府的招商引资能力弱、投融资平台作用小以及民间投资少，因此小镇建设过程中资本的流动性较弱，小镇建设缺乏资本的支撑。此外，一些小镇的产业与社区功能融合不足。特色小镇的建设需要引进人才，然而却不能同步做到强化社区的管理、服务、保障、教育、安全稳定五大基本功能，小镇还未形成良好的社区生态，人们对小镇的归属感不是很高。

5.6.2 衢州市环境优质服务典型模式

衢州市龙游县大胆探索创新农村垃圾处理机制，在全县大力弘扬大街乡贺田村“垃圾源头分类收集、定时定点投放，可追溯、减量化、资源化、无害化处理”的做法，有效破解了垃圾处理这一公共难题，探索出一条“花钱少、操作易、效果好”，十分适宜欠发达地区农村的垃圾处理新路子，被称为“贺田模式”。

5.6.2.1 “贺田模式”主要做法

（1）把好源头关，实行垃圾分类收集

针对农村垃圾“户集、村收、乡镇（街道）运、县处理”运行机制普遍存在的垃圾总量大、清运难及时、终端处理成本高等弊端，贺田村创造性地把垃圾处理工作重点从终端处理转到源头分类减量上来。把垃圾细化为有机垃圾（如剩菜剩饭、菜帮菜叶子、瓜皮果壳等）、可回收垃圾（如废金属、纸类、易拉罐等）、有害垃圾（如废旧灯管、灯泡、电池、农药瓶、油漆桶等）、建筑垃圾（如灰土、拆房石土等）四类。在此基础上，村里为每个农户配备 2 个垃圾桶，人均每月免费发放 10 个垃圾袋，各家各户自觉将垃圾分类装袋投放。垃圾的科学分类为下一步减量化、无害化处理奠定了基础。

（2）把好垃圾“身份”关，实行定时定点投放

贺田村将全村划分成 5 个卫生责任区，分别设立垃圾投放点，要求农户在每天上午 6—8 点将不可回收垃圾投放到指定点，村保洁员每天上午 9 点半前清运完毕。为将这项规定执行到位，该村创造性地设计了“源头可追溯”制度，即按不同卫生责任区，对每个垃圾袋进行二级编码，一级代码表示户主所在卫生责任区域，二级代码表示户主代号。垃圾袋实行编码等于给垃圾贴上了“身份证”，做到了“见袋知主”，村干部和保洁员可以随时发现农户是否按要求进行源头分类，是否按要求定时定点投放。垃圾“身份证”制度大大促进了农户主动分类、定时定点投放的自觉性，确保了村里实现常态化管理和全天候保洁。

（3）把好处理关，实行减量化、资源化、无害化处理

为减少垃圾集中处理量，尽可能就地综合利用，该村在对垃圾进行源头分类的基础上，采取科学合理的处理办法：有机垃圾集中堆放发酵作肥料还山还田；有害垃圾定点定时投放后由村保洁员集中清运进炉焚烧；可回收垃圾作废品清卖；建筑垃圾用作填坑造地。为“消化”可回收利用垃圾，贺田村专门与垃圾废品收购站联系，请他们每半个月定时到村集中收购可回收利用垃圾，进一步畅通了垃圾产、收、销渠道。贺田村推行这一机制后，全村垃圾总量减少 60%以上，大大缩减了保洁工作量，节约了垃圾处理运行成本，并做到综合利用变废为宝，实现了“垃圾不出村”。

（4）把好制度关，实行长效保洁管理

一是强化村民自律制度。贺田村通过把垃圾源头分类、定时定点投放、可追溯等一系列约束村民卫生行为的要求一并纳入村规民约中，促进村民自觉执行。二是实行计分激励制度。为把工作落到实处，村里还划定了农户卫生责任包干区，并与每家每户签订了“门前三包”“禽畜圈养”等协议书。在此基础上，全面实行检查记分奖励制，每半个月检查一次，检查结果全部量化到户，计分张榜公布。年终根据各户全年得分情况，分别予以不同等级的奖励。三是建立党员干部分区包干制度。每个村干部负责 3 个投放点及所辖农户的卫生保洁督查工作，实行每个月绩效考核，考核合格以上给予一定的加分奖励，凡发现投放点有一个以上垃圾袋未按时段投放或垃圾未源头分类的则视为不合格，并给予相应扣分处罚。

5.6.2.2 “贺田模式”实施效果

经过实践，贺田村不但村庄环境面貌大为改善，保洁成本大幅降低，同时也带动了村民素质的整体提升和特色产业的发展。龙游县通过向全县推广贺田村经验做法，有效地解决了农村垃圾收集处理难题，大大改善了村居环境面貌，有力地推进了美丽乡村建设。

农村生活环境全面改善。龙游县通过大力推广“贺田模式”，最明显的变化是，现在整个龙游农村原来触目惊心的垃圾基本不见了，污水横流的现象消失了，国道、省道、村道等沿线环境常年保持整洁，河道、溪流、池塘清可见底，甚至连苍蝇、蚊子也少多了。大家普遍感受到村庄变干净了也变美了。

卫生保洁成本大幅降低。从贺田村实践来看，实施垃圾“源头分类、减量处理”办法前，村里用于卫生保洁的经费每年高达 5 万元以上，且保洁工作很难到位。办法实施后，村里用于保洁的经费每年只需 3.2 万元，卫生保洁成本降低 36%以上。以此推算，龙游全县 165 个村通过推广“贺田模式”，垃圾处理量减少 1.3 万 t 以上（按每村 1 500

人、人均日产垃圾 0.9 kg 计算），年节省运输、处理费用 297 万元以上。费用降低源于两个方面：一是实施垃圾源头分类后，垃圾总量减少约 60%，大幅减少了垃圾运输、处理费用；二是群众自觉参与卫生保洁，自觉养成不随地丢垃圾的良好习惯，村集体用于村庄环境卫生的支出大幅减少。

农产品竞争力得到增强。分类后的有机垃圾通过集中堆放发酵作肥料还山还田，能有效改良因长期施用化肥破坏掉的土壤结构、增强土壤通透性，从而提高农产品的产量和品质。因此，贺田村生产的提子、西瓜特别受消费者欢迎。龙游生产的富硒莲子、富硒大米等农产品也因此备受青睐。

农民素质得到明显提升。环境可以改变人，村民从不情愿不适应到养成自觉分类垃圾、定时定点投放的良好习惯的转变过程，也就是村民素质提升的过程。在这种大环境下，就连来到贺田村做买卖的小商贩都自觉地把垃圾清扫带走。贺田村村书记劳光荣说：“习惯不是养成的，是‘促’成的，我们是在‘促’中逐步形成习惯，在‘促’中逐步提高认识的。”

“贺田模式”可复制、易推广，浙江省综改办及时总结并在全省进行推广，各地竞相参观学习借鉴。通过更大范围的推广“贺田模式”，已对过去偏重“村收集、乡转运、县处理”的方式产生较大的改革影响，对探索建立美丽乡村保洁工作运行维护长效机制必将起到积极的作用。

5.6.2.3 “贺田模式”成果应用

2014 年，龙游县发布了全市首个以贺田村为样本的《龙游县生态村建设规范》（地方标准，以下简称《标准》）。该《标准》由县质监局会同省标准化研究院制定出台，将“贺田模式”提炼成指导生态村建设和发展的理论体系，使生态村建设从此有了“操作版”。

《标准》对生态村、洁水渔业、河长制、一村一品、零星散养等术语进行了规范定义，明确生态村建设要结合村庄自然环境、资源禀赋、人文特点和乡土文化，开展村庄绿化和美化，达到绿化覆盖率山区 70%以上、丘陵 35%以上、平原 18%以上；村域清洁能源普及率 90%以上；农村户用卫生厕所普及率 90%以上；村庄水土流失治理率 90%以上；饮用水卫生合格率 95%以上；墓地治理率 100%等标准。

新出台的《标准》，既注重生态村建设的规划与布局，又鼓励以村为基本单位发展“一村一品”，鼓励各村充分发挥本地资源优势、传统优势和区位优势，通过大力推进规模化、标准化、品牌化和市场化建设，使一个村（或几个村）拥有一个（或几个）市场潜力大、区域特色明显、附加值高的主导产品和产业，从而大幅度提升农村经济整体实力和综合竞争力。

《标准》还提倡公众参与生态村建设，开展“美丽家庭”“清洁家庭”“绿色家庭”“和睦家庭”等评比活动，且获乡镇以上等相关荣誉表彰的户数不低于村总户数的 10%。

5.6.3 人居环境改善体系构建研究

以提升城乡居民幸福感、心灵归属感和社会认同感为目标，打造产城（镇、村）人文融合发展、城市繁华和乡村秀美相得益彰的城乡发展一体化新格局。全面实施乡村振兴战略，强化基础设施与公共服务的市域统筹协调，实现绿色惠民共享，提升城市环境吸引力与竞争力，打造幸福民生体验区。

5.6.3.1 提升城市生态宜居水平

（1）全面保障饮水安全

划定县级以上一级、二级饮用水水源保护区为生态保护红线禁止开发区域，实行最严格的管控措施。这些区域包括市区尚书塘水库，罗樟源水库，芝溪、乌溪江饮用水水源保护区；常山芙蓉水库、千家排水库、常山港饮用水水源保护区；开化县钱江源水源保护区；龙游县洪畈—社阳—高平桥水库、山门寺水库、黄泥坑水库、灵山港饮用水水源保护区；江山市峡口、白水坑水库饮用水水源保护区等区域。对该区限期关闭现有工业废水排放口，禁止新建排污口；集中式饮用水水源一级保护区禁止新建、改建、扩建与供水设施和保护水源无关的建设项目，拆除或关闭已建成的与供水设施和保护水源无关的建设项目；禁止矿山开采等水生态环境破坏严重的项目。消除饮用水水源隐患，依法清理饮用水水源保护区内的违法建筑和排污口，重点搬迁工业企业、畜禽养殖场等污染源。

开展饮用水水源监测和评估。定期监测、检测和评估辖区内饮用水水源、供水厂出水和用户水龙头水质等饮水状况，集中式饮用水水源地水质优良比例持续保持 100%。2019 年前，健全完善农村饮用水水质定期检测制度。2019 年年底前，完成镇级集中式饮用水水源地环境状况评估。2020 年年底前，完成分散式农村饮用水水源地环境状况评估。评估结果向社会公开，自 2018 年起，每季度公开城区集中式饮用水安全状况信息。自 2020 年起，公开全市镇饮用水安全状况信息。

（2）美化城市居住生态环境

建设水城共融、城在园中的生态城市。依托全市重要生态公益林、风景名胜区、各类湿地资源，结合滨水景观长廊、绿色生态廊道建设，以湿地绿地、道路绿地、防护绿地、园区绿地、小区绿地等各类绿地为连接网络，完善全市绿地系统空间布局，提高建成区绿化覆盖率和人均公共绿地面积。开展平原绿化、彩色林建设、珍贵树种种植抚育和森林扩面提质，着力提高南北两侧山地生态屏障区的森林覆盖率和林木蓄积量，持续深化全市域森林城市建设，为建设国际花园城市和可持续发展示范城市提供良好生态环境基础。

开展绿色生态廊道建设。结合衢州市全流域河道综合治理工程及衢江航运工程，优先开展常山港—江山港—衢江河道型滨水景观长廊建设，以现有地貌环境为基础，沿河两侧建设提升滩林湿地、滨河绿道、湿地公园等特色景观，串联形成沿岸景观资源群。沿池淮溪、龙山溪、芳村溪、大俱源、石梁溪、庙源溪、芝溪、乌溪江、上下山溪、灵山港等“十廊”水系实施生态廊道建设，新建并提升沿岸绿道，提高水系两侧和周边山体间的绿化水平，形成山水交流、蓝绿交织的生态廊道网络体系，促进全市域城乡绿化一体化。

（3）高标准提升社会公共服务

提升城市基础设施和公共服务供给。加强基础设施和公共服务设施配套。结合旅游集散中心、换乘中心、会展中心、停车场、充电桩等项目布局和实施，加快“二中心合一”（城市便民服务中心和公共文化服务中心）、“一场多馆”（体育场、体育馆、旅游馆、特色馆、青少年宫、科技馆）、四省边际中心医院、四省边际商贸中心、高端度假休闲主题酒店等项目建设。推进旅游风景道、城市绿道、骑行专线、登山步道、交通驿站等公共休闲设施建设。

推动城市环境公共基础设施和服务向农村延伸。加快城镇污水处理重点项目建设，推进城镇污水治理、垃圾处理工程与水运工程、绿道建设、旅游项目、美丽乡村项目的联动。全面推进污水处理厂一级 A 排放提标改造工程。现有合流制排水系统应加快实施雨污分流改造，难以改造的，应采取截流、调蓄和治理等措施。进一步加强乡镇和规模较大村庄建设集中式污水处理设施，将城市周边村镇的污水纳入城市污水收集管网统一处理，推进居住分散的村庄建设分散式、低成本、易维护的污水处理设施。

全面推进城乡垃圾分类。建立源头分类、分类收运、分类处置的体系，探索“政府＋企业＋社区（村）＋居民”的运行模式，到 2020 年实现全市生活垃圾总量零增长。加快垃圾焚烧发电重点项目建设。统筹建设城市和县城周边的村镇无害化处理设施和收运系统，实现城镇垃圾处理全覆盖和处置设施稳定达标运行。加强农村生活垃圾的收集、转运、处置设施建设，引导农村生活垃圾实现就地减量和资源化利用。

5.6.3.2 推动小城镇特色发展

提升城镇绿色低碳水平。促进城镇绿色发展，完成控碳目标，开展 2022 年前后碳排放总量达峰研究，建立控碳倒逼机制。构建低碳循环产业体系，深入推进金属制造、化工、建材等传统行业以及特种纸、机械装备等重点用能企业的节能降耗工作。构建低碳城市发展格局，提升集中供热工程，增强各区（县、市）公用热电厂的供热能力；推进建筑节能，新建建筑严格执行强制性节能标准；推广使用太阳能热水系统、地源热泵、空气源热泵、光伏建筑一体化、热电冷三联供等技术和装备。创新体制机制，建立碳生产力评价和考核机制，在多规合一试点中纳入规划碳评，推行碳排放权交易。2020 年争取建成国家级低碳城市和省级生态文明先行示范区。

创建新型智慧城市。构建适应现代市场经济、现代民主法治、现代互联网条件下的现代政府治理体系，实现城市智慧治理。全面建设智慧治理系统，以“衢州市大数据中心”为支撑，整合平安建设信息系统、“12345”统一政务咨询投诉举报平台、“三民工程”e 掌通 App 等系统，打造区域治理、治安防控、民生服务以及产城人等相互融合的大综合智慧治理系统。完善基层治理体系，落实乡镇（街道）综合指挥室机构，推进基层治理综合信息平台标准化建设。到 2022 年，基本建成彰显人性、柔性服务、精准治理的全市域智慧治理体系，实现城乡社区智慧治理全覆盖，全面提升市域治理体系和治理能力现代化水平。

打造特色小镇群落。持续推动常山赏石小镇、开化根缘小镇、龙游红木小镇、衢州循环经济小镇和江山光谷小镇的建设，发挥特色小镇群落的集群效应、放大效应。按照“点轴状分布、圈层式开发，产城人融合、钱地人统筹”的理念，推进高铁小镇、教育小镇、快乐运动小镇、医养小镇、科创金融小镇、文创文旅小镇、儒学文化小镇等特色小镇建设。推动路网、林网、水网、管网的连通建设，推进新型城镇化，加快市区核心圈层开发。强化城镇融合、镇镇融合、单体建筑与特色小镇融合，统筹空间、配套、产业、政策、招商五大体系，打造主题、配套、生态、运动休闲、商住五大空间，体现自然生态、低碳环保、运动休闲、智慧治理的特色。推进特色小镇群落与杭州未来科技城、梦想小镇、云栖小镇的对接融通。

5.6.3.3　建设美丽宜居乡村

加强农村人居环境改善与建设。深化农村环境综合治理，推进农村生活污水处理提标改造，完善“五位一体”运维管理体系，对分散居住农户的生活污水进行因地制宜治理；全面启动垃圾分类处理，持续推进垃圾分类处理示范乡镇、示范村创建，大力开展垃圾减量化、资源化、无害化处理。推进“厕所革命”，到 2020 年，基本完成农户改厕任务，每村建成一座干净、整洁、美观、长效的公共厕所。力争建成一批具有田园风情的文化礼堂、社区服务中心、集中式居家养老、农渔业管理用房等乡村公共建筑。加强历史文化村落保护，整体保护好历史文化村落丰富的古建筑遗存和古朴的村落风貌，彰显乡土特色，形成“一村一韵、一村一景”的良好局面。强化村庄软实力建设，提升农村基本公共文化服务标准化、均等化水平，丰富农村群众精神文化生活。

打造美丽乡村升级版。着眼全域美丽，强化“美丽乡村”示范建设，科学布局美丽宜居村庄，充分考虑村庄自然禀赋、山水格局和地域文化，合理确定村庄类别、功能定位和发展方向，塑造特色鲜明的美丽乡村。系统推进农村生态环境建设，扎实推进村庄绿化美化，全面消除沿路沿线耕地抛荒。按照“河道＋绿道”“洁化＋绿化＋美化”的要求，融合地域文化、植入绿色产业，在廊道和河流沿线打造一批高标准、高品位的景观节点。建设一批空间优化布局美、生态宜居环境美、乡土特色风貌美、业新民富生活美、人文和谐风尚美、改革引领发展美的宜居宜业宜游美丽乡村，到 2020 年，力争一半以上县（市、区）成功创建美丽乡村示范县。打造一批乡村特色小镇，以现代农业、休闲观光农业、有机农业等多功能产业为支撑，建设一批田园综合体。

大力发展农村新兴业态。大力实施乡村振兴战略，立足全市资源禀赋、生态条件和产业基础，培育农村特色业态建设，强化“一县一特色”“一村一品”的农村产品体系化建设。推进农业现代化发展，带动第一、第二、第三产业特色化融合。以工业的理念发展现代农业，加大绿色、有机、无公害农产品培育力度，重点打造柑橘、胡柚、茶叶、食用菌、生猪、蜂蜜等产业集群，推进农作物工厂化栽培和园区化、集群化发展。促进农畜种养循环、农林种植结合、农林牧渔产品共生等生态循环农业发展，开展粮改饲、种养结合、林下经济、燃料乙醇等生态循环农业发展模式试点建设，优化农产品供给和农业业态结构。打造乡村生态休闲旅游体验区，发展各具特色的乡村休闲旅游新业态，开发美丽乡村文化旅游、风情旅游线路、精品点和景区，建设系列精品民宿，力促自然山水与乡土人文有机融合、美丽环境与生态经济辉映。探索打造田园综合体，推进农村集中联片开发，构建“接二连三”的农业全产业链，推动农产品转化为旅游地商品，建设省农产品电商试验区，做大做强“三衢味”农产品区域公用品牌。推进国家级现代农业产业园建设，打造国家食品安全创新示范区。

5.6.3.4 建立完善环境优质服务惠民体系

环境服务内涵广泛，包括建立污水处理、垃圾处置等环境基础设施，消除环境污染的环境基础性服务；对环境质量变化进行监测评估以及对造成水、大气等环境质量变化的污染行为进行监管，保障公众清洁水权、清洁空气权及宁静权等生存的基本民生性服务；健全环境事故应急机制，防范环境突发事故的环境安全性服务；保障公众环境知情和参与国家环境监督的环境信息服务等。基于衢州市环境优质服务建立基础，本章率先探索城乡生活污水处理与垃圾处理领域的环境优质服务体系。

（1）建立环境优质服务惠民体系的必要性

环境优质服务是指在满足环境基本公共服务的基础上，由政府提供的，在一定发展阶段，保障公众生活和发展的基本环境权益的更高层次的公共服务。当一个地区环境基本公共服务供给水平（包括数量与质量）能够满足当地实际需求时，政府可以服务惠民为目的统筹城乡提供更为优质的环境服务。

环境优质服务提高城市吸引力。环境基本公共服务是城市建设的重要基础部分，集中在环境基础设施的建设上，包括管道铺设、污水处理、垃圾处理设施、环境监测设备等。环境优质服务基于环境基本公共服务，并且高于环境基本公共服务水平，不仅满足城市的基本建设需求，同时还以更高的水平优化城市建设，提高质量与方便可及程度，甚至从景观、文化、美学的角度使城市建设更具有吸引力。

环境优质服务能够降低环境与经济社会风险。环境服务供求中的矛盾与问题，可能导致环境风险积聚，并由此引发社会风险、经济风险，削弱政府执政能力，影响经济可持续发展和社会稳定。环境优质服务可能减轻由人为的污染对人体健康和生态系统可能产生的危害，以及由于工业污染源、农村生活生产污染源所排放的有毒有害物质所导致的环境风险，同时降低经济增长受环境容量约束的风险。

环境优质服务可以提高人民群众的幸福指数。当前，人民群众生活水平进一步提高，生态环境在群众生活幸福指数中的分量不断加重，人民群众的需求结构在发生深刻变化，百姓对清新空气、清澈水质、安全食品、优美环境等生态产品的需求越来越迫切，优美宜居的生态环境成为人民的新期待和全面建成小康社会的重要目标，对环境服务的水平、数量、质量、方式及其均衡性提出了更高的要求。不断提高环境服务供给水平，提供更多的优质环境服务，不仅可以满足公众日益增长的环境服务需求，也能够增强人民群众良好环境的获得感，让百姓切实得到实惠。

（2）环境优质服务惠民体系建立思路

一是基于环境基本公共服务，提升政府服务水平，结合两美浙江、美丽乡村、城乡统筹一体的原则与要求，以治促转，探索环境优质服务的新模式。

二是促进建设、生态、环保、景观、产业的融合，让百姓感受到好的居住环境，让百姓经济条件得到改善，实现绿色惠民共享，以环境优质服务推动百姓幸福指数的提高。

三是环境优质服务不仅仅是指环境基础设施，如管道铺设、污水处理、垃圾处理设施的建设，还包括政策、法规、制度、信息流通等方面。因此需建立包含物化的环境产品与服务，以及制度与政策安排相结合的环境优质服务惠民体系。

（3）环境优质服务惠民体系构建

1）系统综合施策，推动城镇生活污水和垃圾处理与景观、产业的有机融合

推动环境服务与城乡建设转型有机融合。城市污水和生活垃圾的处理是城市运行的基础，对污水和垃圾的有效处置是城市现代化的重要标志，也是生活美好的重要特征。进一步提高城镇生活污水和垃圾处理水平。鼓励乡镇和规模较大村庄建设集中式污水处理设施，将城市周边村镇的污水纳入城市污水收集管网统一处理，居住分散的村庄要推进分散式、低成本、易维护的污水处理设施建设。加强农村生活垃圾的收集、转运、处置设施建设，统筹建设城市和县城周边的村镇无害化处理设施和收运系统；鼓励就地资源化，交通不便的地区要探索就地处理模式，引导农村生活垃圾实现源头分类、就地减量、资源化利用。

推动环境服务与生态循环农业有机融合。以全国现代生态循环农业示范典型为契机，守住农业用水总量控制、化肥农药施用总量减少，农作物秸秆、农业投入品废弃物基本实现资源化利用或无害化处理的发展底线，形成资源利用高效、生产清洁安全、环境持续改善的现代生态循环农业发展体系和农业可持续发展长效机制，推动衢州市绿色发展。农村生活生产中产生的有机垃圾集中堆放发酵，经发酵产生的沼气可以用来发电，沼液再次发酵生产液态有机肥，沼渣则生产固态有机肥，这样既减少了化肥的施用量，也提高了废弃物的循环利用。农业生产过程中，农业薄膜、包装物、农药瓶等废弃农药包装是重要的面源污染，也是发展县域生态循环农业过程中需要解决的难题。探索制定农业投入品废弃包装物和废弃农膜回收无害化集中处置办法，建立市场化运行机制，推进废弃农膜和农药瓶、罐、袋、桶等废弃包装物统一集中回收、贮存、转运和无害化处理，推动生态循环农业发展。建设生态沟渠、污水净化塘、地表径流集蓄池等设施，净化农田排水及地表径流。

推动环境服务与乡村旅游有机融合。统筹治污造景，建造以治污为目的的乡村景观，打造农业观光型的乡村旅游，通过乡村污水治理与生活垃圾治理实现农村增美、农民增收，推动美丽乡村转变为美丽业态。结合构建现代田园城市的“城区景点化、城郊田园化、小镇特色化、乡村休闲化”目标，结合乡镇建设特色小镇、美丽乡村的要求，持续推动城乡环境卫生整治行动，推进城镇污水治理与垃圾处理工程与水运项目、绿道建设、旅游项目、美丽乡村项目的联动，以项目为支撑，谋划一系列美化整洁工程，包括住建项目、水利项目、交通项目、特色小镇项目等。以景观学为指导设计农村生活污水处理设施，在符合地形、地质、植被条件的乡镇，建造生态塘处理系统或人工湿地处理系统进行生活污水处理，合理选配水生或半水生及湿生植物，建造生态景观，美化乡村生活环境。

2）以制度供给推动长效环境优质服务

构建部门间横向协作机制，加强配合多方联动。环境优质服务是一项系统的服务，有关任务工程也是系统的任务工程，供给涉及政府多个部门，其中，住建部门负责城市污水治理与垃圾治理设施的建设，环保部门负责环境监测与管理，水利部门负责指导水利工程建设与管理工作，旅游部门负责旅游项目的推广，农办负责农业生产过程的管控。因此，在政府多元主体提供环境优质服务时，需以强化部门协调联动、合力推动环境优质服务落实为总要求，就环境优质服务的具体任务与工程建立完善部门间信息沟通、规划统筹、协调服务等制度，形成具体工程任务牵头部门负责、其他相关部门配合的权责一致、规范有序、相互协调、运行高效的部门协调联动推进机制，进一步提高政府各部门提供环境优质服务的质量和工作效率，推动事关全市环境优质服务重大事项顺利推进。

实施经济奖励政策，提高公众环境行为的积极性。农村相比城市而言环境服务是短板和薄弱环节，因此在做好衢州市本级、县级环境优质服务的同时，以镇、村级环境优质服务能力建设为重点，给予资金奖励，加大对基层环境优质服务的财力和人力投入，促进优质资源在城乡之间的均衡配置，以环境优质服务供给为抓手改善农村生活与生产环境，提高农民收入与幸福指数。对分类垃圾桶、垃圾车、宣传经费等进行投入的村，按村庄在册人口人均60元标准予以奖励；对机构健全、规范管理、有偿服务费全额用于环卫保洁及设施维护的村，按当年收取卫生有偿服务费总额的50%给予奖励。2020年，实现家庭生活垃圾分类准确率达99%，家庭垃圾分类合格户达90%，各村参与垃圾分类投入的家庭达100%，家庭成员培训率达100%的目标。

加强生态环保宣传教育，提高公众环境行为自律意识。根据《关于推进环保设施和城市污水垃圾处理设施向公众开放的指导意见》，逐步推动环保设施和城市污水垃圾处理设施向公众开放，让公众理解环保、支持环保、参与环保，激发公众环境责任意识。住建部门负责城市污水处理设施、垃圾处理设施开放活动的年度计划与组织实施。对于城市污水处理设施，重点介绍城市污水处理设施的收水范围、污水特点、处理原理及工艺流程、中控平台及在线监控设施等。让公众了解污水处理设施将浑浊污水变为明净清水的全过程，培养公众节约水资源、保护水环境的意识，促进节水减污，同时增强公众对污水处理设施的科学认识和监督意识。对于城市生活垃圾处理设施，重点介绍垃圾产生、收集与转运过程、处理原理及工艺流程、渗滤液或焚烧烟气处理设施等。让公众了解垃圾产生、收集、转运、处理的全过程，引导社会公众转变消费观念，培养绿色低碳环保生活习惯，促进垃圾源头分类，同时增强公众对垃圾处理设施的科学认识和监督意识。

探索多元化的供给模式，提高环境基本公共服务供给能力。政府应在明确环境基本公共服务政府责任的前提下，尽可能利用经济杠杆，推动环境优质服务提供主体、提供方式和生产主体的多元化。通过委托授权、特许经营、公私合作及购买服务等市场化方式，鼓励引导社会资本参与环境基本公共服务设施建设和运营。这样，既可以减轻政府在财政方面的沉重负担，又可以提高环保公共服务的供给能力和效率。但在市场化提供时，政府要做好监管和协调，不能片面地将提供公共服务的责任完全推给市场而造成公共服务监管空白。

第 6 章　环境质量提升研究

衢州市处于钱塘江上游，是浙西生态功能区的重要区域，环境质量优于全国平均水平，环境基础较好。进一步提升环境质量水平，护美绿水青山，是树立环境质量标杆的基本前提。本章分别对水环境、大气环境、土壤环境的现状和存在的问题进行了分析，模拟了污染传输影响，评价了环境承载力，并就水、大气、土壤环境质量改善及环境风险全过程管理提出了具体要求。

6.1　水环境质量改善与底线维护任务研究

6.1.1　水环境系统解析

（1）地表水水质状况

2017 年全市共设地表水监测点位 28 个，其中，江河水监测点位 18 个，水库水监测点位 3 个，饮用水水源地水质监测点位 7 个。地表水和饮用水水源地水质监测频次为每个月 1 次，全年监测 12 次。2017 年衢州市境内江河水水质总体状况为优（Ⅰ～Ⅲ类水质比例 100%）。据年均值评价，全市 18 个市控以上江河水监测断面全部符合水功能要求，占断面总量的 100%，与上年同比，达标率持平。其中，有 1 个断面（黄坛口）为Ⅰ类水，占比 5.6%；有 16 个断面为Ⅱ类水，占比 88.8%；有 1 个断面为Ⅲ类水，占比 5.6%。

衢江：流域水质总体稳定，与 2015 年相比无明显变化。2017 年浮石渡、樟树潭、半潭、下童断面水质均满足功能要求；同比水质类别，下童断面由Ⅲ类上升为Ⅱ类，浮石渡、樟树潭 2 个断面均维持Ⅱ类，半潭断面维持Ⅲ类水质。

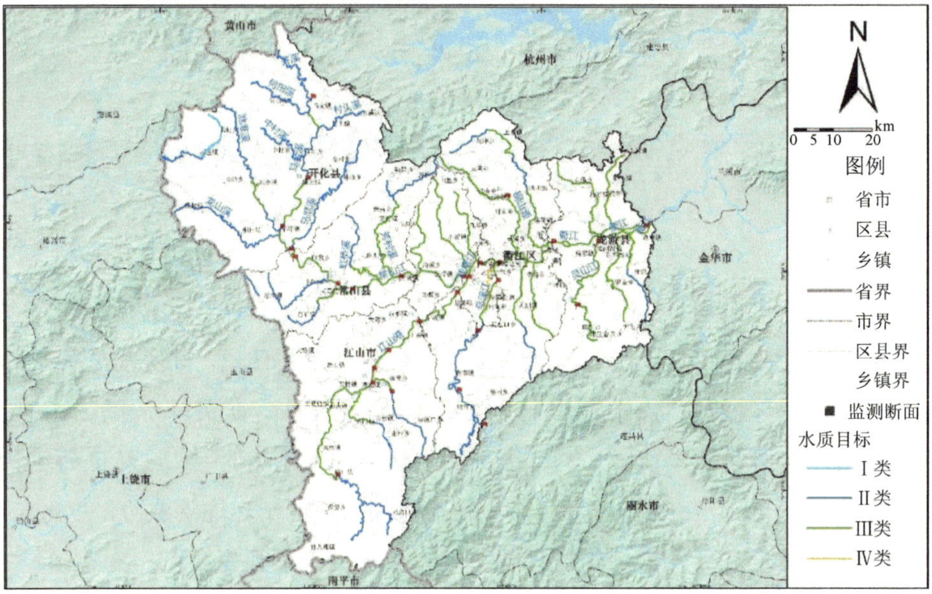

图 6-1 衢州市河流湖库监测断面分布

表 6-1 衢州市河流湖库监测断面清单

类别	所在河流	断面名称	控制级别	功能区目标水质
江河水	常山港（6）	霞山	省控	Ⅱ
		龙潭	国控	Ⅱ
		下界首	国控	Ⅲ
		富足山	国控	Ⅲ
		招贤	市控	Ⅲ
		老鹰潭	省控	Ⅲ
	江山港（4）	童家	市控	Ⅱ
		双塔底	国控	Ⅲ
		坑西	市控	Ⅲ
		双港口	国控	Ⅲ
	乌溪江（2）	黄坛口	省控	Ⅱ
		东迹渡	国控	Ⅲ
江河水	灵山江（2）	马戍口	国控	Ⅲ
		郑家	国控	Ⅲ
	衢江（4）	浮石渡	国控	Ⅲ
		樟树潭	市控	Ⅲ
		半潭	市控	Ⅲ
		下童	国控	Ⅲ

类别	所在河流	断面名称	控制级别	功能区目标水质
水库水	湖南镇水库	湖南镇水库大坝	省控	II
	湖南镇水库	龙鼻头	国控	II
	铜山源水库	铜山源水库大坝	国控	III

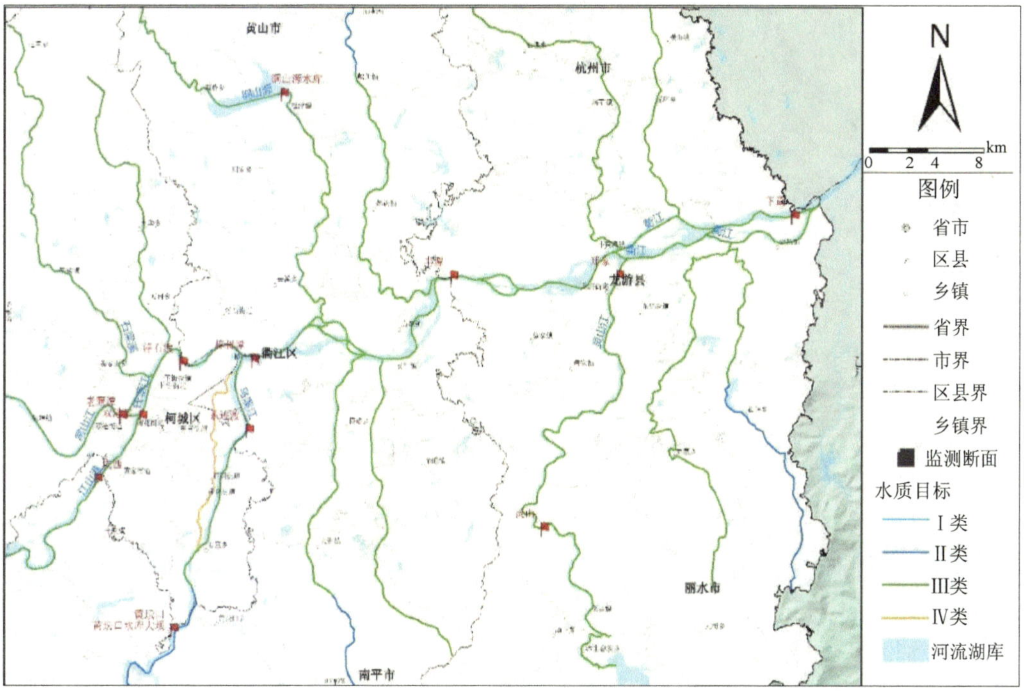

图 6-2　衢江流域监测断面分布

表 6-2　衢江流域 2015—2017 年变化情况

河流名称	断面	功能类别	2015 年水质	2016 年水质	2017 年水质
衢江	浮石渡	III	II	II	II
	樟树潭	III	II	II	II
	半潭	III	III	III	III
	下童	III	III	III	II

常山港：流域水质总体稳定，与 2015 年相比无明显变化。2017 年霞山、龙潭、下界首、富足山、招贤、老鹰潭断面水质均满足功能要求；同比水质类别，6 个断面均维持II类。

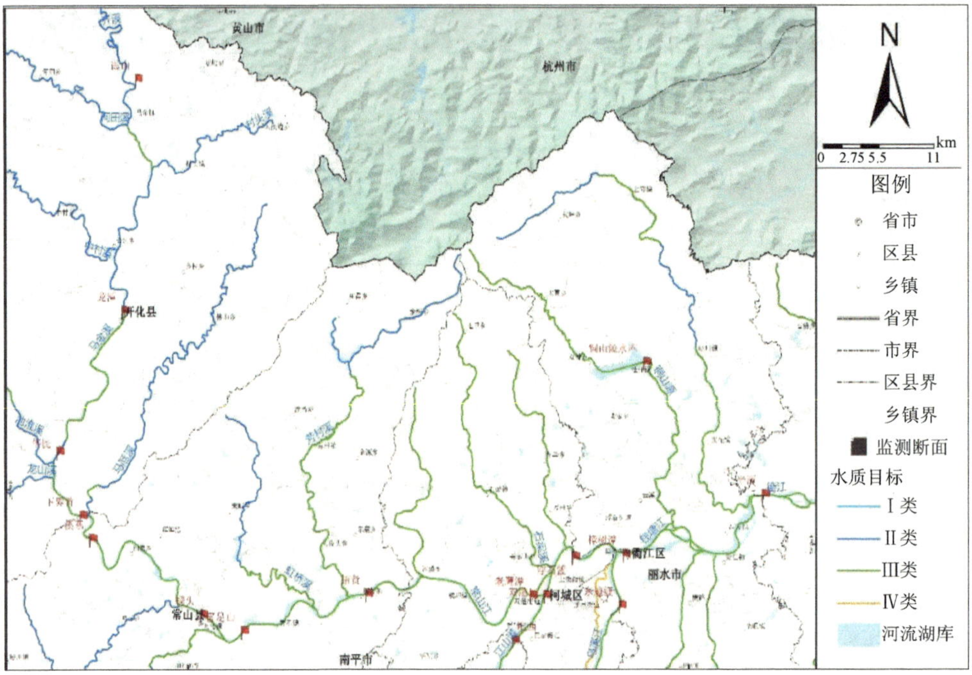

图 6-3 常山港流域监测断面分布

表 6-3 常山港流域 2015—2017 年变化情况

河流名称	断面	功能类别	2015 年水质	2016 年水质	2017 年水质
常山港	霞山	Ⅱ	Ⅱ	Ⅱ	Ⅱ
	龙潭	Ⅱ	Ⅱ	Ⅱ	Ⅱ
	下界首	Ⅲ	Ⅱ	Ⅱ	Ⅱ
	富足山	Ⅲ	Ⅱ	Ⅱ	Ⅱ
	招贤	Ⅲ	Ⅱ	Ⅱ	Ⅱ
	老鹰潭	Ⅲ	Ⅱ	Ⅱ	Ⅱ

江山港：流域水质总体稳定，与 2015 年相比无明显变化。2017 年童家、双塔底、坑西、双港口断面水质均满足功能要求；同比水质类别，童家断面维持Ⅱ类，其他 3 个断面水质由Ⅲ类上升为Ⅱ类。

表 6-4 江山港流域 2015—2017 年变化情况

河流名称	断面	功能类别	2015 年水质	2016 年水质	2017 年水质
江山港	童家	Ⅱ	Ⅱ	Ⅱ	Ⅱ
	双塔底	Ⅲ	Ⅲ	Ⅱ	Ⅱ
	坑西	Ⅲ	Ⅲ	Ⅱ	Ⅱ
	双港口	Ⅲ	Ⅲ	Ⅱ	Ⅱ

乌溪江：流域水质总体稳定，与 2015 年相比无明显变化。2017 年黄坛口、东迹渡断面水质均满足功能要求；同比水质类别，黄坛口断面维持Ⅰ类，东迹渡断面维持Ⅱ类。

表 6-5 乌溪江流域 2015—2017 年变化情况

河流名称	断面	功能类别	2015 年水质	2016 年水质	2017 年水质
乌溪江	黄坛口	Ⅱ	Ⅰ	Ⅰ	Ⅰ
	东迹渡	Ⅲ	Ⅱ	Ⅱ	Ⅱ

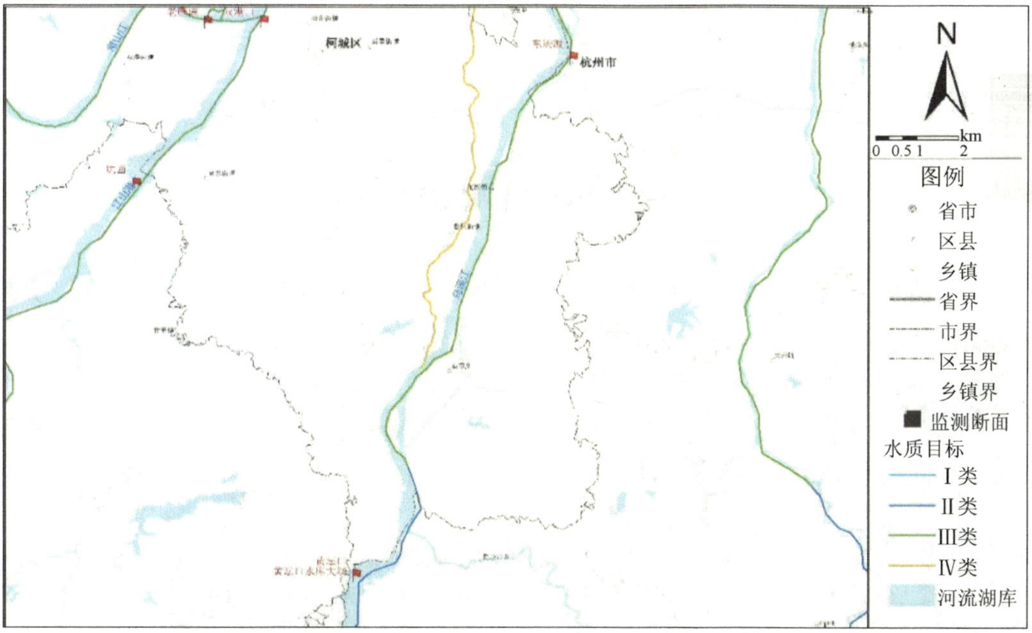

图 6-4 乌溪江流域监测断面分布

灵山江：流域水质总体稳定，与 2015 年相比无明显变化。2017 年郑家、马成口断面水质均满足功能要求；同比水质类别，马成口、郑家断面均维持Ⅱ类。

表 6-6 灵山江流域 2015—2017 年变化情况

河流名称	断面	功能类别	2015 年水质	2016 年水质	2017 年水质
灵山江	郑家	Ⅲ	Ⅱ	Ⅱ	Ⅱ
	马成口	Ⅲ	Ⅱ	Ⅱ	Ⅱ

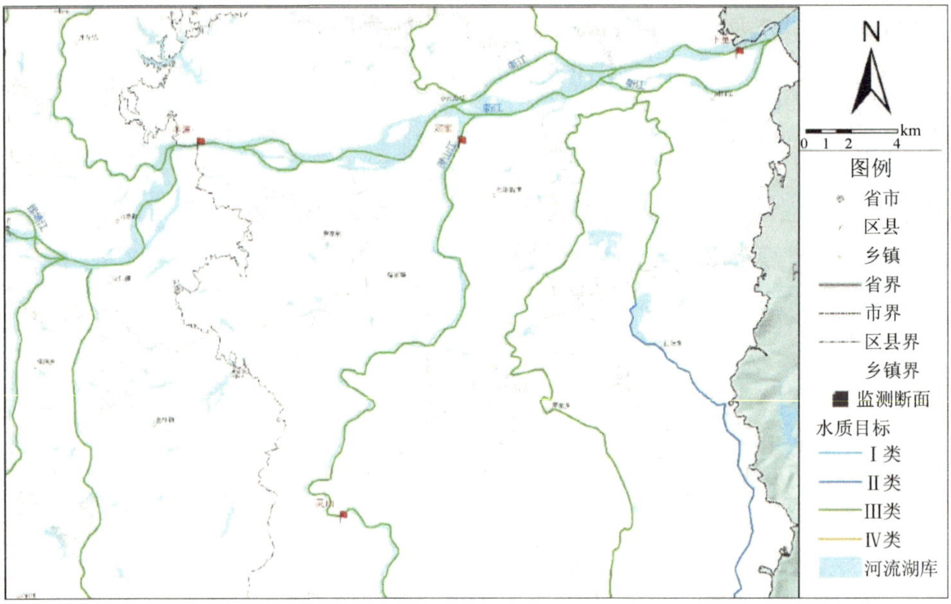

图 6-5　灵山江流域监测断面分布

湖南镇水库：与 2015 年相比水质无明显变化。2017 年湖南镇水库大坝、龙鼻头断面均满足功能要求；与 2015 年相比，龙鼻头、湖南镇水库大坝断面均维持Ⅰ类。

图 6-6　湖南镇水库监测断面分布

铜山源水库：与 2015 年相比水质无明显变化。2017 年铜山源水库大坝断面水质满足功能要求，与 2015 年相比，水质类别维持III类。

图 6-7　铜山源水库监测断面分布

黄坛口水库：与 2015 年相比水质有所好转。2017 年黄坛口断面满足功能要求，与 2015 年相比，水质类别维持 I 类。

图 6-8　黄坛口水库监测断面分布

（2）饮用水水质状况

全市县级以上集中式饮用水水源地包括黄坛口、龙潭、枧头、峡口水库、碗窑水库、洪畈水库和芙蓉水库 7 个，均达到城市环境综合整治定量考核中饮用水水质要求，符合《地表水环境质量标准》（GB 3838—2002）Ⅲ类标准或《地下水质量标准》（GB/T 14848—1993）Ⅲ类标准，其中 1 个监测断面水质为Ⅰ类，占比 14.3%；6 个监测断面水质为Ⅱ类，占比 85.7%。各水库达标率均为 100%。与上年度相比，饮用水水源地监测断面中达到Ⅰ类水质的断面比例有所上升，表明整体水质略有上升。

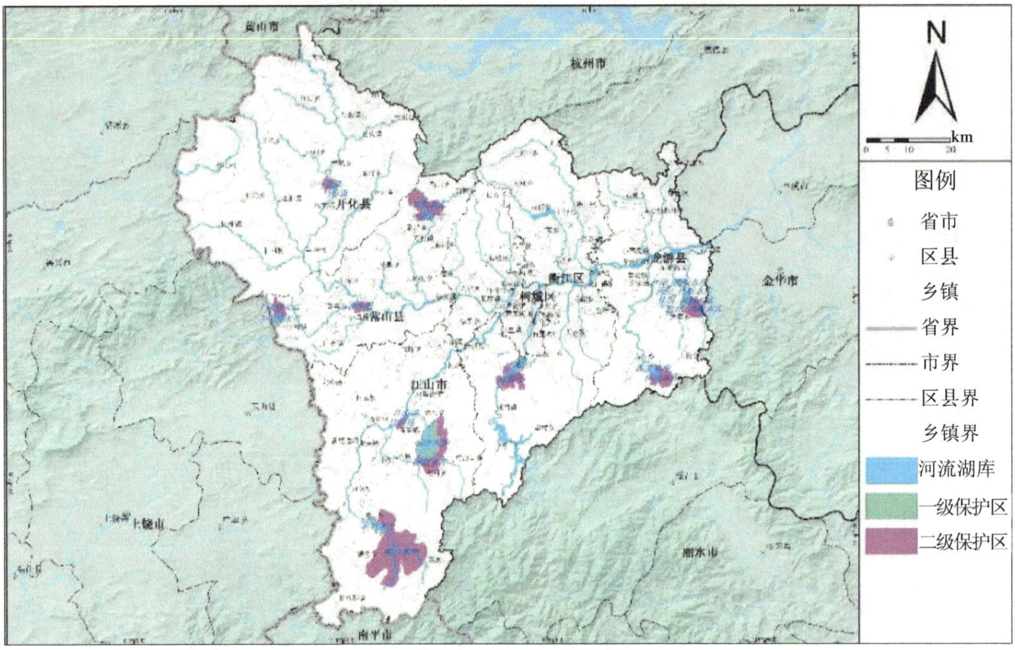

图 6-9　衢州市县级以上集中式饮用水水源地保护区分布

表 6-7　2015—2017 年衢州市饮用水水源地水质状况

水源地名称		黄坛口	枧头	芙蓉	龙潭	峡口	碗窑	洪畈
类型		湖库	河流	湖库	河流	湖库	湖库	湖库
水质类别	2017 年	Ⅰ	Ⅱ	Ⅱ	Ⅱ	Ⅱ	Ⅱ	Ⅱ
	2016 年	Ⅰ	Ⅱ	Ⅱ	Ⅱ	Ⅱ	Ⅱ	Ⅱ
	2015 年	Ⅱ	Ⅱ	Ⅱ	Ⅱ	Ⅱ	Ⅱ	Ⅱ

（3）水污染排放分析

1）总体排放特征

2016 年衢州市水环境污染排放较 2015 年总体有所下降。废水总排放量 15 798.4 万 t，较 2015 年下降 17.13%。其中工业源 10 692.6 万 t，生活源 5 090.4 万 t，工业源污水排放占废水排放总量的 67.7%。2016 年主要水污染物也呈下降趋势，COD 排放总量为 22 004.3 t，氨氮排放总量为 3 448.6 t，总磷排放总量为 115.5 t，分别较 2015 年降低 56.4%、46.3%、69%。

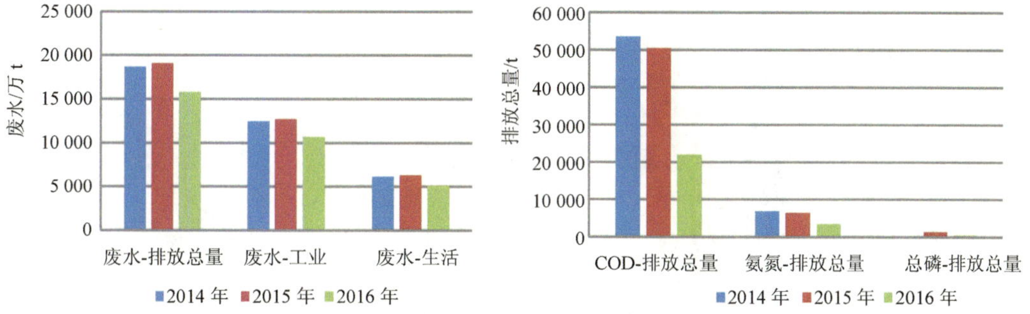

图 6-10 衢州市 2014—2016 年废水排放量（左）、主要污染物（右）变化情况

2）污染来源分析

工业源：根据环境统计数据，2016年衢州市年纳入环境统计的工业企业有658家，工业总产值920.13亿元，取水总量24 605.83万 t，工业废水处理量12 618.81万 t，排放量10 692.59万 t，废水排放总量占新鲜取水总量的43.5%。工业废水直接排入环境的有7 391.84万 t，排入污水处理厂的3 300.75万 t。2016年全市工业废水中 COD、氨氮及总磷的排放量分别为7 266.53 t、424.35 t 及115.48 t。相比往年，2016年工业废水中主要污染物呈现下降趋势。在统计的全市32个行业中，工业废水排放量最大的是化学原料和化学制品制造业，其次为造纸和纸制品业、纺织业、黑色金属冶炼业、电气机械制造业、食品制造业、农副食品加工业和皮革、皮毛、羽毛及其制品业。这8个行业排放的废水占重点统计企业废水排放量的90%。

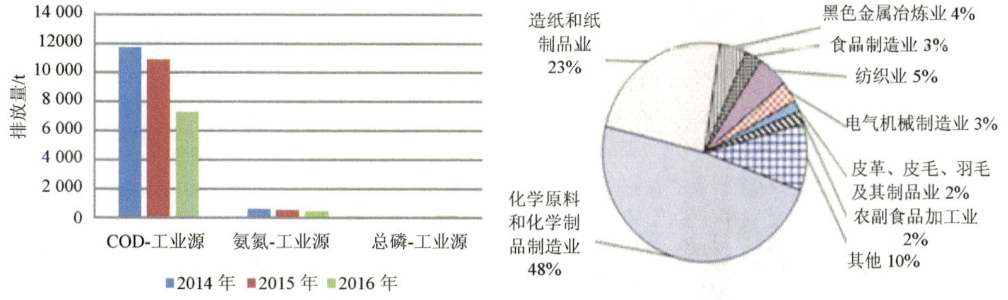

图 6-11 衢州市 2014—2016 年工业源水污染物排放量（左）、分行业占比（右）

生活源：2016 年全市城镇常住人口为 116.1 万人，生活用水量 5 988.75 万 t，生活污水排放量 5 090.43 万 t，实际污水处理量 5 090.43 万 t，生活污水处理率达 100%。2016

年衢州市生活污水 COD 产生量 29 594.33 t，排放量 14 032.69 t；生活污水氨氮产生量 3 527.76 t，排放量 2 988.15 t；生活污水总磷产生量 403.70 t，排放量 300 t。相比往年，随着城镇化的发展和人口的增加，2016 年生活污水中主要污染物呈现上升的趋势。

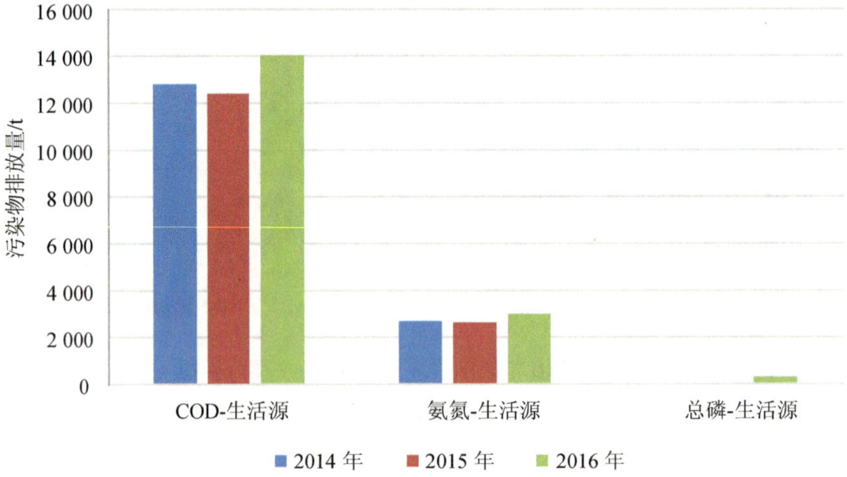

图 6-12　衢州市 2014—2016 年生活源水污染物排放量

农业源：根据 2016 年环境统计数据，2016 年衢州市各县市区主要水污染物农业源排放量为 COD 618.9 t，氨氮 28.97 t，总磷 9.73 t，主要来自畜禽养殖业，全市畜禽养殖量总计生猪 57 万头、蛋鸡 62 万羽、肉鸡 15 万羽。全市共有规模化畜禽养殖场（小区）51 家，大多分布在江山市、龙游县和衢江区。全市严格执行畜禽养殖区域和污染物排放总量“双控制”制度，严格执行禁养区、限养区制度，2016 年农业源水污染物排放量较往年有大幅度下降。

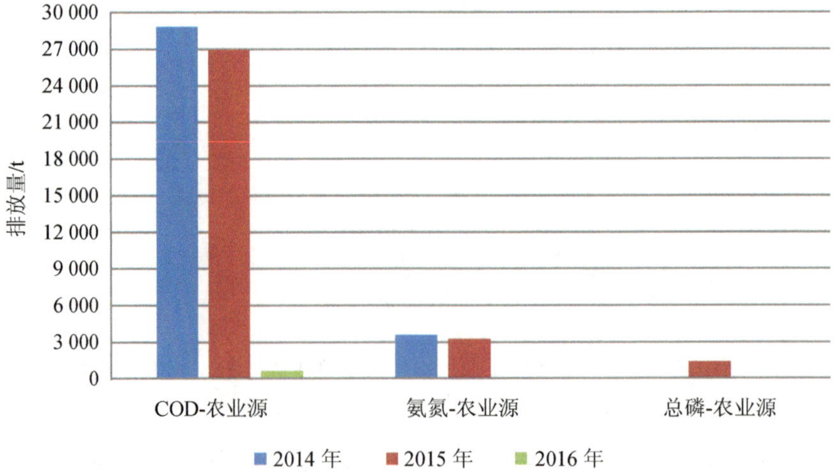

图 6-13　衢州市 2014—2016 年农业源水污染物排放量

3）空间差异分析

化学需氧量：衢州市各县（市、区）中，龙游县、市辖区分布有龙游工业园区和绿色产业集聚区等工业企业集中的园区，工业相对发达，工业源 COD 排放量显著高于其他县市区。衢江区生猪养殖业发达，农业源 COD 排放较多，此外，由于城镇化水平高，人口集中且增长快，市辖区的生活源 COD 排放也远超其他区县。总体来看，市辖区 COD 排放总量最大，占全市 COD 总排放量的 42.95%，龙游县次之（表 6-8）。

氨氮：衢州市各县（市、区）中，市辖区的氨氮排放总量远超其他县（市、区），占全市总排放量的 43.4%。市辖区由于有绿色产业集聚区，工业企业集中分布，故氨氮工业源远高于其他县（市、区）。市辖区生猪养殖业发达，氨氮农业源排放也很高。此外，由于人口密集且城镇化率高，市辖区氨氮生活源排放也居于首位。

表 6-8 衢州市 COD 排放情况汇总 单位：t

县（市、区）	COD 工业源	COD 农业源	COD 生活源	COD 排放总量
市辖区	2 708.644	517.088 4	6 216.347	9 442.079
常山县	346.869	0	1 379.032	1 725.901
开化县	657.787 9	6.751	1 378.972	2 043.511
龙游县	3 172.037	0	2 054.063	5 226.1
江山市	381.192 1	0	3 004.274	3 385.466 1

表 6-9 衢州市氨氮排放情况汇总 单位：t

县（市、区）	氨氮 工业源	氨氮 农业源	氨氮 生活源	氨氮 排放总量
市辖区	155.613 1	17.694 2	1 323.722	1 497.029
常山县	7.178	0	293.654	300.832
开化县	78.776 5	0.071 5	293.641	372.489
龙游县	138.279 6	0	437.397	576.676 6
江山市	44.505 4	0	639.737	684.242 4

总磷：在衢州市各县（市、区）中，龙游县和市辖区因有龙游工业园区和绿色产业集聚区等工业企业集中的园区分布，工业相对发达，工业源废水总磷的排放量明显高于其他县（市、区）。市辖区生猪养殖业发达，农业源总磷排放居第一位。此外，由于城

镇化水平高，人口集中且增长快，市辖区的生活源总磷排放也远超其他区县。总体来看，市辖区总磷排放总量最大，占全市废水总磷总排放量的 44.0%，龙游县次之。

表 6-10　衢州市总磷排放情况汇总　　单位：t

县（市、区）	总磷工业源	总磷农业源	总磷生活源	总磷排放总量
市辖区	46.092 2	8.378 2	132.897	187.367 4
常山县	1.144 4	0	29.482	30.626 4
开化县	4.5	0.115 5	29.481	34.096 5
龙游县	59.541 7	0	43.913	103.454 7
江山市	4.204	0	64.227	68.431

4）主要问题与压力

衢州市地表水、饮用水水源地水质总体较好，但部分水库存在富营养化的趋势，总氮、总磷、粪大肠菌群等指标偶有超标现象存在。农业面源污染是影响水体的主要来源，养殖数量总体偏大，点多面广；农业种植污染物流失多，控制难度大；农村生活污水处理设施处理能力不足，部分污水处理设施的排水未经过农田、池塘等缓冲消纳，直接排入Ⅱ类水体。

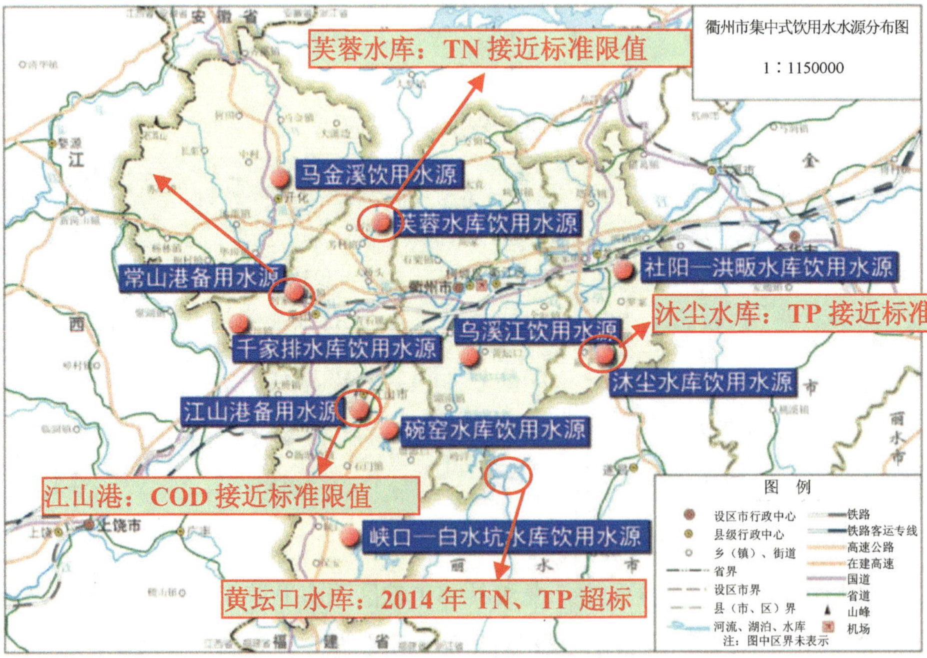

图 6-14　衢州市近 5 年集中式饮用水水源地超标情况分布

上游地区来水的影响未得到有效控制。部分水源地如乌溪江饮用水水源、龙游县的沐尘水库受上游遂昌来水污染影响的压力仍然存在，上游遂昌面源排放导致来水在夏季时有超标，且呈现水质逐年变差的状况。

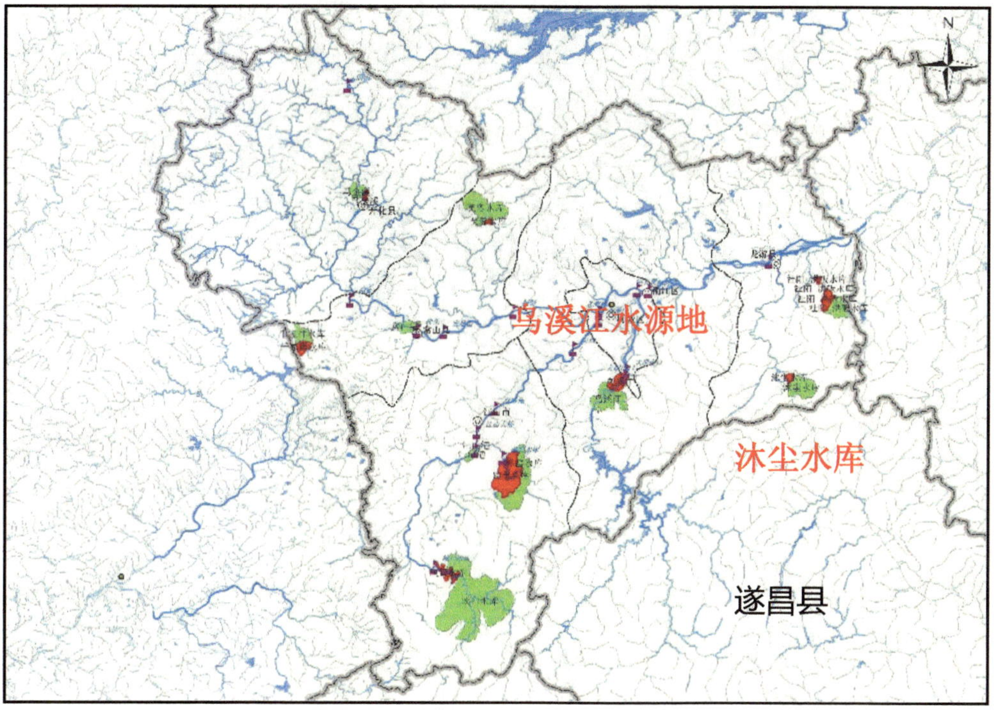

图 6-15 衢州市乌溪江、沐尘水源地与上游（丽水市）遂昌县位置关系

产业空间布局缺乏科学性，水污染防治难度大。衢州市区大部分工业产业布设在衢江的南部，其中主要集聚于江山港与乌溪江区块之间。这些产业集聚区的部分废水直接或间接地排入乌溪江，是影响流域断面水质的主要工业污染源。同时，目前衢州市区的工业布局虽然比较集中，但由于历史原因，许多地方空间布局缺乏科学性，存在企业与居民区混杂的现象，仍存在单体规模偏小、产业布局紊乱、要素配置零碎、功能配套不全等问题。流域水质稳定达标的压力将长期存在。

工业结构性污染压力较大，环境承载能力和资源支撑能力面临挑战。从行业结构来看，虽然“十二五”期间全市已经基本完成了六大重污染行业整治，但目前衢州市产业结构偏重，能耗偏高，粗放型经济增长方式尚未得到根本性转变，升级转型主动性不够，产业集聚区的主导产业仍以精细化工化学原料制造、冶金、机械加工等为主，企业污染排放基数大、存量压力大。

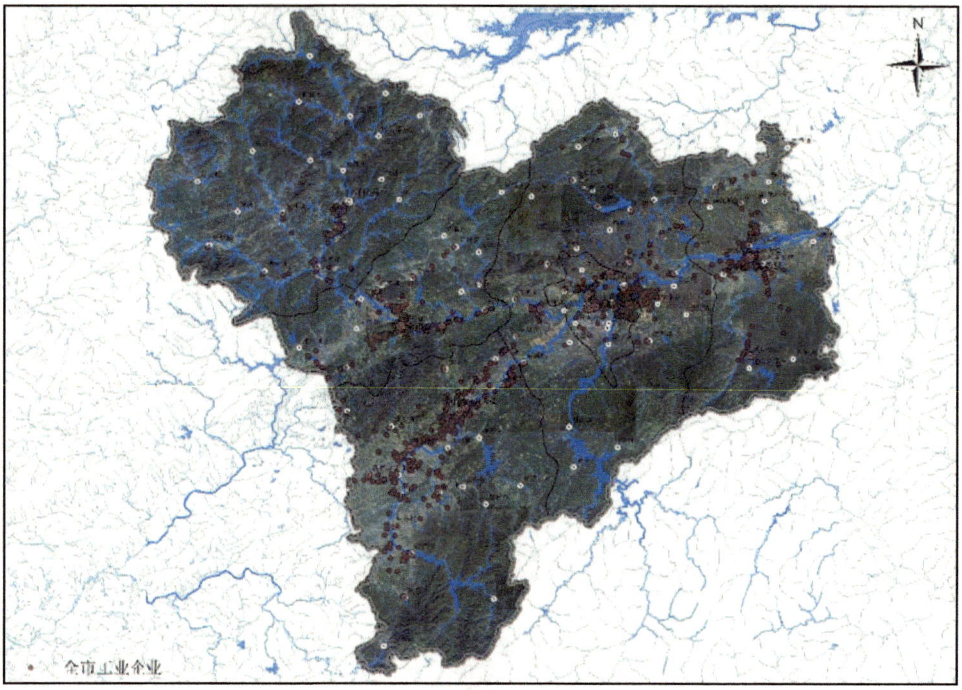

图 6-16 衢州市规模以上企业分布

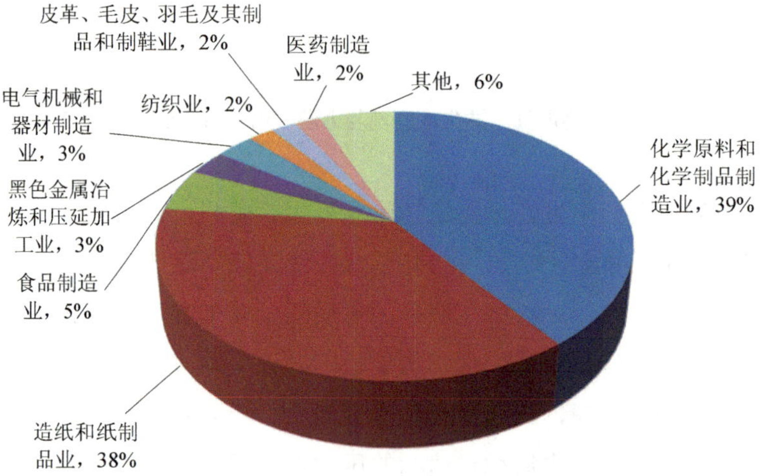

图 6-17 衢州市工业废水排放量分行业占比

6.1.2 水环境管控分区研究

（1）划分过程

提取汇水单元：基于地形、水系等地理信息系统解析衢州市地表水环境系统产汇流格局，建立汇水单元—流域单元—控制区三级分区管控体系。将衢州市解析为 389 个汇水单元，归并为衢江水系、乌溪江水系、江山港水系、常山港水系、马金溪水系 5 大流域单元，包含 44 个子流域单元。

水质目标分配：依据全市 6 个地表水环境功能区划目标，将水环境质量目标叠加分配到 389 个汇水单元上。具体如图 6-18、图 6-19 和表 6-11 所示。

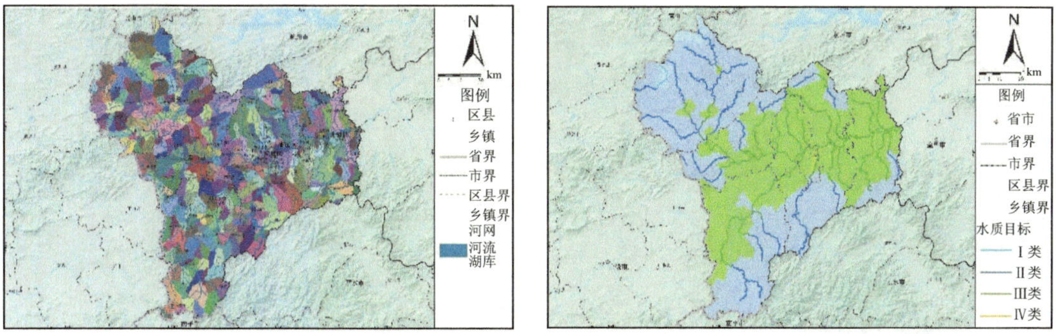

图 6-18　衢州全市汇水单元分布图（左）、全市分单元水质目标分布（右）

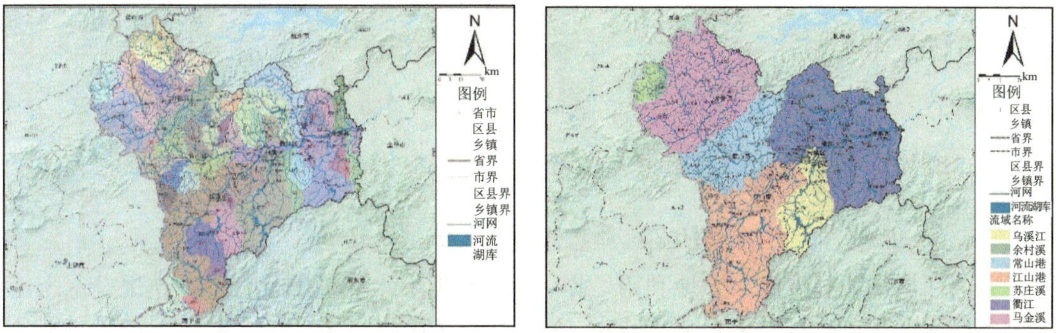

图 6-19　衢州全市子流域单元分布图（左）、全市流域单元分布（右）

表 6-11　衢州市汇水单元统计

县（市、区）	流域单元名称	汇水单元总数/个	Ⅰ类汇水单元个数/个	Ⅱ类汇水单元个数/个	Ⅲ类汇水单元个数/个	总面积/km^2
柯城区	衢江、江山港、乌溪江	25	0	0	25	607.84
衢江区	衢江、江山港、乌溪江	75	0	27	48	1 717.33
江山市	常山港、江山港、乌溪江	89	0	39	50	2 020.76
常山县	常山港	47	0	15	32	1 107.84
龙游县	衢江	54	0	10	44	1 163.17
开化县	马金溪、苏庄溪、余村溪	99	4	90	5	2 231.46
合　计		389	4	181	204	8 848.4

识别高功能水体依据衢州市县级及以上集中式饮用水水源地保护区划定方案，对衢州市集中式饮用水水源地保护区进行空间配准与矢量化，全市总计识别出 13 个水源地保护区，全部纳入高功能水体范围；衔接衢州市生态保护红线中法定保护区划定结果，识别衢州市湿地保护区、水源涵养区共计 23 个。叠加衢州市生物多样性评价结果，筛选出 2 个重要湿地保护区。综上，全市总计识别出 15 个高功能水体，总面积为 380.36 km^2，占衢州全市国土面积的 4.30%。

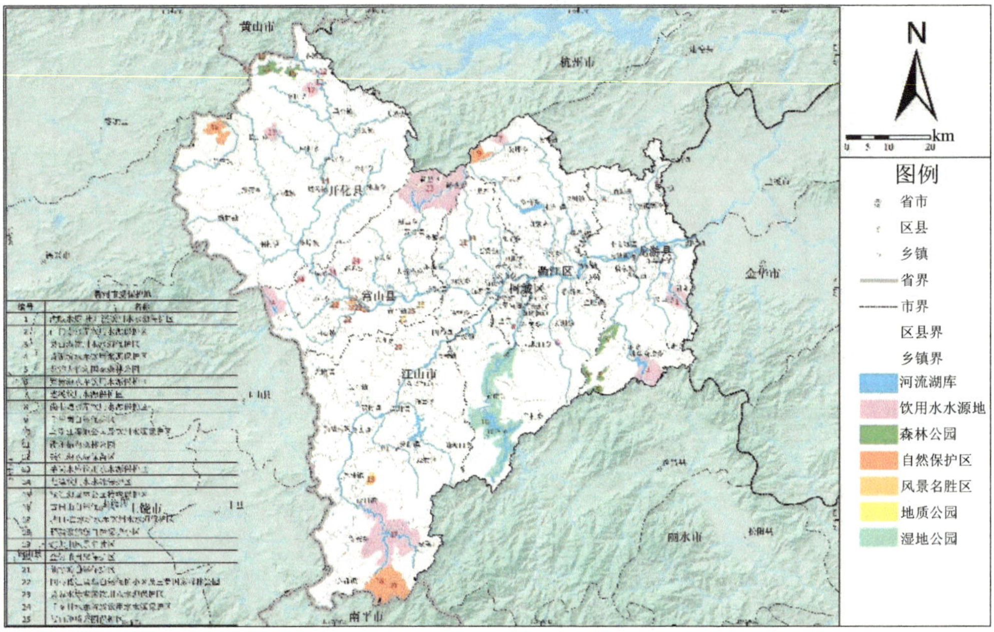

图 6-20 衢州市涉水受保护地分布

通过环境统计数据库、土地利用数据、POI 数据、水环境承载力评价结果及水土流失敏感性评价结果等进行垂直叠加分析，全市共识别出 65 个以工业污染源为主的汇水单元，19 个以城镇生活污染源为主的汇水单元和 120 个以农业面源污染为主的汇水单元。具体结果如图 6-21 和表 6-12 所示。

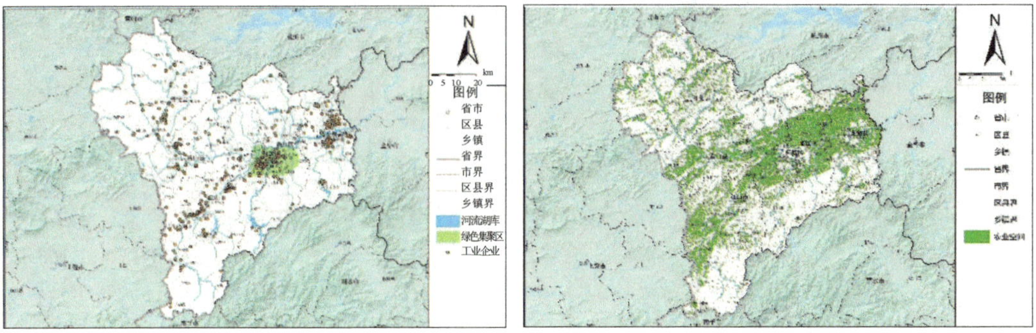

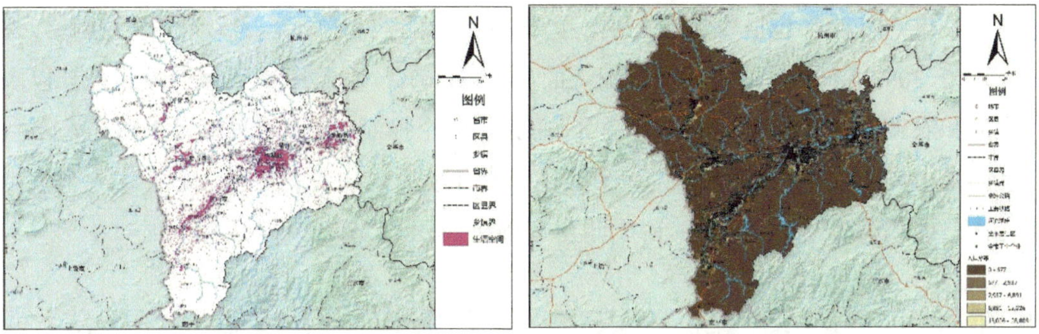

图 6-21　衢州市主要工业企业/集聚区（左上）、农业主要生产区（右上）、生活集聚区（左下）、工业和生活 POI（右下）分布

表 6-12　衢州市按污染来源划分的汇水单元统计

序号	县（市、区）	工业源所属汇水单元个数/个	生活源所属汇水单元个数/个	农业源所属汇水单元个数/个
1	柯城区	2	19	4
2	衢江区	5	3	43
3	江山市	32	2	13
4	常山县	16	2	7
5	龙游县	7	3	38
6	开化县	3	5	0
7	合　计	65	34	105

（2）划分结果

基于上述工作成果，衔接涉水生物保护重要性评价结果、水土流失敏感性评价结果和建设用地适宜性评价结果，划定水环境管控分区体系。将饮用水水源保护区、湿地保护区、水源涵养区等高功能水体所属的汇水单元作为水环境优先保护区。根据水污染排放格局和水环境承载力评价结果，将以工业源为主的汇水单元、以城镇生活源为主的汇水单元及以农业源为主的汇水单元作为水环境重点管控区。其他区域作为水环境一般管控区。

水环境优先保护区包括全市县级以上集中式饮用水水源地一级和二级保护区、Ⅰ类水体所在的汇水单元、受污染源影响较小的Ⅱ类水体所在的汇水单元、全市生态保护红线划定的水源涵养极重要汇水单元，总计 71 个控制单元，面积为 2 080.48 km^2，占衢州全市国土面积的 23.51%；工业污染重点管控区包括以工业企业污染源为主导的控制单元，总计 65 个控制单元，总面积为 1 327.87 km^2，占衢州全市国土面积的 15.01%；

生活污染重点管控区包括以城镇生活污染源为主导的控制单元，总计 19 个控制单元，总面积为 309.94 km^2，占衢州全市国土面积的 3.50%；农业污染重点管控区包括以农村生活和农业面源污染主导的控制单元，总计 120 个控制单元，总面积为 2 583.36 km^2，占衢州全市国土面积的 29.20%；其余区域为水环境质量一般管控区，总计 114 个控制单元，总面积为 2 546.75 km^2，占衢州全市国土面积的 28.78%。

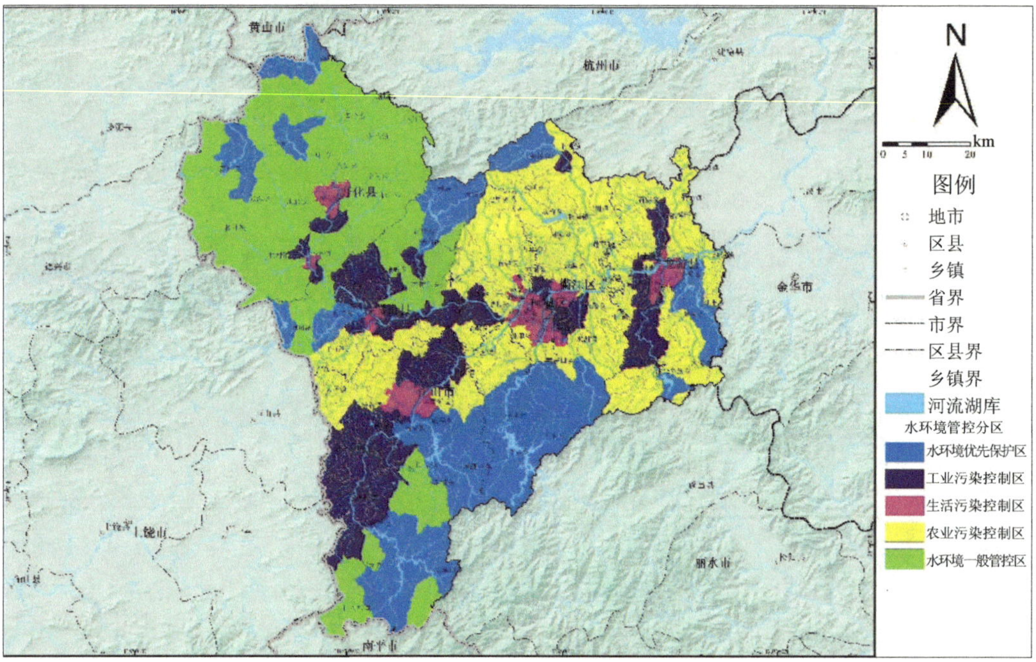

图 6-22　衢州市水环境管控分区

（3）管控要求

1）水环境优先保护区

水环境优先保护区包括全市县级以上集中式饮用水水源地一级和二级保护区、Ⅰ类水体所在的汇水单元、受污染源影响较小的Ⅱ类水体所在的汇水单元、全市生态保护红线划定的水源涵养极重要汇水单元。其中Ⅰ类水体分布在余村溪和马金溪上游的齐溪水库，归属于开化县；受污染源影响较小的Ⅱ类水体包括江山港上游（包括石鼓溪、周溪等支流，以及白水坑水库、峡口水库、碗窑水库），马金溪上游（包括何田溪、中村溪、长虹溪、张湾溪等支流），衢江流域的支流社阳溪上游（包括社阳水库），分别归属于江山市、开化县和龙游县；集中式饮用水水源地保护区包括常山县的芙蓉水库水源地保护区、常山港水源地保护区和千家排水库水源地保护区，龙游县的社阳洪畈水库水源地保护区和沐尘水库水源地保护区，衢江区的乌溪江水源地保护区，江山市的碗窑水库水源地保护区和峡口水库水源地保护区；水源涵养极重要水体包括生态保护红线划定的水源涵养极重要汇水区，全部归属于衢江区，包括芝溪水源涵养区、乌溪江水源涵养区和罗樟源水源涵养区。

目标要求：到 2020 年，确保城市集中式饮用水水源地水质稳定达标率 100%，县级以上全面建成双水源供水体系，县级以上饮用水水源地全部建立水质生物毒性预警监测系统，饮用水水源水质持续稳定趋好。

主要措施：对水环境优先保护区实行高标准保护：①对水环境资源实行最严格的保护，现有工业废水排放口应限期关闭，禁止新建排污口；②禁止排放船舶废水；③大力发展生态绿色农业，开展农业面源污染物减排，禁止建设规模化畜禽养殖场；④禁止开展网箱养殖、投肥（粪）养殖；⑤开展污水中水回用，实行用水梯级循环；⑥禁止矿山开采等水生态环境破坏严重的项目；⑦集中式饮用水水源一级保护区禁止新建、改建、扩建与供水设施和保护水源无关的建设项目，已建成的与供水设施和保护水源无关的建设项目，责令拆除或关闭；集中式饮用水水源地二级保护区内禁止新建、改建、扩建排放污染物的建设项目，已建成的排放污染物的建设项目，责令拆除或者关闭，禁止从事游泳、垂钓或其他可能污染水体的活动。

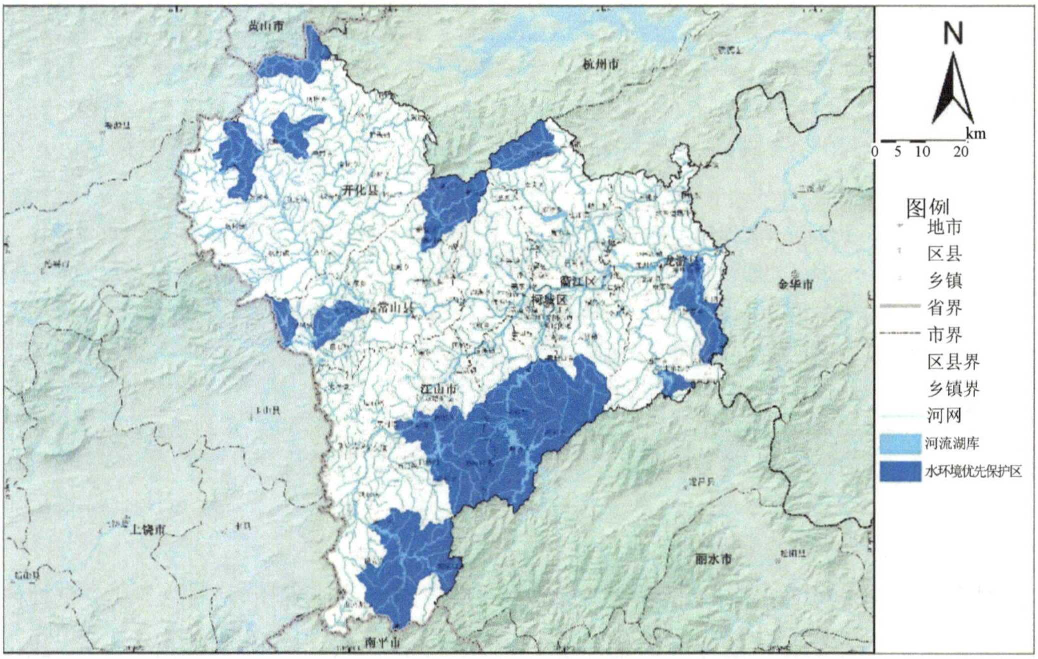

图 6-23 衢州市水环境优先保护区分布

表 6-13 衢州市水环境优先保护区管控措施

县（市、区）	管控措施
柯城区、衢江区	①加强库区船只航运管理。严格控制黄坛口大坝码头的功能，取缔一级保护区内游船码头和停靠点；严格控制二级保护区船只数量，确保水源安全。 ②加强库区经营场所污水、垃圾收集处理。完成沿库区、沿铜山溪、庙前溪干流的经营场所水污染治理设施改建，采用适宜的污水处理设备、人工湿地或氧化塘等形式处理生活污水，禁止直接排入水体。 ③强化饮用水水源地的生态保护措施。加快黄坛口水库饮用水水源支流的生态恢复和治理，重点做好河道清理与整治，增加河道两侧植被覆盖度，防止水源地周围的水土流失
江山市	强化饮用水水源环境保护。划定饮用水水源保护区，落实保护区污染源清理整治，严格准入和监管。加强对道路危险化学品运输安全管理，一级保护区完成物理隔离或生物隔离设施建设。积极推进城市饮用水双水源地建设
常山县	①清除保护区内违章建筑。对常山港饮用水水源地一级保护区内存在与环境要求不一致的建筑物停止使用或予以拆除。对二级保护区建设项目进行严格控制。 ②强化饮用水水源地的生态保护措施。加快常山港饮用水水源支流的生态恢复和治理，重点做好枧头溪、龙绕溪两侧河道清理与整治，增加河道两侧植被覆盖度，防止水源地周围的水土流失。在村庄周边建设防护林、植草带等生态隔离带，减少农村生活、农业生产等产生的污染对水源地产生的影响
开化县	①控制水源保护区上游及周边地区的开发活动。坚决取缔饮用水水源保护区内违法建设项目，杜绝违法垂钓、游泳、农家乐等活动。 ②加大饮用水水源环境监管。加大茅岗水库等 5 个饮用水水源地生态环境保护力度，保障全境域水质优于标准。对村头、何田、中村、音坑、苏庄、杨林等 8 个乡镇饮用水水源地进行清理，创建乡镇合格饮用水水源
龙游县	①加强水源地环境污染综合整治。开展沐尘水库上游村庄的环境整治，重点建设生活污水处理设施、完善生活垃圾收集系统。在村庄周边建设防护林、植草带等生态隔离带，减少农村生活、农业生产等产生的污染对水源地产生的影响。 ②推进河道生态修复工程。对灵山港龙游水源保护区、沐尘水库的入湖库河口因地制宜建设人工湿地缓冲区域，降低入湖库氮磷总量。按照“一湖一策”有针对性地制定生态环境保护和水生态系统修复方案，实施水源涵养、湿地建设、河岸带生态阻隔等综合治理工程

2）水环境工业重点管控区

水环境工业重点管控区包括以工业企业污染源为主导的控制单元，总计 65 个控制单元，主要分布在衢江区的浮石街道办事处和横路乡，柯城区的航埠镇和沟溪乡，江山市的四都镇、上余镇、贺村镇、新塘边镇、淤头镇、凤林镇和大陈乡，常山县的辉埠镇、青石镇和何家乡，开化县的华埠镇，龙游县的塔石镇、詹家镇和溪口镇。

表 6-14　衢州市水环境工业重点管控区管控措施

县（市、区）	管控措施
柯城区、衢江区	①巩固重点行业整治成效。加强对东迹渡汇水区内已验收的化工、造纸、制革、电镀等行业企业的长效监管力度，对环境管理上存在的问题及时督促整改。 ②强化园区企业污水收集处理水平。开展园区工业污水预处理厂建设，实现园区工业污水集中预处理，对园区企业实行彻底的清污分流，各类废水实行分质处理，杜绝清下水中的污染物造成大排渠、乌溪江的污染。 ③加大重点源的整治力度。巨化集团进一步加强清洁生产，强化源头控制，完善水循环系统建设，不断提高水循环利用率，提高污水收集处理率；元立集团公司加快实施污水综合治理项目，建设污水处理设施并实施清污分流改造。 ④完善工业污染防治。完成杜泽镇的 3 家活性炭厂关停和 11 家企业整治提升工作，要求企业建有规范的排污设施，做到达标排放。被关停企业不得新进原材料，不准将废渣、废料随意堆放；对就地整治提升企业对其需增添的环保设施工程进度进行全程监管。出台扶助政策，对原有活性炭厂设备进行整体拆迁，对原有残留物进行清理，对浙江雁杰模板厂污水池进行拆除并清理残留物。 ⑤整治淘汰相关企业。加大对化工等重污染、高耗能行业的淘汰关停力度，2017 年前完成关停淘汰常山化工园区内常山爱科化学有限公司等 10 条化工生产线，整治提升化工园区内常山鸿宇生物科技有限公司等 10 家化工企业相关化工生产线
江山市	①关停取缔“低小散”污染加工作坊。深入开展高污染行业“低小散”生产加工点（作坊）的关停取缔工作，对违法排污行为加强执法，加大查处力度，从重从严处罚。 ②实施重点水污染行业废水深度处理。推进企业废水处理设施提升改造，加强对总氮、盐分、重金属和其他有毒有害污染物的管控。在化工行业废水管道架空或明管的基础上，继续推行造纸、印染等重点行业的废水输送明管化，杜绝废水输送过程污染。 ③加大涉水企业监管力度。对汇水区范围内企业要求其入网废水稳定达标，氨氮、总磷等指标严格执行新的浙江省地方标准《工业企业废水氮、磷污染物间接排放限值》（DB 33/887—2013）
常山县	①推进重点污染行业清洁生产。加快推进化工、造纸、石灰钙、轻钙行业整治提升工作，开展重点污染行业清洁生产，降低物料损耗，提升水循环利用，削减污染物排放。 ②加快工业园区基础设施建设。推进常山县工业园区污水管网的建设，对部分企业的清下水进行分质收集，分类排放；建设辉埠新区污水处理厂，做好辉埠新区雨污分流管网建设，减缓辉埠镇各地表径流对菱湖溪的影响
开化县	①强化工业园区配套设施建设。完成华埠污水处理厂、池淮工业功能区污水处理站和马金工业污水处理站的建设任务，2017 年前完成。 ②强化工业污染治理与监管。完成辖区内 19 家企业水污染整治，4 家化工企业整治、搬迁入园任务。 ③推进废弃矿山尾水整治。完成音坑乡底本猪坑矿尾水治理、村头镇孔山矿尾水治理、芹阳办事处外岔里矿尾水治理、封家老煤矿矿尾水治理等 9 处废弃矿山矿尾水污染治理任务；完成 100 余处废弃矿井硐口封堵、周边生态复绿、修筑排水沟工作

县（市、区）	管控措施
龙游县	①深化行业污染治理。加强龙游县化学需氧量和氨氮排放量较大的造纸、纺织、电镀等行业的监管和污染整治，对完成整治企业开展后督察和不定期回访，形成长期有效的监管机制。 ②完成小型工业企业治理。分阶段、分步骤对区域性污染重、层次低、布局分散的小微企业、家庭作坊实施整治提升工作。鼓励园区外小、散特色行业企业集中入园

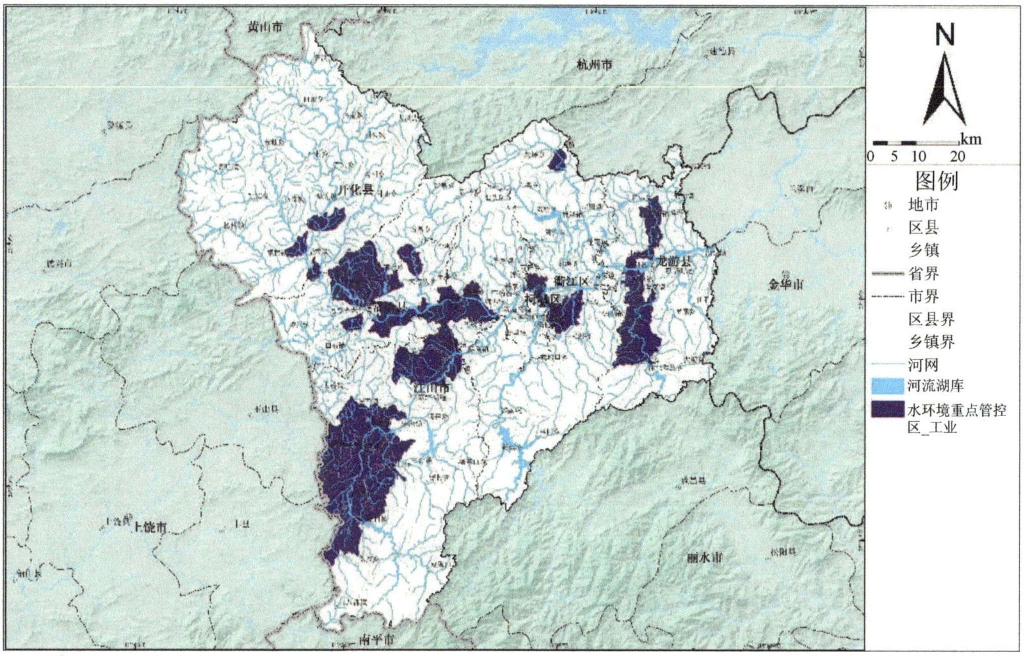

图 6-24　衢州市水环境工业重点管控区分布

目标要求：重点行业实施清洁化改造，钱塘江流域造纸、电镀等 11 个行业执行国家排放标准水污染物特别排放限值，着力解决酸洗、砂洗、有色金属、废塑料、农副食品加工等行业污染问题，推行造纸、印染、制革等重点行业的废水输送明管化；工业集聚区应按规定建成污水集中处理设施，并安装自动在线监控装置。

主要措施：工业污染控制区管控重在提高水环境监管能力，提升污水收集处理率，在满足产业准入、总量控制、排放标准等管理制度要求的前提下，实行工业项目进园、集约高效发展。

3）水环境生活重点管控区

水环境生活重点管控区包括以城镇生活污染源为主导的控制单元，总计 19 个控制单元，主要分布在柯城区的荷花街道、信安街道，衢江区的樟潭街道、江山市的双塔街道，常山县的天马镇，开化县的华埠镇，龙游县的东华街道、龙洲街道、小南海镇。具体清单见表 6-15。

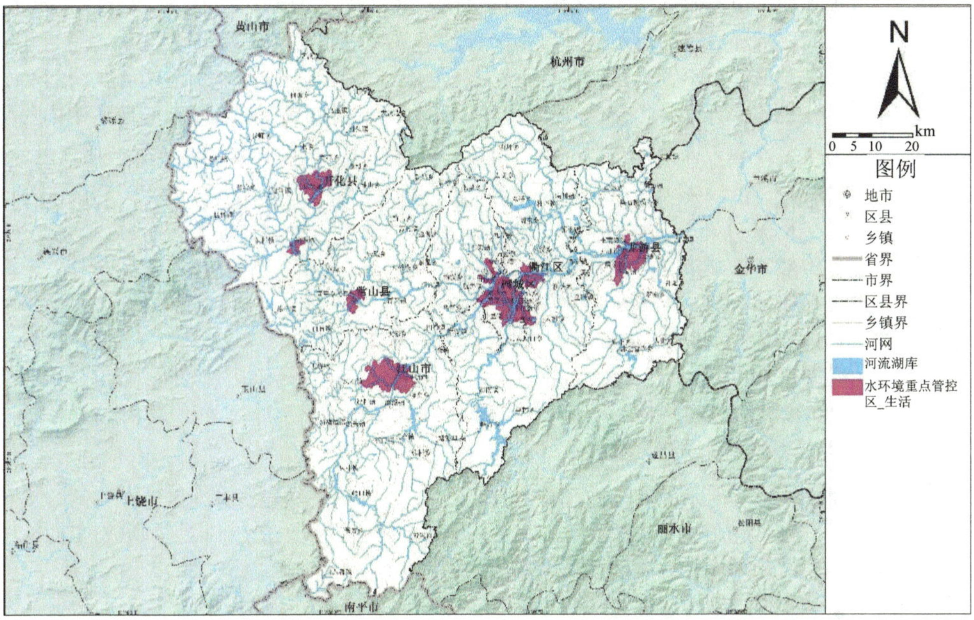

图 6-25 衢州市水环境生活重点管控区分布

表 6-15 衢州市水环境生活重点管控区管控措施

县（市、区）	管控措施
柯城区、衢江区	①加快城镇污水处理厂扩容提升。实施航埠镇、石梁镇、青石镇、芳村镇等城镇污水处理设施建设和提升改造；完成常山县天马污水处理厂提标改造，强化污水处理厂脱氮除磷设施，确保出水达到相关标准；实施巨化污水厂新、扩建工程，增加污水脱氮除磷功能，出水达到一级 A 标准；加快推进石室乡、湖南镇、举村乡、黄坛口乡、岭洋乡集镇污水处理提标改造工程，强化污水处理脱氮除磷设施，确保出水达到《城镇污水处理厂污染物排放标准》（GB 18918—2002）一级 A 标准。 ②加快城镇污水管网工程建设。推进乡镇（街道）建成区、各工业园区（集聚区）与城市污水管网的连通，进一步提高污水收集能力和城镇污水处理厂运行负荷率；实施汇水区域各乡镇（街道）污水管网建设工程，同时加强镇级污水管网检测、修复和疏通工作。 ③深入推进农村生活污染整治以“五水共治”工程为契机，进一步加大资金投入，全面开展农村生活污染治理，到 2020 年，实现辖区内 100%行政村开展生活污水治理，污水处理率达到 80%以上。 ④重视城镇面源污染防治。新建居住小区独立雨水排放系统，杜绝阳台废水接入雨水管道的行为；加强对沿街商业店铺的监管，明确向雨水口排放污水、倾倒垃圾等为违规行为
江山市	城镇“六小行业”污水治理。加强小餐饮店、洗浴（脚）店、理发店、洗车店、洗衣店、小旅社“六小行业”污水治理和排水管理，将“六小行业”污水纳管列入城镇生活污染源头控制重点内容，提高城市生活污水收集率

县（市、区）	管控措施
常山县	①加快城镇污水处理设施建设。推进何家乡、同弓乡污水处理设施建设，完善球川、白石、辉埠三镇的污水处理设施运行效率。 ②完善城镇污水管网建设。重点实施天马街道、紫港街道沿常山港两侧区块的污水管网建设，杜绝污水直接进入常山港及南门溪；对金川街道、辉埠镇等地直接排入河道的生活污水实现纳管处理，进一步提高污水收集能力和城镇污水处理厂运行负荷率
开化县	①强化城市污水处理提标扩网建设。重点对芹阳片区、朝阳片区的污水管网进行提升改造扩容，同时推进华埠片区（包括华民片区单元、华埠老镇区单元、城南新区单元、江东综合片区单元、火车站片区单元及杨村片区单元）的污水管网建设。 ②加快集镇治污工程建设。全面完成齐溪镇、马金镇、村头镇、池淮镇等集镇污水处理厂一级 A 提标改造建设任务，并投入正常运行 ③深化农村“双治”工作。推进全县建制村农村生活污水治理工程，同时利用农田、池塘等的环境自净能力，将农村生活污水处理设施出水经过进一步净化后再排入水体，禁止处理设施污水直接排放II类水体
龙游县	①加快推进污水处理设施及管网建设及改造。开展衢江经济开发区污水管网改造和建设工程；完成东港工业园污水处理设施等管网建设；龙游工业园区和城南工业园区实施雨污分流提升改造；完善士元工业区块污水治理设施。 ②加强污水处理厂提标改造。以 BOT 模式实施衢州市城东污水处理厂二期项目扩建工程；完成东港污水处理厂提标改造；建成并投运龙游湖镇污水处理工程和龙游城南污水处理厂；开展湖镇、塔石、横山、詹家、小南海等乡镇污水处理站改造及管网新建工程；对青龙山垃圾填埋场污水处理站进行提升改造

目标要求：到 2020 年，全面完成城镇污水处理厂提标改造，出厂水水质执行《城镇污水处理厂污染物排放标准》（GB 18918—2002）一级 A 标准，所有镇级污水处理厂安装在线监测并与智慧环保联网；加快污水处理设施污泥处置，建成覆盖全市所有集中式污水处理厂和造纸、制革、印染等行业的污泥处置设施，到 2020 年，污泥无害化处置率达到 95%以上。

主要措施：生活污染控制区管控重在污水管网建设、改造。污水收集设施建设是衢州市流域水环境达标的重点，截污纳管是主要手段，应统筹推进城市基础设施建设，加大城区和乡镇污水管网系统建设投入。

4）水环境农业重点管控区

水环境农业重点管控区包括以农村生活和农业面源污染主导的控制单元，主要分布在柯城区的石梁镇、万田乡、姜家山乡、九华乡、华墅乡、七里乡，衢江区的大洲镇、全旺镇、安仁镇、高家镇、莲花镇、峡川镇、杜泽镇、后溪镇、太真乡、双桥乡、云溪乡，常山县的白石镇、新昌乡、金源乡、大桥头乡，开化县的桐村镇、池淮镇、杨林镇、村头镇、马金镇、林山乡、金村乡、何田乡、塘坞乡、太溪边乡、音坑乡，龙游县的横山镇、湖镇、志棠镇、泽随镇、石佛乡、大街乡、模环乡。

目标要求：到 2020 年，推广商品有机肥比 2015 年提高 50%，化肥施用量逐年下降；实现农药使用量零增长。健全化肥、农药销售登记备案制度，建立农药废弃包装物和废弃农膜回收处理体系；依法关闭或搬迁禁养区内的畜禽养殖场（小区）和养殖专业户；加快农村环境综合整治，全市建制村环境综合整治覆盖率达到 100%。

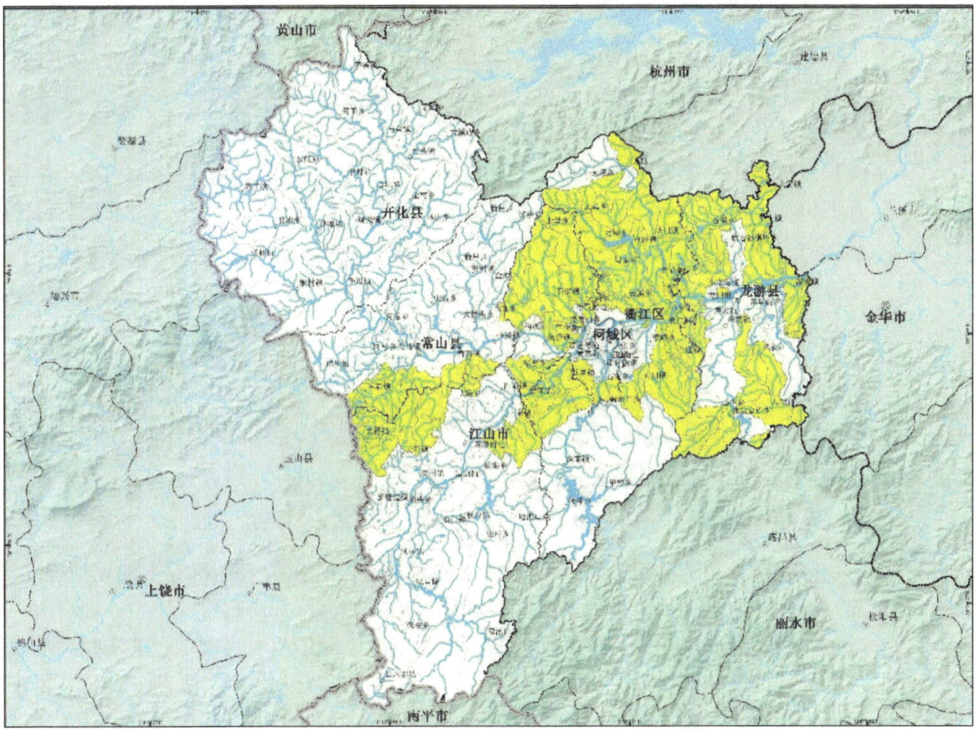

图 6-26　衢州市水环境农业重点管控区分布

主要措施：农业面源污染控制区管控重在非工程性管理措施与工程性管理措施相结合，以畜禽养殖污染治理，种植业肥药双控、减量，生态循环农业发展为抓手，坚持政府主导、强化主体责任、完善运行机制，全力推进养殖污染全面治理，化肥农药逐步减量，着力形成产业布局生态、资源利用高效、生产全程清洁、环境持续优化的现代农业发展新格局，打造高效生态循环农业产业链。

表 6-16　衢州市水环境农业重点管控区管控措施

县（市、区）	管控措施
柯城区、衢江区	①控制畜禽养殖环境管理。开展畜禽养殖重点镇村污染整治，2017 年年底前完成畜禽养殖区域性污染较重的乡镇和行政村集中污染整治工作；全面完成清理禁养区内畜禽养殖场（户）的关停或搬迁，推进限养区畜禽养殖小区建设和整治任务，引导鼓励畜牧养殖向标准化、生态化方向转变

县（市、区）	管控措施
柯城区、衢江区	②加强库区畜禽养殖污染治理。禁止铜山源库区范围内的所有母猪养殖，关停拆除存栏数3头及以上生猪养殖场；对于拆除的猪舍、围栏进行建筑垃圾清理、土地复垦并种植绿化苗木。 ③取缔库区网箱养殖。全面取缔乌溪江库区网箱养殖，拆除灯光诱捕网箱和灯光诱捕工具，禁止一切形式或名义的网箱养殖，现有农家乐、景点餐饮鱼类暂存网箱全部取缔
江山市	①加强畜禽养殖业污染治理。确保禁养区不新增养殖场，限养区已整治到位的养殖场存栏量不扩大规模。加快推进畜禽排泄物从污染治理向资源化利用转变，实现畜禽排泄物无害化处理和资源化利用。 ②积极推行水产生态养殖模式。禁止向水库库区及其支流水体投放化肥和动物性饲料，开展山塘水库生态养殖、土著鱼类资源增殖养护和自然开发性水体的资源增殖放流，确保所有乡镇（街道）辖区内规模化养殖水体基本达到III类水
常山县	①推进生态循环农业发展。开展同弓乡省级生态循环农业示范区建设，完成现代农业园区无公害农产品产地整体认证。推行农业标准化生产，建立标准化应用于产业项目扶持联动机制、产业规模。完成以检查、监测、预警为主要内容的管理机制。 ②全力推进畜禽排泄物资源化利用。针对何家乡、金川街道和白石镇等存在大规模畜禽养殖场的乡镇，开展养殖场大中型沼气工程和户用沼气工程建设；在同弓乡率先开展“整乡制”生态循环高端农业试点，探索“畜禽—沼气—有机肥—农作物”和“青贮氨化—秸秆育肥—粪便还田—草茂粮丰”两种循环农业模式，打造生态农业“中循环”
龙游县	①加强畜禽养殖业污染控制。对龙游全县347家工业化治理和80家农业化治理的生猪养殖场建成监管体系；散养密集区要实行畜禽粪便污水分户收集、集中处理利用。 ②控制种植业面源污染。建立面源氮、磷的流失控制示范区，制定和落实面源削减与点源削减的抵扣政策，减少氨、磷污染。积极防治秸秆、地膜、农药（兽药）包装物等农田废弃物污染。全面实施“沃土工程”，培育土壤肥力，积极引进、开发和推广生物肥、专用肥、BB肥、缓释肥和有机无机复合肥等新型高效肥料品种，减少碳氨及氮、磷、钾单质肥料用量。 ③因地制宜开展农村生活污水治理。对龙游全县245个行政村建设污水管网及处理设施。与城镇污水处理厂污水收集干管邻近的行政村，按照区域生活污水处理一体化要求，加快截污管网建设，最终纳入城镇污水处理厂处理；到2020年，全县建有生活污水处理设施的行政村比例达到95%以上，农村生活污水处理率达到70%

6.1.3 水资源环境承载评价

（1）水资源承载评价

衢州市水资源总量丰富，地表水和地下水总量达到 987.5 亿 m^3，人均水资源量为 4 039 m^3（为浙江省人均水资源量的 2 倍左右），是浙江省唯一拥有国家一级地表水水源的城市。2015 年衢州市平均降水深 2 542.1 mm，降水量 224.61 亿 m^3，比上年增加 22.0%，比多年平均值多 39.8%，属丰水年份。2015 年全市总水资源量为 163.734 2 亿 m^3，比上年增加 36.1%，比多年平均值增加 61.6%；产水系数 0.73，产水模数 185.3 万 m^3/km^2。

人均拥有水资源量为 7 676 m^3。从降水来看，衢州市属亚热带季风气候区，境内常年平均气温 16.3～17.3℃，常年平均日照 1 782～2 119 h；雨量充沛，雨日常年平均为 124～192 天，常年平均降雨量 1 500～2 300 mm，山区多于平原，降雨年内分配不均。境内河流洪水主要是梅雨暴雨所致，此期洪水特点是量大、历时长；台风雨出现机会不多，历时较短，影响范围较小。从降水分布来看，衢州市降雨量年内分配不均，最大降水量集中在 6 月，最小降水量发生在 8 月和 12 月，同时受到地形特征和流域分布的影响，水资源分布存在时间、空间的不平衡。

将衢州市多年平均径流深等值线与 389 个汇水单元进行叠加运算，确定各汇水单元多年平均径流深，再以多年平均径流深乘以汇水单元面积，得到汇水单元的年平均径流量。由多年径流深等值线法计算出的全市汇水单元径流量如图 6-27 和表 6-17 所示，统计各汇水单元总径流量为 97.58 亿 m^3，与衢州市 2015 年水资源公报中公布的多年平均地表水资源量 101.32 亿 m^3 仅相差 3.74 亿 m^3，基本符合实际情况。

遵循"以水定人、以水定产和以水定城"的总体要求，确定衢州城市发展人口聚集、产业发展的规模上线。按照水资源短缺 2 000 m^3/人为临界值的国际标准，以衢州市近 5 年平均水资源量（不含客水）进行水资源极限人口测算，测算结果（见表 6-17）表明衢州全市极限总人口 488 万人，总体满足城市总体规划 2020 年人口发展规模 262 万人的预期，但国际公认的水资源开发利用极限为水资源总量的 40%，如果人口发展到 488 万人的规模，将会较大地侵占生态环境用水。另外衢州市人口集中在柯城区，预计 2020 年发展到 44 万人，柯城区本地水资源的极限承载人口为 33 万人，水资源分布与未来城市人口分布不匹配，需要厉行节水并提前筹划跨区引水工程。规划期内，水资源承载能力呈下降趋势，水资源承载压力呈增大趋势。

表 6-17　衢州市水资源人口承载力限值（预期）

县（市、区）	多年平均水资源量/亿 m^3	水资源极限承载人口数/万人	城市总体规划人口聚集规模/万人	
			2015 年	2020 年
柯城区	6.53	32.66	43.35	44.32
衢江区	17.17	85.87	41.13	42.05
江山市	22.19	110.93	61.09	62.46
常山县	13.27	66.34	34.20	34.96
龙游县	11.70	58.48	40.51	41.42
开化县	26.72	133.59	35.99	36.79
市域合计	97.58	487.87	256.27	262.00

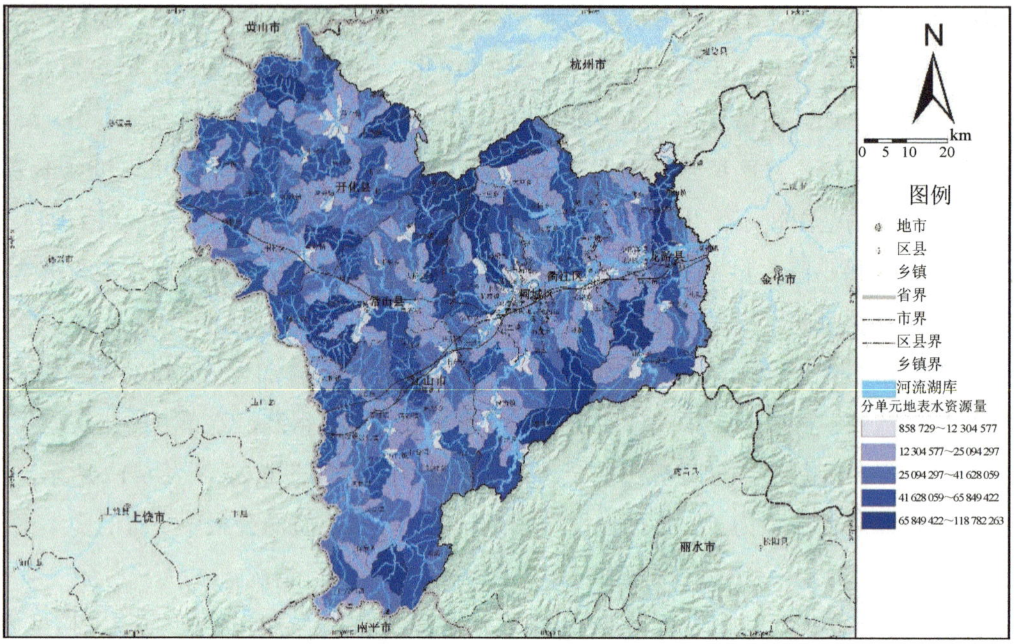

图 6-27 衢州市分单元地表水资源量分布

基于水资源承载的调控措施。一是优化水资源配置。在产业布局和城镇发展中充分考虑水资源条件，大力调整全市经济结构，柯城区严控高耗水、高污染项目建设。依托乌溪江、衢江、江山港等水资源，以巨化片区、绿色产业集聚区等重点开发区为载体，积极推进产业布局向沿江地带集中，工业项目向开发区（园区）集中，生产要素向高新产业集中。二是严格控制水资源开发利用总量。控制全市用水总量，2020 年用水总量不超过 16 亿 m^3。提高用水效率，到 2020 年，万元工业增加值用水量不高于 68 m^3。三是加强工业节水。着力抓好化工、造纸等高耗水行业节水技术改造，通过节水技术改造，加大废水深度处理回用力度，减少废污水排放，逐步提高工业用水重复利用率，降低经济社会发展对水资源的过度消耗和对水环境与生态的破坏。提升工业企业用水效率，到 2020 年，电力、钢铁、纺织印染、造纸、石化、化工、食品发酵等高耗水行业全面达到先进定额标准。四是强化生活和服务业用水管理。推广节水设施和器具，提高城镇生活用水效率，到 2017 年，节水器具普及率达 90%以上，50%以上的市级机关建成节水型单位；到 2018 年，达到国家节水型城市标准要求。五是提高农业用水效率。对江山市、龙游县等农业耗水总量较多、比重较大的县（市、区），重点推进大中型灌区续建配套与节水改造，加快小型农田水利设施建设步伐，发展高效节水灌溉，提高农业灌溉用水效率，到 2020 年全市农田灌溉水有效利用系数达到 0.535 以上。

（2）水环境承载评价

以衢州市地表水环境功能区划为目标，测算各县（市、区）的水环境容量的统计结果为：全市化学需氧量水环境容量总和为 16.89 万 t/a，氨氮水环境容量为 0.71 万 t/a，总磷水环境容量为 0.14 万 t/a，其中开化县地表水资源最为丰富，水环境容量最为充裕。具体如图 6-28 和表 6-18 所示。

经过对 COD、氨氮和总磷 3 项主要水污染物排放量与水环境容量对比，分析各县（市、区）水环境承载力（见表 6-19），承载率超过 1.5 的区域为容量饱和区，承载率 0.8～1.5 为基本平衡区，承载率小于 0.8 的区域为容量富裕区。现状评价结果显示，衢州全市主要污染物化学需氧量、氨氮和总磷的承载率均在 0.8 以上，全市水环境容量总体较富裕，但柯城区由于工业、人口较集中，各项水污染物排放量均较高，导致氨氮排放超载（1.7）、总磷接近饱和（1.1）。具体评价结果如图 6-29 和表 6-19 所示。

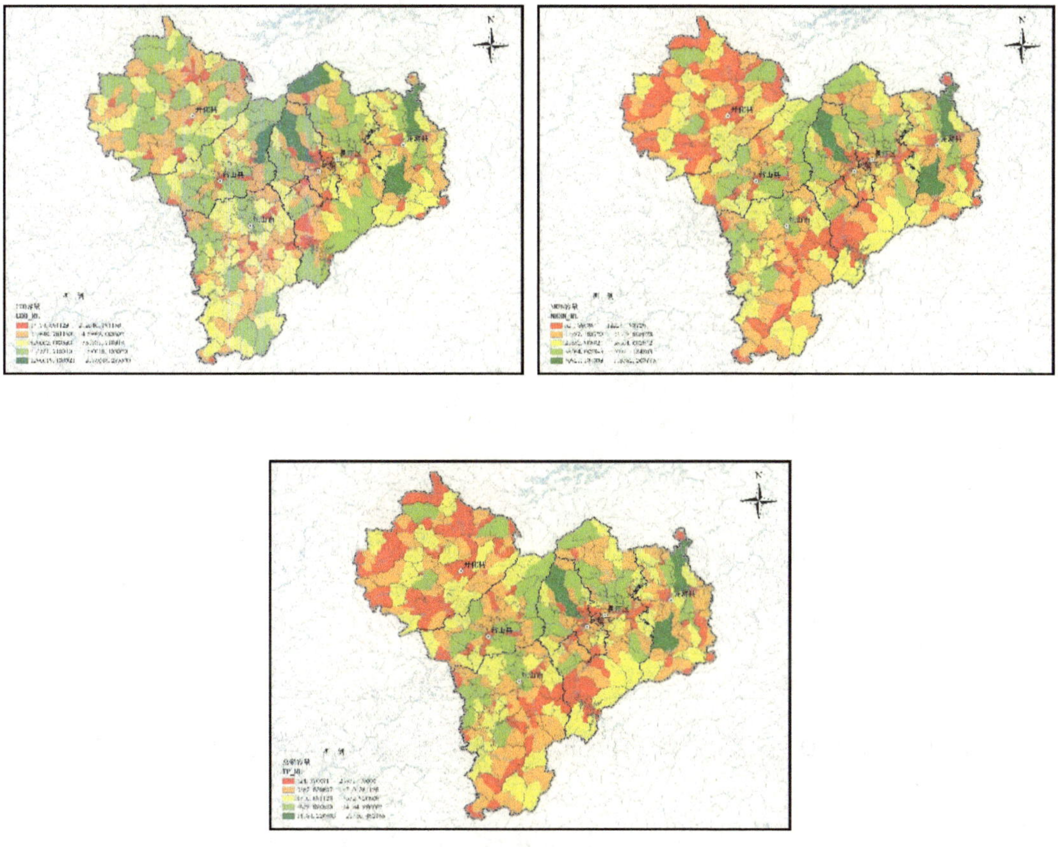

图 6-28　全市 COD、氨氮、总磷水环境容量分布（依次为左上、右上、下）

表 6-18　全市水环境容量统计

县（市、区）	多年平均水资源量/亿 m^3	COD 水环境容量/（kg/a）	氨氮水环境容量/（kg/a）	总磷水环境容量/（kg/a）
柯城区	6.53	12 996 552.29	646 462.08	129 292.42
衢江区	17.17	30 288 078.75	1 311 379.04	262 275.81
江山市	22.19	38 836 703.34	1 665 020.99	333 004.20
常山县	13.27	23 697 035.37	1 042 882.48	208 576.50
龙游县	11.70	22 334 539.62	1 063 793.94	212 758.79
开化县	26.72	40 721 525.93	1 335 703.04	265 292.67
市域合计	97.58	168 874 435.30	7 065 241.57	1 411 200.39

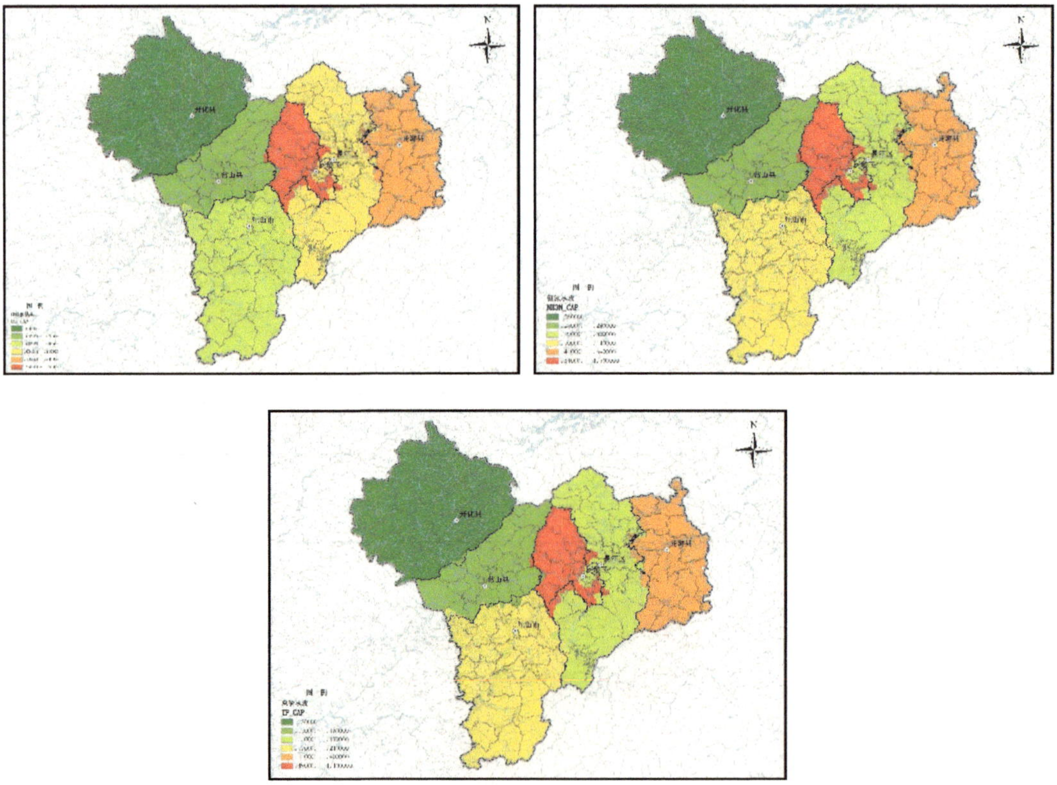

图 6-29　全市 COD、氨氮、总磷分县（市、区）水环境承载分布（依次左上、右上、下）

表 6-19　全市水环境承载力评价结果

序号	县（市、区）	COD 承载率	氨氮承载率	总磷承载率
1	柯城区	0.48	1.70	1.10
2	衢江区	0.10	0.30	0.17

序号	县（市、区）	COD 承载率	氨氮承载率	总磷承载率
3	江山市	0.09	0.41	0.21
4	常山县	0.07	0.29	0.15
5	龙游县	0.23	0.54	0.49
6	开化县	0.05	0.28	0.13
7	全　市	0.13	0.49	0.30

基于水环境承载状况的分区调控。柯城区属于水环境容量饱和区，应以工业、生活水污染源控制为重点，加大污染防治，降低污染物排放强度，减少污染物排放。严格控制增加水污染特别是氨氮和总磷污染排放的项目；重视产业结构调整，关停规模小、产值小、排污大的企业；开展清洁生产，中水回用，实行用水梯级循环，不断降低废水污染物排放量。衢江区、江山市、常山县、龙游县等应坚持深化工农业结构调整、发展生态旅游业。开化县水环境容量相对最富足，但处于流域上游，对下游地区水环境安全影响较大，需在满足相应环境管理制度的前提下适度集约发展。

6.1.4 水环境质量改善研究

（1）全面实施水环境分区管控

以保障衢州市水资源可持续利用，维护水生态环境质量为目标，将全市地表水划分为水环境优先保护区、工业污染重点管控区、生活污染重点管控区、农业污染重点管控区和水环境一般管控区共 5 大类、389 个水环境控制单元，实施水环境质量分区分类精细化管理，强化重点行业水污染治理，系统推进水环境质量全面改善。

水环境质量优先保护区包括全市县级以上集中式饮用水水源地一级和二级保护区、Ⅰ类水体所在的汇水单元、受污染源影响较小的Ⅱ类水体所在的汇水单元、全市生态保护红线划定的水源涵养极重要汇水单元。对于水环境质量优先保护区，应对水环境资源实行最严格的保护，管控措施包括：①控制单元所在流域水污染物实行总量减排，现有工业废水排放口应限期关闭，禁止新建排污口；②集中式饮用水水源一级保护区禁止新建、改建、扩建与供水设施和保护水源无关的建设项目，已建成的与供水设施和保护水源无关的建设项目，责令拆除或关闭；③禁止矿山开采等水生态环境破坏严重的项目。

工业污染重点管控区包括以工业企业污染源为主导的控制单元，重点提高水环境监管能力，提升污水收集处理率，在满足产业准入、总量控制、排放标准等管理制度要求的前提下，实行工业项目进园、集约高效发展，到 2022 年，全市重点行业实施清洁化改造，造纸、印染等 11 个行业执行国家排放标准水污染物特别排放限值，所有工业集聚区应按规定建成污水集中处理设施，并安装自动在线监控装置。建设全市省级及以上工业园区/集聚区“污水零直排区”，到 2022 年，所有园区/集聚区内企业实现雨污分流，工业废水经处理后纳管或达标排放。

生活污染重点管控区包括以城镇生活污染源为主导的控制单元，重点为污水管网建设、改造，统筹推进城市基础设施建设，加大城区和乡镇污水管网系统建设投入，到 2022 年，全面完成城镇污水处理厂提标改造，出厂水水质执行《城镇污水处理厂污染物排放标准》（GB 18918—2002）一级 A 标准，所有镇级污水处理厂安装在线监测并联网。全市所有城中村、建制镇建成区深入开展城镇雨污分流改造，做到“能分则分、难分必截”，到 2022 年，力争所有县市区建成“污水零直排区”。

农业污染重点管控区包括以农村生活和农业面源污染主导的控制单元，重点将非工程性管理措施与工程性管理措施相结合，全力推进养殖污染全面治理，逐步减量化肥农药使用，着力形成高效生态循环农业产业链，到 2022 年，全市建制村环境综合整治覆盖率达到 100%，日处理能力 30 t 以上的污水处理设施基本实现标准化运维，规模以上设施化养殖场的尾水实现达标排放或循环使用，全市化肥施用量比 2017 年减少 2%。

水环境一般管控区应在满足产业准入、总量控制、排放标准等管理制度要求的前提下集约发展。

（2）统筹优化水资源开发格局

依据衢州市水资源环境承载格局，兼顾城乡产业发展需求，划分衢州市水资源开发利用分区，包括中部城乡水资源综合利用区、东部和南部生态农业水资源保障区和西部水源涵养及涉水旅游区。

中部城乡水资源综合利用区包括柯城区、衢江区中部和常山县东部，水环境容量接近饱和，应以工业、生活水污染源控制为重点，加大污染防治，降低污染物排放强度，减少污染物排放；严格控制增加水污染特别是氨氮和总磷污染排放的项目；重视产业结构调整，关停规模小、产值小、排污大的企业，积极引导化工企业向巨化工业区和衢州高新技术产业园区内集中，引导造纸企业向东港工业园区内集中。

东部和南部生态农业水资源保障区包括江山市、衢江区东部和龙游县，水环境容量相对较富足。衢江区依托邻近中心城市的区位优势，发展以高新技术转化、农产品精深加工、农产品现代物流为重点的现代设施农业、加工农业、物流农业。龙游县通过区域化布局，调整优化结构，大力发展以柑橘、畜禽、粮食等特色种养业为重点的绿色、无公害、高效农业。江山市发展生态农业和生态林业。加大高山茶叶、蔬菜、笋竹两用林、小水果等生态农业基地的建设；发展以“农家乐”生态景区项目为重点的休闲型、文化娱乐型旅游业。

西部水源涵养及涉水旅游区包括开化县和常山县西部，水环境容量相对最富足，但处于流域上游，对下游地区水环境安全影响较大，需在满足相应环境管理制度的前提下依托生态环境的整体优势，以全域景区化、景区公园化为原则，打造以生态休闲产业为主体，文化创意产业、养生养老产业、康体运动产业为补充的旅游产业集聚，全力打造开化国家公园。

专栏 6-1　各级规划对衢州市开发功能要求

（1）上级规划：

1）《浙江省主体功能区规划》对衢州市的总体定位为：柯城区和江山市部分乡镇（凤林镇、石门镇和新塘边镇）为浙江省重点开发区丘陵盆地地区；龙游县、衢江区、江山市（除凤林镇、石门镇和新塘边镇）为浙江省农产品主产区；开化县为浙江省重点生态功能区；常山县为浙江省生态经济区。其中，对浙江省重点开发区（丘陵盆地地区）的总体要求为择优发展先进制造业，搭建绿色制造业集聚发展平台，推进工业园区生态化改造，发展绿色生态环保产业、工业循环经济和特色农业，打造生态经济的先行区和示范区；对浙江省农产品（衢州部分）主产区的总体要求为稳定粮食生产，提升柑橘、茶叶等特色产业发展水平，大力发展生态循环农业和休闲观光农业，构建重要的绿色特色农产品基地等；对浙江省（浙西山地丘陵）重点生态功能区的总体要求为加强森林抚育和管护，加快生态公益林建设，保护生态多样性，加强水源涵养，适度开展生态旅游等。对浙江省生态经济区的总体要求为大力发展优势特色农业，择优发展先进制造业和生态型工业，积极推进县城和中心镇功能培育和基础设施建设，提高城镇综合承载能力，加强流域综合整治，保护钱塘江上游水源。

2）《浙江省生态功能区划》对衢州市的总体定位为：浙西北山地丘陵生态区的千岛湖流域森林与湿地生态亚区（包括衢江区北部）；浙中丘陵盆地生态区的金衢盆地城镇及农业生态亚区（柯城区、衢江区中部、龙游北部、常山县南部、江山市北部）；浙西南山地生态区的乌溪江流域农林生态亚区（衢江区西南部和东南部、龙游南部、江山南部）。其中，对浙西北山地丘陵生态区的千岛湖流域森林与湿地生态亚区的总体要求为加强水源涵养，开展小流域综合治理，加强矿山监管，加强农田水利基础设施建设等。对浙中丘陵盆地生态区的金衢盆地城镇及农业生态亚区的总体要求为优化农业结构，发展观光农业和城郊农业；强化畜禽养殖管理，减少和降低农药化肥使用；调整产业结构，推行清洁生产。对浙西南山地生态区的乌溪江流域农林生态亚区的总体要求为提高森林覆盖率和水源涵养能力，开展矿区生态恢复与重建，综合治理农村生态环境，发展农林复合型生态农业。

3）《浙江省环境功能区划》对衢州市的总体定位为：自然生态红线区；生态功能保障区；农产品安全保障区；人居环境保障区。其中，对自然生态红线区的总体要求为实施强制性保护，不得新建工业性、资源性开发项目，严禁工业废水排放，已建工业企业一律迁出；对生态功能保障区的总体要求为实行退耕还林，限制矿山开发，禁止新建污染较重或严重污染的建设项目，严格执行畜禽养殖禁限区规定；对农产品安全保障区的总体要求为推行农村环境综合整治，逐步削减农业面源，禁止新建严重污染建设项目，禁止新建涉重金属、挥发性有机物等危险污染物排放项目；对人居环境保障区的总体要求为严禁新建污染较重或严重污染的建设项目，完善环境基础设施建设，逐步消除人居与工业混杂现象。

4）《浙江省水功能区划》将衢州全市流域划分为：自然保护区（2个）；饮用水水源保护区（17 个）；渔业用水区（9 个）；工业用水区（1 个）；景观娱乐用水区（3 个）；多功能区（37 个）。其中，对自然保护区的水质要求为执行Ⅰ类标准，对饮用水水源保护区的水质要求为Ⅱ、Ⅲ类标准，对渔业用水区的水质要求为一般鱼类用水区适用于Ⅲ类水质标准，珍贵鱼类用水区适用于Ⅱ类水质标准；对工业用水区的水质要求为执行Ⅳ类标准；对景观娱乐用水的水质要求为Ⅲ～Ⅴ类标准，对多功能区的水质要求为并不得低于现状水质。

（2）本级规划：

5）《衢州市区环境功能区划》将衢州全市划分为：①自然生态红线区（9个）；②生态功能保障区（8个）；③农产品安全保障区（2个）；④城镇居住区（5个）；⑤环境优化准入区（3个）；⑥环境重点准入区（1个）。其中，对自然生态红线区的总体要求为禁止在保护内建设不利于生物栖息地保护的建设活动，减少对自然保护区内动植物的干扰；对生态功能保障区的总体要求为严格限制区域开发强度，禁止新建、扩建、改建污染严重的建设项目，严格执行畜禽养殖禁养限养区规定，禁止混林造田等破坏植被的行为；对农产品安全保障区的总体要求为加强基本农田保护，严格限制非农项目占用耕地，加强农业面源污染治理，严格控制化肥农药施用量；对环境优化准入区的总体要求为禁止新建、扩建重污染工业项目，优化居住区与工业功能区布局，最大限度地保留区内原有自然生态系统；对环境重点准入区的总体要求为调整优化产业结构，逐步提高区域内产业准入条件，新建工业项目污染物排放水平需达到同行业国内先进水平。

6）《衢州市国民经济和社会发展第十三个五年规划纲要》对衢州市涉水产业的总体定位是推动水资源利用和特色农产品深加工深度融合，打响“好山好水好产品”衢州品牌。围绕优质水资源，加大高端医药、绿色食品、水能利用等涉水产业招商力度，引进含金量高的好项目、大项目，培育一批水资源利用产业。注重扶持培育现有水资源利用优质企业，鼓励企业扩大投资规模、延伸产业链条，加快形成水资源利用产业集聚集群发展格局。探索优质水资源区域合作有偿使用新机制和模式，充分发挥水资源的经济优势。

7）《衢州市“十三五”工业发展规划纲要》对衢州市涉水产业的总体规划为充分发挥水资源优势，主攻绿色、健康两大方向，推进生物医药、健康产业项目招商。发展健康饮品、绿色食品、营养保健等领域，打响优质水源品牌，提升产品品质。

8）《衢州市水利发展“十三五”规划》提出衢州市在“十三五”期间严格控制新建小型水电站，大力推进生态水电示范建设，在铜山溪、白马溪、上山溪、龙山溪等建设 17 个生态水电示范站，生态化改造 43 座水电站，解决小水电下游河道脱水问题，确保生态基流。

9）《衢州市旅游发展“十三五”规划》提出水韵衢州的发展定位，具体包括充分发挥衢州水资源优势，利用沿江区域形成的大水域、不受水源地保护的湖泊等资源，发展滨水（水上）运动、滨水（水上）游憩、滨水（水上）观光和滨水休闲度假等。依托衢江、须江、乌溪江等江河，沿江形成水上特色交通和水上运动产品。依托非水源地保护地带水库或溪流，形成汽车营地、度假村、滨水酒店、养生养老基地等产品。

（3）系统维护水生态环境质量

全面推进河道整合治理。一是推进“清三河”工作。巩固“五水共治”和垃圾河、黑河、臭河整治成果，城市建成区无黑臭水体。2017 年年底前，城市建成区应实现河面无大面积漂浮物，河岸无垃圾，无违法排污口。二是推进重点流域水环境治理。落实流域水污染防治分区体系，到 2020 年，确保省控Ⅰ、Ⅱ类水质断面保持稳定，重要水系基本达到或优于Ⅲ类水质，超标断面超标污染物浓度实现较大幅度下降，衢州全市水环境质量进一步改善。三是加强中小流域综合整治。全面开展河湖库塘清污（淤）工作，恢复水域原有功能。严厉打击取缔非法采砂行为，对影响水源保护区和水生态的河道全部实行禁采，全面取缔洗砂水未达标排放的机制砂场。到 2022 年，力争全市所有县（市、区）基本建成“美丽河湖”县。

开展水生态保护与修复。一是加强河湖和湿地生态保护与修复。到 2017 年，完成开化县钱江源等多个湿地生态修复工程，遏制湿地面积萎缩和功能退化的趋势；到 2020 年，加大水系源头的湿地保护和生态公益林抚育力度，加强溪源湿地和高山沼泽湿地的保护和植被恢复。二是加强良好水体保护。大力推进沐尘水库等水质良好湖泊生态环境保护工作。对现状水质达到或优于Ⅲ类的江河湖库开展生态环境安全评估，制定实施生态环境保护方案。积极推进省级重点湖库生态环境保护试点工作。

建立跨流域、跨部门协作控制。同一流域相邻的县级政府应当建立水污染防治协商协作机制，跨行政区域流域应由所在区域共同的上级政府建立联合防治协调机制，实施联合监测、联合执法、应急联动、信息共享。建立严格监管所有污染物排放的水环境保护管理制度。县级以上环保、发改、公安、水利、建设、旅游、农办、经信、农业、综合行政执法等有关部门和乡（镇）政府、街道办事处应当依法履行职责，并按照水污染防治年度任务的要求，加强协作配合，做好相关工作。市环保局要加强统一指导、协调和监督，工作进展及时向市政府报告。

（4）科学提升水资源利用效率

严格控制水资源开发利用总量。实施流域和区域取用水总量控制，对取用水总量已达到或超过控制指标的地区，暂停审批其建设项目新增取水许可；新建、改建、扩建项目用水要达到行业先进水平，节水设施应与主体工程同时设计、同时施工、同时投运。控制全市用水总量，2020 年用水总量不超过 15 亿 m^3；提高用水效率，到 2020 年，万元工业增加值用水量不高于 68 m^3。

加强工业节水。着力抓好化工、造纸等高耗水行业节水技术改造，通过节水技术改造，加大废水深度处理回用力度，减少废污水排放，逐步提高工业用水重复利用率，降低经济社会发展对水资源的过度消耗和对水环境与生态的破坏。提升工业企业用水效率，到 2020 年，电力、钢铁、纺织印染、造纸、石化、化工、食品发酵等高耗水行业全面达到先进定额标准。

强化生活和服务业用水管理。禁止生产、销售不符合节水相关强制性标准的产品、设备。公共建筑必须采用节水器具，限期淘汰公共建筑中不符合节水标准的水嘴、便器水箱等用水器具。推动旅馆饭店、景区、度假区、学校等用水器具更新改造等。到 2018 年年底，全市节水器具普及率达 90%，50%以上的市级机关建成节水型单位；到 2020 年，达到国家节水型城市标准要求。

提高农业用水效率。对江山市、龙游县等农业耗水总量较多、比重较大的区县，重点推进大中型灌区续建配套与节水改造，加快小型农田水利设施建设步伐，发展高效节水灌溉，提高农业灌溉用水效率，到 2020 年全市农田灌溉水有效利用系数达到 0.535 以上。

（5）分行业开展负面清单管理

工业水资源利用指引。推进工业经济结构调整，加快传统优势制造业的创新升级，重点培育氟硅新型材料、金属制品深加工两大主导产业，以及高压特种输配电、工程装备机械、高档特种纸、汽车零部件、绿色食品、特色轻工等六大特色产业，实现产业高端化和可持续发展。对化工、建材、造纸、金属冶炼及压延加工、制革等对环境和基础要素要求较高的产业进行重点布局控制，在规划布局区以外严格控制发展。对环境和基础要素要求相对较低的机械、纺织服装、食品加工、汽摩配加工、金属制品等产业，重点促进集聚发展。农业水资源利用指引。做大做强畜禽、柑橘、粮食、竹木、蔬菜瓜果等主导产业。促进农业的规模经营，提高农业集约化水平；推进农业产业化经营，提高商品化率；建立健全农业社会化服务体系。涉水旅游、服务业水资源利用指引。围绕把衢州建设成为四省边际旅游集散中心和长三角重要的休闲度假旅游目的地，努力把休闲旅游业培育成经济发展的战略性支柱产业和服务业的龙头产业。实现“休闲衢州、观光四省”的四省边际旅游集散中心功能。涉水资源利用行业应在满足相关法律法规要求的前提下，按照表 6-20 进行准入负面清单管理。

表 6-20　衢州市分行业水资源利用负面清单

序号	大类	子类
1	工业	燃煤火力发电
2		炼铁、球团、烧结
3		炼钢
4		铁合金制造；锰、铬冶炼
5		有色金属冶炼（含再生有色金属冶炼）
6		有色金属合金制造
7		金属制品表面处理及热处理加工（有电镀工艺的；有钝化工艺的热镀锌）
8		水泥制造
9		耐火材料及其制品中的石棉制品
10		石墨及其非金属矿物制品中的石墨、碳素
11		原油加工、天然气加工、生物制油及其他石油制品
12		基本化学原料制造；肥料制造；农药制造
13		日用化学品制造（除单纯混合和分装外的）
14		焦化、石化
15		煤炭液化、气化
16		化学药品制造
17		生物质纤维素乙醇生产
18		纸浆、溶解浆、纤维浆等制造
19		皮革、毛皮、羽毛（绒）制品（制革、毛皮鞣制）
20		化学纤维制造
21		纺织染整
22	农业	松脂初加工项目
23		以优质林木为原料的一次性木制品与木制包装的生产和使用以及木竹加工综合利用率偏低的木竹加工项目

序号	大类	子类
24	农业	1 万 m^3/a 以下的胶合板和细木工板生产线
25		珍稀植物的根雕制造业
26		以野外资源为原料的珍贵濒危野生动植物加工
27		湖泊、水库投饵网箱养殖
28		不利于生态环境保护的开荒性农业开发项目
29		缺水地区、国家生态脆弱区纸浆原料林基地建设
30		粮食转化乙醇、食用植物油料转化生物燃料项目
31		在林地上从事工业和房地产开发的项目
32	服务业	用地红线宽度（包括绿化带）超过下列标准的城市主干道路项目：小城市和重点镇 40 m
33		用地面积超过下列标准的城市游憩集会广场项目：小城市和重点镇 1 hm^2
34		别墅类房地产开发项目
35		高尔夫球场项目
36		赛马场项目

6.2 大气环境系统评价与大气环境质量底线管理研究

6.2.1 大气环境质量现状及问题分析

6.2.1.1 空气质量状况

2017 年，衢州市区平均优良天数 317 天，优良天数比例为 86.8%，重度及以上污染天数比例为 6.3%[①]。细颗粒物（$PM_{2.5}$）、可吸入颗粒物（PM_{10}）、二氧化硫（SO_2）、二氧化氮（NO_2）、臭氧（O_3）浓度分别为 42 $\mu g/m^3$、63 $\mu g/m^3$、14 $\mu g/m^3$、34 $\mu g/m^3$、144 $\mu g/m^3$。2016 年监测数据表明，衢州市四个县（市）$PM_{2.5}$ 年均浓度空间分布差异较大，开化县排放浓度已达到二级排放标准，常山县即将达标，江山市和龙游县低于二级标准，且空气质量次于衢州市区。衢州全市的 pH 年均值为 4.65，整体上是重度酸雨区。

① 数据来源于 2016 年环境质量报告书。

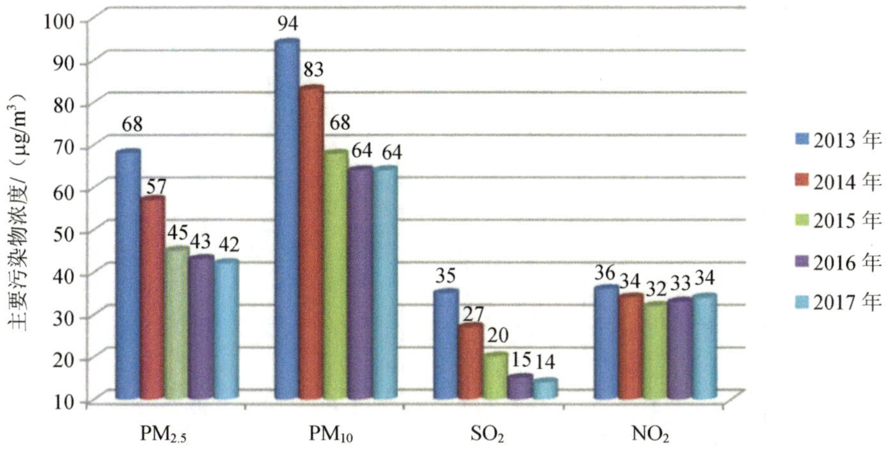

图 6-30 衢州市 2013—2017 年主要污染物浓度变化状况

表 6-21 衢州市 2016 年均 $PM_{2.5}$ 浓度状况

县（市）	$PM_{2.5}$ 浓度/（μg/m³）
开化县	29
常山县	36
江山市	44
龙游县	45

2016 年，$PM_{2.5}$ 浓度季节性变化较为明显，夏季浓度较低，冬季浓度较高，其中 7 月 $PM_{2.5}$ 浓度均值最低，为 26 μg/m³，12 月 $PM_{2.5}$ 浓度均值最高，为 63 μg/m³。2016 年 $PM_{2.5}$ 年均浓度较 2013 年减少 26 μg/m³，降幅为 38.2%，列全省第一。$PM_{2.5}$ 浓度在全省 11 个城市中排名第 6，处于中游水平，在全国 338 个地级及以上城市中，排名 147 位，排名中上。

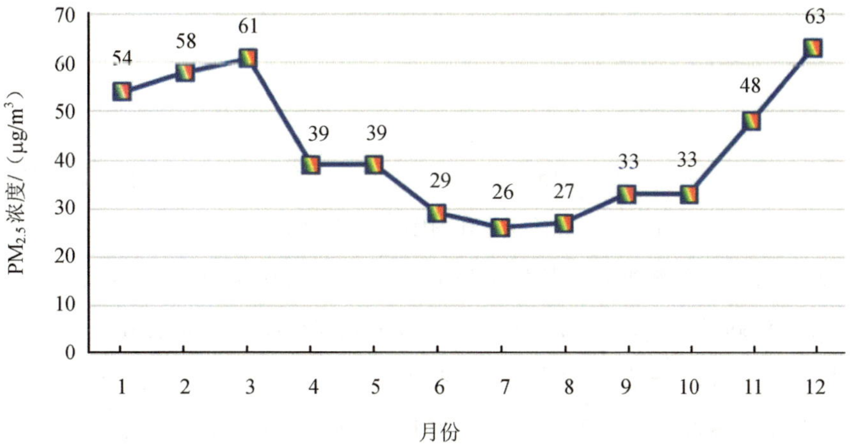

图 6-31 2016 年衢州市区 $PM_{2.5}$ 浓度月变化

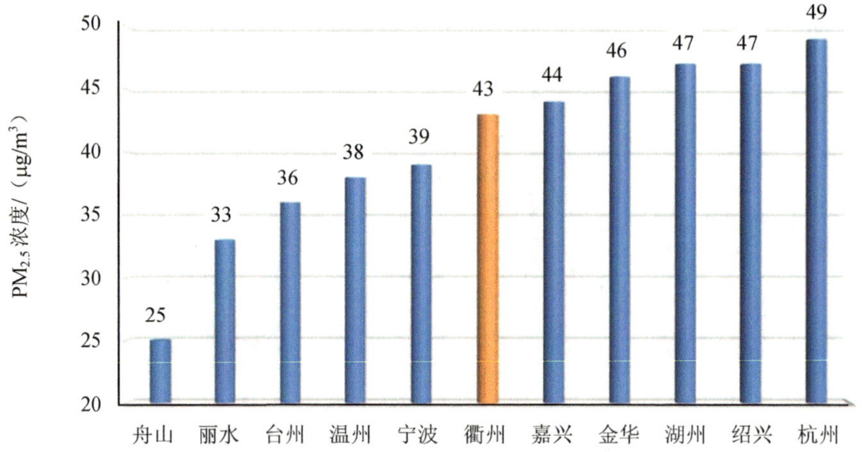

图 6-32　2016 年浙江省内城市 $PM_{2.5}$ 年均浓度

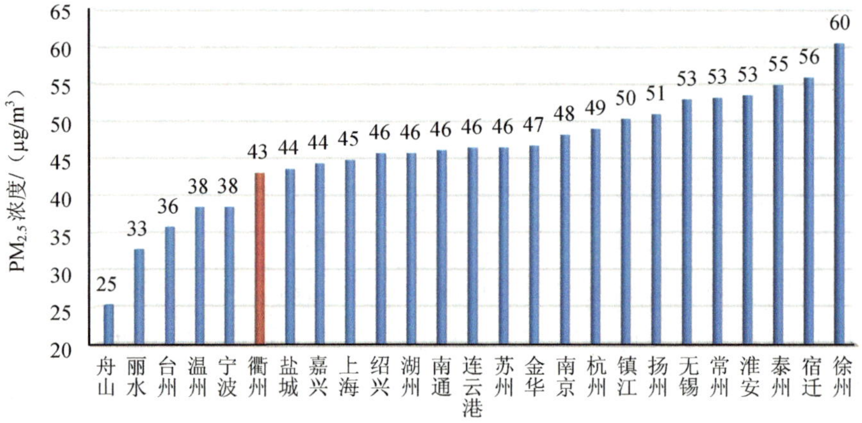

图 6-33　2016 年长三角地区 25 个城市 $PM_{2.5}$ 年均浓度对比

6.2.1.2　大气环境问题

空气质量大幅改善，但颗粒物仍然超标严重。2017 年，$PM_{2.5}$ 年均浓度比 2013 年下降 26 μg/m^3，下降幅度 38%，但与国家二级标准相比，2017 年的 $PM_{2.5}$ 年均浓度仍超标 7 μg/m^3，且 $PM_{2.5}$ 日均浓度超标仍较严重，超标率为 10.1%。O_3-8h-90per 浓度和超标率呈上升趋势，2017 年 O_3-8h-90per 超标率为 3%。2017 年，衢州市 $PM_{2.5}$ 浓度为 42 μg/m^3，在浙江省 11 地市排名第六，在 338 个地级及以上城市中排名第 147 位。年均 pH 为 4.65，酸雨污染较为严重，2016 年全市酸性降水出现的频率平均值为 74.5%，比 2015 年上升了 19.5%。

大气环境质量改善潜力收窄。2017 年衢州市空气中年均 $PM_{2.5}$ 相较于 2013 年改善

38%，相较于 2016 年则仅改善 2.4%，大气环境质量改善潜力和改善幅度明显收窄。从环境质量改善情况来看，与衢州市交界的杭州、金华、丽水、黄山、上饶、南平等地 $PM_{2.5}$ 年平均浓度为 37.18 μg/m³①，大气环境质量改善进程均领先于衢州市。

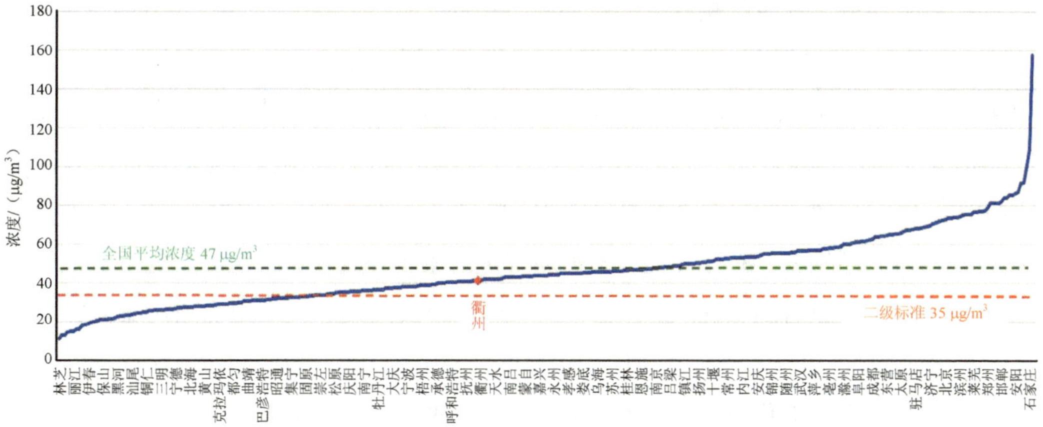

图 6-34　2016 年全国 338 个地级及以上城市 $PM_{2.5}$ 年均浓度对比

6.2.1.3　大气环境污染成因分析

（1）$PM_{2.5}$ 来源解析②

根据衢州市 $PM_{2.5}$ 源解析和大气污染源排放清单，衢州市大气 $PM_{2.5}$ 的外来源占比 48%，本地源占 52%。本地源中，燃煤贡献 22.1%，工业生产贡献 24.7%，扬尘贡献 18.9%，机动车贡献 13.2%，生活源贡献 12.3%（其中餐饮贡献 6.0%），其他贡献 8.8%。

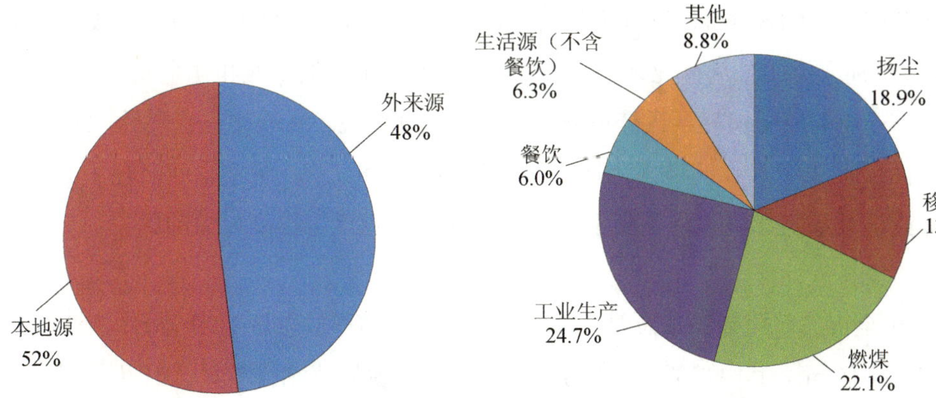

图 6-35　衢州市 $PM_{2.5}$ 全部来源占比和本地来源占比

① 数据来源于 2016 年环境质量报告书。
② 来源于衢州市大气污染现状分析与对策。

外来源对 $PM_{2.5}$ 的贡献为 48%，主要是由于衢州位于杭州—金华—衢州污染传输通道，加之金衢盆地四周群山地形的影响，东北方向和西面方向的污染气团进入衢州境内后容易累积，不利于扩散稀释，加重衢州市 $PM_{2.5}$ 浓度。

（2）产业结构与能源结构

1）重污染企业占比较大。钢铁、石化、化工、黑色金属冶炼及压延加工业、非金属矿物制造（含水泥）的比重较大，这些行业的规模以上企业工业产值占全市工业总产值的 46%，而浙江省则只占 20%左右。2016 年，衢州市水泥熟料产量约占浙江省总产量的 18%，粗钢产量占浙江省总产量的 29%。特别是，市区建成区国控点周边甚至 4 km 范围内分布着大型钢铁、石化、化工、水泥等重污染企业，根据《环境空气质量监测点位布设技术规范（试行）》（HJ 664—2013），环境空气质量评价城市点或污染监控点的代表范围均扩展至 4 km，因此距离国控点 4 km 以内的企业，对监测数据影响大。

2）“低小散”企业问题仍然比较突出。“低小散”企业在全市的比重仍然较大，尤其是非金属矿物制品、钢铁、化工、橡胶和塑料制品等企业，使用溶剂型原辅材料的涂装、木业、制鞋和印刷等企业，衢州市万元 GDP 能耗为 0.91 t 标准煤，全省最高。2015 年，衢州市规模以上工业企业单位 1 002 家，规模以下工业企业单位 16 577 家，每家规模以下企业单位的工业产值平均为 188.6 万元；浙江省规模以上工业企业单位 41 167 家，规模以下工业企业单位 802 100 家，每家规模以下企业单位的工业产值平均为 208.4 万元。衢州市规模以下企业单位的工业贡献相对较小，亟须进行转型升级。

3）衢州市的能源结构中煤炭占比高。2016 年，衢州市规模以上能源消费量为 1 089.5 万 t 标准煤（含统调），其中规模以上原煤、洗煤和煤制品消耗量合计为 572.6 万 t 标准煤，占能源消费量的 52.6%，这种大量直接燃煤和以煤为主的能源结构是造成衢州市大气环境污染的重要原因。从行业来看，黑色金属冶炼及压延加工业和非金属矿物制造（含水泥）两个行业的原煤消耗量占全市原煤消耗量的 43.7%。从单家企业来看，2016 年元立金属消耗煤炭 269 万 t，巨化集团公司消耗煤炭 176.8 万 t，两家企业消耗了 77.9%的煤炭。工业消耗煤炭比重大，不利于超低排放控制，应逐步提高电煤的比重。

（3）污染排放问题

2016 年全市二氧化硫排放总量 3.66 万 t，氮氧化物排放总量 2.99 万 t，工业废气排放量 1 973.31 亿 m^3，其中二氧化硫排放量 2.26 万 t，氮氧化物排放量 2.21 万 t，烟（粉）尘排放量 3.11 万 t。2016 年衢州市单位 GDP 能耗为 0.98 t 标准煤/万元，虽有所下降，但与全省 0.48 t 标准煤/万元的单位能耗仍有较大差距，单位 GDP 的大气污染物排放强度较高。要实现市级及省级“十三五”大气污染物减排和空气环境质量要求，衢州市必须转变经济增长模式，优化能源结构，减少单位 GDP 能源消耗量，特别是化石能源消耗量，从而降低单位 GDP 的大气污染物排放强度。根据浙江省环科院对衢州市大气污染现状分析与对策研究表明，衢州市本地 $PM_{2.5}$ 工业源中，炉窑和工艺过程占比最高，炉窑以钢铁、水泥及其他非金属矿物制造企业为主，工艺过程以石化、化工、工业涂装和包装印刷等排放 VOCs 的企业为主。

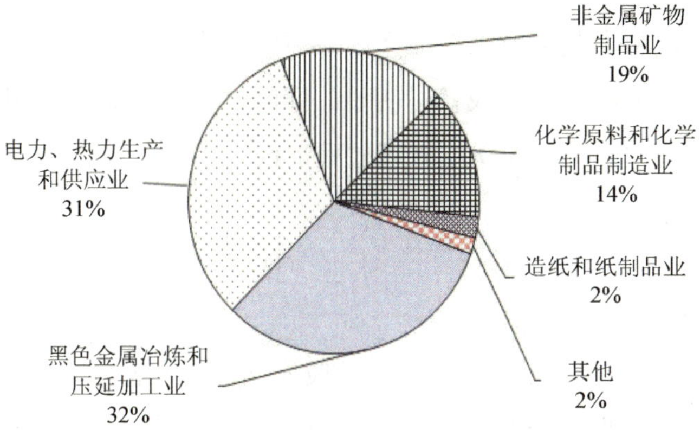

图 6-36　2016 年衢州市工业煤炭排放量比例

1）非金属矿物制品业对一次 $PM_{2.5}$ 贡献大。衢州市非金属矿物制品业排放企业有 268 家，主要污染物为颗粒物，包括水泥制造、陶瓷砖瓦制造和石灰制造等，占所有工业行业对一次 $PM_{2.5}$ 贡献的 61.3%。

2）黑色金属冶炼和压延加工业的颗粒物排放量大。元立金属公司是衢州市最大的中型钢铁联合生产企业，从“原料→炼铁→炼钢及辅助生产”生产流程中产生大量的烟尘和烟气，是对一次 $PM_{2.5}$ 贡献最大的企业。2015 年元立金属公司煤炭用量为 269 万 t，消耗大量的非清洁能源。

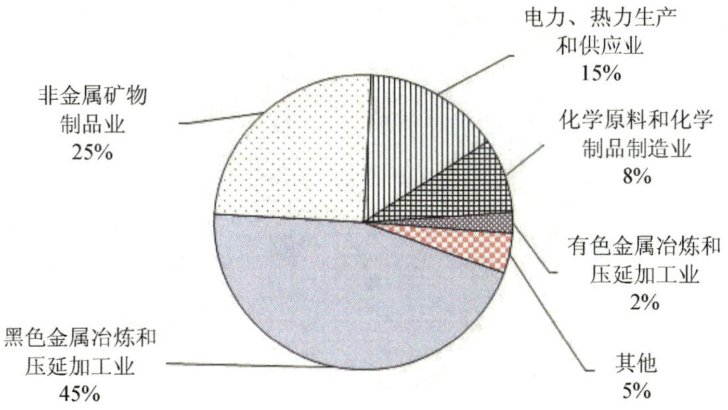

图 6-37　2016 年衢州市工业废气排放量分行业比例

3）VOCs 治理仍有较大提升空间。衢州市是浙江省主要的装备制造产业基地，空气动力和掘进装备制造产业占有全国 60%以上市场。巨化集团公司是全国最大的氟化工先进制造业基地和浙江省最大的化工基地，公司 VOCs 排放量占衢州市工业 VOCs 排放总量的 30%以上，同时部分子公司也排放大量的一次颗粒物、形成二次颗粒物的 SO_2 和 NO_x。从已进行 VOCs 整治的情况来看，企业往往只关注废气处理设施的建设，忽略了原辅材料替代和工艺装备水平提升等方面的源头控制，或者废气收集未进行规范的设计，导致 VOCs 整治工作成效不明显；同时，大部分企业采用了低温等离子、光催化等低效处理技术，实际 VOCs 处理效率很低。

6.2.2 区域大气污染传输影响模拟分析

（1）区域大气污染传输模拟

采用 AOD 卫星反演衢州及周边区域气溶胶光化学厚度表明，衢州市空气质量与西部上饶市相当，优于东部金华和杭州，差于南部和北部的黄山、丽水和南平；空气污染沿常山港—江山港—衢江以及区域山谷相互输送，整体呈现带状污染特征。

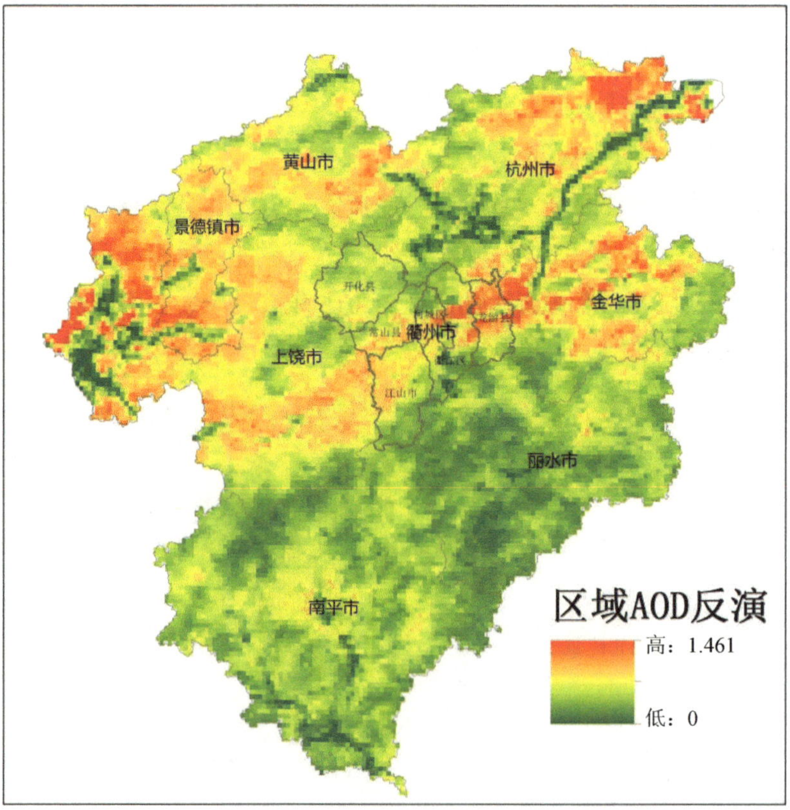

图 6-38　2015 年衢州市及周边城市 AOD 反演气溶胶空间分布

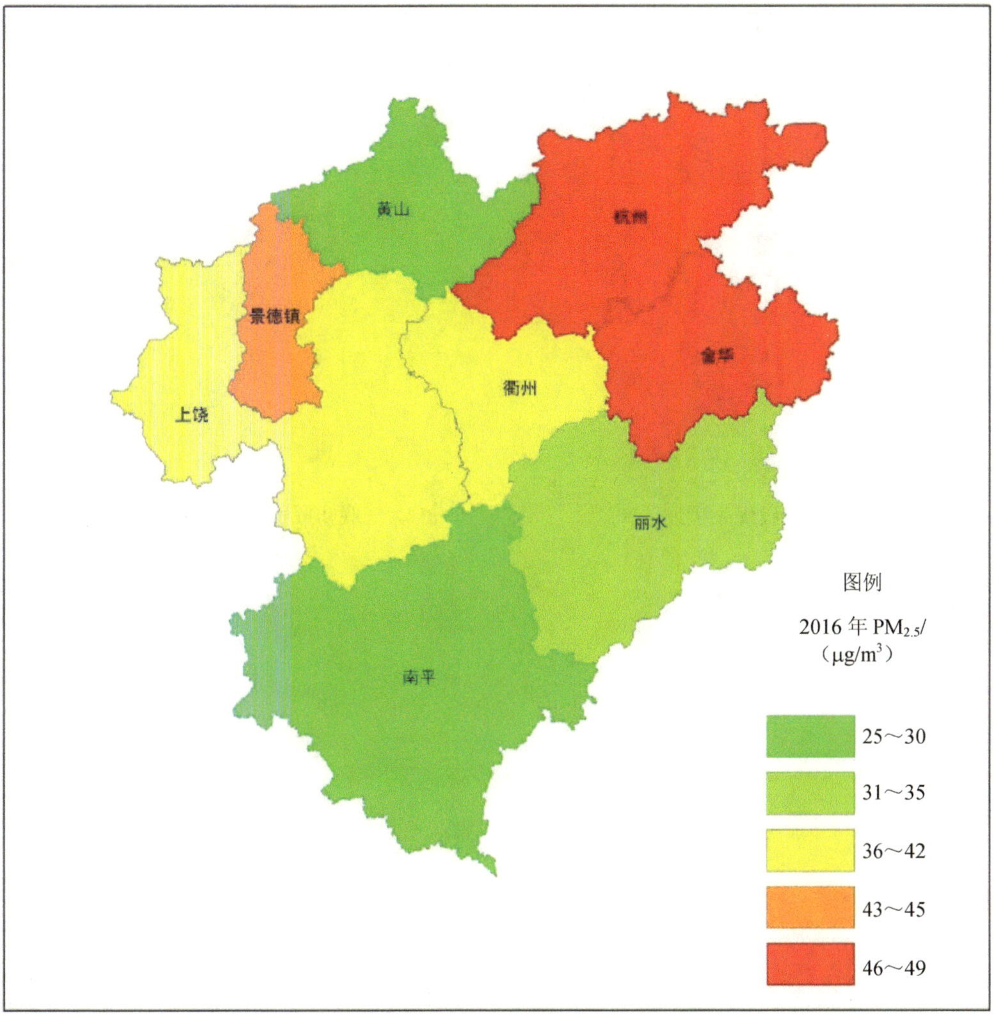

图 6-39　2016 年衢州市及周边城市 $PM_{2.5}$ 年均浓度空间分布

（2）大气污染防治联防联控区识别

以全国 338 个地级及以上城市 2013—2016 年 $PM_{2.5}$ 日均监测数据为基础，采用 R 语言构建全国 338 个地级及以上城市间 $PM_{2.5}$ 二元相关性网络模型，分别评估分析不同城市 $PM_{2.5}$ 日均浓度随时间变化与衢州空气质量的关联性。在此基础上，识别衢州大气联防联控城市优先序列。结果表明，金华、鹰潭、黄山和丽水四市与衢州相关性系数超过 0.8，划为一级优先控制区；杭州、南昌、景德镇三城市相关性系数超过 0.7，划为二级优先控制区。

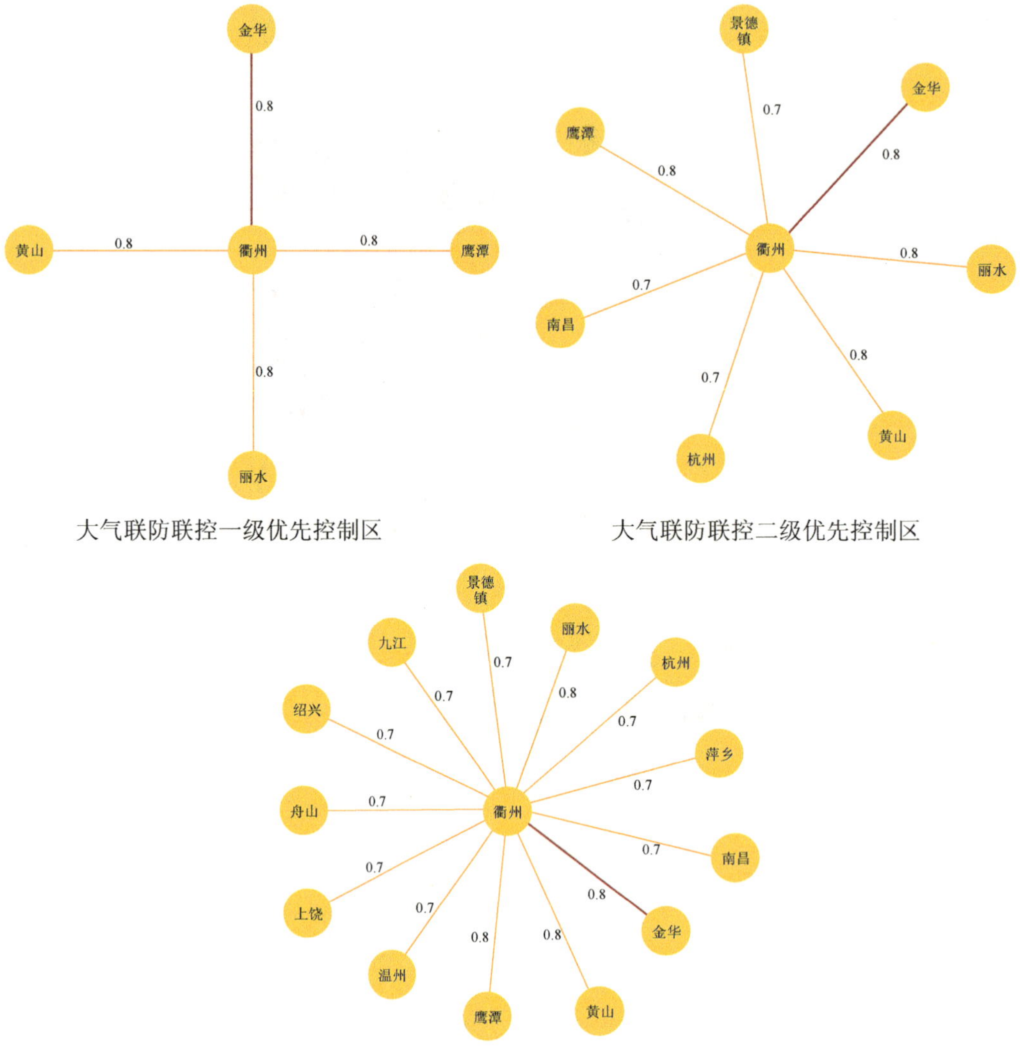

大气联防联控一级优先控制区　　大气联防联控二级优先控制区

大气联防联控三级优先控制区

图 6-40　衢州市大气联防联控城市优先序列识别

6.2.3　区域空气资源与城市气候环境评估

6.2.3.1　区域空气资源评估

采用中尺度气象模型 WRF 耦合 CALMET 模式，对浙江省、衢州都市圈及衢州市重点区块三个尺度常规气象参数（风速、风向、湿度、混合层高度、温度、气压、云量、降水等），进行综合对比分析，考虑 2015 年 1 月、4 月、7 月、10 月等典型月份作为研究对象，综合评估区域空气资源禀赋。

综合评估表明，在全国尺度上，衢州及周边区域城市群属于空气资源禀赋较好的区域，与我国海峡西岸城市带相当。衢州各区县空气资源禀赋时空差异性较小，南部和北部山区属于空气资源禀赋充裕地区，中部河谷山谷等区域属于空气资源禀赋最好的区域。

参照《全国主体功能区划》划分的优化开发区、重点开发区、限制开发区和禁止开发区四大区域，对空气资源禀赋进行分区，以达到更加科学、合理、高效利用空气资源的目的。总体而言，衢州市区属于空气资源禀赋较好的区域，扩散条件好，大气环境承载能力相应较强，属于重点开发区域。

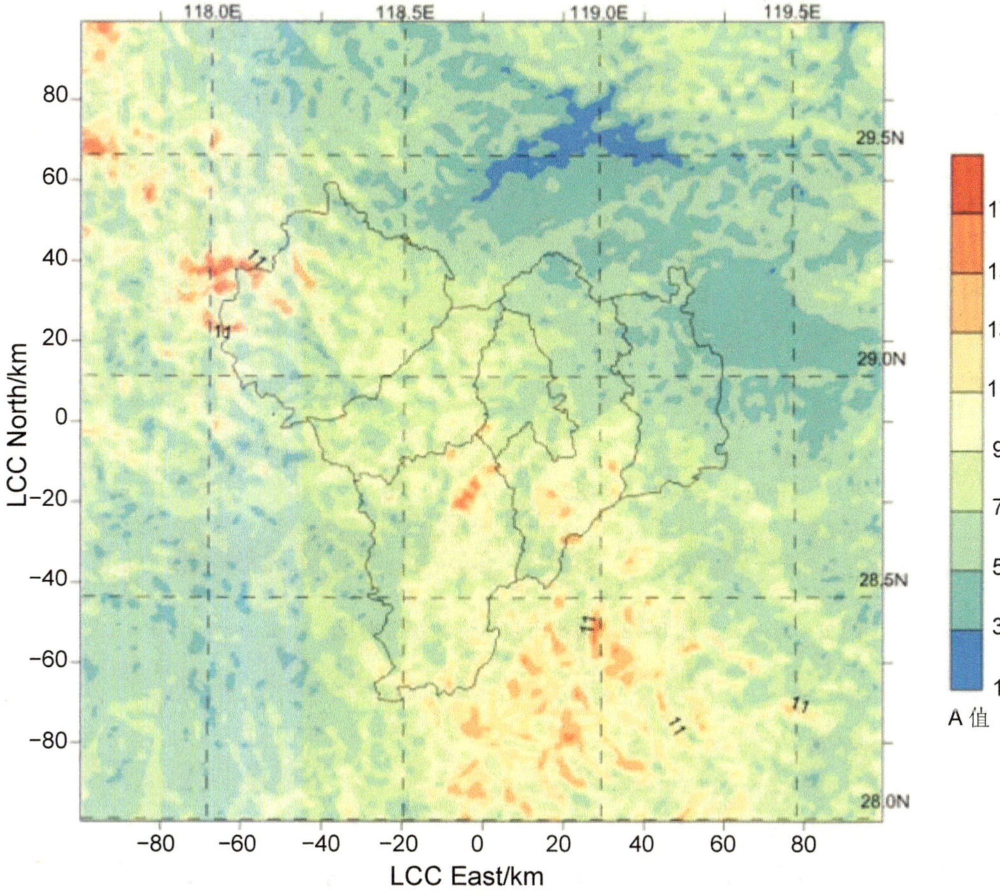

图 6-41　衢州市年均模拟 A 值分布

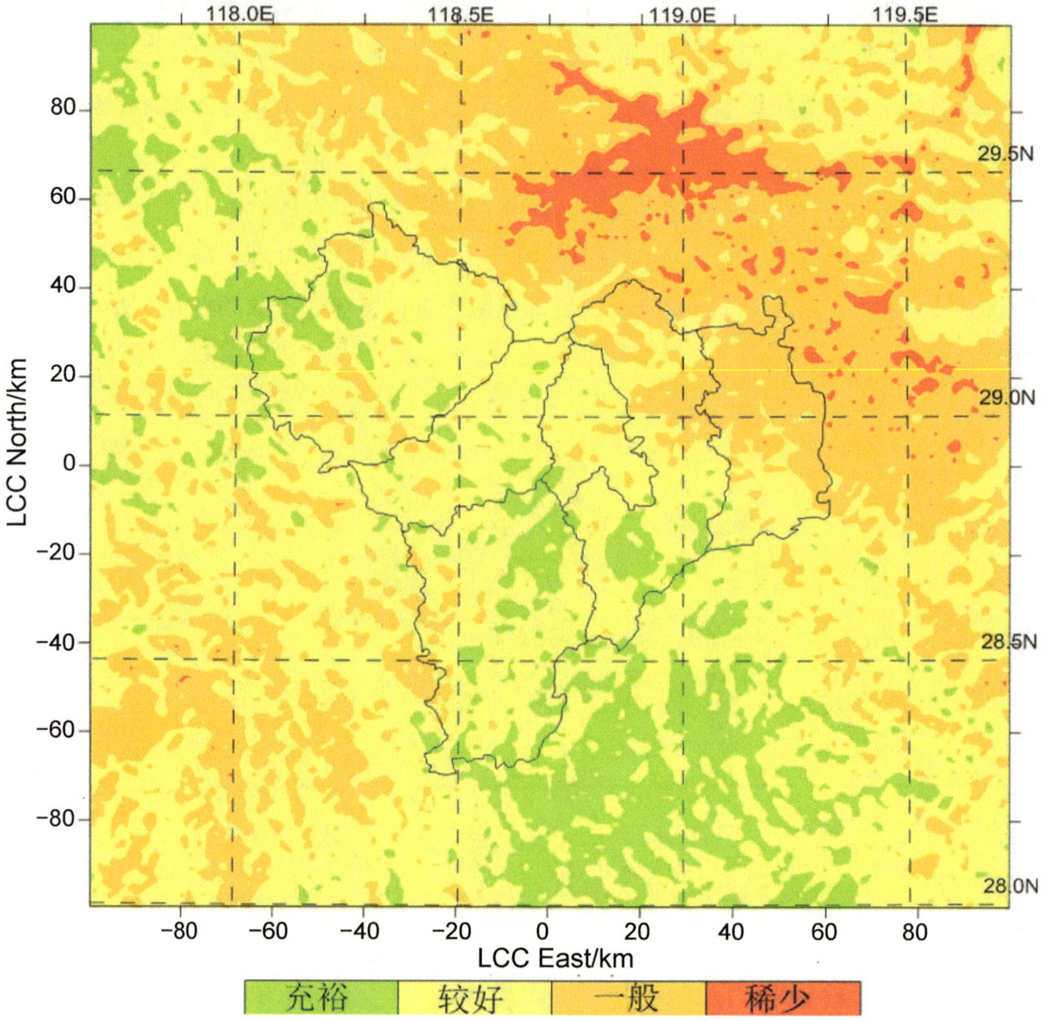

图 6-42　衢州市空气资源等级分区

6.2.3.2　城市气候环境评估

（1）热负荷分析与评估

衢州市热负荷存在明显的季节性和空间性差异。由于南部及西北部山区植被覆盖较高等，南部及西北部山区热负荷显著低于东部和西南区域。市区及东南部山区为冷负荷区域。

从年均值来看，夏、秋两季热负荷效应明显高于春、冬两季，春、夏两季热负荷空间分布上较广，对热负荷具有缓减作用的冷负荷主要分布于东南部海拔较高的山区、植被茂盛的坡地和水域等。

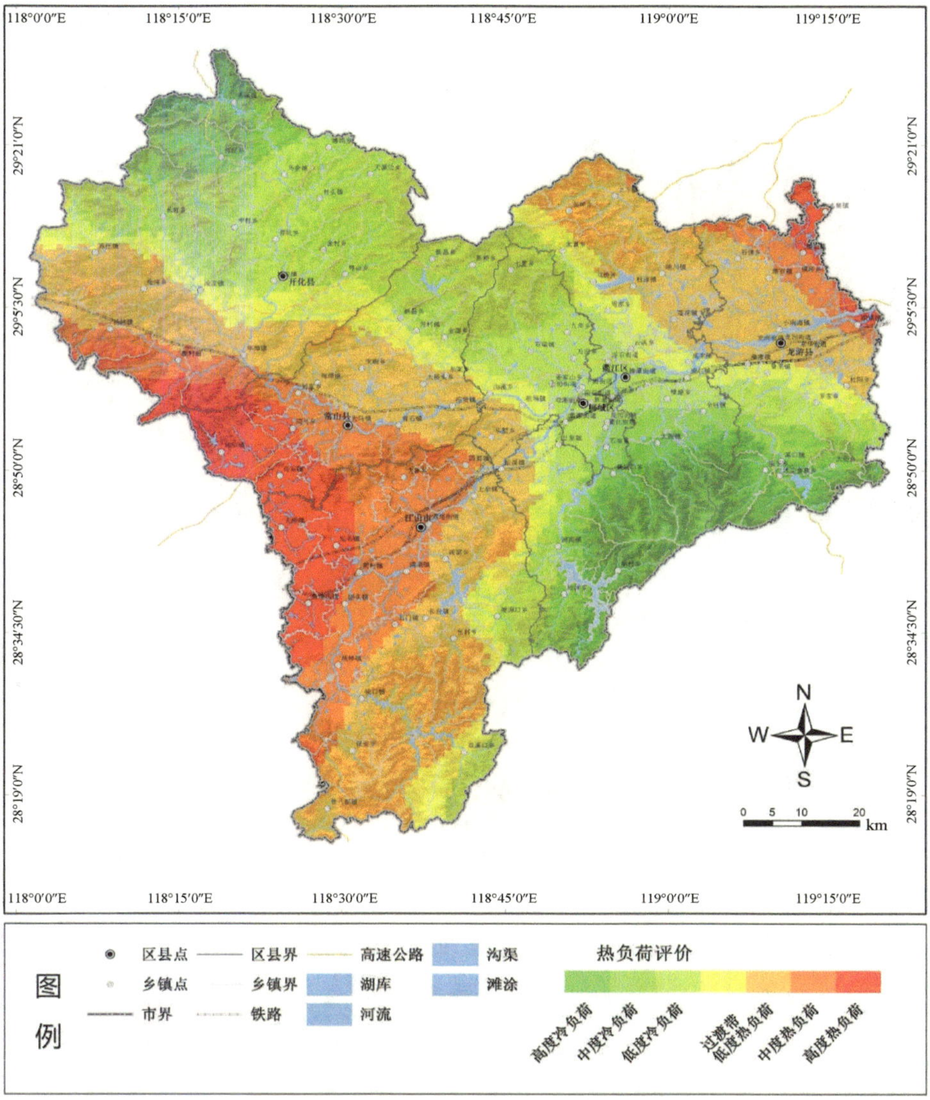

图 6-43　衢州市全年热负荷分析与评估

（2）通风潜力与风环境评估

衢州通风潜力分布和变化情况如图 6-44 所示，可以发现通风潜力分布具有显著的空间差异性，其空间格局在季节上除夏季外具有高度的相似性。各类型通风潜力斑块呈聚集分布，高度通风潜力分布于湖泊、河流地区，较高通风潜力多分布于山谷、农田，中度通风潜力分布于山林地区，较低通风潜力分布于城镇周边地区及山林，低度通风潜力主要聚集于建筑、人口密度较高的主城区、龙游县及开化县城区等。低度通风潜力形成的主要原因是人口和建筑密度较高、建筑布局不合理等，尤其是老城区内部的建筑普遍低矮且高度均一，建筑排列紧密导致风的渗透性较差。

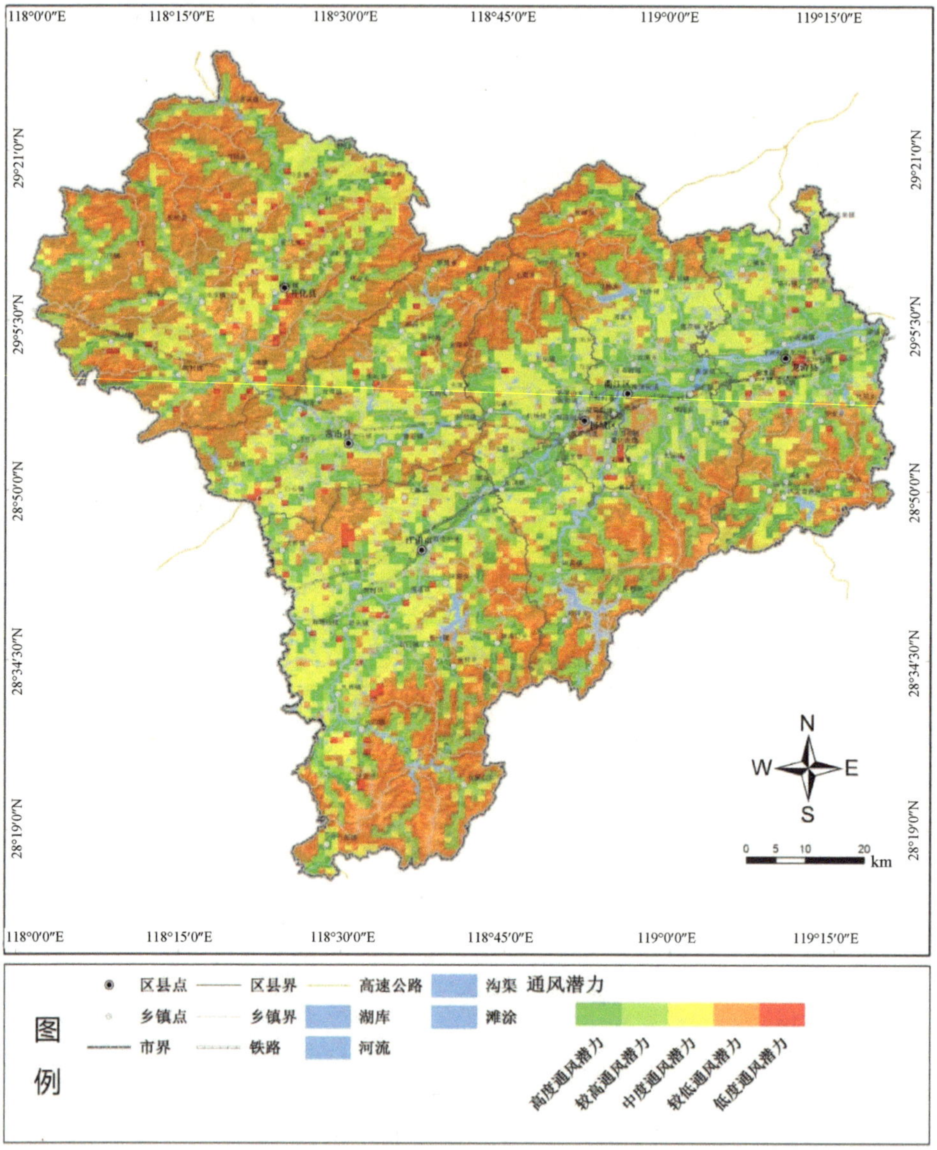

图 6-44 衢州市通风潜力评估

根据衢州城市风环境分布图可以看出，衢州四季风向除夏季外频率相似，变化不大。全年盛行风向较为集中，全年以东北偏东风（ENE）为主导风向，出现频率最高，为 19.82%，其次为东北风（NE）。为 19.07%。衢州市环境大气污染物主要向西、南和西南方向输送。年均风速为 2.13 m/s，山谷风作用显著。柯城区及衢江区的中心城区通风潜力较低。从有利于污染物扩散的角度出发，一般水平风速低于 1 m/s 时易造成通风不良、污染物扩散能力减弱，因此对于市区中心而言，需要合理利用风环境信息，合理布局建筑物密度和排列方式，营造开阔宽敞的风道。

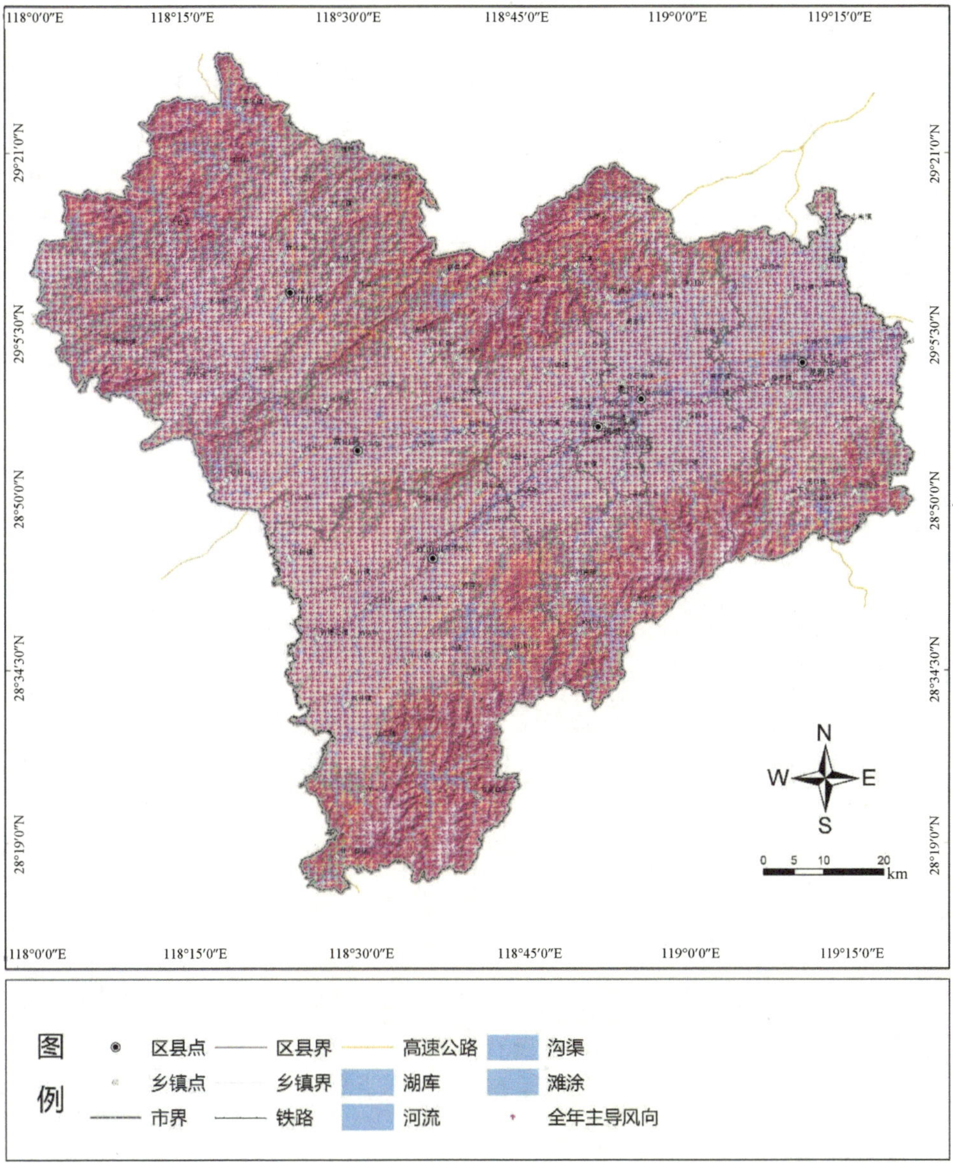

图 6-45　衢州市风环境评估

（3）大气污染负荷评估

衢州市春、夏、秋、冬四季 $PM_{2.5}$ 浓度空间分布具有显著的季节性和空间性差异，年均 $PM_{2.5}$ 浓度中部中心城区及东北部最高，南部山区最低；冬季空气重度污染分布面积最为广泛，夏季最小。

衢州大气污染总体分布呈聚集化特征。大气重度污染区主要分布于龙游城北、城南工业开发区和中心城区，大气中度污染区分布于城镇及其周边，大气轻微和轻度污染区多分布于南部山区等海拔较高的区域。

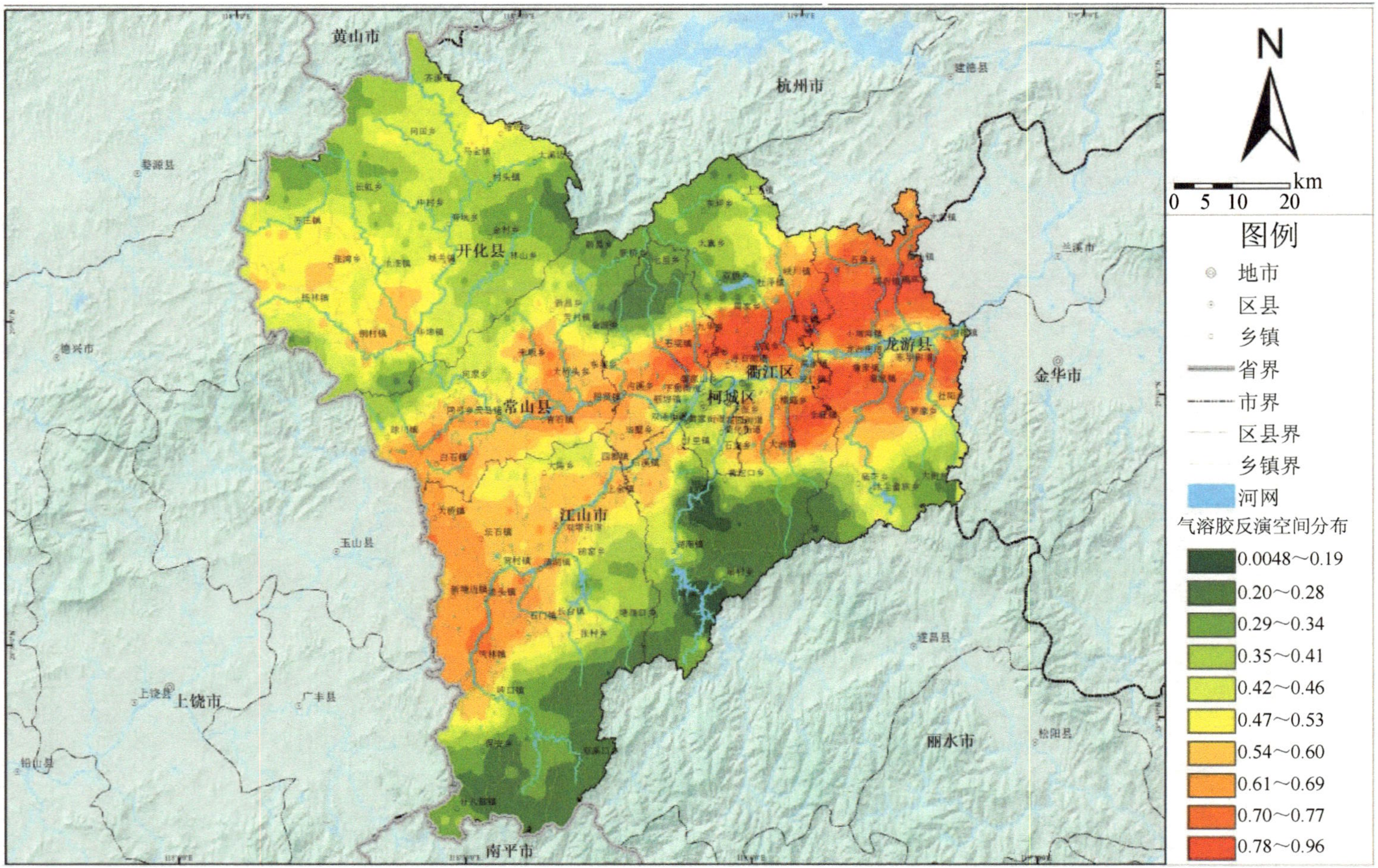

图 6-46 衢州市气溶胶厚度卫星反演空间分布

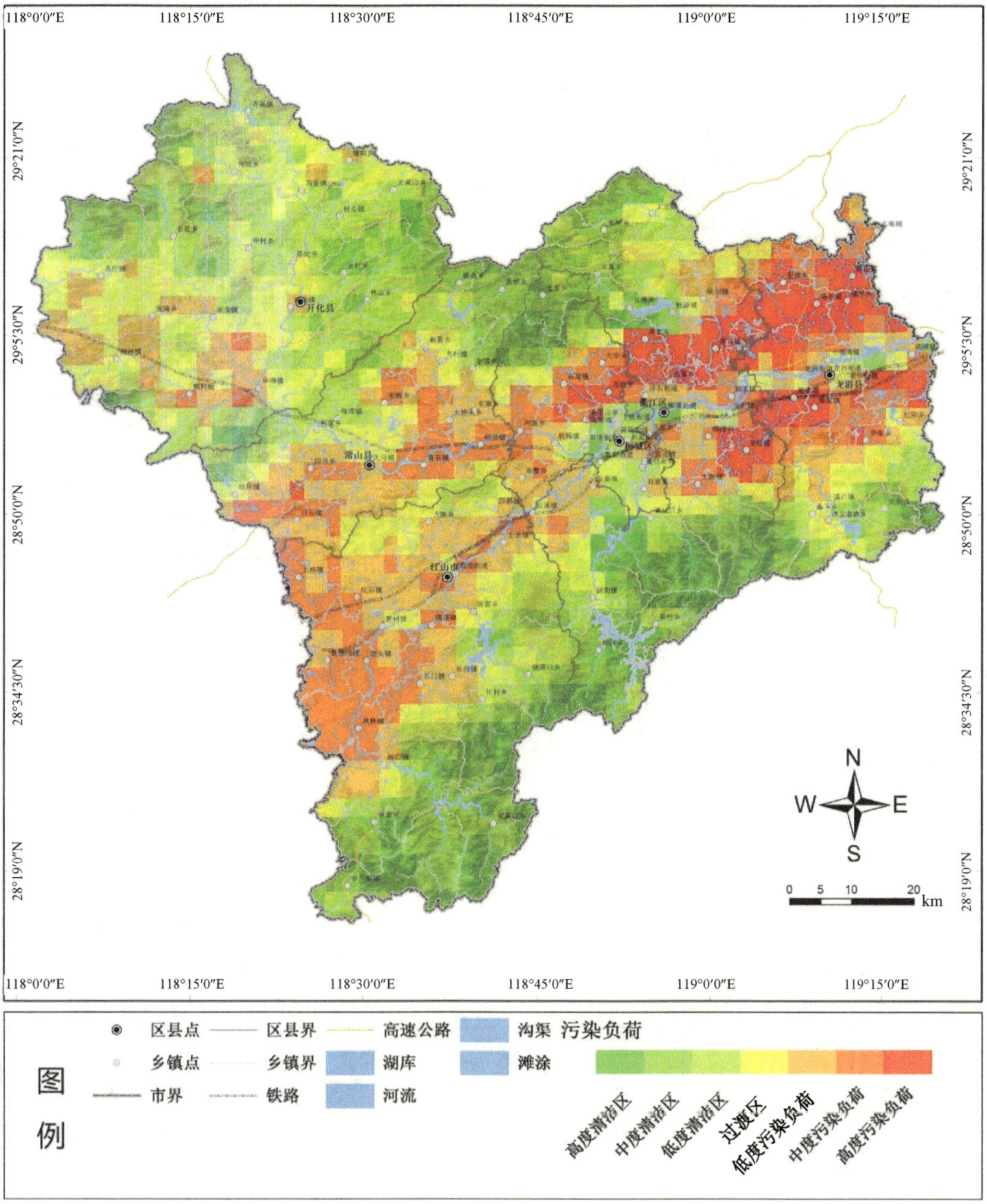

图 6-47　衢州市大气污染负荷分布

（4）城市气候环境分析

从衢州城市气候环境分析结果可以看出，城市气候环境高价值区和中价值区的城市气候环境质量良好，未承受热负荷、大气污染，且通风潜力好，是新鲜空气的发源地，多分布于山体（如南部山区）。

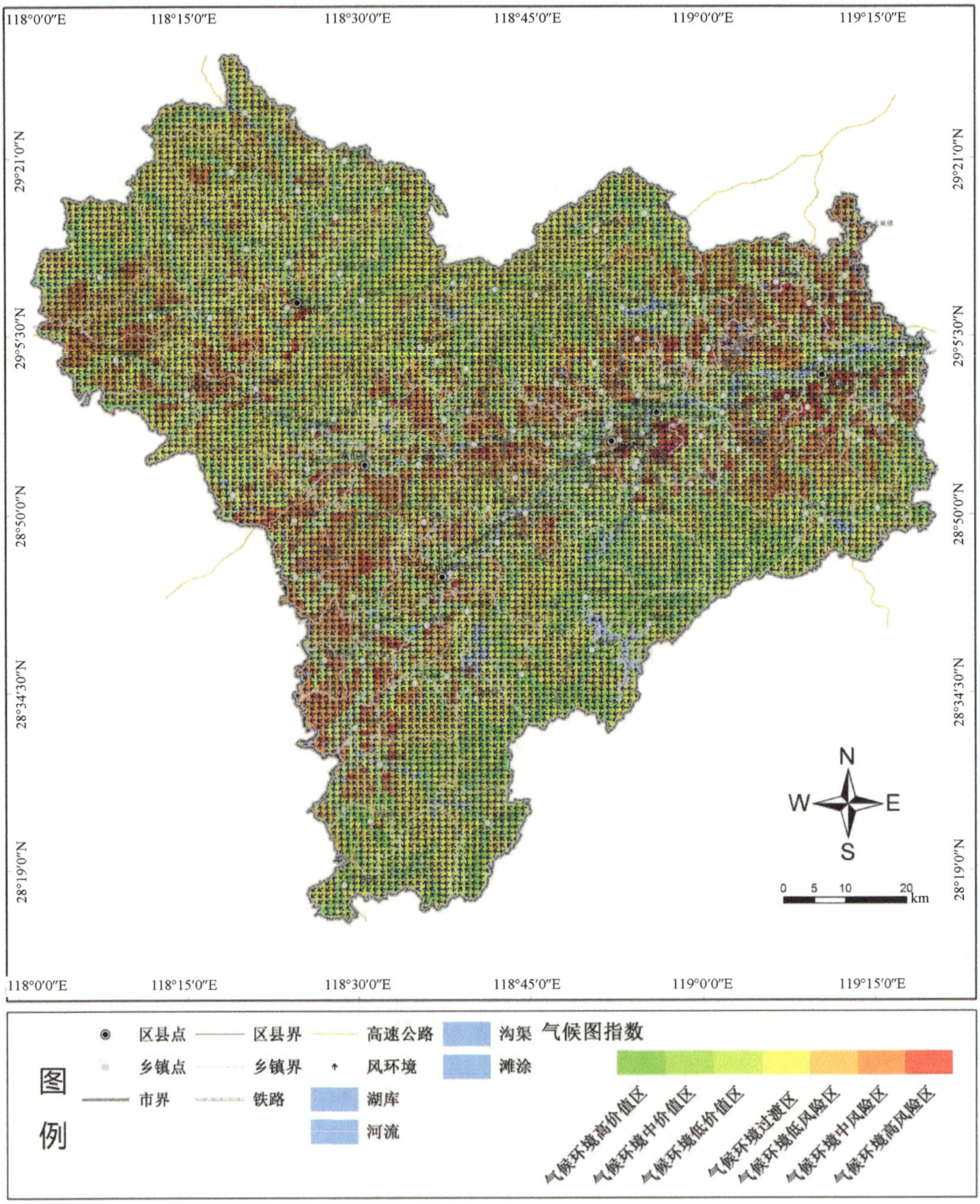

图 6-48 衢州城市气候环境分析与评估

城市气候环境低价值区和过渡区的城市气候环境质量处于中等水平，承受轻度热负荷和大气污染，通风潜力较好，多分布于西北部和东南部山区、河流、水库以及周边农田地区。另外，城市气候环境高风险区的热负荷强、大气污染严重、通风潜力低，通常位于中心城区等人口高度密集区。城市气候环境中风险区分别承受了中、高度热负荷和大气污染，且通风潜力较低，多分布于中心城区周边、东部工业区。城市气候环境低风险区则主要分布于一般的中低密度建成区。

城市气候环境高价值区和城市气候环境中价值区应保护并拓宽风道，避免开发建设，营造城市高价值区之间的绿色联系，提高城市气候环境高价值区的影响力。城市气候环境低价值区和城市气候环境过渡区应保护及改善现有环境，在空旷地带扩大绿化和水域面积并尽量内、外双向延伸。城市气候环境低风险区和城市气候环境中风险区应避免该区域与城市气候环境中风险区、城市气候环境高风险区连成一片，通过合理布局建筑、扩宽街道和开放绿色空间等途径创造风道，利用绿地或水面衔接建筑群，促进通风和冷空气的交换。城市气候环境高风险区应避免建造庞大的建筑物或在其周围形成屏风效应，控制人口密度、建筑物高度和密度，建筑物面向主要风向及风道，降低建筑物对风道的阻力作用，提高该地区水域和绿化面积，减少人为热的释放量，改善能源利用结构。

（5）衢州市通风廊道构建

打造区域通风廊道，形成有利于大气污染物扩散的空间格局。保护衢州“山、河、城”的组团式城市形态，维护生态通透格局，打通中心城区周边通风廊道，将区域大尺度规划与具体建筑形态的小尺度设计紧密结合，有效引导南北部山区、中部河谷等清洁空气进入，以通风格局优化城市建设格局与产业布局，形成有利于大气污染物扩散的空间格局。

6.2.4 大气环境质量改善研究

（1）构建区域清洁空气通风廊道

构建衢州市“三轴、四带”七条通风廊道。以通风廊道为基础构建有利于大气污染物扩散的空间格局。通风廊道两侧原则上预留 150～200 m 的控制区，实施严格的保护。适当限制市区东部等风道上游地区街道宽度、降低建筑物高度和密度。利用具有降温作用的水体和四季主导风向引导新鲜气流进入市区中心区、西区、南区、衢江新区、东港园区等城市气候环境高、中风险区，缓解夏季城市热负荷和冬季大气污染问题。

严控“三轴”污染传输通道污染水平。“三轴”为衢州污染传输通道，以衢州城区为核心，依托常山港、衢江、江上港天然河谷，控制两岸开发强度，沿江 1 km 范围优先划定高污染燃料禁燃区，严格限制废气排放产业准入，有效降低通道污染物浓度。

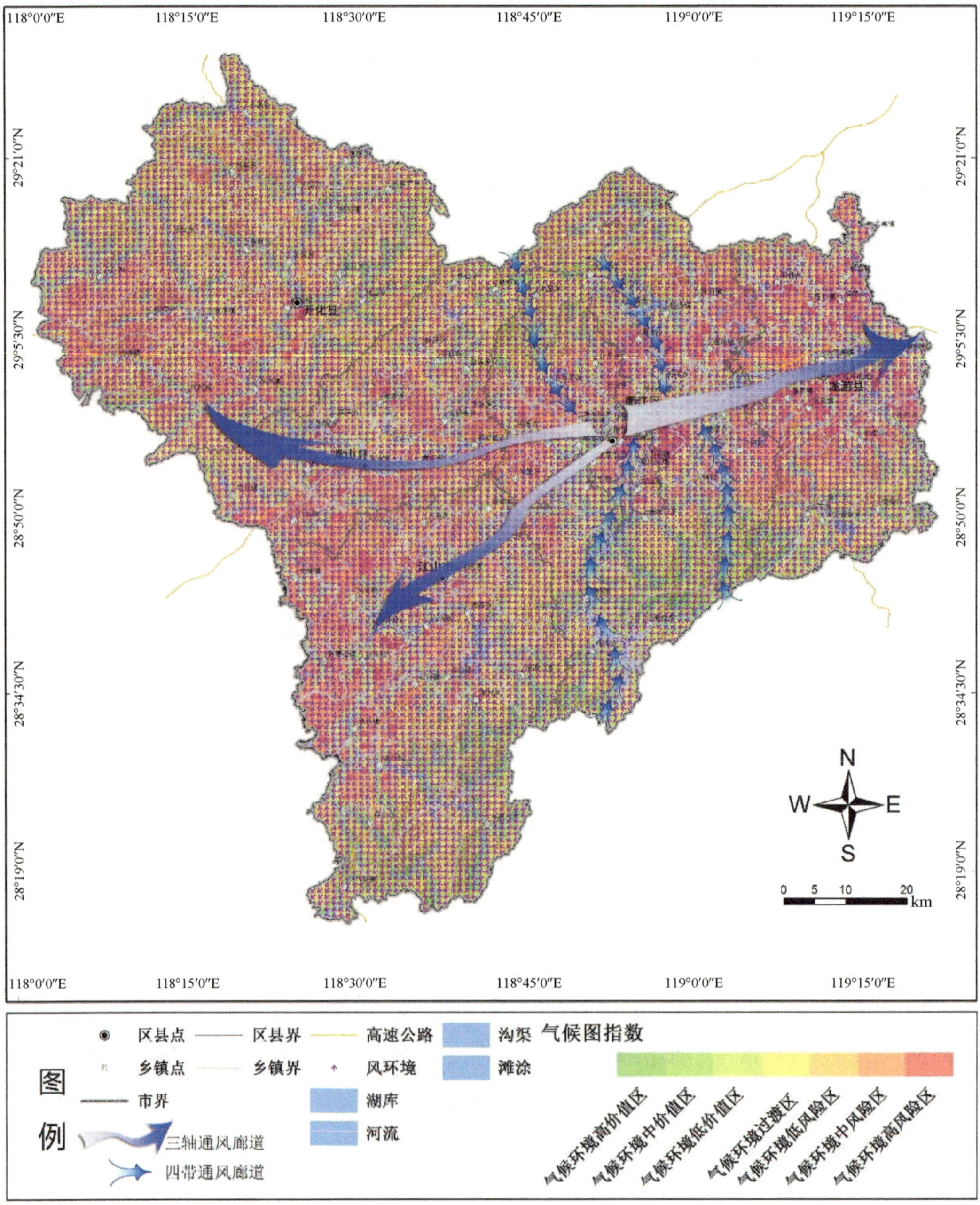

图6-49 衢州市通风廊道

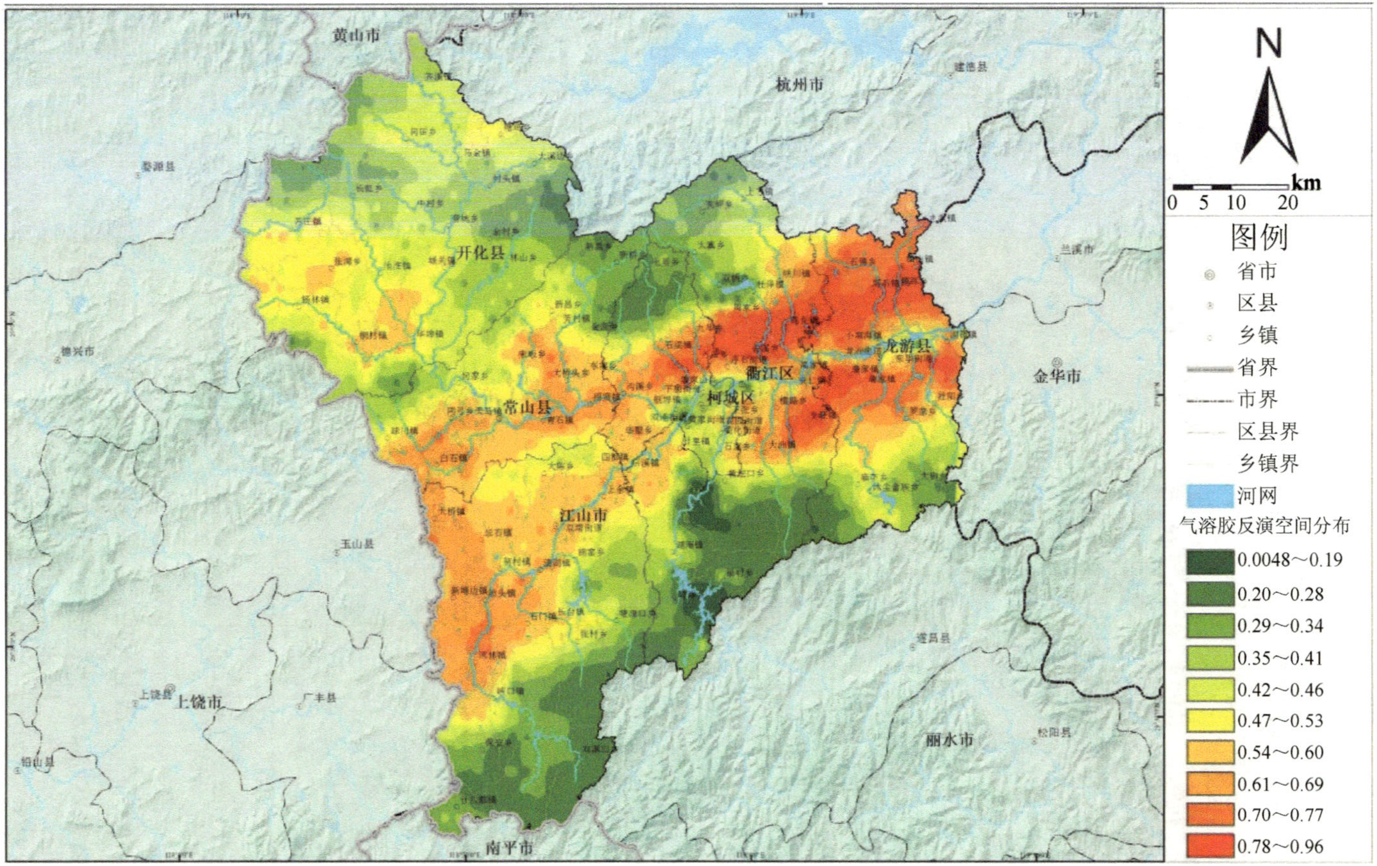

图 6-50　衢州市及周边区域 AOD 反演

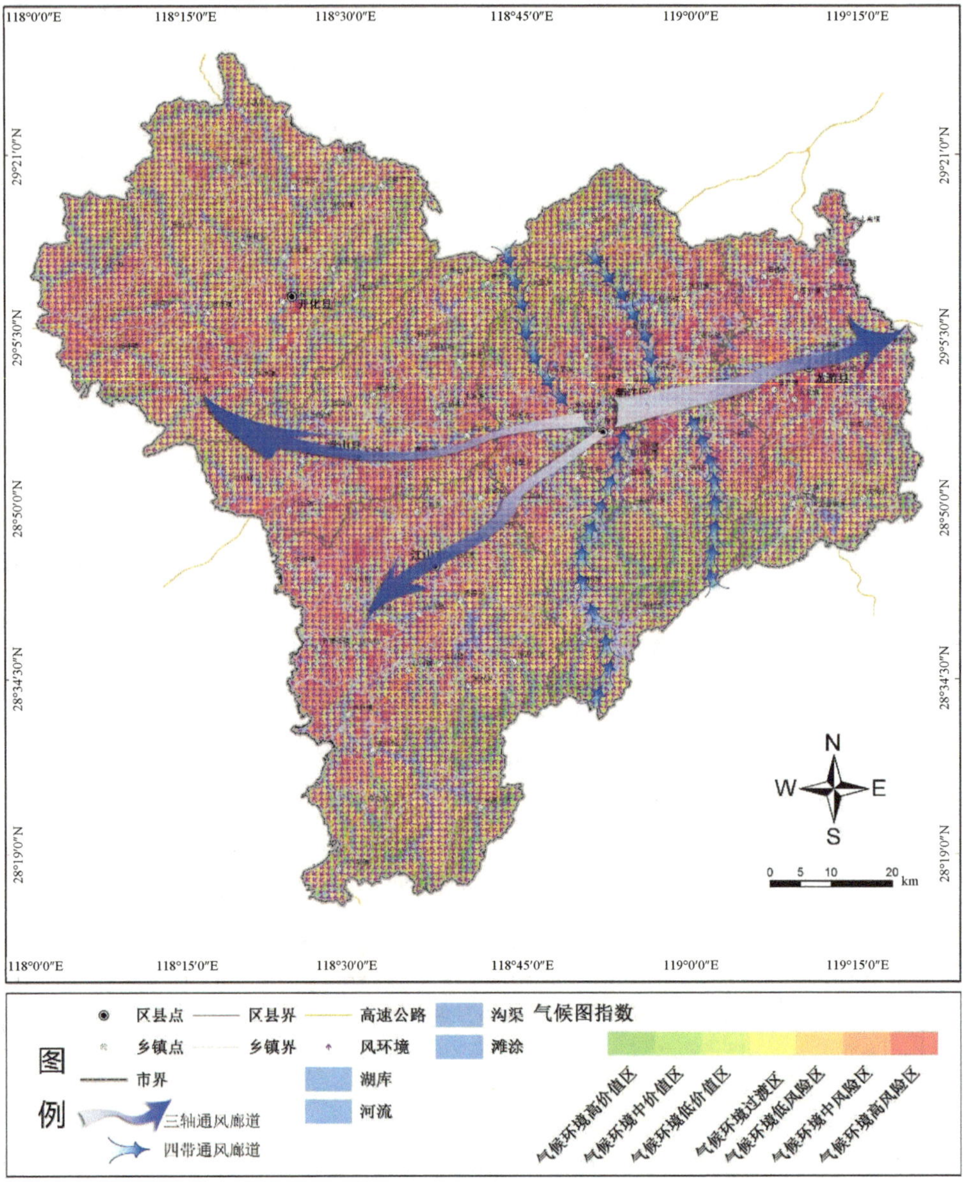

图 6-51　衢州市通风廊道示意

维护“四带”清洁空气供给。“四带”为衢州高品质清洁空气来源，包括“芙蓉水库—桔海森林公园—石梁溪”清风带和“铜山源水库—铜山溪”清风带，引导北部清洁空气进入市区；“乌溪江饮用水水源及湿地公园—乌溪江”清风带和“罗樟源水库—上山溪”清风带，阻隔柯城区及东部等集中建成区间热岛蔓延连片，有效引导南部清洁空气进入市区。以打造成为全球最优质清洁空气供给区为目标，不断提高空气中负氧离子浓度。重点控制空气中颗粒物、氮氧化物等消耗负氧离子的污染物浓度，大幅削减非道路移动源、旅游区生活源等污染物排放。

（2）实施空气质量限期达标计划

制定全市分区域分阶段空气质量改善目标，持续推动减排。按照衢州大气环境质量“只能更好、不能变坏”的基本要求，结合衢州市自然地理状况、社会经济发展等基本情况，参照《大气污染防治行动计划》，环境保护规划等国家、区域、省域等上位规划的要求，考虑大气环境质量现状和改善潜力，综合确定分阶段的大气环境质量底线。

到 2022 年，全市空气质量实现稳定达标，细颗粒物（$PM_{2.5}$）年均浓度达到 35 μg/m^3 以内。与 2015 年相比，二氧化硫、氮氧化物污染物排放量减少 30%以上。

到 2035 年，全市空气污染物日均浓度基本满足保护公众健康和生态安全的要求，细颗粒物（$PM_{2.5}$）年均浓度达到 25 μg/m^3 以内。

（3）推进能源与产业结构调整优化

推进能源结构战略性调整。提高全市能源使用效率，加强对高耗能行业管控，力争 2022 年实现碳排放峰值目标。严格控制煤炭消费总量，提高清洁能源和可再生能源消费比重。到 2020 年，全市煤炭消费总量控制在 560 万 t 标准煤以内，煤炭消费比重下降到 52%以下；全面淘汰 10 t 以下燃煤锅炉窑炉，基本淘汰 35 蒸 t/h 及以下燃煤锅炉和中小型煤气发生炉，所有 35 蒸 t/h 以上高污染燃料锅炉全部达到超低排放限值要求。2035 年煤炭消费总量控制在 400 万 t 左右。不断扩大高污染燃料禁燃区范围，远期覆盖整个建成区。

推进产业结构与布局调整。关停或搬迁重污染企业。严格按照衢州市主体功能区规划和衢州市环境功能区划要求，加快实施“腾笼换鸟”和主城区“退二进三”，结合产业布局调整对城市建成区内大气重污染企业实施关停、改造或搬迁，推动工业项目向园区集中。到 2020 年，全市规模以上工业企业单位能耗增加值、单位排放增加值年均分别提高 4%以上。

（4）开展重点行业废气深度治理

实施工业污染源全面达标计划。建立健全污染源管理体系，全面实施工业污染源自行监测和信息公开。推进钢铁、石化、化工、黑色金属冶炼及压延加工业、非金属矿物制造（含水泥）等行业达标排放改造；2020 年，基本实现工业排放源稳定达标。到 2035 年，基本完成覆盖所有污染源的排污许可证核发工作，基本实现基于环境质量的污染源精细化管理。

深化热电行业“超低排放”技术改造。对已完成技术改造的加强环保监管，污染物排放稳定达到燃气机组标准。暂不具备改造条件的燃煤机组限期治理。开展钢铁、水泥、工业锅炉等重点行业领域废气清洁排放改造。2020 年 6 月 30 日前，钢铁联合生产企业烧结、球团、炼铁、炼钢工序大气污染物排放达到国家规定的特别排放限值。

大幅削减挥发性有机物排放。实施挥发性有机物全过程控制，严格控制新增挥发性有机物排放，实行区域内现役源倍量削减替代。到 2020 年，基本建成 VOCs 污染防控体系，VOCs 排放总量比 2015 年减少 30%以上。推广有机化工行业企业 LDAR 体系建设，重点企业安装 VOCs 处理设施运行在线监控装置。规范挥发性有机物监测行为，加强对企业 VOCs 排放的监督性监测。2030 年，规模以上加油站安装在线监测比例不低于 80%，基本完成工业 VOCs 综合治理。建立健全挥发性有机物监管体系，实施 VOCs 排污收费。

（5）完善移动源和面源精细化管理

发展绿色交通，推进车油路综合防控。重塑城市节能减排的公共交通体系，实现市内轨道—地面公交的无缝连接。到 2020 年，力争节能环保型营运客车占比达到 15%，货车达到 2%，公共汽车达到 40%，出租车达到 68%。加快推进油品质量升级步伐。开展非道路移动机械普查，建立非道路移动源大气污染控制管理台账。推动工程机械、农业机械等非道路移动源的排放标准和燃油质量与道路机动车控制水平接轨。加强对新生产、销售的非道路移动机械（主要包括工程机械、农用机械、港作机械等）大气污染物排放状况的监督检查。探索在重点港口水域划定船舶排放控制区，分阶段推进排放控制区船用燃油硫含量≤0.5%（m/m），中远期逐步建立国际海事组织认可的二氧化硫和氮氧化物船舶排放控制区，推动使用硫含量≤0.1%（m/m）的燃油。

控制城乡污染，开展污染物协同治理。开展区县交界处工业集聚区、村级工业园“散、乱、污”企业的连片综合整治，实行动态更新和台账管理。加强施工及道路扬尘污染治理，到 2022 年，实现全市域主次干道 70%机械化清扫。开展生活源挥发性有机物污染治理，2020 年前开展规模以上餐饮企业污染物排放自动监测试点。积极创建“绿色工地”，严格治理施工扬尘。提高城市道路保洁考核标准，推广城市道路车行道机械清扫保洁组合新工艺。落实公路养护单位责任，加大郊区公路的除尘清扫保洁力度，建立考核标准，有效减少路面积尘。启动农业氨污染防治，构建农业生态化体系。2035 年，基本完成规模化畜牧业污染治理，实现生态农业资源化利用。

6.3 土壤环境风险与空间管控研究

6.3.1 土壤环境质量现状及问题分析

农用地土壤监测点位总体较为清洁，超标点位以轻微污染为主。根据衢州市“十二五”期间对全市 4 种类型（农田、菜地、饮用水水源地周边土壤、畜禽养殖场周边土壤）60 个土壤调查点位的监测结果，点位超标率占 23.3%，其中，轻微和轻度污染点位超标率分别为 21.7%和 1.7%，高于 16.1%的全国土壤总超标率。重金属镉、汞、铜、锌均存在超标现象，有机物六六六、滴滴涕和苯并[*a*]芘均未超标。与《土壤环境质量标准》（GB 15618—1995）中各无机元素二级标准值相比，土壤重金属超标点位的超标倍数大多在 1～2 倍，仅 1 个点位超标倍数相对较大。农田土壤监测点位超标比例较高，以轻微污染为主。农田土壤监测点位 15 个，8 个点处于清洁水平，6 个点轻微污染，1 个点轻度污染。土壤以镉污染为主，镉的超标点位最多，超标率达 40.0%，有一个点位达到轻度污染程度；汞的超标率为 6.7%，其他重金属和有机物六六六、滴滴涕和苯并[*a*]芘均未超标。三种重金属在菜地土壤存在超标情况。菜地土壤监测点位 15 个，11 个点处于清洁水平，4 个点轻微污染。镉是菜地污染的主要污染物，超标率达到 26.7%；铜和锌的超标率分别为 13.3%和 6.7%，部分菜地受多种重金属污染，超标点位均为轻微污染。菜地土壤环境质量总体优于农田。饮用水水源地周边土壤存在风险。饮用水水源地周边土壤监测点位 15 个，13 个点处于清洁水平，2 个点轻微污染。镉、锌和汞在饮用水水源地周边存在超标情况，超标率均为 6.7%。衢州饮用水水源地周边土壤中重金属已经出现一定程度的累积，周边土壤是饮用水水源地沉积物的重要来源，其对饮用水水源地环境的长期影响需要受到重视。畜禽场周边土壤清洁度较高。畜禽场周边土壤监测点位 15 个，14 个点处于清洁水平，1 个点轻微污染，是汞超标。对于监测中发现超标较多的镉、汞和铜均已被美国国家环保局筛选为环境内分泌干扰物，对人体具有内分泌干扰作用，需要加强这些区域的加密监测和土壤风险管控。

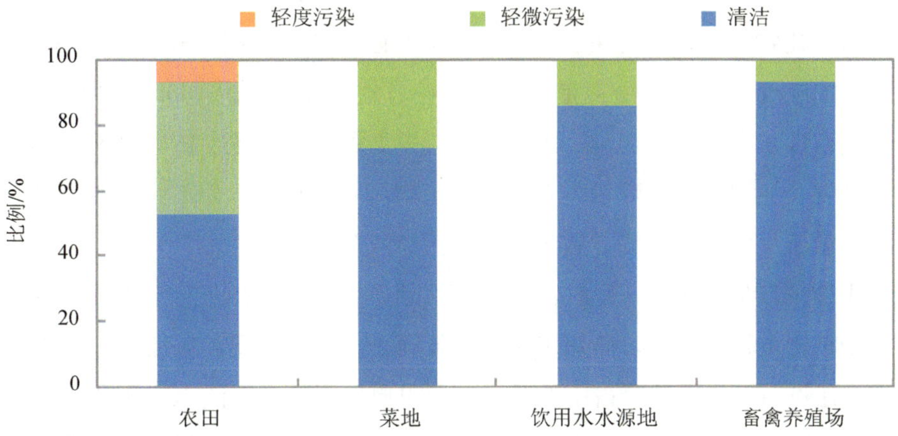

图 6-52　各类型土壤监测点位综合评价状况

表 6-22 各类型土壤监测项目超标情况 单位：%

监测项目	农田	菜地	饮用水水源地周边	畜禽场周边
镉	40.0	26.7	6.7	0
汞	6.7	0	6.7	6.7
砷	0	0	0	0
铅	0	0	0	0
铬	0	0	0	0
铜	0	13.3	0	0
锌	0	6.7	6.7	0
镍	0	0	0	0
六六六	0	0	0	0
滴滴涕	0	0	0	0
苯并[*a*]芘	0	0	0	0

建设用地土壤环境风险相对集中。2016 年衢州市环境统计数据显示，衢州市共有重点企业 658 家，其中土壤环境风险大的化学原料和化学制品制造业就有 181 家，涉及危险废物产生的有 184 家，其他涉土壤环境风险的电镀、制革、石油加工、有色金属冶炼加工等行业企业有 20 多家。从地域分布来看，土壤污染重点行业环境风险企业集中在绿色产业集聚区、江山市和龙游县，其中绿色产业集聚区最多，柯城区最少。土壤环境风险企业生产场地、外排废水和危险废物堆存等是周边土壤污染的主要来源。据统计，2016 年衢州全市工业危险废物产生量为 50 645.09 t，综合利用 27 982.06 t，处置 22 740.31 t，产生量居前 5 位的工业危险废物主要有油水混合物、废碱、精（蒸）馏残渣、含有机卤化物废物及其他废物等，占工业危险废物总量的 88.35%。医疗废物产生量为 2 088.46 t，无害化集中处置量为 2 088.46 t，集中处置率为 100%。衢州已搬迁或关停的历史遗留涉重金属企业用地、工业废水集中处理厂、固体废物堆存场、危险废物生产或处理处置企业用地周边环境也存在极大土壤污染风险。部分工业场地集中、部分风险企业距离敏感受体过近，均导致土壤环境污染风险升高。

耕地平衡重数量轻质量，建设占用大量高品质的耕地，补充的耕地质量不高。随着工业化、城市化进程的加快，衢州市用地与补地矛盾逐渐凸现，耕地“占优补劣”现象普遍存在。建设用地绝大部分占用的是城郊及平原地区的良田沃土，开垦的耕地则大多是在山区、丘陵或园地，大多数没有形成耕作层，土壤肥力低，漏水漏肥严重，耕地质量培育机制和管理长效机制尚未形成，耕地质量无法达到农业种植要求，“占补平衡”

农田与标准农田差距较大。

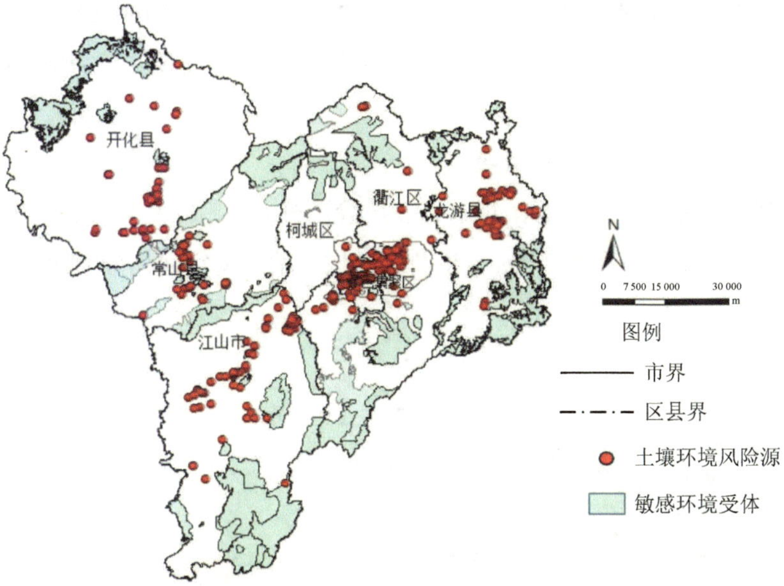

图 6-53　衢州市土壤环境风险源与敏感受体空间布局关系

6.3.2　土壤环境分级分类管控研究

6.3.2.1　分级别管控土壤环境空间

（1）确定土壤环境质量底线目标

结合国家级及省级《土壤污染防治行动计划》的相关要求和衢州市土壤环境质量现状，设置衢州的守土底线目标是：到 2022 年，受污染耕地安全利用率达到 92%左右，污染地块安全利用率达到 92%以上；到 2035 年，受污染耕地安全利用率达到 96%以上，污染地块安全利用率达到 96%以上。

到 2022 年：全面掌握衢州土壤环境质量状况，风险得到管控，土壤环境安全得到基本保障。以《浙江省土壤污染防治工作方案》和《衢州市土壤污染防治工作方案》为基础，重点建设土壤环境质量监测网络，查清农用地土壤环境质量状况，全面实施建设用地用途风险管控制度，加强污染地块风险管控，开展土壤环境修复工作，显著提升土壤环境综合监管能力。初步遏制土壤污染加重趋势，总体稳定土壤环境质量，基本保障农用地和建设用地土壤环境安全，有效控制土壤环境风险。

到 2035 年：建成土壤环境风险管控体系，土壤环境质量稳中向好，土壤环境安全得到有效保障。从保障区域土壤环境安全走向全面管控土壤环境风险。以常规重金属

（镉、汞、砷、铅、铬等）及有机物污染物（多环芳烃、挥发性有机物、石油烃等）防控为重点，继续加强土壤污染防控力度，推进“水气土”污染协同防治，全面修复具有不可接受的高风险土壤污染区，促使全市土壤环境质量稳中向好，土壤环境风险得到全面管控。

（2）划定土壤环境空间管控等级

根据土壤污染状况、土壤污染重点行业风险源分布、敏感受体分布、环境风险特征等因素，进行土壤环境风险综合评估，将衢州市域土壤环境空间划分为四级防线管控区。

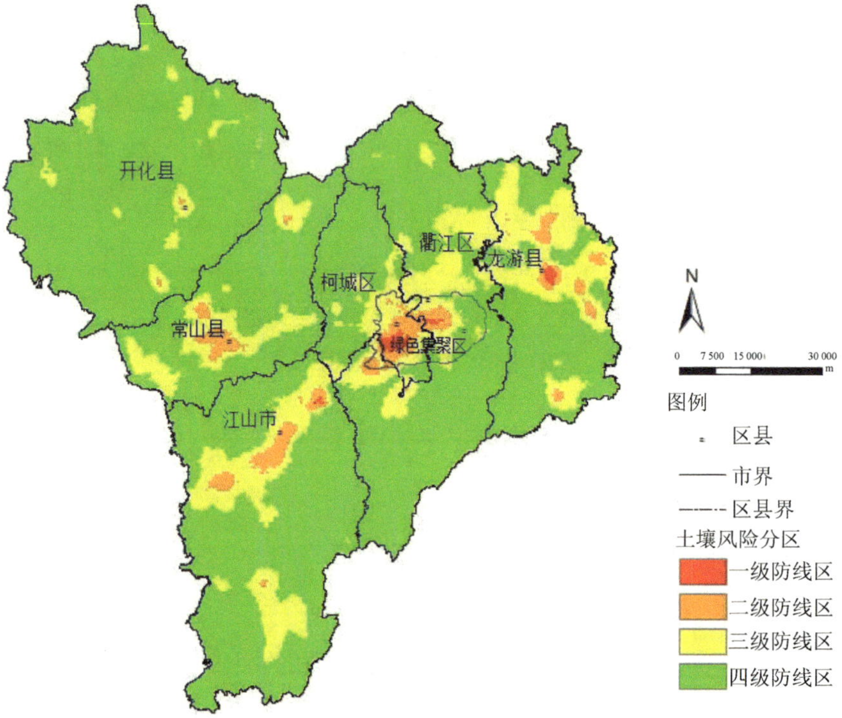

图 6-54 衢州市土壤环境空间管控分级分区

表 6-23 衢州市土壤环境空间管控区域分布

区县	一级防线区	二级防线区	三级防线区	四级防线区
柯城区	—	—	姜家山乡、双港街道、航埠镇、九华乡、七里乡、万田乡、华墅乡、沟溪乡	一级、二级、三级防线区外的其他区域
衢江区	—	—	上方镇、灰坪乡、峡川镇、杜泽镇、周家乡、莲花镇、云溪乡、浮石街道、高家镇、后溪镇、湖南镇、黄坛口乡	
常山县	—	新昌乡、天马镇、何家乡和同弓乡	天马街道、招贤镇、辉埠镇、芳村镇、球川镇、白石镇、青石镇、东案乡、何家乡、同弓乡、新昌乡、新桥乡和大桥头	

<table>
<tr><th>区县</th><th>一级防线区</th><th>二级防线区</th><th>三级防线区</th><th>四级防线区</th></tr>
<tr><td>开化县</td><td>—</td><td>华埠镇、城关镇</td><td>华埠镇、城关镇、桥头镇、塘坞乡、齐溪镇、池淮镇、长虹乡、苏庄镇、村头镇、音坑乡、中村乡和马金镇等 9 个乡镇</td><td rowspan="4">一级、二级、三级防线区外的其他区域</td></tr>
<tr><td>龙游县</td><td>东华街道</td><td>东华街道、龙洲街道、詹家镇、湖镇镇、塔石镇、社阳乡和模环乡</td><td>除庙下乡外的所有乡镇街道（面积占比 40%左右）</td></tr>
<tr><td>绿色产业集聚区</td><td>廿里镇和黄家街道</td><td>廿里镇、黄家街道、花园街道、荷花街道、樟潭街道和下张乡</td><td>除一级、二级防线区外的其他区域的所有街道乡镇</td></tr>
<tr><td>江山市</td><td>—</td><td>贺村镇、清湖镇、淤头镇、上余镇和、峡口镇</td><td>上余镇、双塔街道、贺村镇、清湖镇、淤头镇、新塘边镇、峡口镇、双溪口乡、石门镇、四都镇、廿八都镇、碗窑乡、坛石镇</td></tr>
</table>

一级防线区作为土壤监管防线进行管理。该区域土壤环境风险最高，区域内以建设用地为主，土壤污染重点行业企业多，是土壤环境重点防控区。区域内要开展污染状况加密调查，增加特征污染物监测项目，提高监测频次，建立重点监控和定期监测机制。推动绿色发展，鼓励企业转型升级和清洁生产改造。对疑似污染地块实施清单管理，确定重点管控区块名录，进行重点监管。对开发的污染地块和未开发污染地块均提出管控要求，经风险评估后，逐步推进治理修复，在污染地块修复达标前，禁止建设居民区、学校、医疗和养老机构。

二级防线区作为土壤污染防线进行管理。该区域土壤环境风险较高，区域内土壤污染重点行业企业分布密度和人口分布密度均较高，严控新增污染。区域内要控新治旧，已有企业提高环保要求，对污染地块逐步实施风险评估和修复。提高区域行业企业准入门槛。禁止在居民区、学校、医疗和养老机构等周边新建有色金属矿采选、有色金属冶炼、石油开采、石油加工、化工、焦化、电镀、制革等“土十条”确定的土壤污染风险行业企业。开展受污染耕地安全利用及修复，受重金属污染物或者其他有毒有害物质污染的土地复垦后，达不到国家有关标准的，不得用于种植食用农作物。

三级防线区作为土壤安全防线进行管理。该区域土壤环境风险一般，有部分生态敏感受体和饮用水水源地，部分区域人口密度较高，只有少量的土壤污染重点行业企业，区域内要加强土壤安全管控。基本农田集中区禁止新建土壤污染行业工业企业，对于轻度污染的耕地，要采取农艺调控、替代种植等措施，降低农产品超标风险，强化农产品质量检测。现有相关行业企业要采用新技术、新工艺，加快提标升级改造步伐，区域污染物排放量实施减量替换。依托环境优势发展生态绿色工业，走绿色循环发展之路。

四级防线区作为土壤保育防线进行管理。该区域内土壤环境风险较低，以饮用水水源地、自然保护区和基本农田等敏感环境受体为主，主要做好土壤保育。区域内禁止新建工业企业，已有土壤污染重点行业企业进行搬迁关停。要培育高品质耕地和保护生态用地，实行严格保护，合理使用化肥农药，加强农药包装废弃物回收处理，确保优先保护类耕地面积不减少、土壤环境质量不下降。

6.3.2.2 实施土壤环境的分类管控

优化调整区域产业布局，强化空间管控。结合产业布局现状和发展规划，以及风险评估结果，提出重污染行业企业搬迁、关停以及新建企业选址优化等措施。对新建项目和工业区要加强布局论证，合理确定区域功能定位、空间布局。鼓励工业企业集聚发展，提高土地节约集约利用水平。禁止在居民区、学校、医疗和养老机构等周边新建有色金属冶炼、焦化等行业企业。

保障农用地安全，打造优质粮食示范基地。对农用地实施分类管理，保障农产品质量安全底线。以龙游县、江山市、开化县三个产粮（油）大县为重点，将未污染和轻微污染的优先保护类耕地划为永久基本农田，实行严格保护，2018 年年底前基本确定县（市、区）相应类别永久基本农田示范区的分布和面积。优先保护类区域要求污染企业限期迁出，禁止新建涉污染排放的工业企业，实现污染零排放，确保该类区域土壤环境质量不退化、不降级，守住优先保护类农用地土壤安全底线。安全利用类耕地集中的县（市、区）要结合当地主要作物品种和种植习惯，制定实施受污染耕地安全利用方案，建立食用农产品种植准入制度，采取农艺调控、替代种植等措施，提升农田质量。强化农产品质量检测，降低农产品超标风险，加强对农民、农民合作社的技术指导和培训，并积极开展治理修复，守住农用地的安全利用底线。严格管控类的重污染农用地要依法划定特定农产品禁止生产区域，严禁种植食用农产品，要调整种植结构或退耕还林，禁止将重度污染的土壤划为永久农田，守住重污染农用地开发警戒底线。

对建设用地进行风险管控，实行污染地块清单式管理。开展建设用地疑似污染地块调查，确定污染地块环境风险等级。到 2018 年年底，基本完成关停企业原址污染状况调查，完成衢江区峡川镇工业园区污染地块和开化县马金镇、华埠镇污染地块修复任务。2020 年年底前建立重点行业污染地块名录及其开发利用的负面清单，建设污染地块管理信息系统，提出优先治理修复清单，尽快开展衢州土壤污染治理修复项目，加强污染地块治理修复活动的监管。合理确定修复达标后的土地用途，暂不开发利用或现阶段不具备治理修复条件的污染地块，要划定管控区域，加强监测监管，防止污染扩散；对拟开发利用为居住用地和商业、学校、医疗、养老机构等公共设施用地的污染地块，实施以安全利用为目的的风险管控。加强现有企业污染源监管和污染防治，建立土壤环境重点监管企业名单。

6.3.3　土壤环境风险管控研究

（1）构建土壤环境基线数据库

开展土壤环境详查，构建土壤环境基线数据库。以农用地和疑似污染地块为重点，实施土壤污染状况详查，在已有监测点位基础上要加密监测，实现所有县（市、区）土壤环境质量监测点位全覆盖。详查农用地土壤污染的面积、分布、主要污染物及其对农产品质量的影响，2018 年年底前，全面完成全市农用地污染状况调查。2020 年年底前，掌握重点行业企业用地中污染地块的分布及其环境风险的情况。2022 年年底前建成土壤环境基线数据库。

持续完善土壤环境质量监测网络。2020 年年底前，基本建成覆盖全市耕地的环境监测网络；到 2022 年，基本建成覆盖全市域耕地和重点行业建设用地的土壤环境质量监测网络，在重点区域提高监测频次。建立土壤环境质量状况定期监测和报告制度。

开展土壤污染风险源的智能化监管。建立覆盖全市域土壤污染风险源的网格化监管体系，实施监测与执法联动。建设土壤污染风险源动态数据库，构建环境监管地理信息平台。做好土壤污染调查成果的信息共享，编制资源共享目录，明确共享权限和方式，发挥土壤环境大数据在污染防治、城乡规划、土地利用、农业生产中的作用。

（2）建立衢州市土壤环境风险管控清单

按照国家级及省级《土壤污染防治行动计划》的相关要求，结合衢州环境统计数据、《重金属污染综合防治“十二五”规划》考核数据等，识别出衢州市土壤环境风险源 333 个，包括土壤污染重点行业企业 289 个、历史遗留涉重金属污染源 29 个、垃圾填埋场 4 个、危险废物（医疗废物）集中处理（置）厂 2 个、工业废水集中处理厂 6 个和尾矿库 3 个，作为土壤环境风险重点管控单元。

1）现有工业企业土壤风险源

以 2016 年衢州市工业企业环境统计数据为基础，筛选出土壤污染重点行业企业风险源 289 个，集中在绿色产业集聚区、江山市和龙游县。其中柯城区 7 个、衢江区 38 个、常山县 35 个、开化县 34 个、龙游县 45 个、绿色产业集聚区 70 个、江山市 60 个。62.6%是化工类企业，涉及危险废物产生的企业有 184 家，占比达 63.7%。

其中，柯城区土壤风险源主要集中在东港和花园街道。衢江区 34%的土壤风险源位于衢江经济开发区，24%位于廿里镇，其他主要集中在樟潭街道、沈家经济开发区和上方镇等地。常山县46%的土壤风险源位于辉埠镇，其他主要集中在青石镇、天马镇和新都工业园区等地。开化县41%的土壤风险源位于华埠镇，其他主要集中在城关镇、茶厂片区、池淮镇等地。龙游县44%的土壤风险源位于东华街道，其他主要集中在城北工业园区、湖镇和模环乡等地。绿色产业集聚区36%的土壤风险源位于黄家街道，其他主要集中在花园街道和高新园区等地。江山市50%的土壤风险源位于上余镇，其他主要集中在贺村镇和虎山街道等地。

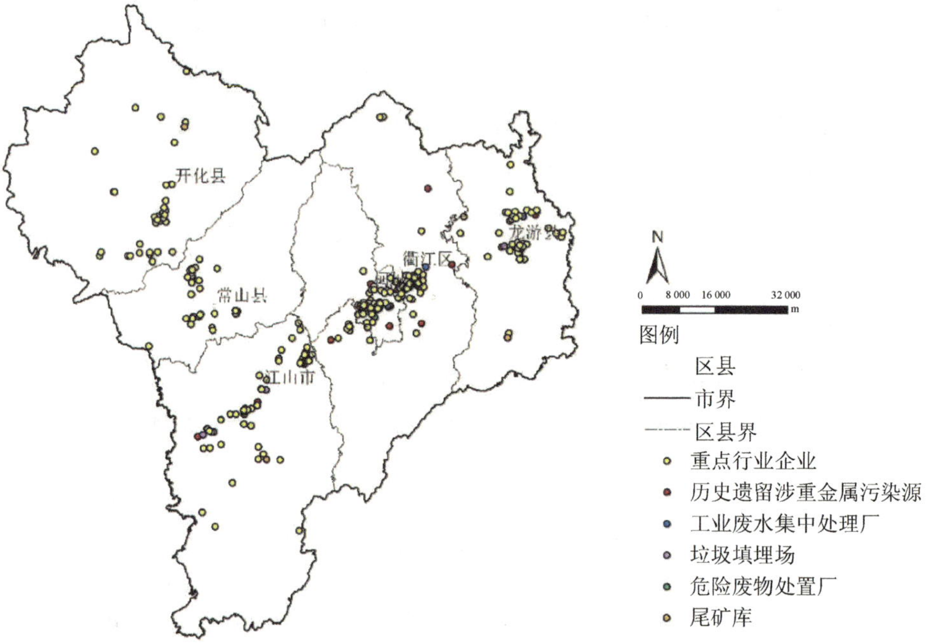

图6-55 衢州市土壤风险企业分布

2）历史遗留污染源

根据《重金属污染综合防治“十二五”规划》考核数据等资料，识别出从事过重金属贮存、利用、处置活动的已经停产搬迁的污染行业企业，共有29个历史遗留污染源。其中，柯城区6家、衢江区13家、龙游县4家、江山市6家。

3）垃圾填埋场

2016年衢州市环境统计数据显示，共有4座生活垃圾填埋场，分别是常山县城乡生活垃圾处理有限公司、开化县环境卫生管理所、龙游县环境卫生管理所、江山市环境卫生管理处，均按照土壤环境风险重点管控单元进行管理。

4）危险废物（医疗废物）集中处理（置）厂

2016年衢州市环境统计数据显示，共有2家危险废物（医疗废物）集中处理（置）厂，分别是衢州市清泰环境工程有限公司、江山市众和废旧物质回收利用有限公司，均按照土壤环境风险重点管控单元进行管理。

5）工业废水集中处理厂

2016 年衢州市环境统计数据显示，共有 16 家污水处理厂接收涉土壤环境风险工业企业废水，均按照土壤环境风险重点管控单元进行管理。其中，柯城区 3 家、衢江区 2 家、常山县 1 家、龙游县 3 家、绿色产业集聚区 6 家、江山市 1 家。

6）尾矿库

2016 年衢州市环境统计数据显示，共有 3 家尾矿库，分别是龙游县浙江巨化化工矿业有限公司、江山市华莹实业有限公司和开化县华信矿业有限公司，均按照土壤环境风险重点管控单元进行管理。

6.3.4　环境风险全过程管理研究

开展风险隐患排查，2020 年前建成风险源清单数据库。把环境风险纳入常态化管理，以重金属、危险废物、有毒有害化学品、核与辐射等重点领域为抓手，全面提升应对环境风险挑战的基础能力，2022 年形成较为完备的全过程、多层级的环境风险管理体系，守牢安全底线。

夯实风险防控基础能力。健全突发环境事件应急管理体系，深入推进跨部门的突发环境事件应急协调机制，健全综合应急救援体系。强化突发环境事件调查、环境影响和损失评估。构建全过程环境风险监测预警网络。加强市级和各区县环境应急管理队伍建设，强化环境应急物资储备。开展重点行业和产业集聚区环境与健康调查，形成环境健康风险企业和污染物清单。

提升核与辐射安全监管水平。利用物联网技术，加强放射源、电磁辐射源的全过程监管，强化伴有放射性矿产资源开发利用中的污染防治监管。对退役废弃的放射源、放射性废物要严格按照放射性物质相关法律法规妥善处置。

深化重金属污染防治。持续加强涉重金属污染重点行业企业监管监控。对东港街道等重点区域开展土壤重金属环境背景摸底调查和定期例行监测。进一步淘汰涉重金属污染重点行业落后产能，严格涉重金属排放项目审批。加强重金属污染风险隐患排查，向社会公开涉重金属企业生产排放、环境管理和环境质量等信息。开展土壤重金属环境修复治理，对于已经关停的涉重金属污染场地开展专项整治。

实施清废行动，推进全过程监管。全面排查衢州全市域固体废物（包括危险废物、医疗废物和一般工业固体废物）产生、运输、经营单位，摸清固体废物产生、贮存、运输、处置、利用和污染等情况，进行清单管理。强化固体废物规范化管理，加快固体废物处置基础设施建设。在全市范围开展废活性炭、废酸和废有机溶剂综合利用等项目，做好废旧金属、废旧塑料、废旧纺织品等再生利用，提高大宗固体废物和再生资源利用水平，鼓励固体废物焚烧发电，实现固体废物处理处置循环化、资源化、绿色化。对危险废物监控平台提升改造，到 2022 年建成“能定位、能查询、能跟踪、能预警、能考核”的危险废物全过程信息化监管体系。严格危险废物处理处置，科学布局危险废物处置、废旧资源再生利用等设施和场所，建立危险废物长效管理机制。到 2022 年年底前，确保衢州全市域所有危险废物得到安全处置。推进医疗废物安全处置，进一步扩大医疗废物集中处置设施服务范围，建立区域医疗废物协同与应急处置机制，2018 年年底前，实现全市医疗卫生机构医疗废物规范收集和处置全覆盖。建立跨部门联动机制，严厉打击危险废物瞒报续报、非法转移、非法利用处置、医疗废物非法买卖等违法犯罪行为。

严格化学品风险防控。根据《优先控制化学品名录》，对衢州化工类重点企业进行筛查，严格限制高风险化学品生产和使用，并逐步淘汰。严格控制环境激素类化学品污染，监控、评估水源地、农产品种植区及水产品集中养殖区风险，实行环境激素类化学品淘汰、限制、替代等措施。加强有毒有害化学品环境与健康风险评估。

第 7 章　产业绿色化与生态化研究

当前衢州市产业结构仍然偏重，工业制造业发展对生态环境造成较大压力，促进产业绿色化发展，完善生态经济体系，是做优金山银山的重要内容。本章分析了衢州市经济产业发展基础，充分发挥衢州市生态本底优势，研究提出了绿色产业体系框架和绿色产业发展模式，结合发展特色研究提出了符合衢州市的特色绿色产业体系，推动经济绿色化、生态化增长。

7.1　经济产业发展基础分析

（1）整体发展阶段

基于钱纳里方法，柯城区正处于城镇化发展后期向后工业化时期的过渡阶段，产业结构和工业结构已率先达到后工业化发展水平，人均 GDP、城镇化发展进程较为接近，第一产业就业人员占比较高是制约整体工业化进程推进的主要因素。江山市、龙游县、常山县基本处于工业化发展中期向后期过渡阶段，城镇化、工业化发展进程相对滞后于人均 GDP 水平。衢江区、开化县整体处于工业化发展中期，第一产业尚未从产业结构和就业结构中剥离，经济和产业结构仍待进一步调整升级。

（2）工业基础

衢州市工业经济主要集中于江山市、龙游县，两地 2016 年工业总产值分别达 352.89 亿元、309.14 亿元，合计占全市工业总产值的 62.09%。衢江区、开化县工业总产值增速分别达 4.52%、5.59%，为全市各县（市、区）最高。柯城区、常山县工业总产值规模较小，且同比分别下降 7.8%、0.13%，工业在经济和产业结构中不占主导地位。从主要工业行业发展的角度来看，虽然柯城区工业总产值呈下降趋势，各主要工业行业产值规模较小，但化工、机械、建材行业仍保持相对稳定增长；衢江区、江山市、龙游县各主要工业行业产值规模较大，增速基本趋于平稳；开化县主要工业行业产值规模较低，建材、机械行业增长较为明显；常山县各主要工业行业基本处于增长停滞态势。

表 7-1 衢州市各县（市、区）工业化进程

		人均 GDP/2010 年美元	三次产业结构/（A：I：S）	重工业占全部工业比重/%	人口城镇化率/%	第一产业就业人员占比/%
前工业化		827～1 654	A>I	0～20	30 以下	60 以上
工业化阶段	初期	1 654～3 308	A>20，A<I	20～40	30～50	45～60
	中期	3 308～6 615	A<20，I>S	40～50	50～60	30～45
	后期	6 615～12 398	A<10，I>S	50～60	60～75	10～30
后工业化		12 398 以上	A<10%，I<S	60 以上	75 以上	10 以下
衢州市		8 567	7.1：45.2：47.7	68.5	53.7	39.3（2014）
浙江省		12 339	4.2：44.2：51.6	60.4（2015）	67.0	13.2
柯城区		12 084	5.16：21.10：73.74	80.19	69.33（六普）	29.80（2014）
衢江区		6 281	14.83：43.52：41.70	41.54	29.48（六普）	53.72（2014）
江山市		8 681	7.94：48.67：43.39	72.82	42.82（六普）	34.34（2015）
常山县		6 843	7.28：44.82：47.90	67.66	37.73（六普）	21.96（2015）
开化县		6 568	11.55：37.86：50.59	66.30	37.96（六普）	43.86（2015）
龙游县		8 484	6.94：49.48：43.58	36.03	35.79（六普）	36.83（2015）

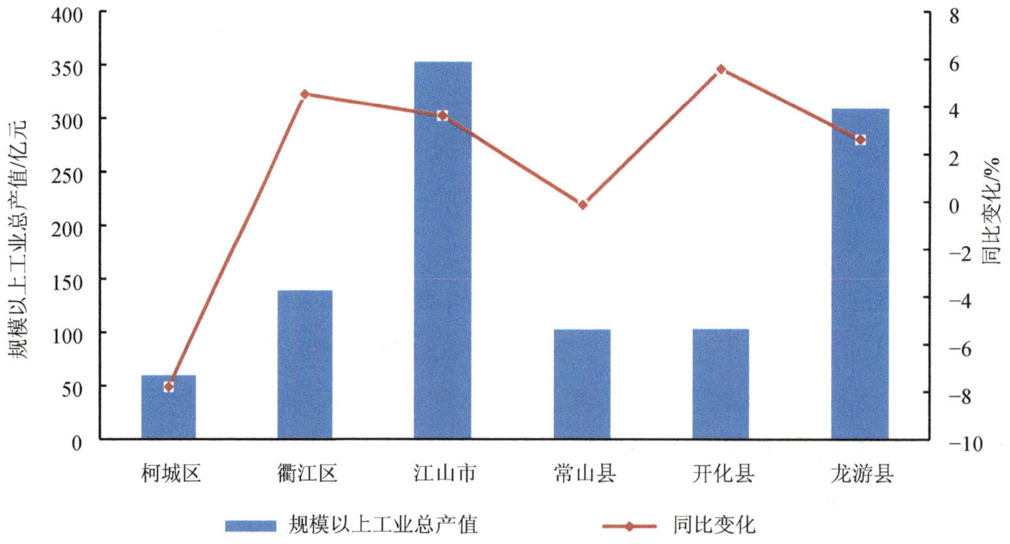

图 7-1 2016 年衢州市各县（市、区）工业发展情况

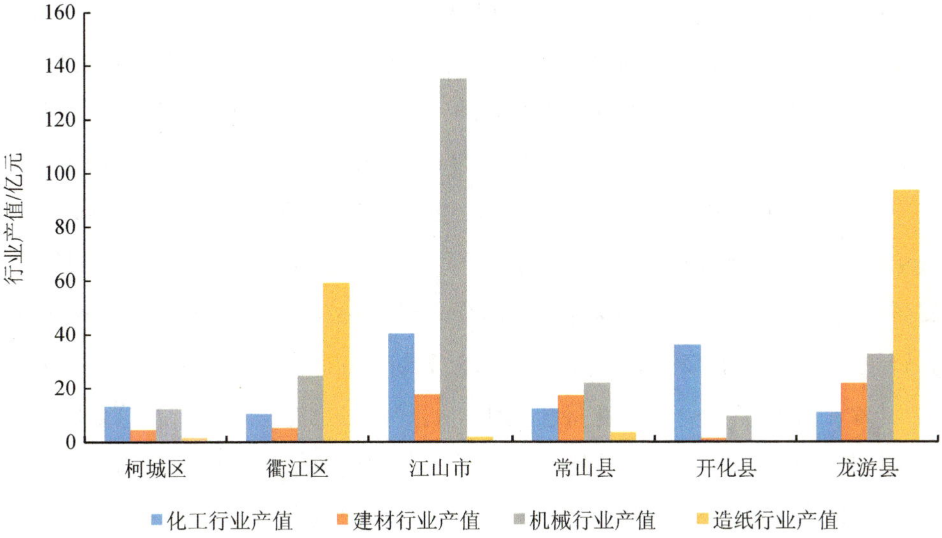

图 7-2　2016 年衢州市各县（市、区）主要工业行业规模以上工业总产值

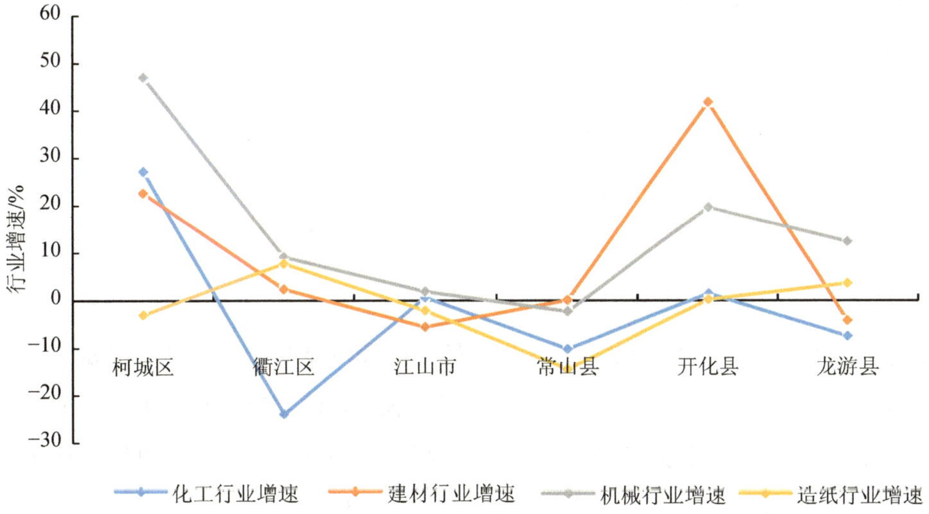

图 7-3　2016 年衢州市各县（市、区）主要工业行业同比增长

从各县市区主要工业行业发展的情况来看，2016 年柯城区实现工业增加值 19.56 亿元，同比增长 2.2%。其中，规模工业增加值 11.4 亿元，同比增长 0.7%，规模以上工业实现高新技术产业增加值 3.4 亿元，同比增长 21.2%，占规模工业增加值比重的 29.7%。汽车制造业、专用设备制造业、电气机械和器材制造业、印刷和记录媒介复制业、化学原料和化学制品制造业工业产值分别增长 110.2%、80.5%、48.7%、29.2%和 27.2%[①]。

① 2016 年柯城区国民经济和社会发展统计公报。

可见，柯城区高新技术产业及汽车、电气机械、装备制造等高技术制造业增长较快，工业制造业整体正向先进化、精细化、集聚化方向发展。衢江区工业制造业结构相对单一，特种纸、机械制造两大主导产业支撑明显，2016 年高档特种纸和机械装备制造业产值共计 86.06 亿元，占全区规模以上工业总产值的 62.02%，同比分别增长 7.2%、6.0%①。江山市工业制造业结构“减重”趋势较为明显，2016 年轻工业产值增长 10.6%，高于重工业增长 9.4 个百分点，规模以上重工业中除化学原料和化学制品制造业产值增长 0.7%外，非金属矿物制品业、电气机械和器材制造业、金属制品业产值分别下降 5.6%、0.5%、1.9%，轻工业中木材加工和木、竹、藤、棕、草制品业，农副食品加工业产值分别增长 5.2%、6.4%②。常山县仍处于工业持续重化发展阶段，水泥、钢铁、有色金属等重工业产品产量同比均保持增长③。龙游县、开化县工业制造业结构优化调整趋势较为明显，2016 年开化县高新技术产业完成产值 64.88 亿元，同比增长 11.0%，占全县工业总产值的 62.83%，装备制造业完成产值 37.05 亿元，增长 19.1%④；龙游县水泥、钢铁等行业降幅较为明显，高端装备制造、高档家具制造、特种纸、食品饮料、新能源新材料五大产业分别实现产值 20.95 亿元、2.84 亿元、41.63 亿元、10.75 亿元、12.67 亿元，合计占规模工业的比重为 73.7%⑤。

7.2 绿色产业体系研究

7.2.1 绿色产业体系框架

绿色产业体系框架以传统第一、第二、第三产业发展基础为支撑，主要涵盖以生态农林牧渔业、生态修复及采掘恢复等为主的绿色农业，以先进和高技术制造业、生态工业、资源循环利用及资源化、环境保护设施运行等为主的绿色工业，以绿色旅游业、绿色餐饮业、绿色文化产业等为主的绿色服务业，以及相关行业融合发展和产业链互补形成的特色产业。

① 2016 年衢江区国民经济和社会发展统计公报。
② 2016 年江山市国民经济和社会发展统计公报。
③ 2016 年常山县国民经济和社会发展统计公报。
④ 2016 年开化县国民经济和社会发展统计公报。
⑤ 关于龙游县 2016 年国民经济和社会发展计划执行情况、2017 年国民经济和社会发展计划草案的报告。

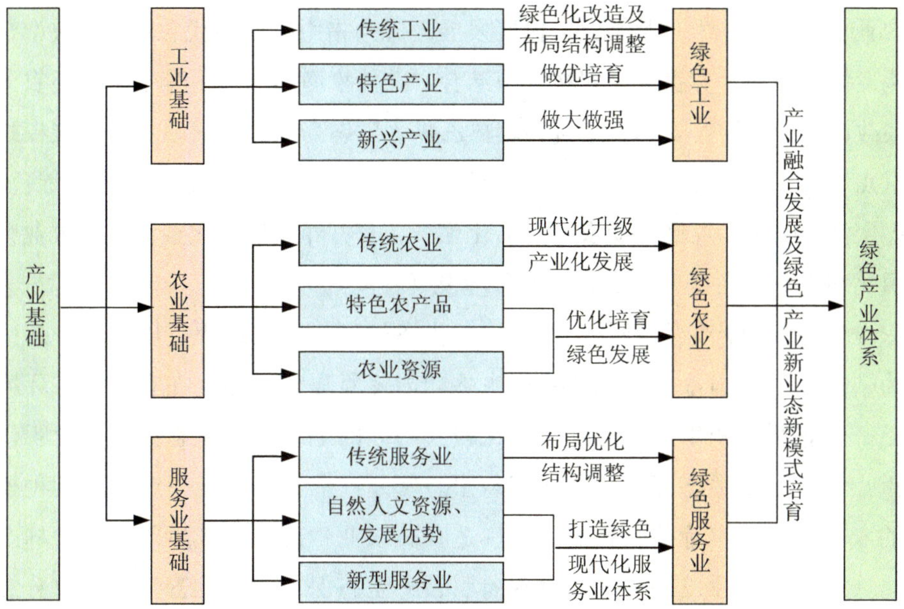

图 7-4 绿色产业体系框架

7.2.2 绿色产业发展模式

（1）绿色农业

以保障国家粮食安全和农产品供给为发展导向，以生产发展与资源环境承载力匹配为基本原则，坚守耕地红线、资源上线和生态保护底线，以《全国主体功能区规划》《全国农业可持续发展规划（2015—2030 年）》及区域农业发展整体规划等战略为发展和布局指引，以农业科技创新和管理机制建设为主要抓手，因地制宜，精准施策，推进农业发展方式绿色化、高效化、集聚化转变，探索农业绿色化发展试点建设与示范推广，完善农业绿色化发展市场机制与多元共治体系，构建生产能力和质量安全水平稳定、资源利用高效、生态环境友好、田园风光优美的绿色农业发展格局。

加强农业绿色化生产方式建设。综合考虑区域农业资源禀赋、产业特点，以及生态环境对农业生产和可能衍生的人类生产生活行为的承载能力，合理布局农业生产空间，引进推广适用于当地生态环境和种植条件的良种良法，提高农业资源利用效率、产出水平和抗灾能力，加大绿色、有机、无公害农产品培育力度，构建全产业链绿色农产品供应体系。强化农业基础设施建设和共享，提升机械化农用设备、仓储和转运设施应用率，打造农业产业集聚区、特色农业镇（乡）、村和现代绿色农业发展示范区，全面加强农业现代化、集聚化、高效化发展及标准化、信息化建设和农业技术创新，形成以特色农产品和农业产业集群为引领的绿色农业产业带。

构建农业生态循环化发展格局。以循环发展理念为指引发展现代农业，加快调整优化农业结构，促进农畜种养循环、农林种植结合、农林牧渔产品共生等生态循环农业发展，开展粮改饲、种养结合、林下经济、燃料乙醇等生态高产循环优质农业发展模式试点建设。重点培育生态循环农业整建制示范镇（乡）、村、示范区建设，以农业绿色化、循环化、集聚化、现代化发展带动农业清洁化生产、畜禽养殖规范化整治和农牧业废弃物循环资源化利用，全面提升农业发展的环境友好程度。

推进农业生态修复产业化发展。结合农业生态循环化发展进程，以区域生态格局基本特征为依据，推进山水林田湖草系统生态功能修复提升。通过在农村生态环境恶化较为严重、生态系统和生态服务功能退化较为明显的地区建立生态修复产业孵化试验基地，重点培育农田生态保育和水产养殖生态修复产业，对修复完成并达到种植、养殖标准的农田和水体实行验收补贴，推广适宜其农业生态修复成果的特色农林产品种植和畜禽、水产养殖业发展，搭建“政府引领—生态保育型企业管理—农户分红”的农业生态修复产业化发展平台，推进农业生态修复产业化。

创新农业现代化生产经营体系。引进高端经营主体和工商资本，培育农业生产经营新模式、新业态和现代农业龙头企业，以政策扶持为导向，以市场调节为手段，建立完善农产品网络销售和消费服务体系，发挥网络平台作用，拓展线上线下两个市场协同发展。以地方农业科研机构为主体，培育引进农业技术研发基地，建立健全农业技术研究应用推广体系，开展政府有关部门、科研机构、农业企业、农户间多方合作共建，强化现代农业发展的科技支撑并为构建多元参与的农业生产经营体系夯实基础。统筹推进农业社会化服务体系建设和农民素质提升工程，培养由小农经营向产业化工人转变的职业农民，引导鼓励农民及专业人才更多参与休闲农业、乡村旅游业、农业产业园等现代化生产经营模式。

（2）绿色工业

以需求侧压力传导供给侧动力，由绿色产品需求带动绿色工业发展，促进工业科技、产品结构、管理经营体系和区域合作模式绿色化创新。研发推广工业资源能源利用效率和污染物排放效率更高的绿色工艺技术和装备，优化工业结构和布局，加快传统产业绿色化改造升级，强化工业企业在工业绿色发展过程中的主体地位，培育工业绿色发展重点行业、龙头企业、示范试点。完善绿色工业发展标准制度、绿色监管和激励体系和绿色消费多元参与机制。从工艺技术、产品供应、区域协同、智能创新、机制建设等角度全面提升工业绿色化发展水平。

提升工业绿色发展的科技支撑能力。以清洁高效可循环生产工艺装备为重点，推进钢铁、煤炭、建材、化工、有色、农副食品加工、造纸、纺织印染等行业绿色化升级和关键技术装备研发应用。以节能环保、新能源装备、绿色建材、绿色新材料等绿色制造业产品需求为导向，加强核心技术研发，构建支撑绿色制造业发展的技术体系。基于全生命周期绿色评价，加大全生产过程绿色设计技术、绿色材料、绿色工艺与装备、循环资源化利用与再制造等领域共性技术研发力度，重点突破产品轻量化、模块化、集成化、智能化等绿色设计共性技术，推进全领域全行业工业绿色集约化生产方式形成。

构建全行业全供应链绿色制造体系。按照产品全生命周期绿色管理理念，以点带面开展绿色设计、绿色生产供应和绿色产品评价试点建设，开发低能耗、低污染、高可靠性、寿命长、易回收的绿色产品，健全完善绿色工业产品目录和绿色认证评价体系，引导建立绿色生产消费和监管机制。加速绿色工厂—绿色工业园—绿色供应链发展，构建从原料无害化—厂房集约化—生产清洁化—废物资源化—用能梯级化，到企业集聚化—产业链生态化—供应链信息化—生产服务平台智能化的“从摇篮到坟墓”绿色工业产品制造和供应体系。

以区域整合驱动工业绿色协调发展。发挥地区间比较优势，结合主体功能区定位、资源承载力和环境容量、区域产业基础，积极融入区域现有先进工业制造业布局，合理掌控工业开发规模强度和发展布局，协同推进区域产业结构高端化、高效化、高附加值化转型升级。依托国家重大区域发展战略，统筹布局区域绿色制造试点、工业绿色发展合作示范基地和产业转移共建试点建设，以区域产业布局整合带动优质工业生产资源共享，形成各具特色的绿色转型发展模式，连点成网推动区域绿色工业特色化发展。

推进绿色制造业智慧化、精益化升级。紧密结合绿色产品需求，利用互联网、云计算、大数据等技术推动从研发设计、原材料供应到生产销售的全过程全生产要素精准协同。深入挖掘网络远程协同制造、生产流通环节资源共享、远程运维等新生产模式在生产资料、技术装备、人力资源等生产要素整合配置中的应用潜力，充分利用共享经济、线上线下融合等新消费模式提升社会公众绿色消费体验，促进由需求端到供给端绿色消费和生产制造习惯的形成。加快制造业企业环境影响智能感知体系、数据中心和信息公开机制建设，落实制造业环境影响信息化，形成绿色产品供给—绿色消费需求—产品环境影响三维互动的信息共享体系，实现对绿色生产消费行为的精确指导和反馈。

（3）绿色服务业

以市场需求为导向，顺应当前消费升级的整体趋势，以创新驱动和绿色发展为基点，以供需矛盾突出且具有一定带动力的重点行业为突破方向，推动服务业绿色转型升级和特色化、综合化发展，打造以标准、质量、品牌为核心的绿色服务业竞争优势，保障绿色服务产品供给。统筹推进服务业与区域、城市、城镇及乡村绿色发展的结合和分工协作，强化服务业与农业、工业及服务等不同领域间的深度融合，加快形成有利于提升农业、工业核心竞争力的服务能力和服务模式，发挥行业—区域、服务—制造组合效应。

推进转型优化绿色服务供给结构。以绿色服务和产业升级需求为导向，推动生产性服务业绿色化、专业化、高端化发展，推动以互联网、物联网、大数据等为代表的新技术信息服务业发展，建设信息服务运营支撑平台和高端产业链；构建覆盖科技创新全链条、产品生产消费及处理处置全周期的科技创新服务体系，拓展研发设计、技术转化、科技咨询等多形式科创服务链，培育科创服务运营与标准化、产业化服务平台；协同推进金融服务市场效率和实体经济效能提升，加强数字化、信息化技术在金融服务领域应用，发展高效安全、绿色普惠、开放创新的现代金融商务服务；结合农业、制造业绿色化发展需求，加快发展节能环保技术咨询、检测评估、计量运营管理等服务。促进流通服务绿色转型发展，协同推进现代绿色物流业和绿色商贸业发展，建设高效通达、绿色安全的现代物流服务体系，完善物流基础设施网络建设，强化交通运输—绿色物流—衍生服务融合发展，提升物流业网络化、信息化、标准化、智慧化水平；推进传统商贸和实体商业向线上线下融合、供给需求互动、服务范围延伸的特色化、便利化方向发展，扩充商贸绿色服务的供给能力和服务范围。加速社会服务、居民服务提质增量，结合人民群众多层次、多元化增长的社会公共服务和居民服务需求，加速教育培训、健康医疗、家政养老、文体娱乐、旅游休闲等行业提质升级，推动公共和居民服务开发集约化、产品多样化、服务优质化、运营规范化发展，探索绿色产品和经营管理模式在社会居民服务行业的应用推广，以服务品质和消费满意度提升带动全民绿色服务意识的形成。

创新引领增强绿色服务发展动能。适应服务业专业化、精细化、个性化发展需求及创新发展需要，促进人工智能、物联网等新技术在服务领域转化应用，建立多方参与的服务技术创新网络、交易市场和转化平台。鼓励平台服务、分享服务、体验服务等绿色服务新模式发展，挖掘生产消费行为各环节的分享和体验价值，探索多业态绿色服务资源的对接整合和供需互动模式建设。发挥文化元素和价值理念对服务业创新绿色发展的驱动作用，将传统文化、区域特色文化融入旅游休闲、文体娱乐等服务和服务产品创新设计，塑造提升品牌形象价值，增强绿色服务业软实力。

多元融合促进绿色产业协同发展。培育以服务为主体的第一、第二、第三产业融合发展业态模式，强化绿色服务业对绿色农业、绿色工业的全产业链支撑作用，形成交叉渗透、优势互补、跨界融合的绿色产业生态系统。引导农业、工业生产经营主体向生产经营服务一体化转型，推进生产、生活、生态有机结合的功能复合型农业，以及向创意孵化、设计研发、售后服务产业链两端延伸的服务型工业制造业发展。以产需互动为导向，推动以服务为主导的反向农业和反向制造，培育工农业生产经营决策、技术培训、供需对接、线下物流、定制制造、精准营销等融合服务业态，促进服务业内部融合，搭建聚焦共性生产服务需求的生产服务支撑和信息资源共享平台，实现市场需求、创新资源、生产能力的智能匹配和高效协同，构建多业态融合发展的绿色产业生态圈。

提升质量保障绿色服务高效发展。强化服务企业主体责任，充分发挥政府监管和社会监督作用，构建责任清晰、多元参与的绿色服务质量治理和促进机制。健全绿色服务标准体系，加速绿色服务标准化、国际化提升，加强绿色服务品牌建设和宣传，打造在社会公众及国际范围拥有较大影响力的绿色服务品牌，发挥对服务业绿色转型升级和公众绿色消费习惯形成的引领作用。

（4）县域及农村绿色产业发展模式

与城市相比，县域、乡镇及农村地区经济发展面临更为严峻的生态挑战。首先是城镇化建设对生态环境的负面影响，县域、乡镇及农村地区城镇化发展“三轮驱动”，即同步推进大城区、小城镇和新村建设现象普遍存在，征地拆迁和国土空间布局大规模调整导致生态环境破坏、生产生活环境硬化。其次是工业化进程对生态环境的负面影响，县域、乡镇及农村工业化进程中，以“劳动密集型”“梯度转移型”主导的“先污染、后治理”“牺牲环境换经济”的发展模式普遍存在，农用地开发、低端和“小、散、乱、污”企业布局密集，工业化发展的生态环境效率水平较低，化解产能和转型升级难度较大。再次是农业现代化对生态环境的负面影响，大面积毁坏原生态植被栽种经济作物、禽畜过度养殖等现象普遍存在于农业现代化过程，导致水土流失、生态环境破坏及严重的土壤和水体污染。最后是开发建设对生态环境的负面影响，投资开发是驱动原本发展水平较低的县域、乡镇及农村地区经济发展的必由之路，但在开发过程中滩涂湿地占用、自然生态破坏等问题较为明显。

将发展绿色产业作为县域及农村地区经济产业发展的基石，以技术绿色化、产品绿色化、服务绿色化、管理绿色化为基本方向，遵循生态原理和生态经济规律，培育绿色新动能、新产业、新业态，是实现县域及农村地区绿色发展的根本途径。技术绿色化主要体现在资源能源节约及循环利用生产技术工艺、污染治理和生态修复技术在县域、乡镇及农村产业发展中的转化应用。产品绿色化主要体现在以生产流程和加工工艺绿色化改良带动绿色农产品、绿色制造在县域、乡镇及农村产品结构中占比提升，以及农业和工业生产导致的污染物排放和环境破坏影响下降。服务绿色化主要体现在县域、乡镇及农村绿色产品和特色绿色服务的营销推广，以及绿色发展和绿色消费理念的传播。管理绿色化主要体现在将生态环境保护和绿色发展理念纳入经济发展决策体系，以削减、循环、再利用和保护为主导规范产业主体的生产经营行为，引导绿色消费，培育绿色消费模式。

县域及乡镇、农村地区的绿色产业发展路径主要包括：

培育绿色产品产能，提升绿色供给能力。结合区域自身产业基础，培育绿色农业、绿色制造业产品生产能力，优化提升绿色产品供给，遵循能源资源消耗最低化、生态环境影响最小化、可再生率最大化原则，开展县域、乡镇及农村绿色农业产品培育和绿色制造业产品设计示范试点，以点带面提升绿色产品开发生产能力。以绿色农业、绿色工业发展推进农业现代化、工业化进程，构建绿色农业、制造业生产经营体系。

强化绿色产品推广，培育特色绿色品牌。结合自身特色及客观需求，积极推进绿色产品生产经营销售的标准化、规范化、品牌化建设，以互联网、大数据、物联网、绿色物流、文化传播等绿色服务业发展带动绿色农业、绿色制造业品牌价值提升，打造具有区域特色的绿色产业品牌形象，形成品牌效应和绿色发展相互促进的良性循环。

促进协同绿色发展，加速产业生态形成。以绿色产品和绿色服务需求为导向，发挥绿色服务业全产业链支撑作用，加强农业休闲旅游、文化休闲康养、特色制造观光、农业制造业产品线上销售等新业态发展，协同推进绿色农业、绿色工业和绿色服务业发展。促进绿色农业、绿色工业生产经营服务一体化发展，在农产品优势特色产区、特色制造业集聚区培育平台型企业，建设绿色产品商务信息服务公共平台，形成优势互补的绿色产业生态链。

规范绿色产业市场，打造高效运营体系。建立政府主导的县域、乡镇及农村绿色产业发展保障体系，明确绿色产业、产品目录及相关评价标准，完善绿色产业发展执法监督制约机制，加强政府、公众及企业自身对绿色产业发展的指导和监督，加快企业绿色生产模式业态和社会公众绿色消费生活习惯的形成，构建有利于绿色产业发展的运营和保障体系。

7.3 衢州市特色绿色产业体系研究

践行“绿水青山就是金山银山”的先进理念，首先要把绿色、生态作为经济发展的基本前提，合理利用衢州市生态本底的优势，充分结合自身发展特色，探索和破解生态环境与经济间转化融合的发展模式。坚持面上保护、点上开发，壮大主导产业，做强特色产业，培育新兴产业，推动工业集聚化、高端化、绿色化发展，积极对接上海、杭州等先行发展地区，构建以先进制造业、高端传统产业、生产性服务业、休闲旅游业为主导的绿色产业体系，加快衢州经济增长方式向绿色生态型转变，使绿水青山真正变为金山银山。

7.3.1　提升产业绿色化、生态化水平

（1）衢州市主要产业能耗及污染物排放水平

基于衢州市统计数据和相关算法①，2015 年衢州市工业企业运行能源消费量达 590.77 万 t 标准煤，占全市能源消费总量的 85.59%。其中，化工、建材、钢铁、热电、造纸分别占 38.60%、21.48%、20.11%、9.78%、4.82%。污染物排放方面，主要大气污染物排放行业包括钢铁、建材、热电、化工、有色、造纸等，主要水污染物排放行业包括化工、造纸、钢铁、纺织、农副食品、电气机械、皮革、医药等。

表 7-2　衢州市主要工业行业大气污染物排放情况

行业类别名称	工业废气		二氧化硫		氮氧化物	
	排放量/（亿标 m^3）	占比/%	排放量/t	占比/%	排放量/t	占比/%
黑色金属冶炼和压延加工业	880.45	40.1	11 138.00	27.5	7 193.52	19.3
非金属矿物制品业	854.66	38.9	9 547.56	23.5	15 099.10	40.6
电力、热力生产和供应业	195.08	8.9	11 753.72	29	11 371.58	30.5
化学原料和化学制品制造业	114.63	5.2	3 952.55	9.8	2 069.22	5.6
有色金属冶炼和压延加工业	38.89	1.8	54.77	0.1	17.91	0.1
造纸和纸制品业	33.73	1.5	2 222.63	5.5	887.53	2.4
有色金属矿采选业	32.60	1.5	0	0	0	0

表 7-3　衢州市主要工业行业水污染物排放情况

行业类别名称	工业废水		化学需氧量		氨氮	
	排放量/万 t	占比/%	排放量/t	占比/%	排放量/t	占比/%
化学原料和化学制品制造业	4 162.72	37.41	2 019.67	23.39	195.90	40.63
造纸和纸制品业	3 838.54	34.50	3 219.91	37.29	68.45	14.20
黑色金属冶炼和压延加工业	897.00	8.06	676.80	7.84	44.70	9.27
食品制造业	379.56	3.41	937.34	10.86	28.10	5.83
纺织业	305.18	2.74	351.66	4.07	24.54	5.09
电气机械和器材制造业	288.57	2.59	270.31	3.13	33.06	6.86
皮革、皮毛、羽毛及其制品和制鞋业、医药制造业	193.57	1.74	169.55	1.96	24.23	5.03

① 2016 年衢州市统计年鉴、2016 年中国能源统计年鉴。

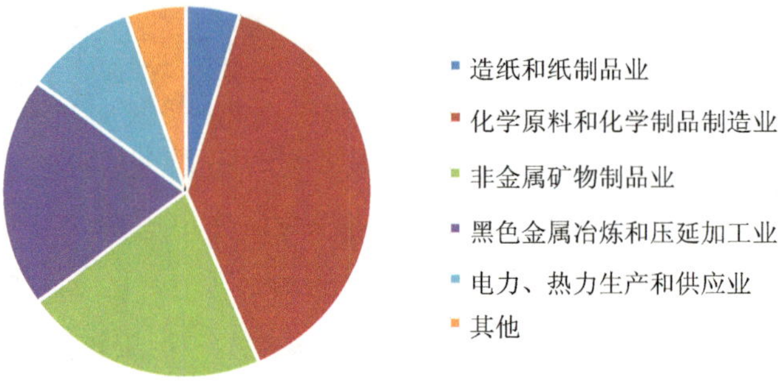

图 7-5 2016 年衢州市主要工业行业能耗

（2）主要产业污染物排放结构及效率

2015 年衢州市废水排放总量为 19 036.79 万 t，其中工业废水占比高达 66.85%，COD、氨氮排放量分别为 23 312.0 t、3 168.7 t，其中工业排放占比分别为 46.82%、16.68%，“十二五”期间衢州市废水及废水中 COD、氨氮工业排放占比呈平稳下降态势，分别比 2011 年下降 2.22%、3.83%、10.79%。二氧化硫、氮氧化物、烟粉尘排放量分别为 48 028.60 t、38 673.01 t、63 006.09 t，其中工业排放占比分别高达 97.4%、99.6%、98.3%。“十二五”期间衢州市主要大气污染物工业排放占比下降不明显，仅工业二氧化硫占比相对 2011 年下降 1.67%，工业氮氧化物、工业烟粉尘排放占比分别增长 0.21%、0.46%。

从主要污染行业污染物排放效率来看，2015 年衢州市化工、造纸、钢铁、食品、纺织、电气机械、皮革及医药行业实现万元工业产值的工业废水排放量分别为 14.16 t、23.89 t、6.26 t、25.63 t、4.93 t、1.95 t、4.94 t；实现万元工业产值的 COD 排放量分别为 0.69 kg、2.00 kg、0.47 kg、6.33 kg、0.57 kg、0.18 kg、0.43 kg；实现万元工业产值的氨氮排放量分别为 0.07 kg、0.04 kg、0.03 kg、0.19 kg、0.04 kg、0.02 kg、0.06 kg。食品、造纸、化工行业排放效率最低，电气机械和器材制造业排放效率最高。2015 年钢铁、建材、热电、化工、有色、造纸行业实现万元工业产值的工业废气排放量分别为 6.15 万 m^3、11.85 万 m^3、3.72 万 m^3、0.39 万 m^3、0.62 万 m^3、0.21 万 m^3，其中水泥、热电、钢铁排放效率最低，其他行业排放效率较高。分县市区看，柯城区、衢江区、龙游县、江山市、常山县、开化县实现万元工业产值的工业废水排放量分别为 9.32 t、10.66 t、12.17 t、1.34 t、5.38 t、6.39 t，实现万元工业产值的工业废气排放量分别为 7.63 kg、6.79 kg、11.98 kg、25.99 kg、7.81 kg、1.63 kg。柯城、衢江两区和龙游县工业废水排放效率均较低，除开化县外其他县市区废气排放效率均较低。

（3）产业绿色化、生态化措施

以产业布局整合推动工业污染防治。衢州市工业污染排放比重较大，部分行业、部分县市区污染物排放量较高，排放效率较低，针对主要污染行业和重点地区，降低工业污染物排放水平，提高排放效率，持续推进产业布局优化是推动衢州市产业绿色化、生态化的重点方向。首先，在全市建成区内全面关停搬迁污染物排放量高、排放效率低的钢铁、建材、化工、食品加工、造纸等行业企业，其中以衢江区、江山市、龙游县钢铁、建材、化工等重点行业企业为主。其次，依照浙江省主体功能区规划及衢州市生态功能区划等相关要求，针对性推进各县市区产业绿色化、生态化改造，柯城区加快造纸、建材等高能耗高污染行业的“腾笼换鸟”，为汽车、电气机械、先进装备等高新技术产业和先进制造业发展腾出空间，重点提升水污染物排放效率水平；衢江区、江山市、龙游县限制建材、钢铁等高污染行业生产规模，推动工业项目向园区、集聚区集中，全面提升水、大气污染物排放效率水平；常山县、开化县严控与生态经济发展和生态功能保护不相适应的高能耗、高污染行业发展，防止高污染行业布局导致水、大气污染物排放效率下降。最后，针对造纸、化工、建材、钢铁等污染物排放量高、排放效率低的重点行业实施清洁生产技术改造，推动衢江区、龙游县提升水污染物排放效率，龙游县、江山市提升大气污染物排放效率。

以产业结构调整促进能源结构优化。2015 年衢州市工业生产消费原煤 690.02 万 t，占全部工业能源消费总量的 76.42%，高于浙江省（52.4%）、全国（62.0%）平均水平。其中，农副食品、造纸、化工、医药、建材、钢铁、热电等主要工业行业能源消费中煤炭占比分别高达 62.99%、54.24%、76.32%、75.42%、86.55%、87.56%、69.82%，调整工业用能结构和方式，促进能源资源向工业高技术、高效率、高附加值领域转移，是推动衢州市产业绿色化、生态化的重要手段。首先，推进新材料、生物医药、先进装备制造、电子信息等战略新兴产业和先进制造业发展，以纸基功能材料、材料化工、智能装备等为切入点，培育能耗水平低、利用效率高的新增长点。其次，依托重点企业，推进副产物高效利用、能源梯级利用，以及传统产业纵向和高端化延伸，实现能源消费存量优化与增量拓展并重。再次，进一步提升第三产业比重，柯城区以金融、信息、现代物流等高端服务业为主要着眼点，其他县市区以农林牧渔服务业、生态休闲旅游为主要着眼点，推动生产性服务业专业化延伸、生活性服务业精细化转变。最后，加快造纸、钢铁、建材、化工等传统工业制造业绿色改造，淘汰化解落后产能，促进能源消费清洁化，推动衢州市、各县市区能源消费达峰。

以产业准入收紧推进产业绿色发展。2015 年，衢州市产业集聚区工业废水、COD、氨氮排放量分别达 5 422.99 万 t、3 368.56 t、229.64 t，分别占全市排放总量的 42.61%、30.87%、43.44%，工业二氧化硫、氮氧化物、烟粉尘排放量分别达 2.07 万 t、1.70 万 t、1.86 万 t，分别占全市排放总量的 44.32%、44.20%、46.17%，同期集聚区生活污染物排放仅占全市总量的 10%左右，可见集聚区是衢州市工业污染物排放的主体，提升区内工业企业绿色化、生态化水平，是推动衢州市产业绿色化、生态化的主要抓手。首先，依托东港工业园区、绿色产业集聚区等园区，推动工业企业、工业项目向园区集中。其次，严格把控园区准入标准，禁止高能耗、高排放低效益的化工、钢铁、造纸、食品、建材等行业企业入园，推动拟搬迁入园企业进行清洁生产改造，纳入园区污水集中处理和废气联动管控体系。最后，开展特征重点行业整治提升，对入园企业进行准入筛查，重点解决衢江区、江山市、龙游县等地区涉及钢铁、建材、农副食品加工、化工等行业企业污染问题，全面提升园区绿色化、生态化水平。

7.3.2 构建衢州市特色绿色产业体系

厘清城市产业规模、结构和主导发展方向是合理构建产业体系的基础，本章首先从产业规模、集聚化发展、协同发展水平等方面对衢州市产业发展形势进行解析，以作为构建衢州特色绿色产业体系的依据。考虑到工业制造业，特别是重化工业仍是当前衢州市经济发展的重要支撑，本章以工业制造业作为主要研究对象进行重点分析。

在现有关于产业规模、产业集聚及产业空间布局的研究中心，一般用就业人员、用工人数作为衡量产业规模的主要指标。本章基于衢州市主要工业制造业行业全部从业人员年平均人数，对浙江省、全国范围的区位熵进行分析可知：2016 年衢州市在浙江省、全国范围内产业规模区位熵同时高于 1，即为全面优势产业的行业包括木材加工和木竹藤棕草制品业、造纸和纸制品业、化学原料和化学制品制造业、黑色金属冶炼和压延加工业。可见以产业发展规模衡量，传统行业对劳动力及其所衍生的人口资源等相关生产要素的集聚和整合作用最强，钢铁、化工、造纸等行业仍是全市发展规模最具优势的主导产业。

表 7-4　2016 年衢州市主要工业行业用工区位熵

行业类别名称	区位熵-浙江	区位熵-全国
非金属矿采选业	10.81	0.65
农副食品加工业	0.55	0.10
酒、饮料和精制茶制造业	1.36	0.59
纺织业	0.59	1.07
纺织服装、服饰业	0.39	0.61
皮革、毛皮、羽毛及其制品和制鞋业	0.25	0.30
木材加工和木、竹、藤、棕、草制品业	5.94	1.53
家具制造业	0.83	1.34
造纸和纸制品业	5.14	3.30

行业类别名称	区位熵-浙江	区位熵-全国
文教、工美、体育和娱乐用品制造业	0.38	0.28
化学原料和化学制品制造业	5.38	2.35
医药制造业	0.29	0.19
非金属矿物制品业	3.42	0.50
黑色金属冶炼和压延加工业	5.53	1.15
金属制品业	0.45	0.21
通用设备制造业	1.32	0.77
专用设备制造业	0.18	0.04
汽车制造业	0.10	0.03
电气机械和器材制造业	0.59	0.25
计算机、通信和其他电子设备制造业	0.36	0.04
电力、热力的生产和供应业	0.70	0.01

从产业集聚化、协同发展角度，本章应用 EG 指数作为衡量产业间集聚和协同发展水平的主要指标。EG 指数的计算方法见式（7-1）：

$$\mathrm{EG}=\frac{\sum_{m=1}^{M}\left(S_{mi}-X_{m}\right)\times\left(S_{mj}-X_{m}\right)}{1-\sum_{m=1}^{M}X_{m}^{2}} \tag{7-1}$$

式中：EG —— EG 指数，表征两种行业间集聚化、协同化发展程度；

S_{mi}、S_{mj} —— 分别表征区域 m 的 i 类、j 类行业就业人数占全区域就业人员总数的比重；

X_m —— 区域加总产业的平均就业比重。

EG＞0 说明行业 i、j 之间存在集聚化、协同化发展关系，EG=0 则不存在，EG＜0 说明行业 i、j 之间呈分化发展态势。经计算可知：衢州市工业制造业主要行业中存在较为明显的“分隔式”集聚现象，即传统工业行业间呈现出较为明显的集聚化、协同化发展态势，新兴工业行业间集聚和协同发展趋势较为显著。化工、钢铁、造纸、建材等传统工业行业间呈现出较为明显的集聚化、协同化发展趋势；装备制造、电气机械、电子信息、汽车制造、生物医药等高技术产业和先进制造业间同样存在较为明显的协同集聚发展现象；传统工业行业与新型工业制造业行业间集聚化发展态势不明显，造纸、化工、通用设备制造等行业与装备制造、电气机械、电子信息、汽车制造、生物医药等行业间呈现较为明显的分化发展态势。

表 7-5　2015 年衢州市主要工业行业 EG 指数

EG 指数	农副食品加工业	造纸和纸制品业	化学原料和化学制品制造业	医药制造业	非金属矿物制品业	黑色金属冶炼和压延加工业	通用设备制造业	专用设备制造业	汽车制造业	电气机械和器材制造业	计算机、通信和其他电子设备制造业
农副食品加工业	—	−0.001 3	−0.001 4	0.000 2	−0.000 8	−0.001 4	−0.000 1	0.000 3	0.000 3	0.000 1	0.000 2
造纸和纸制品业	−0.001 3	—	0.012 8	−0.002 1	0.007 1	0.013 2	0.000 9	−0.002 4	−0.002 6	−0.001 2	−0.001 9
化学原料和化学制品制造业	−0.001 4	0.012 8	—	−0.002 2	0.007 5	0.014 0	0.001 0	−0.002 5	−0.002 8	−0.001 3	−0.002 0
医药制造业	0.000 2	−0.002 1	−0.002 2	—	−0.001 2	−0.002 3	−0.000 2	0.000 4	0.000 5	0.000 2	0.000 3
非金属矿物制品业	−0.000 8	0.007 1	0.007 5	−0.001 2	—	0.007 7	0.000 5	−0.001 4	−0.001 5	−0.000 7	−0.001 1
黑色金属冶炼和压延加工业	−0.001 4	0.013 2	0.014 0	−0.002 3	0.007 7	—	0.001 0	−0.002 6	−0.002 9	−0.001 3	−0.002 0
通用设备制造业	−0.000 1	0.000 9	0.001 0	−0.000 2	0.000 5	0.001 0	—	−0.000 2	−0.000 2	−0.000 1	−0.000 1
专用设备制造业	0.000 3	−0.002 4	−0.002 5	0.000 4	−0.001 4	−0.002 6	−0.000 2	—	0.000 5	0.000 2	0.000 4
汽车制造业	0.000 3	−0.002 6	−0.002 8	0.000 5	−0.001 5	−0.002 9	−0.000 2	0.000 5	—	0.000 3	0.000 4
电气机械和器材制造业	0.000 1	−0.001 2	−0.001 3	0.000 2	−0.000 7	−0.001 3	−0.000 1	0.000 2	0.000 3	—	0.000 2
计算机、通信和其他电子设备制造业	0.000 2	−0.001 9	−0.002 0	0.000 3	−0.001 1	−0.002 0	−0.000 1	0.000 4	0.000 4	0.000 2	—

综上所述，衢州市工业制造业发展存在集聚化、协同化发展程度较低，传统行业与新兴行业间融合发展程度不足等问题，而传统行业与新兴行业在清洁生产技术水平、能源消费水平、污染物排放强度和排放效率水平等方面往往存在明显差异，两者之间的分化发展既不利于形成完整的产业链，也将对衢州市绿色特色产业体系的构建造成客观阻碍。可见，衢州市产业体系的构建，重点在于以支柱型产业为先导，培育壮大新兴产业集群，并结合自身特色构建完整的生态化、绿色化产业链，形成产业集群。

（1）依托现有基础，壮大先导产业

构建衢州市绿色经济产业体系，首先要充分依托现有基础和优势，先行发展战略地位突出、对其他产业具备指引和带动作用的先导产业。化工行业是衢州市在浙江省、全国范围内的优势行业之一，具备良好的发展基础的同时，在可持续发展成为浙江建设制造强省的关键着力点，节能减排、清洁生产、循环绿色化发展成为推动制造业迈向生态文明必由之路的发展背景下，衢州市化工行业也表现出较为明显的转型发展、绿色发展需求。

优先壮大发展化工新材料产业，以柯城区、衢江区、江山市为主要布局发展地区，以衢州市绿色产业集聚区、东港工业园区、柯城工业园区、氟硅新材料产业基地、电子化学产业园等产业园区为依托，重点发展电子化学品、氟硅新材料等具备一定发展基础的新材料产业，引进发展钴材料、膜材料、动力电池材料等新项目，以衢江区为主要试点控制造纸行业中原纸、纸板、机制纸等低端产品生产规模，推进高性能纸基功能材料研发发展，建设在浙江省内及全国范围内具有较强竞争力的高性能氟硅钴锂新材料产业基地、电子化学材料产业基地、特种纸及纸基新材料产业基地等。

强化化工新材料行业与相关领域、产业、企业的融合发展与推广应用，特别是促进新材料企业与下游企业、应用企业间的产业合作和集群化、协同化发展。以柯城区为主要发展地区，围绕聚全氟乙丙烯（FEP）、聚偏氟乙烯（PVDF）等高端含氟聚合物、含氟电子化学材料产业，建设完善电子化学材料与电子信息产业链；以衢江区为主要发展地区，围绕有硅橡胶、硅树脂等硅聚合物产业，建设完善有机硅聚合产品与医疗器械、电气机械产业链，促进产业集群形成；以江山市为主要发展地区，围绕硅烷偶联剂等聚合材料产业，建设完善有机硅聚合物产品与新型绿色建材、装备制造产业链，推动建材等相关行业绿色发展进程。

（2）对接先进地区，做强新兴产业

新兴产业做强发展是构建衢州市特色绿色产业体系的重要推动力，也是形成完整的上下游产业链，推进产业协同集聚发展，以及全面实现产业体系绿色化、生态化的客观需求。2015 年衢州市战略性新兴产业、高新技术产业增加值分别达到 74.35 亿元和 141.53 亿元，占全市规模以上工业增加值的比重分别达 20.6%和 39.1%，装备制造、电子信息、生物医药等新兴产业培育壮大趋势明显，初步形成良好的发展基础。但是，衢州市新兴产业仍普遍面临创新研发能力不强、产业规模偏小、产品结构单一且科技支撑薄弱等问题，新兴产业的做强做大发展，是进一步完善衢州市特色绿色产业体系，构建完整产业链条和产业集群的重要抓手。

以具备一定医药制造、医疗器械材料产业基础的柯城区、开化县为重点发展地区，依托衢州市绿色产业集聚区、衢州市高新技术产业园区等，对接上海（上海医药、张江药谷等）、浙江省内杭州（华东医药等）、绍兴（浙江医药等）等国内先进医药制造行业企业，发展“异地研发—衢州生产”模式，通过技术、人才、产业引进，支持发展各类中试、产业化基地，推动生物医药、医疗健康器械等项目在衢州的产业化发展，并与化工新材料、绿色食品等上下游行业形成对接，全面提升产品品质和绿色化、生态化发展水平。

充分利用衢州市区位优势，对接上海、杭州、苏州等省内外电子信息产业发展先行地区，融入全省电子信息产业“一核二优多园”布局发展战略，以柯城区、衢江区、龙游县为重点发展地区，以建设信息经济示范试点、信息经济特色小镇等为主要抓手，推动电子信息制造业、物联网、智慧城市等行业发展。同时，通过打造产业合作平台，全面推进信息技术产业与全市制造业融合发展，带动绿色金融、电子商务、工业设计、信息技术服务等关联行业发展，促进高排放、高能耗、低效率行业的生产设备数字化、智能化，推动以电子信息产业为核心，充分对接上下游产业的电子信息产业集群和绿色生态新增长极形成。

依托装备制造业良好发展基础和地处浙江省内杭—绍—甬、温—台装备制造业集聚发展区块腹心的区位优势，以柯城区、衢江区、江山市为重点发展地区，对接浙江省内及上海、苏州等先进装备制造业高度发展地区，通过产业共建、园区共建、衢州制造等模式，加快发展高档数控机床、工业机器人等智能制造装备和智能化生产线，推动传感器、智能仪表、工业控制系统等领域的精细化、智能化突破，全面推进装备制造业由传统型向高端化、自动化、智能化、精细化方向转型升级。同时，强化智能装备应用的产业牵引作用，建立智能制造业共享合作平台，通过工业机器人、3D 打印等集多学科先进技术于一体的自动化装备制造行业发展，实现对全市装备制造业的智能化整合和以电子信息、智能装备为主线的产业体系搭建，强化装备制造业融入全省及全国智能装备制造布局的能力，进而实现工业互联网、云计算、大数据在企业研发设计、生产制造、经营管理、销售服务等全流程和全产业链的综合集成应用。

（3）紧跟消费需求，发展绿色服务业

依托衢州市区位优势及文化、产业基础，构建以技术服务、旅游康养、文化休闲、节能环保服务、商贸物流等现代服务业为主导的衢州特色绿色服务业体系框架。优先发展现代物流、电子商务、信息技术服务、工业设计等生产性服务业，推动服务专业化和产业高端化发展，打造生产性服务业集聚平台。优化布局物流园区、集聚区及物流枢纽，加快行业电子商务第三方交易平台培育，推进重点企业研究院与科研院所交流合作，以科技金融为引领，加快发展以研发、时尚设计为重点的文化创意产业。建设区域绿色商贸金融中心、四省边界物流中心、旅游中转枢纽，推广电子商务全行业布局。

提升发展旅游休闲、健康养生等生活性服务业，增强全市服务业发展的宜居性、宜游性。提升社区商贸服务、教育培训、健康医疗、家政养老、文体娱乐、旅游休闲等行业服务质量，推动公共和居民服务开发集约化、产品多样化、服务优质化、运营规范化发展，以服务品质和消费满意度提升带动全民绿色服务意识的形成。发展城市共同配送，推动特色餐饮品牌培育，推进休闲养生、医疗养老特色建设小镇建设。发挥服务业引领带动作用，加速服务业从产品经营向设计经营、技术服务、后续服务等高端环节延伸，培育发展节能环保服务、商务服务、售后服务、教育培训、体育服务、社区服务等新兴服务业。

（4）合理配置资源，做优绿色农业

结合资源禀赋、环境承载能力和产业特点，布局种植业、养殖业生产空间，推进农业产业集聚区和特色农业小镇建设。遵循主体功能区规划等相关规划，衢江区、江山市重点建设现代农林业示范区；常山县、龙游县重点发展特色农林业；开化县重点培育高效生态农业和绿色有机农业；加强农业项目资金资源、交通水利等基础设施共享和合作，发展现代生态循环农业，以工业理念和产业生态学相关理论为指导发展现代绿色农业，调整优化农业结构，加大绿色、有机、无公害农产品培育力度，构建全区域全产业链现代生态循环农业体系，推进农业清洁生产和资源循环高效利用。

推进土地流转机制和规模经营模式形成，探索农业生产经营新业态、新模式，引进培育高端农业发展主体和龙头企业。建立完善农产品网络销售和消费服务体系，打造推广农产品线上线下结合交易平台。健全农业技术推广体系，开展院地合作、院企合作、基地合作共建，夯实现代农业发展科技支撑。深入提升农民职业素养和职业素质，培养由小农经营向产业化工人转变的职业农民，建立完善农业社会化服务体系，创新农业生产全程社会化服务机制。

（5）发挥自身优势，培育特色产业

推进生产性服务业与工业制造业融合发展。以新材料、高端装备制造、电子信息等战略性新兴产业和造纸、建材、钢铁、化工等传统优势产业为基础，以氟硅研究院、国家氟材料工程技术研究中心、巨化国家级企业技术中心大学科技园、现代金融集聚区等一批公共服务平台为基础，以衢州市绿色产业集聚区、衢州市高新技术产业园区等产业集聚区为依托，进一步对接上海、杭州及全国相关行业的先进企业、科研院所，在衢州设立分支机构和产学研一体化平台，为企业提供研发设计、信息服务、检测、技术咨询、金融服务等，促进生产性服务业的发展，构建工业—生产性服务业融合发展产业链。

构建农林牧渔业—工业制造业融合发展产业链。基于畜禽养殖、柑橘、粮食、竹木等特色生态农业发展基础，结合农林牧渔业发展由以产品生产为主向生产、生态功能并重转变的发展导向，重点发展畜牧养殖、柑橘栽培、竹木种植等特色农林牧渔业。以功能区划为农产品主产区、生态经济地区，且具备较好农副食品加工业基础的衢江区、江山市、龙游县、常山县为重点发展地区，以农林牧渔业发展推动粮油果蔬、畜禽水产食品加工，中药材加工，竹木加工，有机肥和饲料加工，生物医药等工业制造业发展，以相关工业制造业行业发展带动农林牧渔业的园区化、绿色化、标准化、产业化发展，打造工农业融合发展集聚区，全面提升农林牧渔业现代化、生态化水平，构建农业—工业融合发展产业链和产业集群。

开发工农业—休闲旅游业融合发展模式。依照衢州市建设“首个国家休闲区创建试点城市”目标要求，以江山市、开化县、常山县、龙游县为重点发展地区，充分结合衢州市彩陶、玉石、地域农产品等物产资源及纺织品、高端纸制品等特色关联行业发展基础，探索特色制造业向绿色休闲方向延伸的突破口，推进农产品精深加工、旅游休闲装备制造、特色手工业等与休闲观光、生态旅游结合发展，以休闲旅游业发展引导相关制造业行业绿色化、生态化转型，建设观光休闲型、田园风光型、果蔬采摘型、特色制造业体验型休闲旅游基地和园区，形成农林牧渔业—工业制造业—观光休闲、养生旅游产业的融合发展。

加快绿色化、信息化进程，发展产业集群物流。把握衢州市产业转型升级和绿色化、生态化发展机遇，以化工新材料、先进装备制造、电子信息、生物医药等产业集群构建为依托，以衢州绿色产业集聚区、衢州市高新技术产业园、物流园区建设为载体，整合产业园区、集聚区物流资源，以柯城区、衢江区、江山市、龙游县为主要发展地区，为实现化工新材料、先进装备制造等新兴产业及食品加工、特种纸等传统优势行业与周边及相邻省份城市间进行企业对接、园区和产业共建等相关合作提供物流服务，充分发挥衢州市四省中心城市的区位优势。同时，提高物流运行效率，大力发展多式联运，促进多种运输方式合理分工运行，探索物流业在基础设施、设备等方面与新能源、化工新材料、先进装备制造等产业的合作模式，在物流业发展即产业集群形成进程中持续推进绿色仓储建设、绿色运输方式推广等，支持仓储设施、物流装备利用太阳能和其他清洁能源，提升物流绿色化、信息化和标准化发展水平。

第 8 章 “两山”实践典型模式研究

“两山”理念实践关键在于打通“绿水青山”和“金山银山”之间的通道。本章在现有“两山”理念哲学内涵解释和发展模式的研究基础上，利用大量样本从区县层面对“两山”理念进行科学解析，总结了区县层面的“两山”典型模式，提出了“两山”典型模式的选择方法，并分析了衢州市各县、市、区“两山”建设的基础，研究提出适合各县、市、区的“两山”典型模式转化路径和培育方案。

8.1 典型地区“两山”转化理论基础

“既要绿水青山、也要金山银山。宁要绿水青山，不要金山银山，而且绿水青山就是金山银山”“两山”理念是习近平总书记基于“生态兴则文明兴，生态衰则文明衰”提出来的关乎人民福祉、关乎民族未来的长远大计。2015 年 3 月，《关于加快推进生态文明建设的意见》通过，正式把“坚持绿水青山就是金山银山”写进中央文件，“两山”理念上升为治国理政的基本方略和重要国策。“两山”理念的基石是生态文明理论，是一个具有丰富内涵的理论体系，而其关键是要把握好绿水青山与金山银山这两座大山在不同情况下的兼顾、取舍和转化的三种关系，应当以取舍（“宁要绿水青山，不要金山银山”）作底线，以兼顾（“既要绿水青山、也要金山银山”）为指导、以转化（“绿水青山就是金山银山”）为发展方式。

8.1.1 “两山”转化机制

当绿水青山与金山银山的概念进一步具体为生态环境质量与三次产业的生产总值，可便于分析地区实现转化的内在过程及机制，并基于行政单元分层解析地区的“两山”实践过程。以城市为基本单元，从行政角度可将城市的构成分解为三个层级，分别是乡村、城镇、城市。乡村通过将优质的自然生态和丰富的农业资源分别与工业、服务业相结合，形成休闲农业产业、田园综合体、生态旅游观光、农产品加工、旅游业的原生态产品加工。城镇则是将次一级的生态、农业、工业、服务业之间进行两两转化，加强单项产业链条的挖掘，形成特色旅游、产业小镇的载体。城市将工业、服务业向生态质量转化，采用循环清洁生产、结合旅游服务业，发展工业、特色“山水”文化旅游等。总的来说，为了实现“两山”关系图中第一象限的“青山金山同在、经济生态均强”的目标，一方面通过在保护好生态资源环境家底的同时，将生态环境优势转化为生态农业、生态工业、生态旅游等生态经济优势，寻找经济发展的内生动力。另一方面，在经济社会前进的过程中，时刻把握经济的生态化，既包括传统工业的绿色化和发展绿色产业，也包括消费绿色化，最终形成绿色的生产和生活方式，护好绿水青山。

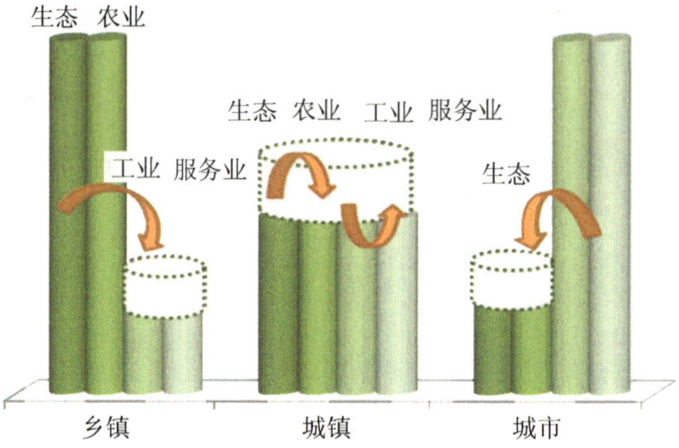

图 8-1 三种层级的“两山”转化机制

8.1.2 “两山”建设基础评价体系构建

8.1.2.1 设计原则

在选取生态经济发展动力评价指标时尽可能地使其客观、准确地反映区域间的发展水平，指标数量太少不能全面显示主要因素对评价对象的实质影响，指标数量太多又会因为各指标之间存在线性相关性影响评判。因此，在对区域生态经济评价时注意遵循下四个原则：

（1）科学性原则

结合生态经济理论与县域发展实际，在指标筛选时应抓主要的、本质的、具有代表性的评价指标，减少主观因素；而在模型建立、数据处理、权重赋予等方面也必须是客观的抽象描述，应尽量准确、客观地反映地区生态经济的发展水平及其变化。

（2）系统性原则

生态经济发展动力与生态经济建设是一个庞大而复杂艰巨的系统工程，经济、社会、环境、资源等影响因素之间存在着相互联系、相互制约的错合关系，在构建指标体系时必须系统地、多方位地涵盖各影响因素及其之间的关联性。

（3）可比性原则

可比性是指区域在不同时期的比较，即横向比较和纵向比较。一方面要求比较不同县域找出共同点，按照共同点设计指标体系；另一方面要求同一区域在不同时期的指标数据具有可比性。

（4）可行性原则

指标数据易于采集，无论是定性指标还是定量指标均有可靠的信息来源，尤其是定量数据原则上由统计年鉴中收集，对于部分难采集的数据可通过其他数据推导得出。

8.1.2.2 指标选择

结合第 2 章和第 3 章"两山"理论评估指标体系研究成果和目前衢州各区县的生态经济发展指标，设计"两山"转化建设基础的两层评价体系：

第一层评价指标的方法是用来筛选我国 1 666 个区县的生态环境和经济发展状况。主要用到以下两个公式：

$$金山= GDP \tag{8-1}$$

$$青山= EI/55+[（\geqslant III\%）-（\leqslant V\%）]+（PM_{2.5}/35） \tag{8-2}$$

第二层评级指标是用来分析衢州各区县"两山"典型模式的建设基础，识别各个区县的特色及优劣势。

表 8-1 "两山"建设基础评估指标体系

系统层	指数层	一级指标	指标代码	二级指标
"两山"建设基础系统指数	青山指数	生态		生态环境质量优良率（EI）
				人均公园绿地面积
		水环境		地表水达到或好于III类水体比例/%
				地表水劣V类水体比例/%
		大气环境		空气质量优良天数比率/%
		环境容量		二氧化硫排放量/t
				氮氧化物排放量/t
				一般工业固体废物产生量/t
				化学需氧量排放量/t
				氨氮排放量/t
		资源利用		单位工业 GDP 能耗（万元产值/t 标准煤）

系统层	指数层	一级指标	指标代码	二级指标
“两山”建设基础系统指数	金山指数	基本概况		面积/km^2
				人口/万人
				GDP/亿元
		农业资源		一产总产值/万元
				农林牧渔服务业/万元
		工业发展		工业总产值（医院）/万元
		旅游资源		三产产值/万元
				自然生态景区/个
				文化旅游景区/个
				工农业旅游区/个

8.1.2.3 评价方法

针对第一层的“两山”评价指标体系，我们采用聚类分析的距离测度衡量中国 1 666 个区县的经济和生态环境质量状况的相似性。把样本即所有区县作为 m 维空间中的一点，在 m 维空间中的定义点与点之间的距离，距离越近的点，相似程度越高，在聚类分析中更容易聚成一类。对于距离测量主要采用平方欧式距离的分析方法，其定义为

$$d_{ij}=\left[\sum_{k=1}^{m}\left(x_{ik}-x_{jk}\right)^{2}\right] \tag{8-3}$$

式中：d_{ij} —— 样本 i 与样本 j 之间的距离；

x_{ik} —— 第 i 个样本在第 k 个变量上的值；

x_{jk} —— 第 j 个样本在第 k 个变量上的值。

第二层的“两山”评价指标体系是用于分析衢州 6 个区县的“两山”建设基础，采用归一化和加权求和的计算方法，其公式如下：

$$y_i=\frac{x_i-\min(x)}{\max(x)-\min(x)} \tag{8-4}$$

$$\text{青山}=\sum_{i=1}^{12}y_i \tag{8-5}$$

$$\text{金山}=\sum_{i=13}^{20}y_i \tag{8-6}$$

8.1.3 “两山”转化路径选择

环境与经济区域的“双分异现象”是由于不同区域间处于不同发展阶段，产业结构、产业层次、技术水平、增长动能、环境治理力度等方面出现分化，导致经济发展和环境保护在区域间呈“双分异四象限”的综合表征。因此，结合工业文明发展、生态文明建设理论，二维解析区县发展维度，将各区县建设分解为资源节约和环境友好两个维度，构建在二维平面中的“资源节约—环境友好”矩阵，以此反映出区县建设的二维结构。同时根据上述的资源—环境维度，划分四个象限组合，每个象限指代各区县在生态文明建设和经济发展进程中的特定模式与类型。

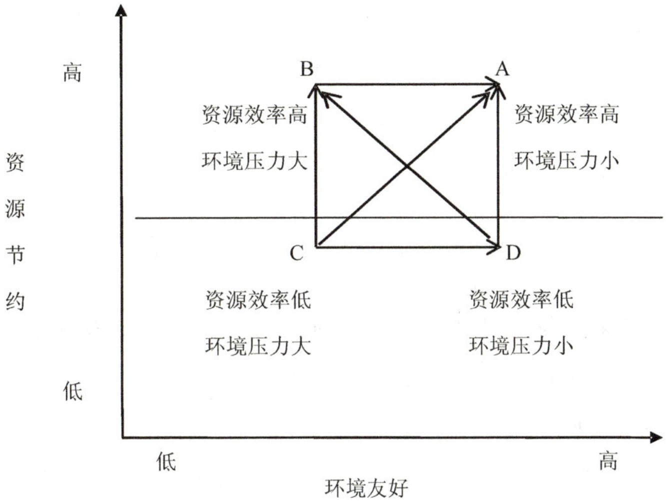

图 8-2 “两山”典型模式的四类建设路径选择

发展模式 A——地区生态经济效率与生态盈余均高，反映的是一种低消耗、低污染的目标发展方式。

发展模式 B——地区生态经济效率高但生态盈余低，反映的是一种低消耗、高污染的发展方式。

发展模式 C——地区生态经济效率与生态盈余均低，反映的是一种高消耗、高污染的发展模式。

发展模式 D——地区生态经济效率低但生态盈余高，反映的是一种低消耗、低污染的待发展模式。

A、B、C、D 四种模式可分别对应传统的工业文明发展的成熟阶段、优化阶段、扩展阶段和初始阶段。基于图 8-2 多条操作路径，可以找到以下 5 条能够尽快达到目标模式 A 的发展路径。

B→A：工业文明优化地区（低消耗、高污染地区），生态经济效率良好，因此“两山”建设路径的重点应为生态环境质量的提升。

D→A：工业文明扩展地区（低消耗、低污染地区），“两山”建设路径的重点为将地区生态盈余向生态经济阶段转化。

C→D→A：工业文明初始地区（高消耗、高污染地区），“两山”建设路径的重点为增大地区生态盈余，进而向生态经济转化。

C→B→A：工业文明初始地区（高消耗、高污染地区），“两山”建设路径的重点为发展循环经济，提高资源利用率，进而改善生态环境质量。

C→M→A：工业文明初始地区（高消耗、高污染地区），“两山”建设路径的重点为同时提高生态环境质量和生态经济，实现生态与经济均衡慢速发展。

8.2 国内“两山”实践典型模式总结

8.2.1 典型地区选取

通过筛选我国 1 666 个区县的生态经济指标评价，并且比对 2016 年中国县域经济百强榜、截至 2017 年 9 月 7 日环境保护部发布的生态市县名单、截至 2017 年 2 月 16 日国家旅游局发布的 5A 级旅游景区名单、《全国主体功能区规划》中的国家重点生态功能区、国家限制开发区名录，筛选一批符合“绿水青山同在、经济生态均强”的地区（表 8-2）。以“改善生态环境质量为目的或手段”“发展地区经济”为判据筛选“两山”实践典型地区。

表 8-2 二次筛选的地区发展路径研究

序号	省市	地区	过去 10 年的增长率/%			过去 20 年的主要发展路径		
			第一产业	第二产业	第三产业	第一产业	第二产业	第三产业
1	江苏省	张家港市	135.11	81.53	191.62	+		+
2		常熟市	134.95	88.53	160.13	+		+
3		昆山市	173.33	151.51	315.62			+
4		江阴市	126.46	153.20	266.45			+
5		太仓市	130.58	181.50	350.99			+
6		宜兴市	167.07	136.54	231.63	+		+
7		溧阳市	185.51	170.45	312.79			+
8		海安县	78.60	222.20	577.86			+

序号	省市	地区	过去 10 年的增长率/%			过去 20 年的主要发展路径		
			第一产业	第二产业	第三产业	第一产业	第二产业	第三产业
9	浙江省	安吉县	139.95	183.05	283.34	+	+	+
10		义乌市	−76.53	147.22	292.93			+
11		临安区	129.57	175.60	336.95			+
12		桐庐县	111.76	159.63	359.59			+
14		新昌县	121.44	153.54	247.49	+	+	+
15		宁海县	144.84	176.89	264.08	+	+	+
17		象山县	603.42	139.89	160.63	+		
18	福建省	南安市	94.01	254.64	319.03		+	+
19		安溪县	176.73	183.04	219.49	+	+	+
20		福清市	146.43	168.05	242.91	+	+	+
21		长乐区	123.64	246.00	326.87		+	+
22	山东省	荣成市	74.71	77.76	305.41			+
23	湖南省	长沙县	124.24	347.39	443.69		+	+

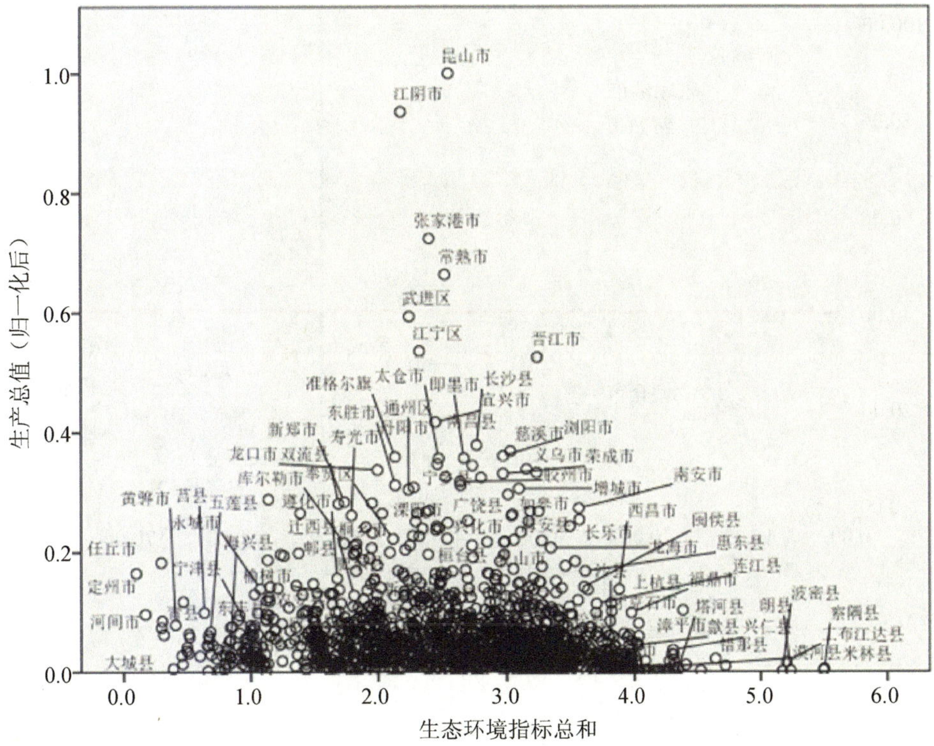

图 8-3 1 666 个区县的“两山”现状分布

在确定研究地区后，借鉴 Ingersoll 定量与定性相结合的分析方法，对研究地区探索分析参数，确定了第一、第二、第三产业的生产总值和生态环境指数的指标，并定量分析在过去 10 年里各个地区的生态环境质量改善情况和重点产业增长方向。对各个地区收集大量的政策文件和规划方案，进行案例分析，得到地区重点扶持和关注的产业发展和调控手段。因此，通过两步定量与定性的分析结果，可以总结出不同建设基础的区县在实现“两山”的目标中，不同的建设路径和典型模式种类。

将中国 1 666 个区县经过统计数据和计算后，由 SPSS ward 聚类分析的结果如图 8-3 所示。从经济发展即 Golden Hills 的分布来看，经济指数处于 0.2 以下，水平较低的区县分布占 90%以上，中国区县经济不发达地区的基数较大。从 Green Mountains 来看，生态环境质量在 3 以上的地区约占 40%，这主要是由中国东南部气候湿润，森林植被丰富，而西北部气候干旱，荒漠土地分布较广的自然条件所决定的。从整体来看，Golden Hills 和 Green Mountains 表现较优秀的区县，较多分布在中国东南沿海，即浙江、江苏、福建、山东四省。

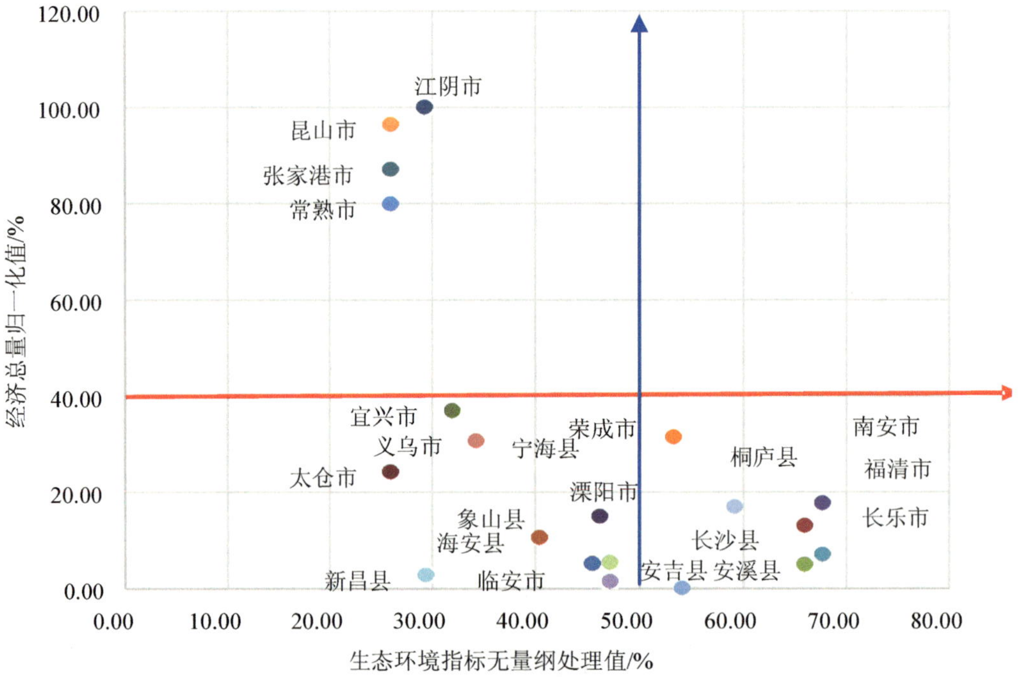

图 8-4 二次筛选典型地区“两山”现状分布

8.2.2 典型模式案例

8.2.2.1 创新创业模式——海安县经验

积极构建富有活力的创新格局，打造以企业为主体、市场为导向、产学研相结合的科技创新体系。明确在创新体系中，企业是主体，高校院所是基础，政府是推动者、服务者和策划者，突出企业主体地位，推动创新政策、创新资源、创新人才向企业集聚，使企业真正成为科技创新的投入者、科技成果的吸纳者、高新成果的创造者和产业技术的引领者。同时，加大创新投入，深入且持久地推动科技创新。积极开展"县级机关服务企业科技行"活动，引导企业配备科技辅助，设立科研部门，全面落实好各项科技政策，发挥好政府资金对企业自主创新"四两拨千斤"的导向作用。

大力推进科技与金融紧密结合，创新科技金融产品和服务，形成多元化、多层次、多渠道的科技创新投融资体系。加快各类平台建设，提升产业研究院创新转化功能，提高企业研究院研发水平。支持企业建立院士工作站、博士后工作站、研究生工作站和工程技术研究中心、企业技术中心、校企共建研发中心等"三站三中心"，加快构建以企业研发机构为主体，公共研发平台为补充的平台体系，加大"三创"园区建设力度，真正让各类研发载体成为成果转化的基地、人才培养的摇篮、技术创新的高地。

深入推进协同创新，积极推动创新链与产业链双向融合，促进更多创新成果加快向现实生产力转化。充分利用高校院所人才集聚、技术密集的优势，有效整合创新资源，鼓励和引导企业与高校院所、大企业、大集团开展以项目为纽带的多渠道、多层次、多形式的产学研合作。紧紧抓住市场需求，加大高端技术、高端环节、高端产品的攻关力度。建立健全风险共担、利益共享的协同创新长效机制，加快创新成果从实验室走向市场。

大力发展以高新技术为引领的创新型经济。推动科技创新，把科技优势转化为产业优势、发展优势，大力发展高新技术产业，让产业结构变得减轻、增高、加强、变优。强化高新技术项目引进力度。深入科技人才资源高度集聚的高校院所，努力引进一批科技含量高、市场前景好的科技型项目。瞄准创业板和新"三板"上市企业、知名高新企业，持续开展精准招商、定向招商，努力吸引更多的"高、大、新"项目。加大对带资金、带项目、带技术的高层次人才和创新创业团队的引进力度。强化高新技术企业培育力度，落实好支持科技创新的各项政策，引导企业加快运用高新技术改造提升传统产业，不断提升企业发展高新技术产业的积极性。实施"高新技术企业成长计划"，对科技含量高、市场前景好、发展势头猛的企业实行"一企一策"培育，确保新增高新技术企业数、高新技术产值占规模工业比重逐年提升。

努力打造人尽其才的人才高地。破除论资排辈、求全责备观念，努力造就一支规模宏大、结构合理、素质优良的人才队伍，多渠道引进人才。坚持不求所在、不求所有、但求所用，把先进技术引进到海安，真正实现产业集聚人才与人才引领产业的互动循环。深入推行全员引才、中介引才、以才引才，通过企业引进高端人才、深入高校嫁接人才、建设人才工作站网罗人才等方式，努力开创优秀人才广泛集聚、人才活力竞相迸发、聪明才智充分涌动的生动局面。合理化使用人才。要切实转变用人观念，把人才放在最合适的岗位上，压担子，给机会，充分挖掘和发挥人才的潜力，充分释放他们的能量，真正做到人尽其才、才尽其用。高度重视人才培养工作，县财政设立专项经费，组织和引导企业定期选派优秀人才赴高校院所、研发机构锻炼深造，加快造就一批技术技能型、复合技能型、知识技能型人才。全方位留住人才，人才是实现经济社会可持续发展的最宝贵资源，要以优厚的经济待遇、良好的工作环境吸引人才、留住人才。不断提升人才服务水平，及时兑现各项人才政策，切实解决好住房、子女就学等问题，提升各类人才对海安的归属感。加快建立健全以实绩和贡献为核心的人才评价、分配机制，不断提升人才的经济待遇、政治待遇和社会地位，真正做到待遇留人、事业留人、感情留人。

8.2.2.2 产业发展模式——溧阳市经验

溧阳市在“一村一品”的多类产业发展过程中，立足于本地资源状况，综合考虑区位优势、产业基础和市场条件等因素，因地制宜，扬长避短。宜农则农、宜工则工、宜商则商，发展乡村旅游业、服务业、文化产品、民间手工艺等非物质产业。积极培育发展优势明显、特色突出的主导产业和主导产品，全方位、多层次、长链条发展，变资源优势为产业优势、经济优势，变潜在优势为显性优势。创造具有特色的可以走向全国乃至世界的产品。依靠科技创新，加快科技成果转化，提升“一村一品”发展水平。依托优良的生态环境、丰富的农业资源、良好的区位条件，加大力度引进农产品加工企业和贸易企业，引进工商资本、民间资本和外商资本投资开发农业，实现“一村一品”跨越式发展，形成外向型经济新格局。注重理念创新，坚持从实际情况出发，充分尊重市场规律，尊重农民意愿，在“一村一品”形式和内容上做到灵活多样。认识本地资源优势，认识本地发展潜能，努力开发本地特色产品。在当地农民中培养一批农业、商业、旅游业等方面勇于创新的技术人才、管理人才。采取“请进来”和“走出去”的方法，开设多种形式的培训班、讲习班、研讨班，全力培训农民，培养“一村一品”带头人。同时积极开展与高等院校、科研院所的科技合作，支持和鼓励高校科研人员、各类技术人员参与到“一村一品”的建设。

推动产业规模化发展。依托本地自然资源和产业基础，严格遵循“生态优先、科学开发、高效产出”的原则。打造“农产品生产基地”，形成差异化发展模式。如优质粮油生产基地、经济林果生产基地、花卉苗木生产基地、蔬菜药材生产基地、特种水产生产基地、良种家禽生产基地、有机食品生产基地、观光农业生产基地等。通过颁布《农民专业合作社法》，大力发展农民专业合作社，推动资本、技术、劳动力、土地等生产要素的重组，建立合作社与农户的利益联结机制，帮助农民由生产型向生产经营型转变，打造一批现代农业生态园、农家乐、绿色有机农产品产业集群，形成“一村一品”集聚化。

推动产品产业品牌化、市场化发展。大力培育名牌产品，树立品牌形象，发挥品牌效应，推动“一村一品”的发展。通过积极推进农业标准化生产，认真贯彻落实《农产品质量安全法》，推广标准化生产模式，建立完善的农产品质量标准体系、农产品质量检验检测体系、农产品质量标准技术推广体系、农产品质量监管体系。扶持一批有较强开发加工能力和市场拓展能力的骨干龙头企业、农民专业合作经济组织，推进农业品牌化发展。引领生产经营主体，积极发展无公害农产品、绿色食品和有机食品生产。鼓励有条件的特色产品，申请注册商标和原产地标识，加强品牌的宣传、保护和推广，提高“一村一品”的信誉度和知名度。推进现代流通网络建设，进一步拓宽“一村一品”发展空间。发展“一村一品”产品直销配送、连锁经营、电子商务交易等流通方式。建立健全市场信息发布制度，发挥市场引导作用，为“一村一品”发展提供及时、准确的市场信息服务，实现产销对接，提高产销率。扶持一批有规模的批发市场和产品集散地，积极推进“一村一品”产品物流服务体系建设，促进产品有效快速流通。

首先健全“龙头企业＋基地＋农户”的产业化经营机制。大力培育农业新兴企业，壮大现有龙头企业，即具有产业带动能力的规模型龙头企业。通过构建市场联结机制，在家庭承包经营的基础上，依靠龙头企业带动和农民专业合作社、专业协会连接，按照市场需求与农民签订产销合同，龙头带基地，基地和协会联结农户，产、供、销一体化，形成“一村一品”产前、产中、产后有机结合的产业链，以及第一、第二、第三产业协调发展的产业体系。其次提高商品率和加工转化率。依靠龙头企业从事农产品精深加工，在“一村一品”的基础上建设原料基地，建立新的生产经营机制，开发科技含量高、市场竞争力强、销售前景好的产品，提高农产品的商品率、加工转化率和附加值。最后构建利益联结机制。加强龙头企业和农户之间的协作和配合，形成企业和农户有效的利益联结机制，调动企业和农户两方面的积极性，不断扩大“一村一品”经营规模，大力发展各具特色和竞争优势的产业群体。

推进科技创新，强化工业现代化发展。大力开展农业关键技术攻关研究，解决农、林、牧、渔生产和加工中的重大技术难题，全面提升农产品科技含量和竞争能力。深入实施农业三项更新工程，围绕全市优势农产品主导产业发展的技术需求，加强名、特、优、新品种和成熟技术的引进、推广，重点推广一批对增产增效增收作用显著的新品种、新技术、新工艺，特别是优质、高效、特色农产品生产技术，实施农业和工厂化种养技术和资源综合利用技术等。加快建立以企业为主体的自主创新体系，强化技术创新平台和载体建设，鼓励、扶持建立以市场为导向、产学研结合的企业自主创新体系。加强农业基础设施建设，不断提升农业抵御自然灾害的能力，促进农业设施现代化、生产环节机械化、管理手段科学化、农业运行安全化、发展全程信息化。增强农业安全防控手段，提高作物病虫草害的预测、预报能力和动物重大疫病的防控阻击能力，完善预警机制。提高设施农业的装备化水平。力争在农产品深加工、农产品分级包装和储藏保鲜等手段支持方面有新起色。加强信息化硬件配套设施建设。

8.2.2.3 生态环境保护模式——黄山市经验

通过建立生态补偿和生态环境保护机制，加大生态环境保护力度。黄山遵循“保护第一、科学规划、有序开发、永续利用”的原则，将环境保护和生态建设同步列入国民经济与社会发展规划，建立生态补偿机制和生态保护机制，大力推进生态环境建设。良好的生态环境可以推动黄山市的外向型经济发展。借助生态、旅游、文化等特色资源和优势品牌，积极融入长三角经济圈，通过开展对外开放年、举办国际旅游节暨安徽文化节等活动，有力地促进外向型经济的发展。

坚持旅游规划引导，明确旅游经济发展格局和定位。旅游是黄山最大的特色和优势。依托得天独厚的资源条件，大力发展旅游经济，使黄山跻身于中国旅游竞争力百强城市，并荣获中国优秀旅游城市、中国魅力城市世界特色魅力城市，享誉全国乃至全世界。黄山坚持旅游资源保护、旅游产业和旅游事业的统一协调发展，科学编制旅游发展规划，大力推进旅游产业内部结构优化升级，严格遵循《世界遗产公约》，认真贯彻国家《风景名胜区条例》等法规，强化保护措施与职责，使黄山旅游资源得到有效保护。

围绕旅游商品、山区资源利用、高新技术发展绿色工业。黄山地处新安江、钱塘江、富春江源头，全市森林覆盖率达 77.4%。保护好良好的生态环境，关系到本地的可持续发展，也关系到下游浙江发达地区的生态基础。按照中央关于新型工业化的要求和导向，确立了“三个围绕、一个不上”的工业发展原则，即“围绕旅游商品、围绕山区资源、围绕高新技术办工业，不上一个污染环境、破坏生态项目”；编制高起点的新型工业化发展战略规划，出台发展“绿色工业”的政策措施，制订“443”行动计划，促进黄山市特色工业有序健康地发展。

以村落为单元发展农村休闲旅游经济。黄山市是典型山区，80%山场、70%农民。为有效解决“三农”问题，黄山始终强化农村经济基础地位，扎实开展“千人扶贫”工程、推进农业产业化、兴办乡村旅游、创新农村工作机制；按照中央关于建设社会主义新农村重大战略决策，及时启动实施“抓百村、促千村”工程；积极创新途径，以世界遗产西递、宏村为龙头，大力发展古徽州村落游，从而有力地促进了农村经济的发展，使农民生活水平大为提高，农村综合发展能力大为增强。

实施生态环境分区分级管控，加强生态环境监管。以环境主体功能区划落地实施构建“基础骨架”，以生态保护红线划定确立“生态高地”，形成生态安全总体格局。以保护自然生态安全、维护人居环境健康、保障农产品产地环境安全等为目标，开展分区分级保护，分层次推进空间用途管制落地。划定生产、生活、生态空间管制界限，落实用途管制，制约空间开发行为，研究制定主体功能区建设的配套政策，制定差别化绩效考核评估体系，形成符合各区域主体功能定位的导向机制，系统提升生态保护水平，不断增强生态服务功能。同时，加强对国家重点风景名胜区、国家级自然保护区和国家森林公园等重点资源开发的监控，严格控制自然保护区、风景名胜区、交通干线等环境敏感区域周边的矿山开采活动；加强旅游开发监管，重点是对生态敏感区域旅游开发项目的环境监管；在生态监察试点的基础上，进一步开展对矿产、水、森林、湿地等重要资源开发的生态保护监管，确保区域生态环境的稳定与安全。

加大对生态功能区转移支付力度。从生态资源保护、污染防治、村镇环境综合整治、防洪保安、生态移民、生态工业园区建设、环保能力提升等方面做好生态补偿试点项目的谋划和编制工作，同时，加强项目建设的日常监管，确保项目顺利实施，以项目为载体，发挥生态补偿资金的生态效益和社会经济效益。强力推进重点区域环境风貌整治、生态农业建设、增殖放流、园区基础设施建设、企业转型升级、城镇污水处理、农村生活污水处理、生态林业建设、地质灾害防治、水库建设，着力加强生态环境综合整治，从源头控制污染，积极探索建立环境共治、产业共谋的发展模式。

加强规划控制和联防联控。严格落实决策—论证—审批—实施等全程监管，根据国家综合规划，对重要地段、关键节点和生态敏感区域实行单元控制，做到精准治理。同时，加强全流域的联防联控、合力治污，上下游定期交流协商，建立完善的跨省联合监测、汛期联合打捞、联合执法、应急联动等横向联动工作机制。推进防治监管平台及水质监测中心建设，加强流域环境监管力度。

强化立体保护和全民保护。强调各级政府重视、全民参与。把综合治理作为生态强省建设的“一号工程”，建立直属部门和地市联动的工作推进机制。在考核中，弱化经济指标，加大生态环保指标的权重。成立综合治理和生态补偿试点工作领导小组，专门设立重点项目的生态建设保护局，各区县也分别成立相应的组织机构。在政府门户网站设立专栏信息平台、微信公众平台，及时公布试点工作动态，开展公众意见征求和有奖举报等，提高信息公开度和公众参与度。此外，加大宣传力度，发动公众参与到新安江环境保护；组建志愿者队伍，常年开展“保护母亲河”志愿行动；实施市—县—乡—村“四级”河长制，落实 527 名“河长”责任，组织实施包保河段环境综合整治。

创新生态补偿投融资机制。按照“政府引导、市场推进、社会参与”的原则，创新资金筹措机制，多渠道解决资金投入问题。为引导社会资本加大生态建设投入，促进产业转型和生态经济发展，由原来末梢污染治理转变为源头控制，从根本上减少对生态环境的压力。探索设立新安江绿色发展基金，不断加大资金整合力度，将农业、林业、水利等专项资金与生态补偿项目打捆使用，充分发挥资金效益。积极申报亚行贷款项目，探索采取 PPP 模式支持污染防治。

结合不同要素类的综合治理项目实施情况采取针对性控制措施。科学分析生态环境质量改善与项目建设的内在关系，进一步优化资金投向，提高资金使用效率以及流域管理决策的科学化、精细化水平。针对流域整治，全面覆盖村级保洁、河面打捞、网箱退养、重点河道综合治理、采砂洗砂治理、重要支流水草治理、农药集中配送网体系建设、规模化畜禽养殖整治、入河排放口整治、沿河服务行业污水处理。

开展生态示范区、生态文明展示区的建设。积极推进生态县创建工作，完成国家级生态文明建设示范区创建；结合美丽乡村建设，大力推进生态乡镇、生态村创建工作，使国家、省级生态乡镇、生态村的比例逐年提高。并且，对已创成的各级生态乡镇、生态村实行动态管理，加强跟踪监管和督查。以生态环境保护建设工程为抓手，加快以加强黄山风景区生态环境保护、加强新安江流域环境综合整治、自然资源保护、城市环境综合整治、农村环境综合整治、加强可持续发展的生态经济体系建设、加强交通干线生态屏障建设、加强重点景区景点的环境综合整治等八大任务为重点的生态建设步伐。

8.2.2.4 环境整治模式——宁海县经验

宁海县海洋资源和可再生能源丰富。拥有“港、涂、岛、渔、景、能”等海洋资源，组合优势明显。以良好的循环经济基础，形成了以园区为载体，以循环产业链为联动，以示范企业为龙头的发展模式，宁海湾循环经济开发区和东海岸农业循环经济示范园为省级工业和农业循环经济示范园区，宁海工业循环经济产业链和生态农业循环产业链不断完善，工业固体废物综合利用和生态循环农业示范企业发展良好。宁海县不断实行大循环战略、循环型生产方式基本形成，更率先构建起覆盖全社会的资源循环利用体系。

打造循环经济发展新主题。推动农业、工业、服务业的共生耦合，构建以海洋循环产业体系开发区和宁海科技工业园区为副中心，以新能源基地、绿色生物医药基地、新型建材综合利用基地、节能电器基地为“四基地”的“一二三产”融合工业循环经济布局。构建东海岸农业经济示范区、三门湾西海岸特色农渔业区、香山港海洋渔业示范区三大核心，以功能定位清晰、发展导向明确、土地利用节约为导向，立足县域内的大循环、不同产业间的中循环和企业、农户点上的小循环，布局涵盖全区的农业发展空间。着力打造蓝绿六大生态旅游片区，包括滨海休闲旅游区、滨海湿地旅游区、港湾度假旅游区三大蓝色滨海旅游区，以及森林养生旅游区、温泉度假旅游区、乡村生态旅游区三大绿色山地旅游。

构建循环型生产方式。建设清洁能源生产与应用体系。根据宁海县传统渔业和滨海旅游的特色，运用循环经济理念，构建海水养殖与捕捞、海产品精深加工及流通、海洋湿地旅游“一二三产”联动发展的海洋渔业体系，推进蓝绿交融、山海湾联动的生态滨海旅游。在已有循环经济发展的基础上，充分发挥宁海湾循环经济开发区和浙江东海岸农业循环经济示范区的示范作用，不断提升和完善农业和工业循环经济产业链，构建农业种养殖、农产品加工、农业技术研发和观光休闲农业的工农业复合体系。

健全社会层面资源循环利用体系。完善城市生活垃圾回收利用体系，加强城镇生活分类回收、密闭运输、集中处理，在乡镇附近的村庄实行生活垃圾分类回收示范试点，提高全县生活垃圾、餐厨垃圾分类回收和资源化利用率，每个社区或每 1 500 户居民设置一个回收点。开展餐厨废弃物回收和资源化利用，推动宁海中心城区、宁东新城和西店卫星城建立规模较大的垃圾收运体系示范点，加大对餐厨废弃物资源化利用和无害化处理的监管，出台有关经济激励政策，支持餐厨废弃物资源化利用设施建设，鼓励利用餐厨废弃物生产沼气、工业油脂、有机肥等。深化生产系统和生活系统的循环连接，构建布局合理、资源节约、环保安全、循环共享的生产生活共生体系。

创新循环经济发展激励机制。探索土地流转途径，深入推广由农民专业合作社、农业龙头企业为主体的新型规模经营模式，推进农业区域化规模经营，鼓励经营主体根据不同作物的生产季节空闲，相互利用盘活季节性闲置土地，提高土地利用率和产出率。建立海域使用权流转机制，搭建宁海县海域使用权交易平台，积极探索海域使用权证、使用权抵押、使用权交易二级市场，健全海洋资源开发竞争、海洋排污收费、海域使用权审批制等制度。建立试点区域生态补偿机制。开展宁海县西部山区和东部海域的生态补偿试点工作，推动生态补偿工作在法制、市场机制等方面的改革和突破。健全农业政策机制，在产业政策上，两区建设和主导产业专项资金要向生态循环农业项目倾斜，融资、税收、贷款贴息要加大扶持力度，鼓励清洁生产和农业废弃物综合利用，鼓励生态循环农业技术创新和成果转化，增加生态循环农业专项资金，鼓励引进先进农业设施、生物农药应用、资源综合利用等领域应用示范，严格执行畜禽养殖禁养区和限养区制度，推行畜禽养殖业环境准入制度，促进畜禽排泄物减排增效。完善循环经济投融资机制。

8.2.2.5 高效农业模式——福清市经验

优化产业布局，建立富有特色的主导产业和产业群体。根据自身产业的总体布局和基础条件以及市场开发前景，选择了畜牧、水产、水果、蔬菜、花卉为主导产业并把畜牧、水产作为重中之重。在资金、人力、技术及领导力量上重点倾斜，促进了农业内部结构的调整，畜牧、水产业、林果、花卉和蔬菜的产值已分别占农业总产值的 27%、13%、47%、49%和 20.7%，形成一个配置合理、主次分明、灵活有力的主导产业群，有效地增强了农业产业化建设的发展后劲。

建设规模化农产品生产基地，发展规模经营。坚持向规模要效益，在畜牧、水产和种植等产业上培植了一批专业大户，并依靠这些专业大户的生产技术和经营管理经验示范带动其他饲养户、养殖户逐步实行专业、规模生产。据统计，全市现有水产专业大户 50 多户、养猪专业户 71 户，出栏万头以上猪场 1 家，养禽专业户 806 户，存栏万只以上的禽蛋场有 40 家，肉鸭存栏万只以上的有 2 家；水果专业户 20 多户，千亩以上果带有 15 条。全市已基本建立起包括瘦肉型猪、禽蛋、名优水果、蔬菜、花卉盆景、鳗鱼、甲鱼、贝藻类、淡水鱼、网箱养鱼 10 大生产基地和出口创汇基地。其中，猪肉、禽蛋总产量和水产品加工量、加工产值、出口创汇额均居全省首位。

大力扶持和发展辐射带动力强的农副产品加工企业。选优扶强，鼓励多种所有制、多种形式并存的龙头企业。目前，已兴办各类农产品加工龙头企业 140 多家。涌现出全国典型农业产业化龙头企业福建三华股份有限公司、全国最大的大米加工企业中汇大米有限公司和全省最大的种猪生产基地、肉制品加工、蛋品生产基地等多家知名企业，有力地推动了产业化发展，延伸了产业链条，实现了增值增效。

加强闽台农业合作，扩大招商引资。充分发挥侨乡和海峡两岸农业合作试验区的优势，以台资促外资。据统计，全市目前已累计引进台资、外资农业项目 70 个，总投资达 25 亿美元，仅烤鳗业一项，外商投资额就达 8 700 万美元。其中 1 家企业有 15 条生产线，年产烤鳗 2 万 t，占全国烤鳗总产量的 35% 左右，出口占日本市场份额的 40%，年可创汇近 2 亿美元，成为全国最大的县级淡水鳗养殖和出口加工基地之一。又如“三资”企业日怡花卉有限公司，年生产蝴蝶兰 10 万株，70% 出口日本、欧美等地，每年为国家创汇 30 万美元，是福建省最大的蝴蝶兰生产、出口基地。

培育和建立流通体系，拓展国际、国内市场。福清市近年来充分发挥地处沿海、“侨”多等优势，使农副产品在国内大中城市占据着较大的市场份额，并拓展港澳地区及欧美等境外市场为农户解除了“卖难”的后顾之忧，市场的延伸指导了农民生产，实现了农业生产和销售的良性互动和循环。

8.2.2.6 特色旅游模式——婺源县经验

婺源县是位于赣、浙、皖三省交界处的一颗“绿色明珠”。婺源旅游在乡村发端，从油菜花起步，红红火火的农家乐是农民自发组织发展起来的，横跨了第一、第二、第三产业，融合了农业生产、农民生活和农村生态，实际上形成了一种新型农业产业形态，即休闲农业。近年来，婺源县委、县政府抓住建设鄱阳湖生态经济区这一国家战略，紧紧围绕 “建设中国最美乡村、世界文化生态大公园”的目标，把全县作为一个低碳经济试验区进行打造，推动休闲旅游农业不断做强做大，先后获得了“全国首批生态农业旅游示范区”“中国生态旅游大县”“全国中小城市生态环境建设实验区”“中国人居环境范例奖”等多张国家级生态名片。2011 年 2 月被农业部、国家旅游局评为首批 32 个全国休闲农业与乡村旅游示范县之一。

规划先行，科学合理开发乡村旅游资源。婺源县坚持旅游景区开发过程中规划先行的原则，编制了《婺源县旅游产业总体规划》，全县各景区也相应编制了各自的景区开发、发展及保护性规划。同时各景区对照国家级旅游区标准，加快景区开发建设。此外，还结合新农村建设，明确提出要建立农家乐休闲旅游产业园区，发展生态旅游和乡村旅游的思路，并在《关于进一步加快旅游业发展的若干意见》中明确今后几年要扶持一批特色户、形成一批特色村，规范管理，因势利导，以点带面，加速推进，结合村庄整治，优化美化村庄环境和农家乐乡村旅游环境的总体思路。清华镇浮溪村以新农村建设为契机，创造性地运用“一村多点”的方式，组建了农家乐旅游协会，建设文化广场，绿化工程和米文化漫画长廊、新家庭文化书屋等场所，围绕“吃农家饭、住农家屋、干农家活、享农家乐”四大要素，着重抓好旅游项目开发，成立了蔬菜、果业、养殖三大专业合作社，向游客充分展示“中国最美乡村”的农耕文化魅力。

整合资源，增强乡村旅游综合竞争力。按照“一个集团、一张门票、一大品牌”的思路，通过政府引导、股份合作、股份收购等方式，对县内江湾、李坑、卧龙谷等多个精品景区资源进行整合，成功组建了婺源旅游股份有限公司。创新了门票销售方式，为婺源旅游产业走集团化、集约化、市场化发展之路创造了条件。婺源旅游股份有限公司被博鳌国际旅游论坛评为“中国最具竞争力旅游集团”。同时，坚持大小兼顾、互为补充的原则积极引导全县农家乐等休闲旅游产业发展，建立休闲旅游协会，休闲旅游经济从产业起步就步入良好发展的轨道。

勇于创新，大力发展农家乐旅游经济。创新旅游发展道路，高度重视以农家乐为重点的乡村旅游业的发展，充分发挥乡镇政府的主导作用，积极引导和鼓励农民广泛利用当地农村生态、民俗风情资源，开设农家饭店和农家旅馆。近几年来，婺源县乡村旅游取得了突飞猛进的发展，培育了一大批新型农民和农民老板，并在这些新型农民和农民老板的示范带动与影响下，景区点及景观村落的农民也开始开办旅馆、餐馆、茶馆等农家乐。

政府主导，营造乡村旅游良好发展环境。婺源县委、县政府成立了由县委书记挂帅的旅游产业领导小组和旅游管理委员会，出台了《关于加快旅游发展的若干意见》，以发展休闲农业与乡村旅游为总抓手，把休闲农业与乡村旅游作为一项富民工程，高位推进乡村旅游业发展。一是加强对乡村旅游发展的指导和管理。县农业局、旅游局等部门成立了农家乐乡村旅游协调机构，建立了联席会议制度，综合管理农家乐乡村旅游工作，高薪聘请专业人员专职指导和管理农家乐乡村旅游。有关乡镇也成立了旅游发展管理办公室，明确分管责任人。二是加强对乡村旅游发展的政策激励扶持。在税收、信贷、基础设施建设、启动经费补助等方面，对农家乐乡村旅游发展予以优惠和支持，出台扶持政策，免费宣传，免费推介，免费培训，免费提供技术指导，免费进行客源调剂，助推农家乐乡村旅游发展。为解决农家乐发展过程中的资金瓶颈，县政府促成天马集团成立担保公司，替农家乐担保，结合各景区实际，培植了晓起、李坑、江湾农家乐旅游特色村。三是加强对乡村旅游发展环境的综合整治。成立了县联合执法大队，负责对全县环境进行整治。农业部门坚持把冬种的重点放在油菜上，主抓景区景点周边和主要公路沿线两侧区域的油菜种植，牵头对乡镇和景区景观村组织督查和考评，通过以油菜为载体实现第一产业和第三产业的有机对接。林业部门大力开展绿化行动，公路沿线绿化，加大对非法砍伐行为的查处和封山育林力度。水利部门开展河道整治，维护水域生态环境。物价、工商、交通、环保、安监、交警、卫生、国土、税务等部门根据自身职责积极开展一系列旅游环境整治工作。

加强管理，规范乡村旅游经营服务行为。为加强乡村旅游管理，县政府专门制定出台了《婺源县农家乐管理办法》，按照《江西省农家旅馆星级的划分与评定》地方标准，以农家乐乡村旅游的硬件设施、经营服务、卫生防疫、安全管理、活动项目、组织管理等为基本条件，积极开展全县农家乐星级评定工作，加强对乡镇农家乐乡村旅游从业人员的专业培训，以乡镇为主抓好形式多样的农户培训，如组织乡镇村旅游经营户赴四川等地考察取经，组织参加省、市赣都风味团体餐评选活动，聘请江西师大教授为全县农家乐经营服务人员、导游员、宾馆服务人员、景区工作人员进行旅游团队服务意识和阳光心态的专题讲座等。

加大宣传，全方位提升乡村旅游品牌。一是平面宣传，借助中央电视台、《人民日报》、新华社、《中国旅游报》和亚洲电视、凤凰卫视以及新浪网、搜狐网、雅虎网、百度等高端媒体和知名网站，聚集婺源，宣传推介婺源。邀请影视剧组来婺源拍摄。二是立体宣传。每年举办“民俗风情展示”“婺源茶文化节”“中国乡村文化旅游节”等具有浓郁地方特色的活动，吸引八方宾朋。推出“到农家小院做客”“走在乡间的小路上”“婺源乡村过大年”等一系列特色旅游产品，精心制作了农家乐乡村旅游指南宣传品，将乡村旅游作为重点和亮点全力推介。三是流动宣传。组团赴北京、香港、上海、南京等多个城市及新加坡、马来西亚、日本等国内外客源市场召开旅游推介会，并借助旅交会、旅游招商洽谈会等平台宣传推介。与多家旅行社成为友好合作伙伴，积极开展旅游区域合作，主动对接长三角、珠三角、闽三角，加入古徽州乡村旅游联盟、长江中下游旅游联盟，无障碍旅游圈、赣东北旅游推广联合体主动融入“名山、名村、名镇”国际旅游黄金线路，与黄山、休宁、千岛湖、三清山、景德镇、庐山等景区达成合作协议，资源共享，客源互送，联手打造无障碍旅游绿色通道。

8.2.2.7 综合模式——安吉县经验

强化绿水青山环境养护，由过度开发向适度开发转变，打造生态环境引领区。强调生态保护建设的优先性和自然资源的有限性，强化空间管控，严守生态红线，保护生态资源，治理生态环境，节约资源利用，努力以最小的资源环境代价谋求最大的经济社会发展。安吉县地貌分布与浙江省整体格局基本一致，20 世纪 90 年代末，安吉就痛下决心关停占县财政 1/3 以上的造纸厂和煤矿，“十二五”期间更深入推进“三四五”联动，持续打好环境治理组合拳，构建形成县镇村三级网格化管控体系。目前，安吉县森林覆盖率达 71.1%，监测断面 100%达Ⅱ、Ⅲ类水质，县城环境空气质量综合指数为 4.42，市区环境空气质量优良率为 83.6%，生态环境质量已基本达到工业化后期国家标准。

强化绿水青山资源转化，由对立矛盾向统筹发展转变，打造生态经济示范区。把生态环境和社会生产力理解为一个总体性的存在而统一起来，加快促进生态资本化与资本生态化结合互动，实现保护生态环境就是保护生产力，改善生态环境就是发展生产力。对安吉而言，构建资源节约型、环境友好型生态经济产业体系成为根本动力支撑。生态农业方面，从 20 世纪 80 年代初偶然发现的几棵野生白茶树种，到通过人工剪取插穗繁育，变成如今 17 万亩的开采面积，安吉白茶成为国内白茶第一品牌。生态工业方面，在全国率先构建全竹利用产业链和绿色家居产业集群，抢先发展电子信息、通用航空、智慧物流等高新技术产业。生态服务业方面，大力培育“互联网＋”“生态＋”“金融＋”等经济新业态。

强化绿水青山成果共享，由局部突进向全域协调转变，打造泛自然博物园区。积极顺应都市区一体化、扁平化、网络化发展趋势，充分调动区域周边积极因素，突出强化自身在城市区域网络中的特色节点作用，加快推进生态人居绿色化、基础设施一体化、公共服务均等化、社会保障广覆盖，有力促进生态建设成果的全域共享、全民共享。对安吉而言，接轨杭州都市区、融入大上海成为近年来发展的第一战略，特别是安吉抓住全域化打造浙江泛自然博物园建设契机，有效引入一大批长三角优质高端项目，积极推广“智慧安吉”平台开发应用，不断提升城镇发展品质。

强化“两山”理论文化弘扬，由外延扩张向内涵提升转变，打造生态文化创新区。将生态环境的地域宽度、地域文化的底蕴深度和“两山”理论高度结合起来，拓展深化“两山”理论发源地的形象展示、文化宣传带动作用，保护利用各类文化遗产资源，着力打造地方特色文化品牌，为地区发展提供永续动力。目前，位于安吉科教文新区的省自然博物园正在抓紧建设，一个中心馆、十二个专题生态博物馆、多个农村文化馆构成的生态博物馆群体系初具规模，非遗文化展示、乡村大舞台、竹元素和安吉白茶四大特色文化品牌影响力正在释放。未来可进一步创新生态文化供给模式，以浙江自然博物园、安吉生态博物馆为龙头，以与浙江大学共建“两山”建设与发展研究中心为智力源，提升打造中国生态文明博物馆群，谋划建设全国“两山”理论研讨会论坛永久性会址、国际美丽乡村标准化展示中心，推广美丽乡村标准化建设示范案例。

强化“两山”理论制度建设，实现外部约束向内在自觉转变，打造生态改革先行区。一方面，运用“两山”重要思想实践示范县、国家级循环经济示范县、农村产业融合试点示范县、农村信息经济发展试点县等一批试点示范机遇，探索建立“两山”理论实践的可行性制度体系，加快推进黄浦江、太湖源头生态补偿、竹林碳汇交易等一系列生态资源资产化改革，完善投融资体制和行政审批制度；另一方面，创新社会治理模式，进一步推广村规民约，倡导低碳节俭生活，开展公共意识和公民道德培育，加强社区居民自我管理监督，不断提升居民素养品质和城市文明形象，共享美好生态环境。

8.2.3 典型模式小结

通过系统梳理国内“两山”典型模式地区的建设过程，以发展要素—发展路径的思路解析典型地区的典型模式培育特点，挖掘“两山”典型模式的转化机制。

环境整治型的“两山”建设转化机制是落实地区环境整治行动中“源头防控”的基本理念，推进产业结构调整，发展循环经济。针对典型地区的工业污染物排放量大、环境污染严重、环境风险和压力突出的特点。以“源头治理”的环境整治理念，通过推进地区工业企业生产链条的资源循环式利用，补齐产业循环链条，形成完整的循环生态组合圈。同时，优化农林渔牧业的区域布局，发展立体、循环型种养模式，形成生态农业发展体系。在各个产业层面，加强废弃物的回收和综合利用，提高资源利用效率，减少环境污染物排放量，加强生态环境质量优化，实现环境优化、经济发展的“两山”建设。

产业发展型的“两山”建设转化机制是坚持因地制宜，以市场需求为导向，发挥地区生态环境、自然资源等优势，产业化发展。通过建立“龙头企业＋基地＋农户”的产业化经营机制，提高地区农林渔牧产品、自然生态资源、民俗文化商品率、加工转化率和附加值，着力培育地区主导产品和产业。同时，结合“一村一品”的配套建设，实现美丽乡村、特色产业小镇的建设，从农村到城镇实现城市总体生态经济的“两山”建设。

表 8-3 我国“两山”实践六大典型模式

典型模式	建设特点	典型地区
环境整治型	通过开展“源头防控”的环境污染整治行动、调整产业结构，发展循环经济，使生态环境质量的改善成为地区经济发展的原始因素	宁海县
产业发展型	基于地区生态环境、自然资源优势，挖掘特色产业，通过建设“一村一品”“一村一业”的美丽乡村和特色产业小镇，实现“两山”发展	溧阳市
高效农业型	以绿色工业理念谋划农业发展，基于农业作物产业，发展生态循环农业，以集约化、规模化、标准化、产业化的形式壮大农业经济	福清市
创新创业型	通过科技创新驱动、创新创业平台建设，破解资源发展要素的约束，实现生态环境质量提高、经济发展可持续	海安县
生态保护型	通过加强对生态优美、环境污染少的重点生态功能区保护，将其生态质量优势转换为旅游经济发展的原动力	黄山市
特色旅游型	通过开发自然景区、特色“山水”文化、农产品基地、绿色生产企业的等特色资源，结合旅游产业，实现生态经济化的转变	婺源县

高效农业型的“两山”建设转化机制是以绿色工业理念谋划农业发展，以集约化、规模化、标准化、产业化的发展壮大农业经济。将典型地区生产总值较高的农林渔牧产品，通过引进高优品种，培育高效种养模式，提高农业种植效益。优化产业布局，建设规模化农产品生产加工基地，培育现代化农业生态经营和新型流通业态，发展都市型、高附加值的设施农业、生态农业、休闲农业和观光农业。

创新创业型的“两山”建设转化机制是将地区在资源发展型模式下生产要素不足的劣势转化成创新创业发展模式的生产要素，两种发展模式的要素转换优势在于降低“无资源、无产业、无区位”三无地区进行创新创业平台、体系构建时的资源依赖剔除影响。将典型地区的资源禀赋匮乏、交通区位优势不明显、经济发展依靠劳动密集型的制造业，工业结构粗重导致环境压力突出、生态环境质量较差的劣势通过科技创新驱动进行转化，促进资源依赖型发展向科技依托转变、低端生产制造向科技创造转变，实现企业转型升级，生态环境质量提高，经济可持续发展。

生态保护型的“两山”建设转化机制是节制开发地区重点生态功能区的自然生态资源，发展旅游经济。通过严格保护地区重点生态功能区域内的自然生态资源，完善生态保护机制，加强生态环境优化，确保地区生态安全格局无风险的情况下，节制开发建设旅游景区的基础设施，发展商务旅游、文化体验、休闲养生旅游等生态旅游产品系列，实现旅游产业的转型升级。同时，围绕旅游商品、山区产品资源利用、高新技术，推行资源节约和能源综合利用，发展绿色工业，培育生态工业，形成以第三产业为主导，第一产业、第二产业为辅助的“生态经济均强”的“两山”建设。

特色旅游型的“两山”建设转化机制是将地区山水文化、农林渔牧业、工业的原生态产品资源，结合旅游产业发展，实现生态经济化的转化。发挥典型地区突出的文化、农林渔牧、工业建设的资源优势，明确市场主体，完善各项基础设施建设，制定行业标准，规范特色旅游行业设施建设和服务，同时推动关联产业、加工业的发展，以结合旅游业的发展建设模式，以创新思维开发特色旅游产品种类，形成特色山水文化、特色休闲农业、特色渔业开发等旅游新业态，以新型旅游业态的发展路径实现“两山”建设。

8.3 衢州市各县市区“两山”建设基础分析

8.3.1 各县市区的“两山”建设指标评价

结合“两山”转化建设基础的评价体系、衢州各县市区2016年的现状统计数据和2017年政府工作报告的未来发展目标和战略计划，分析当前各县市区的“两山”建设基础。

表 8-4 衢州市各县（市、区）“两山”建设基础指标分析

指标		柯城	衢江	江山	常山	开化	龙游
基本概况	面积/km^2	606.57	1 747.53	2 019.03	1 097.32	2 230.77	1 143.33
	人口/万人	43.9	40.2	61.2	34.1	35.8	40.4
	GDP/亿元	149.46	131.94	250.17	107.09	98.39	189.72
农业资源	第一产业总产值/亿元	11.36	30.80	30.25	9.56	14.78	18.72
	农林牧渔服务业/万元	3 500	918	2 810	2 877	1 550	1 571
	优势、特色产业	柑橘、花卉	蔬菜、畜牧	蜂产业、食用菌	食用菌、胡柚	茶叶、食用菌	笋竹、乌猪、渔业
工业发展	工业总产值/亿元	20.15	51.21	116.45	42.47	26.4	89.17

指标		柯城	衢江	江山	常山	开化	龙游
旅游资源	第三产业产值/万元	112.19	53.74	106.13	47.65	49.08	80.71
	自然生态景区/个	5	7	9	8	7	4
	文化旅游景区/个	2	2	2	0	0	5
	工农业旅游区/个	1	1	0	0	0	0
资源利用	单位工业 GDP 能耗/（t 标准煤/万元产值）	0.08	0.23	0.36	0.66	0.09	0.19
生态	生态环境质量优良率/%	76.8	84.1	83.7	84.6	91.8	78.9
	人均公园绿地面积/m^2	6.5	7.3	12.52	12.46	13.07	10.85
水环境	地表水达到或好于III类水体比例/%	—	—	100	100	100	100
大气环境	空气质量优良天数比率/%	84.90	84.90	82.40	87.50	99.40	82.20
环境容量	二氧化硫排放量/t	3 072.34	3 108.73	7 662.62	5 744.48	3 127.34	4 365.62
	氮氧化物排放量/t	1 464.42	1 720.65	7 336.43	7 194.77	610.68	3 520.41
	一般工业固体废物产生量/万 t	25.67	36.96	55.03	15.85	4.98	25.61
	化学需氧量排放量/t	4 740.49	8 497.67	14 105.85	3 360.38	2 510.32	12 647.17
	氨氮排放量/t	939.77	927.94	1 761.48	455.72	473.76	1 373.62

数据来源：《衢州市 2016 年统计年鉴》。

8.3.2 各县市区“两山”建设基础分析

对表 8-4 衢州各县市区的指标体系进行归一化的公式计算，并落入“两山”典型模式的二维分析框架中后，其结果如图 8-5 所示。江山市和龙游县分别以金山和青山为（0.89，−0.2）和（0.6，−0.1）的分值进入经济发达、生态环境质量较差的 B 象限，柯城区、衢江区、常山县分别以金山和青山为（0.33，−0.06）、（0.22，−0.05，）、（0.12，−0.1）的低分值进入经济规模较低、生态环境质量较差的 C 象限中，开化县则以（0.05，0.35）的分值进入生态环境质量较好、经济发展程度较低的 D 象限中。同时通过三角形法则解析 6 个区县点到 A 象限目标红星的距离（蓝色剪头），黑色的箭头表示生态环境治理路径，绿色的剪头表示典型模式的选择路径。可以看出开化县、常山县在“两山”典型模式的选择上需要加大绿色经济发展的力度，江山市和龙游县需要注意生态环境改善的问题。柯城区与衢江区则需要均衡生态环境质量与经济发展的力度，选择可以改善地区经济结构但污染较小的典型模式。

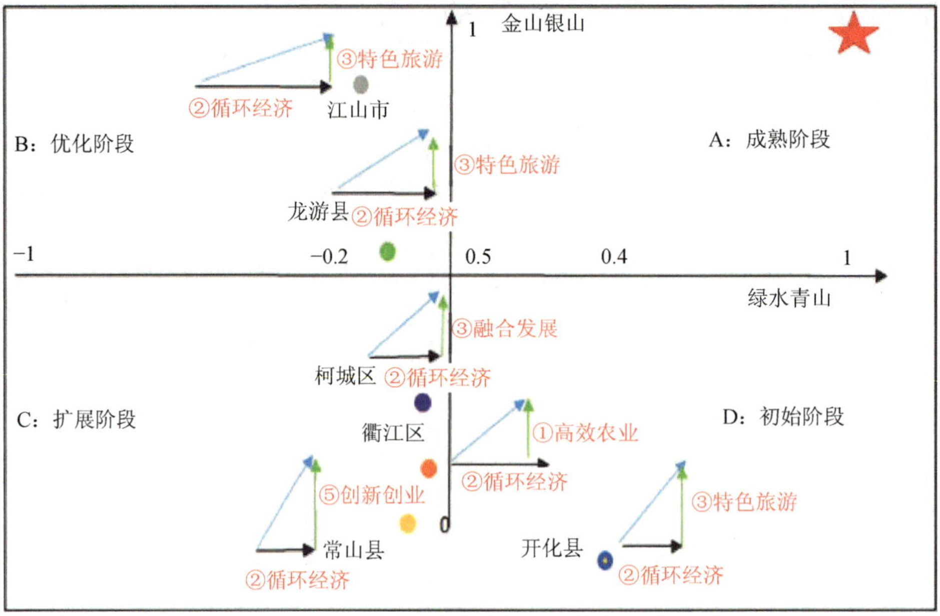

图 8-5　衢州 6 个县市区的“两山”指标评价

8.3.2.1　柯城区

柯城区绿色低碳循环经济发展前景良好，农业旅游区位优势突出。具体指标：①经济方面，2015 年柯城区生产总值为 149.46 亿元，在衢州各区县中排名第三，产业结构和工业结构已率先达到后工业化发展水平，工业总产值规模较小、产业发展方向集中在引起环保建材、能源装备等高新技术产业。②资源效率方面，柯城区资源利用率最高，单位工业 GDP 能耗仅为 0.08 万元产值/t 标准煤。③环境压力方面，废物排放总量相对较低，污染物排放总量相对较高，环境压力较大。④旅游资源方面，柯城区旅游资源种类丰富，涵盖 5 个自然生态景区、2 个文化旅游景区、1 个工农业旅游景区，2016 年旅游业总收入 1.7 亿元，增长 29%。区域交通线路集中在主城区两侧。结合优势农产品柑橘产业，以较高的农林渔牧服务业发展基础和质量，在柯城区形成了以柑橘为主的优势休闲农业旅游经济，自然生态、文化旅游线路仍有待开发。

8.3.2.2　衢江区

衢江区自然、文化资源基础良好，农业旅游优势明显，价值有待挖掘。具体指标：①经济方面，2015 年衢江区地区生产总值排名仅次于柯城区，以人均 GDP 5 741.5 元在地区排名第三，地区工业发展处于中后期优化成熟阶段，行业增长趋势平稳，造纸行业独占鳌头。②资源效率方面，资源利用效率水平尚可，单位工业 GDP 能耗为 0.23 万元产值/t 标准煤。③环境压力方面，废物排放总量相对较低，污染物排放总量相对较高，环境压力较大。④旅游资源方面，各类旅游资源种类丰富，涵盖 7 个自然生态景区、2 个文化旅游景区、1 个工农业旅游景区，2016 年旅游业总收入 36.09 亿元，增长 25%，但是南部交通线路布局空缺。衢江区虽然农业生产总值最高，但农林牧渔服务业产值最低，未来有待开发。

8.3.2.3 江山市

江山市自然、文化、工农业旅游资源丰富，综合旅游产品有待进一步开发。具体指标：①经济方面，2015 年以地区生产总值 250.17 亿元、人均 GDP 8 254.37 万元排名第一，工业行业产值规模较大，其中机械工业优势明显。工业增速平稳，处于中后期优化成熟阶段。②资源效率方面，资源利用率水平相对较低，单位工业 GDP 能耗为 0.36 万元/t 标准煤。③环境压力方面，废物、污染物排放总量均是最高，环境压力突出。④旅游资源方面，江山市涵盖 9 个自然生态、2 个文化旅游景点，交通线路布局完整，有效地串联景区，整合旅游资源，2016 年旅游业收入 76.42 亿元，增长 25.5%。同时，江山市的蜂产业特色明显、食用菌总产值较大、农林渔牧服务业基础和质量较好，可进一步设计、整合各类旅游产品。

8.3.2.4 常山县

常山县农村淘宝模式全国领先，农产品市场未来发展空间较大。具体指标：①经济方面，常山以 2015 年人均 GDP 3 445.67 元在各区县中排名最末，工业发展处于中后期优化阶段，行业增长停滞，总量规模较小。②资源效率方面，资源利用率最低，单位工业 GDP 能耗为 0.66 万元产值/t 标准煤，高于全国平均水平。③环境压力方面，废物排放总量、污染物排放总量相对较低，环境压力不高。④旅游资源方面，常山县涵盖 8 个自然生态旅游景点，交通线路布局完整，虽然常山县农业生产总值最低，但农林渔牧服务业产值相对较高，拥有常山胡柚、油茶、食用菌等特色产业，农村淘宝模式全国领先，农产品市场未来发展空间较大。

8.3.2.5 开化县

开化县生态优势突出、林业经济优势明显，自然生态旅游发展基础良好。具体指标：①经济方面，开化以 2015 年人均 GDP 6 126.85 万元排名第二，经济总量为 98.39 亿元。工业发展水平属于中后期扩展阶段，工业行业产值规模较小，建材、机械行业增速明显，化工行业占主导地位。②资源效率方面，资源利用率较高，单位工业 GDP 能耗仅为 0.09 万元产值/t 标准煤。③环境压力方面，由于总量规模较小，环境污染物排放量最低，环境压力相对最小。④旅游资源方面，开化县的自然生态旅游资源较丰富，2016 年旅游业收入达到 53.12 亿元，增长 25.6%。开化空气质量指数（AQI）优良率达到 99.4%以上，生态环境状况指数（EI）保持在 90 以上，生态优势突出，同时，林业经济相比其他地区，优势明显，结合食用菌、茶叶等农产品发展休闲农业旅游、自然生态旅游综合旅游线路的基础较好。

8.3.2.6 龙游县

龙游县文化旅游、渔业发展特色优势明显。具体指标：①经济方面，龙游经济发展水平排名靠前，2015 年地区生产总值 189.72 亿元，主要工业行业产值规模较大，增速平稳，造纸行业仍占主导地位。工业发展处于中后期优化成熟阶段。②资源效率方面，资源利用率水平较高，单位工业 GDP 能耗为 0.19 万元产值/t 标准煤。③环境压力方面，各类环境污染物排放量较大，环境压力明显。④旅游资源方面，龙游涵盖 4 个自然生态旅游景点、5 个文化旅游景区，且交通线路布局完整，综合比对其他地区，文化旅游和渔业发展的特色优势明显。

8.4 衢州市各县市区“两山”转化典型模式选取

8.4.1 各县市区“两山”典型模式转化路径分析

基于衢州各县市区的“两山”建设基础分析，结合工业文明发展、生态文明建设理论分析衢州各区县“两山”典型模式的转化路径。从县市区层面，形成柯城区、衢江区（中东部平原农业保障区）实现 M→A 的生态经济均衡化的发展路径，江山市（生态屏障区）实现 C→M→A 以“保护生态环境、提高资源利用率优先”的生态经济均衡化发展，开化县（生态屏障区）实现 M→A 的生态经济均衡化的发展路径，常山县（生态经济过渡区）实现 D→A 的生态经济化的发展路径，龙游县（东部工业发展区）实现 B→A 的生态环境优化的发展路径。

8.4.1.1 柯城区

柯城区属于低消耗、低污染地区，“两山”典型模式建设路径为生态经济化，可加强“休闲农业型”模式建设，打造田园综合体。以柯城区突出的柑橘休闲农业为抓手，借助柯城区临近市本级主城区的区位优势，明确休闲农业旅游市场主体，创造市场环境。完善各项基础设施建设，制定休闲农业行业标准，规范休闲农业设施建设和服务，积极推动休闲农业关联产业、农副产品加工、农产品物流链条建设的发展。结合农村民俗文化特点、现代化农业建设，区域内工农业旅游景点，以创新思维开发休闲农业旅游产品种类，构建符合地区特色的休闲农业旅游产品结构，同时形成“一二三产”联动，打造田园综合体。

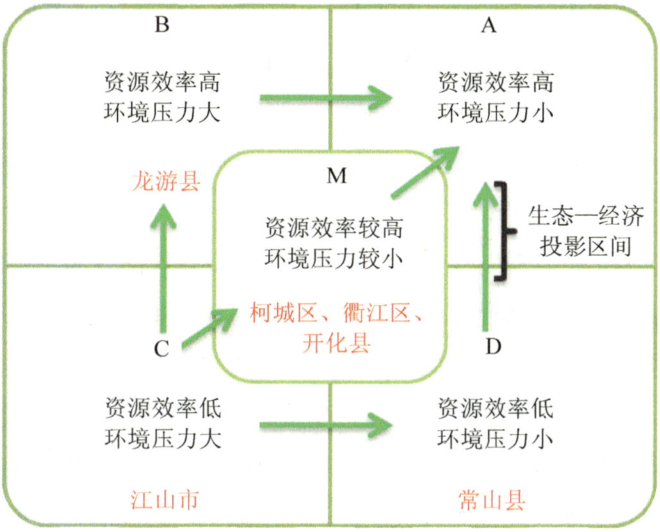

图 8-6 各县市区“两山”典型模式路径分析

8.4.1.2 衢江区

衢江区属于低消耗、低污染地区，“两山”典型模式建设路径为生态经济化，重点培育“高效农业型”“休闲农业型”模式建设。基于衢江突出的农业优势，深化农业科技体制改革，建立农科教相结合、产学研一体化的农科体制，促进农业种养品种优质化和先进适用良技、良法的普及推广。推广生态农业生产技术，发展农村清洁能源，提高农业废弃物综合利用率，在改善农业生态环境的同时，开发休闲农业旅游。完善现有高效农业扶持政策，形成高效农业支农资金稳定增长的机制，加大高效农业生态环境污染的整治力度，改进高效农业生产方式，推进农业产业化经营，实施品牌农业战略，提升农产品市场竞争力。用现代产业经营的理念和组织模式发展农业，形成产、供、销一体化的现代高效农业产业化综合体。以特色优势农产品为重点，以商标、证明商标和地理标志农产品的培育为途径，加强农业品牌的优化整合。

8.4.1.3 江山市

江山市属于高消耗、高污染地区，“两山”典型建设路径为生态环境优化，可应用“生态保护型”“环境整治型”“产业发展型”模式。以江山市丰富的自然生态旅游资源景点为基础，加强生态环境保护、农村城镇环境综合治理，循环改造产业园区，推广农业生态循环模式，推进工业结构调整优化。不断优化生态环境，以村落为单元依靠重点生态功能区发展农村休闲旅游经济。并基于江山工业产业优势，延长龙头企业产业链条，推动特色产业结构升级，以科技创新发展特色产业，并结合美丽乡村、特色小镇建设形成一村一业的发展村镇模式。

8.4.1.4 常山县

常山县属于较高消耗、低污染地区，“两山”典型建设路径为生态经济均衡化，可应用“创新创业型”模式。结合常山生态文明建设基础良好、交通、区位优势，以科技创新驱动避资源禀赋之短，破解发展要素的约束。通过引导企业加快运用高新技术改造提升传统产业，以创新奖励政策制度提升企业发展高新技术产业的积极性。引进一批科技含量高、市场前景好的科技型项目，大力发展以高新技术为引领的创新型经济。提升人才服务水平，实施各项人才优惠政策，推动创新政策、创新资源、创新人才向企业集聚，打造以企业为主体、市场为导向、产学研相结合的科技创新体系，培育“创新创业”典型模式，实现常山县生态经济均衡化发展，稳步提升。

8.4.1.5 开化县

开化县属于低消耗、低污染地区，“两山”典型建设路径为生态环境优化至生态经济均衡化发展，可应用“林业开发型”“生态保护型”“休闲农业型”模式。结合开化突出的林业资源、自然生态旅游资源，花卉园艺的资源产业优势，打造休闲林业与生态旅游经济相结合的发展模式，实现森林资源配置，纵向集成发展，完善地方林业产业配套体系，形成林产品企业生态群落。区域林产业配套，包括基础设施配套、生产配套、创业配套和生活配套等多方面内容。围绕主导优势林产业的龙头企业，延伸产业链，实现集聚发展，规模化经营。围绕生态型主导产业，积极发展林下经济和生态森林旅游等相关产业。加强林业产业园区的规划和政策引导，明确功能定位，实行错位发展。通过政府规划和政策引导，促进工业园区的专业化、特色化发展。

8.4.1.6 龙游县

龙游县为低消耗、高污染地区，“两山”典型建设路径为生态经济均衡化，可应用“山水文化旅游型”模式。以龙游县突出的文化资源旅游优势，打造以古建筑和古遗址为主的保护性开发以及影视、演艺和民间艺术的市场性开发模式。实施以体制机制创新、内容形式创新、传播形式创新的战略目标，推动文化产业和相关产业联动发展、文化产业发展和先进科学技术相交融的一系列发展政策。同时，建立多元化的投融资机制，鼓励和引导民间资本以股份制、股份合作制、合伙制及个体私营等多种形式参与兴办文化产业，逐步形成政府投入和社会投入相结合，多渠道、多元化的文化投入机制，把文化旅游产业培育成为地区的支柱性产业。

8.4.2 各县（市、区）“两山”典型模式培育方案

发挥各县（市、区）“两山”转化优势。以衢州市南北高山、中部平原的自然地理地形、功能定位和经济基础为依据，充分发挥各县（市、区）的基础与优势。促进工业基础和生态产品丰富的江山市生态经济均衡发展，推动龙游县、衢江区、常山县实施经济生态化，推动旅游资源丰富的开化县做强做大生态经济。推动主城区柯城区绿色低碳循环经济发展。

差异化培育各县（市、区）“两山”转化新模式。柯城区以生态环境质量优化为核心，培育“乡村休闲体育运动城”的新模式；衢江区以生态环境质量优化为核心，培育“田园康养综合体”新模式；江山市以生态经济均衡化为核心，培育“文旅康养休闲城”新模式；常山县以生态经济化为核心，建设国际慢城和创新创业平台，培育“宜居慢城”的新模式；开化县以生态经济化为核心，培育“生态旅游”的新模式；龙游县以生态环境质量优化为核心，培育“绿色产业发展”新模式。

表 8-5 衢州市各县（市、区）“两山”建设模式设计

县（市、区）	优势及基础	转化路径	产业培育	新模式	重点载体
柯城区	主城区，绿色低碳循环经济发展前景良好，农业旅游区位优势突出	绿色低碳循环发展	乡村休闲旅游业、高端装备制造业、新材料、科技服务业等低碳产业	乡村休闲体育运动城： 1．围绕森林运动特色主题，打造以灵鹫山国家森林运动小镇为核心的乡村运动国家公园； 2．培育“体育＋”新业态，全面植入体育设施和运动休闲项目，推进体育与旅游、康养、农业、文化等的联动融合	石梁镇万亩橘园、浙八味神农蝴蝶谷、荆溪花海；九华山、大荫山、烂柯山旅游区、桃源七 4A 级景区；森林运动小镇、低碳小镇、高新小镇、围棋文化小镇、柑橘艺术小镇、中医药康养小镇；新材料和高端制造产业园区
衢江区	蔬菜、水果、畜牧业产值较高，较丰富的自然、文化旅游资源	经济生态化	有机、放心、休闲观光农业；康养产业	田园康养综合体： 1．开发牧渔养殖、有机农业种植的智能农园，实现农业生产和食品加工的生态循环化、现代化与产业化发展； 2．推进中国（衢江）中医针灸传承创新试验区、世界（衢江）食品安全创新示范基地、田园康养综合体等项目建设	水稻、瓜果、蔬菜、食用菌、水生养殖、毛竹、茶叶、柑橘、山茶油、水生产品、菌菇类等特色农产品；针灸康养、运动康养、田园康养、森林康养和民族医药康养的五大康养体系
江山市	工业基础好，丰富的自然生态资源，旅游资源丰富	生态经济均衡化	生态旅游业、食品饮料、生物医药、文体用品等健康产业	文旅康养休闲城： 1．打造一个集美丽乡村、康养居住、水上游乐、运动体验、禅修文化为一体的“文旅康养休闲城”； 2．推行产业园区的循环改造和产业升级	江郎山文化旅游风景区、廿八都、清漾村、戴笠故居、仙霞关等周边地区； 工新材料、纺织服装、消防器材、木门、输配电等产业

县（市、区）	优势及基础	转化路径	产业培育	新模式	重点载体
常山县	农村淘宝模式全国领先，农产品市场未来发展空间较大	经济生态化	绿色工业、电子商务、休闲旅游、时尚消费、康体养生、慢生活体验等特色休闲产业	宜居慢城： 1．升级改造传统产业，打造国内重要的钙产业基地、建设大宗商品和电子商务交易平台； 2．建设中国一流的以地质文化为主题的休闲旅游产业集聚区； 3．打造集养生居住、中医文化、民俗体验、滨水休闲为一体的特色健康养生小镇	油茶产品展示展销、仓储物流配送、原材料苗木交易中心、常山胡柚工程建设；奇石文化挖掘、三衢湖省级旅游度假区、常山赏石小镇、三衢石林景区
开化县	自然生态环境好	生态经济化	林业休闲、健康养生、康体运动等休闲旅游产业	生态旅游： 1．建设成长三角地区的国家生态公园、生态休闲养生基地； 2．建设美丽浙江先行区、生态经济示范区、“两山”理念转化实验区等教育性示范基地	根源小镇、龙顶茗香小镇、朝阳健康新城、钱江源国家公园小镇
龙游县	经济较好、文化旅游资源、渔业	经济生态化	生态工业、生态循环农业、特色文化旅游、健康休闲养生产业	绿色产业： 1．加大传统产业绿色改造，深入挖掘文化旅游资源推动文化产业联动发展； 2．打造工业旅游等文旅融合的精品路线、建设国家级文化旅游融合发展试验区； 3．建设集医疗康复、旅游度假、餐饮娱乐、教育培训等完整产业链的高端养老园区	大南门历史文化街区、红木小镇、龙游石窟、民居苑、三门源、龙和渔业文化园景区等景区；儒学、与禅修文化、古道古镇、民风民俗等文化资源；高端装备、高档家具、特种纸、绿色食品饮料、新能源新材料产业；六春湖高山运动小镇、国家体育公园、天池富硒养生基地

第 9 章　生态文化创新研究

生态文化是生态文明建设的重要组成部分。弘扬绿色风尚，培育生态文化体系，能够为地方践行“两山”理念营造良好氛围提供重要支撑。本章系统总结了衢州市公共文化传播现状，从绿色回收、绿色交通、节约用水等方面分析总结了衢州市绿色生活实践与经验，研究提出了创建衢州市生态文化体系及绿色风尚体系。

9.1　衢州市公共文化传播现状

9.1.1　流动文化建设

衢州市通过流动文化服务方式创新倒逼公共文化服务提质升级，形成了政府主导、供需对接、资源优化、管理规范的一整套制度设计，为公共文化服务供给能力较弱的边远地区、贫困地区、民族地区提供了示范样本，形成了具有鲜明特点的公共文化服务“衢州模式”。

以流动大篷车、流动文化馆、流动图书馆、流动博物馆、流动电影院为主体的“5＋X”流动文化加油站服务模式，是近年来创新载体致力公共文化服务的集中体现，重点为公共文化设施服务盲区、偏远山区提供服务，“十二五”期间，共赴基层送书 638 409 册、送戏 5 787 场、送电影 105 518 场，推动了公共文化资源的科学、合理配置。流动文化服务的“衢州样本”在全国推广，2014 年 5 月，文化部“全国基层公共文化服务工作现场经验交流会”在衢州市召开。课题《“文化加油站”——流动文化服务实现路径及标准化研究》被评为文化部优秀课题之一。

“文化加油站”是衢州市打造的流动文化服务创新品牌，是流动文化服务工作机制的一种具象表述。其内涵可概括为：以创新服务方式推动公共文化服务均等化为着力点，通过流动大篷车、流动图书馆、流动文化馆、流动博物馆、流动电影院等“5＋X”载体为终端，形成“四式”文化加油模式，持续、定期、源源不断地向基层和农村输送优质文化资源，切实有效地提升欠发达地区的公共文化服务水平，同时构建起全方位、广覆盖、高效能、标准化的流动文化服务体系，形成一整套供需对接、资源优化、机制灵活、管理规范的公共文化服务新模式。其中，“流动”指服务的形式，“文化”指服务的内容，“加油”则体现出了衢州市开展的流动文化服务在致力于保障基层群众基本文化权益、繁荣群众文化、实现“精神富有”和传播正能量方面发挥的重要作用。

（1）“5＋X”模式统筹协调公共文化服务

流动文化加油站具体表现为“5＋X”流动模式，“5＋X”模式延伸了公共文化服务终端。“5＋X”流动载体的“5”为流动文化大篷车、流动图书馆、流动文化馆、流动博物馆、流动电影院，“X”为流动青少年宫、流动科技大篷车、流动俱乐部、96811 流动图书馆等流动服务方式。前 5 种服务，是地县市级文广新局系统内的服务职能延伸，后面的“X”则体现了大文化的思路，努力突破体制障碍，建立公共文化服务体系建设协调机制，统筹服务设施网络建设，实现跨部门、跨领域、跨系统文化项目的合作，有效实现资源的整合利用，从而整体提升区域公共文化服务水平。

（2）“四有”标准和“四式”加油保障实施

流动文化加油站的建设形成了“四有”基本标准，即有场所、有活动、有队伍、有机制；“四式”加油方式，即公益式、直通式、多元式、播种式。

“四有”：

有场所：统筹基础设施建设。通过流动大篷车、流动图书车、流动电影放映车、流动博物馆展览放映设备，把城区公共文化馆、图书馆、博物馆、影剧院等基础设施和农村文化礼堂有机连接，为群众提供便于聚集、乐于参与、环境相对优越的文化服务环境。文化礼堂是一个以礼堂、讲堂、文化活动场所于一体的农村综合性文化场所，可以开展节庆礼仪、乡风文明、教育培训、文体娱乐等各项活动。通过文化礼堂建设，积极整合农村演出舞台、音像放映、文体活动室、农家书屋、讲堂等各类设施，建立起较为完善的农村加油站终端服务平台体系。

有活动：合理设置服务内容。围绕“文化彩虹，精神家园”主题，将城区图书馆、文化馆、博物馆、影剧院的各类公共文化服务内容和资源，有计划地输送流动到农村文化礼堂里给农民进行“文化加油”，进而传播现代文明，营造人人崇善、人人向善、人人行善的良好道德风尚，不断提高农村文明程度。一是送精品。各类流动文化服务平台依托各线工作资源，积极交流、引进各地各类精品，使群众在家门口就能感受“上档次”的文化服务。二是送新品。如移动“电影院”及时采购城市影院尚未下线的商业电影节目送到农村基层，让老百姓能在家门口欣赏到城市影院播放的电影。三是送服务。根据各地农村对公共文化服务的不同需求，开展分类服务。如偏远山区留守儿童较多，流动文化服务工作者就精心挑选了一批少儿读物、卡通漫画电影和科普展览送到各地进行巡展。

有队伍：整合各项人力资源。一是专业队伍整体转为流动服务队伍。各级各类文化专业队伍就是流动服务队伍，全部有计划、有组织地参加流动服务。如为做好流动大篷车工作，市西安高腔传习所成立了农家乐文化大篷车艺术团，安排了一批固定的核心演员，所里其他演员按需参演。二是建立市县乡村四级流动“文化加油站”工作联络员队伍，具体联络和服务流动文化加油站建设，既是联络员又是组织员还是讲解员。三是建立农村文化礼堂管理员队伍，各村配备一名以上的专兼职管理员，负责农村文化礼堂的日常管理。四是打造一支管理有序、服务专业、覆盖全市的流动“文化加油站”志愿者队伍。目前全市登记在册的流动文化加油站志愿者有 2 万余人。

有机制：建立健全各项机制。2006 年以来，衢州市委、市政府每年都将送戏、送书、送电影等文化惠民工程写入政府工作报告，列入为民办实事项目，列入市委、市政府对各县（市、区）的年度综合考核，有力地推动了流动文化加油站工作扎实、持久开展。每年初将流动文化服务考核目标任务细化分解到各流动文化服务平台，再由相关责任单位制订年度工作计划，通过“一月一汇总，一季一通报，一年一考核”，保障流动文化服务有序开展、落实到位。稳步推进各流动文化服务平台标准化建设，以流动图书馆为例，研究制定了《图书流通操作办法》《图书流通车工作管理办法》《流通点管理员培训手册》《图书流通点准入制度》等系列规章制度，规范了流动图书馆的服务和运行。

“四式”：

公益式加油：实现城乡公共文化服务均等化。流动文化加油站以“政府主导、社会参与、市场化运作”为方向，对农民提供纯公益性服务，运作上不给农民增加任何负担，而且演职人员的吃、住、行等开支也全部自筹解决，即使在偏远乡村只能在农家吃饭，也严格按照每人每餐 15 元的标准支付，不花农民一分钱。

直通式加油：实现文化资源效用最大化。流动文化加油站最大限度地发挥了文化资源的绩效，部分弥补了农村山区政府投入不足、文化资源贫乏等问题。由于各级财政投入公共文化资金远远不能满足实际需求，因此县、乡、村普遍缺文化人才、缺文化器材、缺文化设施、缺文化场所，有的有器材有设施，但不能得到有效利用。为此，流动文化加油站直接开到农民家门口，减免中间环节，充分发挥城市文化资源效用，使政府投入绩效最优化、服务供给最大化。

多元式加油：实现公共文化服务全社会共建共享。内容上，把时事宣传和地方文化普及有效融合。近年来，流动文化平台编送的“最美”系列文艺节目、科技知识普及书籍、展览和影片，深受群众欢迎，起到了寓教于乐的独特作用。另外，地方特色文化是群众最亲切、最喜闻乐见的文化，是最受群众欢迎的。衢州市开展流动文化加油站活动正是传承和弘扬中华民族优秀文化的有效方式。活动主体上，为社会各界开辟了支持参与文化的渠道，搭建了宣传自身、服务群众的理想载体。如团市委几年来与文化部门互动，开展“流动青少年宫”活动，市妇联与文化部门一起在全市开展留守儿童“文化微心愿”活动。江山廿八都民俗艺术团主动申报参与流动文化加油站活动，免费到学校、单位演出。司法、计生、国土、药监、610 办、民航机场等许多部门单位都先后与流动大篷车、流动电影院这些平台合作，宣传自身工作，进一步丰富了流动文化加油站内容，相得益彰。

播种式加油：实现乡风文明。最美现象在衢州发展的实践证明，再发达的媒体传播也不能取代面对面的信息交流和思想教育。社会主义核心价值体系必须融于群众路线中，立足大众、贴近群众、关注民生，通过身边人讲身边事，以身边事感动身边人，才能让更多的群众实现自我教育、自我管理、自我服务，做到内化于心、外化于行。流动文化加油站以流动、灵活、见缝插针的宣传服务形式，将社会主义核心价值观以群众喜闻乐见的文化形式传达给基层群众，用社会主义的先进文化有效占领农村的思想文化阵地，是建设最美衢州、仁爱之城的有效抓手。

（3）“5＋X”模式的服务实践

一是流动大篷车：田野上的舞台。

流动大篷车以衢州市农家乐大篷车艺术团为依托，该艺术团源于对本土剧团——衢州市西安高腔传习所的改制而成，自 2005 年在全国率先启动该活动以来，已巡回演出 1 600 余场，受益观众达 120 余万人，得到了中宣部、文化部领导批示肯定，文化部《文化信息》（2006 年 47 期）、中宣部《宣传信息》（2006 年 40 期）做了专题介绍。中宣部曾派遣调研组专程来调研，认为“形式很好，值得推广”。

流动大篷车的服务对象为：全市范围的乡镇、农村等基层人民群众，以学校、军营、监狱、敬老院等人群为重点。其服务内容包括：

①配合宣传党委政府的方针政策。大篷车把文艺演出与形势政策宣传结合起来，创作编排一系列喜闻乐见的文艺节目，以寓教于乐的专题演出深入浅出地传达党的方针政策和最新精神，引领农民群众积极投身社会主义新农村建设。

②宣传普及与农民群众生产生活密切相关的信息。大篷车可与相关部门单位合作，开展交通安全、食品、药品、土地法、计划生育、小额贷款等与农民群众生产生活息息相关的专题宣传演出。

③免费为农民群众提供送戏下乡服务。大篷车常年流动于农村基层，坚持“不花农

民一分钱”的纯公益原则，全心全意为农民提供优质文化服务，缓解基层群众“看戏难”问题。对大篷车不能到达的偏远山区，以文艺小分队的形式开展演出。

④为基层农村培育和扶持文艺骨干。大篷车在下乡演出时，坚持“送文化”与“种文化”相结合，发现和培育农村文艺人才，把农村文艺骨干自编自演、具有浓厚乡土气息的节目请上舞台，充分展示农民群众的自身才艺。

流动大篷车的服务形式为：

①以流动舞台车为载体开展巡回演出

市本级和各县（市、区）要为具体提供流动文化服务的单位配置一辆特种演出车，展开后可搭建成 90 m^2 的舞台，并配有灯光、音响等成套设备，以此为流动舞台开展巡回演出。市、县（市、区）流动大篷车每年免费送戏下乡不少于 200 场。

②以文艺小分队的形式开展文艺辅导培训

对于天气、路况等不允许大篷车到达的偏远山村，流动大篷车所在单位要组织文艺小分队，步行进村开展演出，并为农民文艺骨干开展文艺创作、表演等专题培训和辅导。市、县（市、区）流动大篷车每年免费为农民群众开展培训和辅导不少于 10 次。

③建立“流动剧院”数字网络服务平台

在网络服务平台建立流动大篷车节目库，并实行动态管理，做到常换常新。适时在《农家报》等新闻媒体上公布多批次的储备节目，供农民群众自由挑选点演，农民喜欢什么节目，就可以点演什么节目，足不出户就可以预约演出，真正做到你点我演，需求互动。

④建立流动大篷车服务联络点

以行政村为基本单元，建立流动大篷车服务联络点，每月做一次演出计划整体安排。在每次演出之前，流动大篷车联络人员与乡镇文化员进行联系沟通，确定演出时间和地点，以通知和预告的形式告知农民群众，演出后还要做好农民群众的意见征集。

二是流动文化馆：欢乐的播种机。

文化馆是中国特有的公益性文化机构，是中国特色社会主义文化发展道路的重要标志，是公共文化服务体系重要组成部分。流动文化馆的服务对象包括城乡广大人民群众，重点向农村农民和社区群体以及城市外来务工人员倾斜。

流动文化馆的服务内容包括：

①开展文化艺术辅导培训。成立馆办文艺团队，培育基层文化队伍和业余文艺骨干，指导和支持基层地区、单位和社会组织创办、组建文艺团队，并积极提供相对应的业务辅导和培训。

②组织策划城乡群众文化活动。积极组织举办符合群众需求的广场文化、社区文化、

企业文化、校园文化、村落文化以及民俗文化等大中型文化活动。

③举办公益性展览展示。组织书法、美术、绘画、摄影等视觉艺术展览，举办非物质文化遗产大型展示活动。

④指导群众文艺作品创作。挖掘当地文化资源，帮助基层文艺团体和骨干加强音乐、舞蹈、戏曲、美术等文艺作品和项目的创作、表演，增强文化产品的供给能力。

⑤开展数字文化馆服务。建立“数字文化馆”网站，动态介绍流动文化馆服务情况，提供师资情况简介和活动报名、展览、辅导、培训等相关服务信息。

⑥开展农民工文化服务。针对城市外来务工人员的文化需求，开展民工文化俱乐部、民工艺术团、民工子女文化夏令营和送戏、送电影等活动，打造外来务工人员的城市精神家园。

流动文化馆的服务形式：

①开展文化艺术辅导和培训

一是指导创办文艺团队。成立馆办文艺团队，指导和帮助本行政区域内下一级文化馆、文化站（中心）开展工作，辅导、培训基层以及社会文化工作骨干和群众性文艺团队。市、县（市、区）文化馆联系辅导文艺团队均不少于 5 个。二是建立辅导基地（示范点）。在本地区设立由本馆人员定期辅导并开展活动的综合性文化活动基地（示范点），市、县（市、区）文化馆综合性文化活动基地（示范点）分别不少于 10 个和 5 个。三是举办培训班。面向社会举办各类培训班，其中“社会文化艺术培训班”市、县（市、区）文化馆每年分别不少于 15 期和 10 期，“未成年人文化艺术培训班”市、县文化馆每年分别不少于 10 期和 5 期。

②开展城乡群众文化活动

一是送文化下乡。以流动文化车的形式开展送演出、送讲座、送辅导下乡，既要为群众提供文化产品和服务，也要为基层提供资金、设备、技能、人才、信息、平台等要素，提升群众自办文化的能力和水平。市、县（市、区）文化馆每年开展送文化下乡服务类别均不少于 5 个，服务项目分别不少于 10 个和 5 个。二是引文化进城。以群众文艺汇演、特色文化比赛、彩色周末文化广场等形式，将民间特色文化引进城，让农村群众参与城市文化活动，实现城乡文化交流的常态化。市、县（市、区）文化馆每年在城市举办基层文化群体参与的汇演、比赛等活动分别不少于 5 期和 3 期。

③举办公益性展览展示活动

立足本市、突出公益，在机关、学校、农村、企业等单位有计划地推出衢州籍各类艺术人才及作品以及区域民族民间艺术并进行流动展示。交流展示形式既可静态展示，也可动态体验，既可实体展览，也可多媒体展示，还可兼办论坛沙龙、公益节庆、网络交流等活动。市、县（市、区）文化馆每年举办展览次数分别不低于 15 次和 10 次。

④指导群众文艺作品创作

以名师带徒、名家传艺和专业帮业余等形式，开展流动文化走亲、结亲活动，实现每位专家和业务干部“带出一个骨干、抓出一件作品、赛出一件奖品”的目标。市、县（市、区）文化馆每位在职业务干部（包括专家）每年指导群众创作文艺作品不少于 5 件，其中获得不同级别评比和奖励不少于 1 件。

⑤开展数字文化馆服务

单独建立“衢州市文化馆”网站，合理设置“流动文化加油站”栏目，以现代数字技术为支撑，实施供需对接的菜单化模式，推进“数字展厅”“数字培训”“数字报刊”等流动文化服务项目，实现群众文化需求的网络交流与互动。

⑥开展农民工文化服务

一是编发《民工文化报》。坚持“写民工、民工写、民工看”的办报宗旨，通过实地采访、时事报道、作品刊登、信息摘要等形式，定期定向免费发放给绿色产业聚集区（经济开发区、高新园区）、双港、东港等开发区的企业工人、社区居住的外来务工人员和民工子弟学校的民工子女，以及城市建筑、餐饮等相关行业的打工人员。《民工文化报》每月编印 1 期，每期发放量不少于 1 万份。二是发展“民工文化俱乐部”。每年暑期开展一次民工子女文化夏令营活动，组织参观博物馆等文化设施、孔庙等文保单位（点）、观看主旋律电影和体验民俗文化活动等，每次免费为民工及其子女提供 1 000 张电影票。发展民工艺术团，不断吸引有一技之长的优秀民工加入艺术团，每年组织开展文艺演出活动不少于 10 次。

流动文化馆针对城乡不同群体文化需求，文化、文联等部门组织各类专业人员，常年免费送美术、文学、舞蹈、声乐、戏曲等培训进农村、社区、校园，打造了如沟溪乡农民书画培训等公益文艺培训活动品牌；通过加强基层文化辅导，开展“文化结亲”活动，组织文化馆业务骨干与基层乡镇结对帮扶，帮助解决结对乡镇文艺骨干培训、文化活动开展、地方特色文化挖掘中遇到的问题和困难；通过培育社会文化团体，积极引导培育社会文化社团，为文化社会新组织提供政策咨询、业务培训、智力扶持等，培育发展了“F16”摄影沙龙等文化社团。

三是流动电影院：家门口的荧屏。

流动电影院服务对象为全市范围的乡镇（街道）、农村（社区）的城乡居民，重点是偏远地区的农村农民、城市外来务工人员和大中专院校、普通高中、基础教育学校在校学生以及城市低保户、社会福利院、敬（养）老院等社会群体。其服务内容为：

①深入基层巡回放映优秀国产故事片、农村题材生活片，丰富基层人民群众的精神

文化生活。

②贴近实际为广大农民群众放映农科专题技术知识纪录片、科教片，帮助解决农业生产中遇到的技术瓶颈，增强农民特别是山区农民致富奔小康的技术本领。

③根据形势要求放映一系列主旋律理论教育宣传片，宣传党的路线、方针和政策，弘扬社会主义先进文化，促进基层群众努力践行社会主义核心价值观。

④围绕党委、政府的中心工作，与有关部门合作，开展计划生育、土地法、社会主义新农村建设等政策法规知识宣传。

流动电影院服务形式包括：

①以流动电影放映车为载体开展送电影下乡活动。购置现代化流动电影放映车，随车配备数字电影流动放映系统（DMS）、服务器存储、播放、投影仪以及立体声音箱等设备，高效、快捷地为农民群众提供送电影上门服务。

②利用固定设施和室内场所为当地群众放映数字电影。整合利用农村文化礼堂或者村内最能聚集人气的广场等文化场地设施，为群众放映他们喜爱的影片。

③组建电影服务小分队。开展送电影到乡镇、到村组、到田间地头，为广大农民送去精神食粮，让农民通过看科教影片，学到技术、增长见识、增加收入。

④定制“电影大棚”推动优秀影片进校园进企业。购置“电影大棚”，在雨雪天气开展送电影进校园、进工厂活动，让学生和务工人员在校园内和厂门口看到喜爱的电影。

⑤配合开展主题教育公益宣传。通过村广播、车载小喇叭和现场广播、映前公益广告等形式开展政策法规、精神文明建设等主题教育宣传活动，充分发挥农村数字电影的宣传教育作用。

流动电影院的服务模式，一方面通过购买广电总局数字电影节目管理中心的节目、制订全年送电影计划任务、购买放映服务，由 7 个放映公司和 11 支放映队将电影送到全市 1 700 余个农村。另一方面不断提升服务档次。逐年加大非公益类电影节目订购力度，及时采购城市影院尚未下线的商业电影节目送到农村基层，让老百姓能在家门口欣赏到城市影院播放的电影，使流动影院上档次。同时流动电影院还注重搭建科技宣传窗口服务基层，科学设置和调整播放影片内容，将原先纯影视欣赏调整为故事片＋科教片模式，寓教于乐，受到群众欢迎。

9.1.2 农村文化礼堂建设

梁漱溟有言：“中国社会是以乡村为基础和主体的，所有文化，多半是从乡村而来。”在衢州市，这一乡村文化在继承的基础上，又被赋予了时代的五彩缤纷。衢州自 2013 年以来，市、县、乡三级坚持因地制宜，立足“建管用育”一体化，扎实推进农村文化礼堂建设，不断夯实了全市农村小康社会建设的基础。截至 2016 年年底，全市累计建成农村文化礼堂 535 个，行政村覆盖率超过 36%，江山、龙游、衢江、常山、开化 5 个县（市、区）被列入省级农村文化礼堂建设工作先进县。

（1）柯城区——创新“放学来吧”模式

柯城区围绕农村文化礼堂“何以可为、何以可用”这一主题，积极探索创新农村文化礼堂建、管、用、育机制，针对孩子们下午四点半放学后无处可去的状况，设计推出了“放学来吧”这一载体，不断加强农村未成年人思想道德教育。

自 2015 年在航埠镇墩头村文化礼堂开展“放学来吧”试点工作以来，目前已在全区 18 个文化礼堂进行了推广。“放学来吧”被《中国文化报》《浙江日报》《浙江教育报》《衢州日报》等媒体相继报道，并得到省领导的批示肯定，2016 年获得全市宣传思想文化工作创新奖。

在农村文化礼堂开办“放学来吧”，主要着眼点是为了有效解决“四点半困惑”，科学填补“四点半”的“四无”空档，让文化礼堂成为了孩子快乐的“大学堂”，成为农村未成年人思想道德教育的“基地”。主要做法是：

整合三方资源，解决无处可去问题。一是整合场地资源，实现固定与流动兼顾。在文化礼堂专门开辟“放学来吧”区块，配齐各类学习、文化、体育用品，确保“放学来吧”有独立、固定的活动场地。整合文化礼堂资源，灵活使用礼堂、讲堂、文化广场、“春泥计划”活动室等功能场所，满足各种活动开展需求。二是整合资金资源，实现自筹与补助兼顾。突出“村为主体”，管理运行资金通过“村里筹一点、学校扶一点、社会捐一点、家长出一点”等方式筹集。2016 年，柯城区将“放学来吧”纳入全区“文化礼堂”经费预算，通过“以奖代补”的形式，予以每个 2 万元的补助。三是整合管理资源，专职与自发兼顾。村两委及“共建生态家园”协会共同组织实施“放学来吧”，确定一名村主职干部主抓。由学生家长和文化礼堂管理员组成“放学来吧”理事会，全面负责“放学来吧”日常管理，并对活动开展和制度执行情况进行监督。

汇聚三方力量，解决无人可教问题。一是汇聚本地村民力量，做到活动开展常态化。组织本村“五老乡贤志愿者”，长期担任“放学来吧”辅导员。如航埠镇墩头村原墩头小学退休校长翁耀良，两年多来坚持参与“放学来吧”活动，为学生上课，从未缺席。同时，鼓励有一技之长的热心村民和回乡寓外人才成为“放学来吧”动态辅导员，不断壮大“放学来吧”辅导员队伍。二是汇聚结对学校力量，做到活动安排科学化。实行村校共建制，根据就近原则，每个“放学来吧”与当地学校结对。学校教师担任志愿者，参与“放学来吧”活动安排、活动组织等，确保活动方向正、质量高，实现校内校外无缝对接。三是汇聚全区志愿力量，做到活动内容多样化。依托柯城区完善的志愿服务机制体系，通过“志愿者家园”，将全区志愿服务队和志愿者引入“放学来吧”，开展丰富多彩的主题志愿服务活动，满足孩子们的需求。

开展三大活动，解决无事可做问题。一是开展文化活动，按需服务聚人气。根据各村实际和学生需求，分别开设有“孝行点赞吧”“故事吧”“阅读吧”“小鬼当家吧”等 10 余个“学吧”种类，孩子根据兴趣自主选择。2016 年全区“放学来吧”累计开展活动 300 余场，参与学生 7 万余人次，“放学来吧”已经成为孩子们的文化乐园。二是开展乡土活动，注重传统留文脉。创设沟溪农民画、万田瓦艺、华墅剪纸等特色乡土课程，建立九华立春祭、余家山头“女儿节”等 10 个非遗传承教学基地，举办学子开蒙礼、大学生欢送礼、成人礼等礼仪活动，有效带动民俗文化、礼仪文化回归乡村。三是开展实践活动，围绕中心重导向。围绕“剿灭Ⅴ类水”等省市区重大决策部署，组织开展争当垃圾分类小达人、文明出行小宣传员、五水共治的河小二等各类社会实践活动，培养孩子们的社会责任感。

传承三项文化，解决无样可学问题。一是传承红色文化，巩固思想根基。开展“侵华日军细菌战展览”“听爷爷讲红色故事”等活动，加强爱国主义教育。开展“我爱读报”活动，引导孩子关心国家大事。二是传承核心文化，弘扬社会新风。围绕践行社会主义核心价值观和“中国梦”主题教育，开展社会主义核心价值观手抄报制作、“我为核心价值观代言”等活动，帮助孩子们树立正确的价值观。三是传承最美文化，筑牢道德高地。举办“万少华团队”事迹进礼堂、柯城区最美微宣讲巡讲等活动，让孩子学习最美。同时，组织孩子参加清洁家园、植树等志愿活动，争当“小孝星”“美德少年”，引导孩子争做最美。

（2）常山县——乡贤风尚

彭川村以乡贤为依托，以文化礼堂为平台，树立乡贤典范、引导乡贤回归、形成乡贤风尚。通过文化礼堂活动，凝聚乡贤力量，反哺家乡，使乡贤参与礼堂的建设和管理，促推文化礼堂在管理制度、资金上得到保障。同时，也使乡贤文化融入意识形态阵地建设中，渗透到广大村民的精神生活中，形成了彭川村文化礼堂的文化特质。彭川村文化礼堂真正成为了彭川群众的“精神家园”。

①搭建“驻堂”平台，完善礼堂制度

自文化礼堂建成以来，彭川村不断探索文化礼堂管理的长效机制，在村两委管护的基础上搭建乡贤“驻堂”平台，实现文化礼堂双管双效。一是乡贤“驻堂”管理文化礼堂。彭川乡贤馆的建设成为聚集在外乡贤的发力点，使在外乡贤深为触动，激发归属感、责任感。乡贤自发会师，成立乡贤理事会，健全理事议事制度，升级成为文化礼堂建设“智囊团”。每月定期召开理事会议，理事会成员按周轮值管理日常开放维护。二是连接便民一站式服务。文化礼堂结合便民中心，引进社保服务点、丰收驿站，农家书屋、快递代理点等服务设施，由村务员和乡贤理事会成员值班全天服务，实现农户“小事不出户，大事不出村”，延伸了文化礼堂的功能，提升了礼堂使用。

②改善经济面貌，支撑礼堂运作

彭川村是辉埠镇人口基数最大的村，同时也是经济基础薄弱、村级组织服务功能差的问题村，严重影响了文化礼堂的正常运作。彭川村从根源着手，借力乡贤汇聚多方资源，改善设施建设，为礼堂长效运营寻求可持续资金保障。一是支持村庄基础建设。在彭川村“文化礼堂环境整治”工作中，经济薄弱导致工作开展再三受阻，江明其、王玉林等七位在外乡贤合计捐款集资 40 余万元，为彭川村基础设施建设扩面工作打下基础。2015 年文化礼堂提升工程中，几十位乡贤回乡动员宣传，拆改老旧房屋，带头改善乡村面貌，使彭川村环境明显提升。二是带动就业致富。制冷设备是村里的主导产业，共有寓外企业家 20 多人，联合创办企业 9 家，年产值 15 亿元，吸纳本村 500 多人就业，带动村民共同富裕。三是集体经济引路出力。村两委与乡贤理事会共商村庄发展大计，5 位乡贤注资 1 900 万元成立川越旅游公司，采取“公司＋集体＋农户”方式运作，村民以土地折价入股，集体以公共设施入股，重点发展苗木种植、民宿开发、观光旅游等产业来殷实集体，用美丽经济支撑礼堂文化、乡贤文化发展。

③弘扬乡贤精神，形成礼堂风尚

礼堂文化是传统历史文化和乡贤文化的融合，通过建设文化礼堂、整理家规家训，倡导良好家风，建设美丽乡村。一是传播乡贤精神，壮大乡贤队伍。注重用乡贤的嘉言懿行垂范乡里、涵育文明村风，发扬向善向上的精神，支援家乡建设的主流价值。在乡愁的感召下，彭川乡贤才俊的队伍不断壮大，成功打造乡贤名片。二是参与村庄管理，实践回报桑梓。村两委队伍中需要培育接地气的“造富人”，同时契合乡贤报答桑梓的愿望，经邀请多位经商创业的青年才俊回村任职。时任彭川村党支部书记的王治俊就是代表之一，他对管理有丰富的经验，不断完善礼堂周边环境，成功打响“拆后示范村”的品牌，谋划建造文化礼堂乡贤馆、扩建文化礼堂老年活动中心，同时聚力发展适合本村的乡村休闲旅游产业。三是依托礼堂活动，凝聚民心。三年来，紧扣“乡贤回归”的主线，彭川每年举办村晚活动，全村共 3 000 多人拍摄全村福。围绕当前“五水共治”“三改一拆”等中心工作，结合“我们的节日”“榜样人物评选”等主题开展专项活动 40 多次，开展技能培训和宣讲活动 100 余场。通过活动来凝聚人心、弘扬道德，形成全村树立“乡贤之名”目标的积极环境。

（3）开化县——以“1＋X”，推进“建管用育”一体化

开化县农村文化礼堂建设以“好礼堂添彩好地方”为目标，学先进，补短板，定主

题，抓特色，以“1+X”模式，推进“建管用育”一体化，取得了一些成绩和经验。先后承办全省地方史志进礼堂现场会，获得全省文化礼堂先进县、全市宣传思想文化工作创新奖等殊荣。主要做法是：

①一盘棋+主题，建出特色

农村文化礼堂建设要赢在起点，必须要有大局意识、全局观念、布局理念。党委、政府高度重视是组织保障，专家指导一脉相承是特色保障。坚持思想认识和技术指导两手抓，两手硬，有效推动了全县文化礼堂的高水平建设。

- 思想认识一盘棋，三级联动零距离

一是整合新农村建设、五水共治、美丽乡村示范县、文化礼堂先进县、全域旅游示范区创建、“十三五”规划等契机，每年将农村文化礼堂建设纳入县政府为民办实事项目，列入党委意识形态责任制、百个乡镇分类争先、宣传思想文化工作考核。县里成立文化礼堂领导小组，县委副书记亲自挂帅，常委宣传部长、副县长分工抓落实。二是乡镇村分别成立文化礼堂建设小组，乡镇党委书记为第一责任人，签责任书，立军令状，倒排时间，挂图作战。宣传委员为总协调，文化员为指导员，村书记为第一责任人，明确分工，层层抓落实。

- 专家指导一盘棋，私人订制高大上

一是建立县级专家指导库，以县文化礼堂专家指导组为核心，同时吸收部门结对专家、文联各协会、乡土文化人才参与文化挖掘，分祠堂、大会堂、办公楼、学校四大类确定整体建筑风格、展陈布局、功能定位，确保整体统一。二是各类专家根据职能分工，“一对一”结对，进村入户，查资料，访农户，挖故事，开座谈，找特色，定主题。专家私人订制设计方案、村歌、展陈、管理计划、礼仪活动，打造360°无死角的服务平台，并提炼一句文化礼堂形象宣传语，让每个礼堂不雷同，有个性，记得住，品位高，亮点大，上档次。如池淮镇潭头村的“醉荷潭头，畲乡风情”，华埠镇金星村的“船上婚礼，深渡人家”，齐溪镇丰盈坦村的“国学讲堂，礼仪飘香”，既简洁明了，又生动传神。

②一套机制+队伍，管出成效

机制和队伍是文化礼堂管理的两大法宝。开化县以一套机制，统筹资源、整合力量，构建党委政府统一领导、宣传部门牵头抓总、相关部门各司其职、社会各方共同参与的管理格局。确保有人管事，管得到位，管出成效。

- 政府搭台，画好一张图

一是高起点规划，多资源整合，出台《关于建立健全农村文化礼堂建设管理和服务机制的通知》，明确县级 18 家文化礼堂成员单位的职责和分工，调动各方发挥职能作用，参与礼堂引导性管理。二是制定《开化县农村文化礼堂考核办法》，以星级管理模式，分精品、优良、普通三档，划开资金补助等级，以分值明确得分点，突出管理机制的占比，从机制上保障管理的到位。三是制定《开化县文明单位结对农村文化礼堂制度》，明确文明单位协助管理机制，从 2016 年起，省、市、县三级共 78 家文明单位每年对文化礼堂“春泥计划”“志愿者家园”进行辅助管理，并纳入文明单位考核。通过微心愿认领、心理辅导等形式，开辟管理新模式。

● 民间唱戏，铺开一张网

一是自主管理，选强管理员。由村党支部、村委会牵头，通过民主选举组建文化礼堂理事会，选定村里懂文化、爱文化、扎根文化的人担任专（兼）职管理员，负责礼堂的开门接待、茶水供应、卫生保洁、音响播放、活动记录、档案管理等事务，形成一套制度、一份计划表、一本大事记、一套活动台账等“四个一”管理模式，确保大门常开、活动常办、内容常新。如桐村镇杜坑村围绕“竹文化”主题，开展全竹宴、竹编技艺传承、竹诗朗诵、竹产品销售等体验＋营销活动，让礼堂功能得到最大延伸。二是志愿服务，增加新动能。借助文化志愿者、驻村干部、生态指导员、民间公益组织、高校学生、企业家联盟等资源，在礼堂内广泛开展志愿服务，以互动完善内容，以服务吸引人气，让礼堂管理注入新鲜血液。如芹阳办事处桃溪村“夕阳红义务清洁队”每天除了清洁村道、河道，还固定组织老年人进礼堂、讲堂管理阅览室、开水间、音控室、老年吧，既发挥余热又充实了管理队伍。

③一个瓶子＋包装，用出活力

文化礼堂，发力点在文化内涵，落脚点在常态使用。我们以“文化＋”模式，实现文化与旅游的深度融合，文化与宣讲的思想创新，文化与经济的协同促进。

文化＋旅游，深度融合。以全县 5 条重点旅游线路为纽带，结合美丽乡村精品村、3A 级景区村、风情小镇、特色小镇、最美马拉松赛道、全域旅游示范区等创建契机，布局以旅游为主题的文化礼堂 26 家，占全县礼堂总建成数的 30%。如池淮镇潭头村把民宿、农家乐、游客接待中心、农民书画室、休闲广场、游泳池、茶楼与文化礼堂连成一体，打造畲族风情，实现文旅深度融合；齐溪镇丰盈坦村成功吸引江苏、上海等地的团队打包进驻礼堂，在暑期开展“国学课堂”，让城里的孩子感受国学魅力，同时吃住在村，既用活了礼堂，又带来了长久效益。

文化＋宣讲，寓教于乐。县乡两级各文化礼堂因地制宜成立“故事沙龙”“故事会”“听堂会”“开讲了”等宣讲机构，整合县民间文艺协会、县非遗协会、县戏曲协会、县老年协会等优质资源，改编创作反映中心工作、农村新貌、饮食文化、好人好事等主题的新老故事，吸引眼球，赢得民心。县级层面由宣传部牵头成立乡风文明宣讲团，围绕“教唱一首歌、教跳一支舞、讲好一堂课，演好一台戏”四项基本任务，以说、学、逗、唱等形式生动表现宣讲主题，使宣讲上接天线，下接地气，老百姓看得住、听得进、悟得了。据统计，自开展乡村故事宣讲以来，专题送故事进礼堂 85 场，各乡镇自主宣讲故事 155 场，培养宣讲志愿者 120 人，开展专题培训 36 次，累计受众达 5 万人次。

文化＋经济，实惠长久。如何破解礼堂运行难的瓶颈，开化坚持两手抓，一手抓有旅游的村，一手抓没有旅游的村。在有旅游业态的村，政府每年拿出一万元作为礼堂运行基础经费，各村在此基础上通过场地出租、婚宴承办、游客吃饭等形式，弥补运行经费不足。如华埠镇金星村盘活资源，把现有的文化礼堂通过招租，每年收取 5 万元租金，另外借助周边的“花牵谷”景区，与旅行社打包合作，带团在村口小溪拍婚纱照，看船上婚礼，然后在礼堂内体验中式婚礼，品尝当地美食，形成一条龙服务；在没有旅游业态，没有旅游收入的村，政府同样补助一万元，同时大力推行“乡贤众筹”模式，发动经营户、老干部、创业老板等各类人士，捐款出力。如齐溪镇仁宗坑村、大溪边乡方田村、村头镇孔山村、马金镇塘口村等依托祠堂募捐，筹集资金，设立了礼堂运行“乡贤基金会”，常态开展民俗活动，实现有人管事，有钱办事，运行持久。

④一个舞台＋人文，育出方向

礼堂文化体现的是社会主流意识形态、主流思想、主流价值。开化以流动文化为舞台，做好“礼”字文章，推动礼节礼仪进礼堂，让老百姓记得住乡愁，守得了文脉。以“人文关怀”为目标，做好“情”字文章，让老人、小孩、妇女各得其所，乐在其中。

育礼仪文化，润物无声。开化自古就有封山禁林、杀猪敬鱼、祈水保苗等传承生态自觉的传统礼仪，也有体现民俗风情、时代新风的迎新礼、敬老礼、拜师礼、升旗礼、村干部就职礼等。我们结合“百姓大舞台”“乡村大舞台”“开化大舞台”“文化走亲”“三下乡”“村晚”“非遗展演”等载体，利用礼堂实现礼仪活动的常态化，让群众成为扬美德、树新风的传播者和践行者。如大溪边乡大溪边村，每年都要在大宗伯祠堂举行“七岁开蒙礼”。小朋友们整齐地站立一排，在老师的引领下，正衣冠、行拜师礼、朱砂启智、开笔破蒙，一项项仪式，将抽象的传统礼仪变得生动活泼，种入孩子们幼小的心田。

育人文情怀，宁静致远。以老年馆、放学馆、手工作坊，培育人文关怀。根据老人、儿童、妇女的不同特点，提供贴心服务。在老年馆内布置养生保健展板、书报架、茶几、茶壶、棋牌，让老年人在里面喝茶、看报、聊天、放松心情。还不定期地举办“养生沙龙”，请县内的医护人员、消防人员讲解养生知识，急救常识；在放学馆设立开放式书吧、作业吧、音乐吧、玩乐吧、辅导吧，既有学习的内容，又有中途的休息，更有全程的老师辅导，家长放心，孩子开心；在手工坊提供桌凳、茶水、来料加工间、缝纫室、十字绣作坊，妇女们三五成群，各取所需，气氛融洽，又能赚钱，感觉生活越来越有奔头。

文化礼堂在建管用育的路上，没有最好的经验，只有更高的追求。开化县注重向兄弟县市取经探宝，取长补短，大胆探索，致力创新，让老百姓在文化礼堂有更多的存在感、获得感和幸福感。

（4）龙游县——理事会负责制激活活力

龙游县溪口镇是省级中心镇、历史文化名镇，是南宋名宰余端礼、南宋状元刘章的故里，全镇共有行政村 14 个。近年来，按照上级党委、政府的部署要求，扎实推进农村文化礼堂建设，已建成文化礼堂 8 家，2016 年规划建设 2 家。在这几年文化礼堂建设运行过程中，龙游县深深体会到文化礼堂“建”是基础、“管”是重点、“用”是关键。2015 年，借鉴附近乡镇的好做法，试点推行文化礼堂理事会负责制，让群众成为文化礼堂的主人。

理事建堂。就是理事会作用发挥要实现关口前移，在文化礼堂建设启动前，由村党支部、村委会牵头，通过民主选举组建文化礼堂理事会，特别吸纳乡贤能人、创业达人、离退休教师、草根明星、最美典型等社会力量和资源参与文化礼堂建设，变要我干为我要干，变干部的事为群众的事。在文化礼堂建设中，理事会成员全程参与礼堂建设方案策划设计、文化长廊资料收集、乡村特色馆建设等工作，挖掘特色文化，讲好先贤故事，传承家训村训，打造“一村一品”“一堂一色”。如枫林村乡贤书画家蓝耀免费为本村文化礼堂内部布置；石角村村干部祝晓峰主动将祖传明代器具捐赠给村文化礼堂；大沃口村退休老教师徐树木主动收集整理新安江水库移民老照片、老票证、老物件，手抄本村徐氏家谱家训，拓印本村历史名人的书籍、字画，筹建起农耕博物馆。

理事管堂。在组织架构上，理事会成员坚持分工合作、各负其责，确保有章理事、有人管事、有钱办事。比如扁石村推选出 2 名企业家、2 名个体工商户、3 名文艺骨干任理事，大家有招出招、有钱出钱、有力出力。理事会还负责招募文化礼堂专（兼）职管理员，长期指导礼堂民俗文化、文明礼仪、文体活动和志愿服务活动。比如溪口村礼堂管理员牵头成立本村“龙游大妈”“龙游老兵”“护水义工”等志愿服务队，围绕剿灭劣Ⅴ类水主动开展巡河护水行动。在制度建设上，因村制宜制定“四个一”管理模式，即一套制度、一份计划表、一本大事记、一套档台账，重大事项由理事会提交村民代表大会表决，运行资金每月对外张榜公布并接受村民监督，确保文化礼堂日常运转有序，自我管理更加规范，阵地功能更加巩固，干群关系更加融洽，真正实现文化礼堂群众管。

理事领堂。当好理论政策宣讲员。围绕五水共治、三改一拆、法治龙游、核心价值观、生态家园、健康教育等内容，开展最美微讲堂进礼堂，面对面开展宣讲，用小故事阐述大道理。两年来，全镇开展各类宣讲活动 200 多场次，参与人数近万人次。当好社会舆论引导员。比如在“五水共治”“ 三改一拆”宣传中，依托文化礼堂，举办一系列活动，让生猪养殖拆迁户上台作表态发言，为护水义工队出征授旗，发布《五水共治村民公约》，发挥了文化人的作用。当好乡风文明传播员。开展“万户家庭传家风”活动，评选“最美家庭”“金牌婆媳”，征集优秀家风故事，举办家风家训进礼堂，特别是把家风家训融入礼仪文化，让家规、家训、家风故事“入馆、入廊、上墙”。比如溪口村傅氏家族素有“社会至先、国家为上”的祖训，全村 6 个烈士中傅氏家族占了 3 个，所以说傅志霄勇救落水男童事迹是偶然中的必然。当好文化活动指导员。坚持让群众当主角，发挥民间“土秀才”、乡土文化能人的力量，挖掘地方特色文化，引导群众自己创作编排节目，让草根成为名人、名师、明星。比如寺下村文化礼堂连续四年举办状元文化节，传承刘章崇学向善、爱国爱乡的精神品质；冷水村许多妇女在文化礼堂感召下不仅自己参加排舞队，还动员丈夫参加排舞队，两年来全镇新增文艺团队 65 支。2015 年镇里成功举办“我们的村晚”，来自各村的 200 多名演员抢着上台露脸，真正实现节目群众编、活动群众演。

（5）衢江区——厚植乡愁基因

衢江区紧紧围绕“文化地标、精神家园”定位，突出乡愁为魂，积极探索“文化礼堂＋”模式，打造了一批具有衢江个性的农村文化礼堂，目前已建成农村文化礼堂 104 家，行政村覆盖率达到 38%。文化礼堂已成为承载乡愁、展现乡风的“村庄客厅”，成为乡村田园里最亮丽的文化地标、农村最具人气的场所。

①固化于制，展现乡村特色

一是提质扩面，凸显地域特色。严格“五有三型”标准抓推进，建设形式上，有新建、改建、扩建等多种形式打造乡村“红色殿堂”。建设内容上，通过开展“寻找记忆中的乡愁”主题活动，着力抓好乡村历史文化积淀挖掘，推动传统文化与现代文明的整合创新，在文化礼堂的建筑风格、展示内容、活动样式等方面形成特色，做到“一村一色”“一堂一品”。

二是健全体制，实现量质并举。专门下发文件，建立区宣传文化系统干部联系文化礼堂建设制度，安排区宣传文化系统干部担任农村文化礼堂建设联系村指导员，建立健全乡镇宣传委员、宣传干事、文化员联系文化礼堂制度，定期组织区、乡两级指导员赴建设村指导文化礼堂建设，确保文化礼堂建设量质并举。组建文化志愿者队伍，每月定期到农村文化礼堂开展各类演出活动。

三是创新机制，开展结对共建。组织开展文明单位与文化礼堂结对，通过志愿者服务、微心愿认领、最美宣讲、文体培训等形式，为农村文化礼堂建设提供支持和帮助。衢州市人保财险衢江分公司与高家镇湖仁村文化礼堂作为示范点开展结对共建。目前，全区共有 131 家文明单位与 56 个农村文化礼堂开展结对共建活动，有力地推动了农村文化礼堂建设。

②物化于形，重塑乡村记忆

一是挖掘传统文化，开展乡愁系列活动。在全区开展深化“寻找记忆中的乡愁”主题活动，持续开展乡愁文化的挖掘、整理，不断做大“乡愁记忆”资料库，做优“乡愁记忆”数据库。围绕中医针灸文化、红色文化、村落文化、地名文化、水文化和放心农产品、非物质文化遗产等“乡愁记忆”，编撰出版《行进衢江·乡愁记忆》系列丛书。结合全区非遗项目分布情况，帮助车塘、洋坑等十个文化礼堂建成村编创十番锣鼓《古乐新韵》、茶灯戏《春开茶园》等十大“记忆中的乡愁”文艺节目。委托专业创作团队为茶坪、塘底等 80 多个文化礼堂建成村创作村歌。

二是传承乡村记忆，建设乡愁示范基地。将地域特色的乡愁文化有机融合到农村文化礼堂建设当中，建成千里岗红色革命纪念馆、杨继洲针灸文化馆、洋坑非遗展示馆、白坞口沃渣纪念馆、沈家农耕文化走廊等一批乡愁示范基地。

三是拓展衍生范围，打造乡愁主题研学旅游线路。充分利用衢江区丰富的乡愁文化资源，规划设计推出一批中医药、放心农业、特色非遗等专题研学旅游线路，拓展乡愁记忆衍生范围，用好衢江乡愁地图，设置乡愁标志牌，开通衢江乡愁直通车，推动文化礼堂留住“记忆中的乡愁”。

③内化于心，打造阵地文化

一是树最美品牌。组建最美宣讲团和爱心联盟，建成衢州首个可以互动体验的尚德乐园。各村文化礼堂都设立“善行义举榜”“好人榜”，以身边模范来教育引导群众学习最美、追随最美、争做最美。并在文化礼堂设立爱心墙、爱心树，开展“微心愿认领”，引领培育良好的道德风尚。组织开展最美微宣讲进文化礼堂活动，每个文化礼堂每年不少于 4 次。

二是设立村党校。立足文化礼堂的农村思想文化阵地作用，充实农村文化礼堂村级基层党校的功能，在推进标准化建设的基础上，加强基础党校规范化建设，为农村党员干部群众学习培训创造良好条件。组织党员干部宣讲团、社科理论工作者、科普专家、实用技能培训师等队伍，深入文化礼堂开展形势政策、反邪教知识、就业技能等方面的教育培训。2016 年举办各类教育、培训、宣讲、研讨会（班）1 000 余期，参加人数 40 000 人次。

三是引乡贤回归。在文化礼堂建设推进过程中，吸引了一批乡贤回乡支持和参与文化礼堂建设。书画篆刻家田人建蕴真阁书画艺术馆；云溪乡蒋村“墙绘名人”胡正亮组建民间墙绘队伍，为新建的文化礼堂绘制墙画；廿里镇民间工艺大师柴春福回乡设置雕刻展陈馆，形成了一批具有一定影响的乡贤文化。

④实化于行，丰富乡愁内涵

一是开展乡愁文化主题宣传教育。优秀传统文化“五进”活动，将优秀传统文化全方位融入思想道德教育、文化知识教育、实践养成教育各个环节，把优秀传统文化思想理念体现在社会规范中，与村规民约、学生守则、行业规章、家庭文明建设等相结合，使其有益的文化价值深度嵌入百姓生活。

二是开展“我们的＋”活动。在文化礼堂广泛开展迎新祈福、儿童开蒙礼、敬老礼、成人礼等礼仪活动，开展乡愁文艺作品创作大赛、非遗传承活动等。开展形式多样“我们的乡愁”“我们的节日”“我们的放心农产品”“我们的河流”等系列活动，增进民众对乡愁文化的了解和认同，培养广大干部群众爱国爱乡的自豪感。

三是开展家风家训进礼堂活动。结合“立”村规（村训）、“晒”家训（家规）活动，开展全区家谱大普查，启动编撰《衢江优秀家风家训集》，编校出版了《袁氏家训》《衢江家谱通览》《衢江区历史文化丛书》，推进家风家训进礼堂，使农民群众潜移默化地感知、认同、领悟、践行。

（6）江山市——善用法宝，以点带面

大陈乡大陈村迄今已有600多年历史，古村文化底蕴深厚，是一座魅力无穷的文化宝藏。但在社会变革的大背景下，传统文化如何搭上现代发展的快车，多年的实践表明，文化礼堂是巩固农村思想阵地、留住乡愁记忆、传播文化文明的最佳平台，已成为实现更高水平文化小康的“文化综合体”。大陈村以打造“文化大陈、幸福乡村”为目标，善用法宝，以点带面，充分发挥文化礼堂的凝聚力、向心力，开展形式多样的礼堂活动，先后被评为省级文化礼堂建设示范村、全国百个宣传思想文化工作示范点，还被誉为中国村歌发祥地等。

一是队伍建设构合力。队伍是文化礼堂建设的基础支柱。近年来，大陈村以文化礼堂为平台，开展“党群一家亲”的文化礼堂活动组织模式，即 1 个党员结对 7 个家庭，互相沟通，凝聚民心，以党员队伍带动群众队伍，带领村民积极参与文化礼堂活动。发掘优秀创作及表演人才，抓好各类队伍建设。大陈村文化礼堂配备了 2 名专（兼）职管理人员，定期组织专题培训，做到专人负责、专业管理，确保文化礼堂的正常开放和日常维护。发动文化业务骨干、老年演出队组成文化志愿者，举办舞蹈、书法、器乐等文艺培训班，培养文化人才，浓厚文化氛围。在此基础上，成立腰鼓队、排舞队、合唱团、宣讲队等骨干团队，广泛开展各类文化礼堂活动，使之成为文化礼堂建设的重要支撑力量。

二是村歌文化为引领。2016 年春节期间，大陈乡赚足了风头，央视《新闻联播》以《浙江：村头大戏台 唱响好乡风》播出大陈乡六村赛歌斗舞的精彩场景，反映出江山市近年来文化礼堂和新农村建设的丰硕成果。在培育礼堂文化中，大陈村注重把村歌文化作为丰富农民文化生活的重要载体，通过村两委带头领唱，村民代表、村民小组长带头传唱，广大村民积极学唱的方式，积极承办各类村歌传唱活动，让村民走上舞台，一展歌喉，迅速在全乡掀起了唱村歌、晒幸福的热潮，形成了独具大陈特色的村歌文化现象。

三是文体活动齐开展。大陈村通过定期举办一系列活动，如“开蒙”礼仪、迎“两新”活动、传统教育讲座、暑期安全教育、农民书法展示、最美评选宣讲、爱国主义教育、党员学教等活动，让文化礼堂成为村民互相分享、比学赶超的文化教育阵地，成为村里最热闹、村民最喜欢的场所。同时，大陈村麻糍文化节、传统婚庆礼仪、农民合唱节等特色文化活动，也开展得非常红火，吸引了本村及附近村民的广泛参与，进一步凝聚了村民的集体归属感，提升了幸福指数。

四是文化走亲更深远。用创新打败乏味，提取“五四三”、美丽乡村创建、美丽庭院等题材中闪光点，不断创作，不断更新，涌现出《劳动号子》《大陈党建新气象》《家风美》《扫把舞》等一批优秀节目在全村表演；以《妈妈的那碗大陈面》改编的首部文化礼堂古装孝道电影拍摄完成、首部村书启动编撰、彭邦卿影展馆开馆等各类活动将大陈村文化礼堂提升到了另一个层次，实现人无我有、人有我优、人优我精。另外，大陈村文化礼堂迎来送往，据不完全统计，文化迎亲次数可达上百次，仅 2016 年就有 38 次，其中不乏“交响的力量”、全国公共文化现场会、省美丽庭院现场会等大型活动，外出文化走亲 20 多次，大陈村农民艺术团也一步步发展壮大，踏着歌声，农民走进了省人民大会堂，走到了北京、上海、新疆等地，登上央视及浙江、安徽等卫视节目的舞台，促使群众积极性更高。

过去几年，文化礼堂为大陈村的发展注入了灵魂，扶正了方向；未来，大陈村将继续沿着“文化搭台，经济唱戏”的路子，深入挖掘文化礼堂内涵，做好“文化＋”文章，朝着打造“文化大陈　幸福乡村”升级版不懈努力。

9.1.3 文化产业建设

近年来，衢州市以文化强市为目标，以政策体系为保障，以深化改革为动力，加快构建文化产业发展框架体系，全市文化产业呈现加快发展的良好态势。截至 2016 年年底，全市文化产业增加值 64.49 亿元，占 GDP 的比重为 5.15%。

（1）集约化水平得到提升

以市域一体、一县一品，完善文化产业发展空间布局，形成了“一园六区”的发展空间格局。一园，即儒学文化产业园区，核心区在衢州老城区，占地 1 200 亩，延伸区覆盖衢州整个城区，拓展区为开化根宫佛国文化旅游区、常山中国观赏石博览园、龙游中国红木家具文化园，这是衢州文化产业发展的主平台。六区，即市域文化产业六大特色功能区，包括柯城、龙游、衢江、常山、江山和开化。

表 9-1 文化产业六大特色功能区

	地点	特色
六区	柯城	奕谷文化创意区
	龙游	红木家具文化旅游区
	衢江	宋瓷文化艺术集聚区
	常山	中国观赏石文化旅游区
	江山	世界自然文化遗产地江郎山和仙霞古道文化旅游产业集聚区
	开化	根宫佛国文化旅游区

（2）融合发展加快推进

树立文化＋、互联网＋思维，突出重点领域，做好融合文章，加快推荐文化与旅游、科技、工业、互联网等融合发展。一是“文旅融合”发展加快，把文化灵魂注入旅游发展。以新老城市建设十大专项为重点，整合带动投资超过 25 亿元，改造提升儒学文化产业园区，根宫佛国文化旅游区在两年内实现国家文化产业示范基地向国家级 5A 旅游景区改变。二是加速“文工融合”，以文化创意助推经济转型升级、市西区老棉纺厂区块通过全方位改造成为充满产业活力和人文气息的花园——258 创新创业园。目前已有“小米影业”等 70 多家互联网、文化创意、基金公司入驻；巨化集团融合工业遗存、商务活动、文化创意、展示和休闲于一体，着力抓好工业遗产街区建设。三是加速“文科融合”，积极运用高新技术产业来经营文化产业。浙江甲壳虫动漫依托现代科技，推动了文化制造业向“文化＋科技＋旅游”的融合转型，规划建设了动漫文化产业园，着力打造国内知名动漫综合体验园，被文化部、财政部、国家税务总局列为“国家动漫企业”。四是加速“文网融合”，积极运用信息技术创新文化产业新形态，加快推进媒体融合发展，完成组建衢州日报报业传媒集团和衢州广电传媒集团，新增 14 家文化企业，初步构建全市文化产业发展龙头雏形。衢州日报报业传媒集团的全媒体数字化传播台，被国家新闻出版广电总局列入第二批数字出版转型示范项目，被财政部列入文化产业发展专项资金支持项目，走在全国地市报改革发展前列。培育了衢州千懿、千色影像等一批内容生产企业，打造了千色影像国内领先的原创微电影、宣传片、短剧等制造基地。

（3）优势产业加快发展

深入实施文化产业“128 工程”，初步形成了五大优势产业集群。一是特种纸产业集群。通过技术改造、延伸链条、兼并重组，推动了特种纸产业高端化、集群化，形成了包括装饰原纸、卷烟配套用纸、圣经纸、壁纸原纸、食品包装用纸等 16 类 70 多个品种，成为省特种纸生产基地、亚洲的装饰原纸生产基地。截至 2015 年，全市规模以上特种纸企业达 61 家，实现产值 163 亿元，同比增长 7.6%，产量约占全国市场的 21%。二是根雕产业集群。在衢州醉根艺品有限公司等龙头企业的带动下，全市根雕产业得到加速发展，探索出了“技艺+产业+景区”的发展模式，全市各类根艺生产企业 30 多家，从业人员近 3 000 人，年产根雕作品超过 30 万件，产值 3 亿元以上，形成了浙江最大、全国知名的根雕产业集聚地。三是衢州黄玉产业集群。衢州是全国少有的优质黄玉核心产区。近年来通过政府引导、交流合作、市场推动、品牌打造，衢州黄玉产业发展呈现出良好态势。目前全市已有 200 多家黄蜡石经营户，雕刻作坊 40 多家，从事石收购、采集的石农超过万人。四是陶瓷产业集群。陶瓷产业是衢州古老的产业，近年来通过文化遗产的抢修、保护和开发，推动了古老产业焕发新姿，开发了莹白瓷、青瓷、黑陶、彩陶等不同品种，其中衢州莹白瓷是我国四大白瓷系列之一，成为衢州首个工业产品中的国家地理标志产品，涌现了三陶轩、衢陶研究院、和睦彩陶等重点企业。全市陶瓷产业产值超过 3 亿元。衢窑研究院研发生产的新产品成为 G20 峰会的宴会用瓷和国礼瓷。常山青石镇形成一个集石生产、加工、销售、展示于一体的全方位开放市场，成为华东地区最大的“青石花石专业市场”。目前全市有 400 多家从事青石花石企业和观赏石经营户，从业人员超 5 000 人，石产业年产值超过 6 亿元。

（4）产业品牌加速形成

2014 年，儒学文化产业园区成功创建浙江首个国家级文化产业试验园区，成为全国 12 个国家级文化产业试验园区之一，进一步打响了衢州南孔文化品牌，构建了闽、浙、皖、赣四省边际文化产业发展高地平台。截至 2015 年年底，园区开发投资 54.5 亿元，入驻文化企业 2 315 家，实现产值 54 亿元。开化根博园为国家级文化产业示范基地，甲壳虫动漫股份有限公司为国家级动漫企业，龙游红木家居文化园、开化甲壳虫动漫有限公司被评为浙江省文化产业示范基地。开化根宫佛国文化旅游区、常山中国观赏博览园、龙游中国红木家居文化园三大拓展区均被浙江省政府列入第一批省级特色小镇，分别被命名为根缘小镇、赏石小镇、红木小镇，进行重点培育建设，形成了龙游印刷、江山羽毛球、开化铅笔、根雕、常山石等产业区块，某些产业领域在全国具有一定的竞争力。

9.2　绿色生活实践与经验借鉴

9.2.1　绿色回收

（1）城区垃圾收集情况

2016 年，衢州城区 169 个小区约 7.9 万户居民和 273 家机关事业单位、国有企业以及中小学校启动了垃圾分类工作，生活垃圾分类收集覆盖面达到 65%。其中居民小区分类收集覆盖率为 55%，各机关事业单位、国有企业和中小学校分类收集覆盖率达 81%，道路机械化清扫率为 64%，设立可回收设施的小区有 10 个。

（2）农村垃圾收集情况

衢州市一直高度重视农村环境卫生整治工作，早在 2003 年就开始了农村生活垃圾集中收集处理，2010 年启动实施农村清洁工程，从 2013 年起，在完善“户集、村收、乡镇中转、县处理”机制的基础上，大力推广以垃圾源头分类为主要内容的“贺田模式”，变盆景为风景。2016 年，全市农村生活垃圾有效集中收集处理已基本实现行政村全覆盖，6 个县（市、区）开展分类处理达标村数达 861 个村，占比 60%，示范村 426 个，占比 30%。

9.2.2　绿色交通

绿色交通基础设施体系基本建成，综合交通运输网络总里程超过 500 万 km。交通运输装备逐步实现绿色升级，淘汰黄标车 117 万辆，运输装备专业化、标准化和大型化水平不断提升。绿色高效的运输组织网络稳步推进，城市公交年客运量超过 900 亿人次，多式联运等高效运输组织模式蓬勃发展。绿色交通科技创新不断加强，交通运输节能减排、生态修复技术的研究应用成效显著，大数据、云计算、移动互联等技术极大地提升了运行效率和节能减排效能。绿色交通国际合作不断深化，中欧班列往返穿梭于广袤的亚欧大陆，促成国际航空减排市场措施决议。

通过衢州市道路运输管理局、国家统计局衢州调查队对衢州主城区进行出行调查情况，衢州市步行、自行车、电动自行车、私人小汽车是出行的主要方式，其比重达 84.3%，绿色出行方式（包括步行、自行车、电动自行车、公交出行）约占总量的 80.7%。

9.2.3　节约用水

衢州水资源丰富，人均水资源占有量达 5 663 m^3，属于丰水区，是衢州一张重要的金名片，衢州市在节约用水方面做了大量工作。

建立节水法规体系。相继出台了《衢州市市区节约用水管理办法》(衢政办发〔2015〕77 号)、《衢州市水资源管理办法》(衢州市人民政府令　第 44 号)、《衢州市市区建设项目节水设施建设管理办法（试行)》(衢住建办〔2015〕193 号)、《衢州市市区超计划用水累进加价水费征收管理办法（试行)》(衢住建办〔2015〕194 号)、《衢州市市区节约用水奖励办法（试行)》(衢住建办〔2015〕206 号)、《衢州市市区生活与公共用水定额（试行)》(衢节水〔2015〕4 号）等系列文件，规范、指导市本级水资源管理工作，补充、完善市本级的节约用水管理制度，对计划用水、超计划超定额加价、“节水三同时”等作了明确规定。

编制节水规划。结合城市总体发展规划，编制完成了《衢州市市区城市节水中长期规划》。已与规划局联合行文上报市政府。

加大宣传力度，提高市民节水减排意识。充分利用“世界水日”“全国城市节水宣传周”和科普、节能宣传周等集中宣传活动，制订宣传计划，使节水宣传走进企业、走进学校、走进社区。

发挥经济杠杆作用。为发挥水价在节水中的价格杠杆作用，衢州市开展了以下工作：一是建立了阶梯水价制度，调整居民生活供水价格；二是调整了非居民生活和特种用水的供水价格，实施分类水价；三是实行非居民超计划用水累进加价政策；四是实行差别水价；五是强化基础工作，提高节水管理整体水平。

积极开展节水技术改造。市经信委出台了推进科技发展计划、推进新型工业化扶持项目（循环经济）资金补助政策，扶持企业实施节水技术改造，积极推广应用节水新技术、新工艺。

9.2.4 存在的问题

（1）农村垃圾减量化、无害化程度不够

尽管衢州市农村生活垃圾分类处理工作已经有了一个良好的开端，大多数农村环境卫生基本能达到洁净的标准，但离减量化、无害化、资源化的高要求，还有不少差距。从工作进展层面看，推进不平衡。还有 1/3 的村基本没有启动，县与县之间、乡镇与乡镇之间工作不平衡，差距较大，6 个县（市、区）中，江山市、龙游县和开化县工作推进较为有力，实施效果相对较好；江山市新塘边镇、双塔街道，龙游县大街乡、庙下乡，开化县苏庄镇、齐溪镇已经实现村村开展垃圾分类，且百姓参与度高，成效明显。而更多乡镇还处在抓点示范阶段。从设施建设层面看，总体比较滞后。目前，全市建成并运行阳光堆肥房和机器堆肥终端房的行政村覆盖率仅有 39.5%，意味着有 60%行政村的可烂垃圾得不到及时处理，从分类收集层面看，规范不够。

（2）农村垃圾回收配套资金不足

据测算，使用太阳能堆肥房的平均每村前期硬件建设投入资金为 18.3 万元左右，其中太阳能堆肥房建设资金 15 万元，使用机器设备的平均每村前期硬件建设投入资金为 48.3 万元左右，垃圾分类工作需要较高的运维费用，而衢州市村级集体经济收入 10 万元以下的村有 726 个，占 48.95%；无经营性收入的村有 914 个，占 61.63%，特别是山区，90%以上的村都是低收入村。虽然近年来县市区不断加大对农村清洁工程的补助力度，但是乡镇、村财力有限，配套资金不足，资金缺口比较大。从工作保障层面看，长效管理不够到位。

（3）节水工作“三个载体”创建数量不足

节水型小区的创建户数不足。节水型企业（单位）的创建还未达到全市用水量≥20%以上，另外还未做到全覆盖，主要涉及医院、学校、宾馆、饭店、车站等。全市公共场所节水器具还未做到全面普及，居民家中淘汰用水器具的量还有所不足。

（4）绿色交通基础设施存在短板

衢州市抢抓“建设大交通，促进大发展”和“交通六大工程”的战略机遇，促进公路交通实现快速发展，以现代交通“五大建设”为主要内容的交通基础设施建设开端良好，四省边际交通枢纽定位取得突破性进展，但仍然存在综合运输通道布局有待完善，基础设施保障能力仍显不足，综合交通枢纽衔接不尽顺畅，综合运输服务水平有待提高，交通运输体制改革有待深化等不足。

9.3 生态文化体系创建研究

9.3.1 保护传承传统生态文化

保护衢州丰富的历史文化资源，深入挖掘和系统阐发衢州文化遗产中蕴含的历史文化、山水文化、生态文化资源，传承衢州传统文化中“天人合一”的生存智慧，“仁爱万物”的道德意识，“崇学尚德”的道德情怀，倡导人与自然和谐的生产、生活方式。

传承动植物保护文化。继承衢州传统文化中对树木的保护传统，挖掘散落在衢州习俗、祭文中有关伐木的禁忌，打造一批具有核心竞争力的文化产品。弘扬衢州传统文化中亲近自然、泽及草木的精神，打造地方文化名片，将其纳入全民教育内容。还原“喝山节”等祭拜仪式，以演出等形式继承和发扬衢江区山林保护的民俗特色文化。

提升河川保护文化。深入发掘衢州对衢江、湖泊、河塘等的保护习俗、乡规，继承和发扬保护水源习俗。注重水文化的保护和利用，以治污为突破口，开展清污工程，实施江河湖库连通工程，同时开展湿地保护和生态修复建设。深入挖掘以姑蔑文化、衢江水路、钱塘江源头为载体的衢州水文化，在保护自然生态的基础上，做活水生态文化旅游业。开展以水文化为主题的民俗文化演艺活动，如衢江南北的接龙祈雨、衢南数十村的流动祭平水禹王等。

弘扬孔子文化。以儒学文化主线，弘扬传统文化，将孔子文化的精华融入市文明素质工程建设体系中，举行“学祭”和小学生“祭孔开蒙”等活动。依托“孔子文化节”“孔子祭祀”等重要纪念日，传播南孔精神。开发儒学文化产业园，以柯城区为中心，以孔子儒学文化为灵魂，以孔子文化公园、孔氏南宗家庙、儒学馆等为依托，深度融合城隍庙、博物馆、论语碑林、吴为山塑孔子像等资源，打造衢州儒学文化核心平台，以儒家文化打造城市形象的亮点。重视“孔子文化”研究，以衢州孔子学术研究会、衢州儒商研究会、孔氏南宗等为载体，开展长期的学术研究和交流活动。

传承棋子文化。传承蕴含人与自然的和谐、天人合一的生态理念的棋子文化。继续举办“烂柯杯”中国围棋冠军赛，抓住烂柯围棋圣地做活棋子文化，开设围棋馆，举办围棋培训班，开展一系列全国性的围棋赛事，建设围棋培训基地等，建立健全较为完整的围棋文化体系。开发传承棋子文化的烂柯山景区，以围棋文化为主题，构建情景体验型主题乐园，以围棋与国学教育为引领，构建国际商务养心度假区，以文房四宝、围棋和其他智力游戏产品为主题，构建文化创意产业园。

兴盛针灸文化。发挥衢州市中医和针灸的传统优势，特别是其中蕴含的“天人合一”和“顺势”文化理念。积极开展针灸培训、交流等活动，加强与中国针灸学会、浙江针灸等学会的对接，扩大衢州针灸文化影响。以杨继洲针灸文化馆、衢江区中医院和杨继洲公园为载体，通过文化产业，传承针灸文化和技艺。大力宣传弘扬以“博学济时、针灸度人、知行合一、爱国爱乡”为主要内容的杨继洲精神，充分发掘当地炎帝神农氏、药王孙思邈及扁鹊、华佗、李时珍在药王山等地采药、居住、问诊的传说故事，把针灸文化与“五养衢江”特别是药材药膳药养有机结合起来，营造浓厚的针灸文化氛围。

推广崇学文化。恢复柯山书院、清献书院等特色书院遗址，形成集国学教育、文物收藏、主题度假于一体的新型业态。继承和发扬现代学校与古代书院合办读经班的模式，从青少年做起，加深对国学的理解和融会贯通。深挖书院教书育人的内涵，依托水亭门历史文化教学示范区，开设“浙里·乡愁”拓展课程，深挖衢州传统文化内涵，传承和发扬水亭门历史文化，延续衢州城市发展脉络，留住衢州文化基因和历史记忆。

加强文物保护利用。加强以衢州城墙、南宗孔氏家庙等文物为代表文化遗产保护，强化文保单位申报，强化不可移动文物保护。在完成衢州市全国第一次可移动文物普查工作的基础上，推进全市馆藏文物数据库建设。完成衢州博物馆基本陈列改造提升和展厅改造，推动新建一批民办博物馆。发挥文物资源在文化传承中的重要作用，丰富城乡文化内涵。发挥文物资源在促进地区经济社会发展中的作用，培育一批文物旅游品牌。大力开发文博创意产品，进一步拓展文物利用综合效益。开展文物经营主体信用评估，规范文物经营活动，鼓励民间合法收藏文物。强化文物立法，争取出台一部地方文物法规。

推进非遗保护和品牌建设。在已编制《衢州市非遗保护规划》的基础上，积极按规划的要求推进实施。推进非遗保护基础设施建设，加强非遗传承教学基地、非遗生产性保护示范基地建设，市、县两级非遗馆实现 100%全覆盖，国家级、省级非遗项目非遗馆（展示馆）实现 100%全覆盖。围绕内涵挖掘、远景规划、文化传承、文旅融合等要素，传承发扬九华立春祭、齐詹记冻米糖制作等习俗技艺。积极推广非物质文化遗产，举办衢州市传统戏剧（非遗类项目）大赛、衢州市“非遗电影节”、衢州市非遗展演等活动，提升宣传水平，扩大宣传效应。

9.3.2 融合生态文化与民生体验

儒学文化小镇打造。围绕南孔文化这一核心，依托衢州儒学文化产业园，按照产城人文融合的思路，以老城改造提升、水系打造、文旅融合开发、文化繁荣复兴为主要内容，谋划儒学文化小镇。做好既包含历史记忆，又具有地域特色，全面反映南孔文化的儒学文化小镇规划编制。在完成北门历史文化街区保护、水亭门历史文化街区保护利用的基础上，继续开展孔氏南宗家庙、中国儒学馆、孔子公园等古街区建设和古建筑保护。大力推进儒学题材文化产品创作，着力发展骨干文化企业和创意文化产业，培育新型文化业态，促进南孔文化资源与文化产业有机融合，形成新的增长点、增长极和增长带，真正推动南孔文化落地。

水韵衢州风光建设。充分发挥区域水资源优势，利用沿江区域形成的大水域、不受水源地保护的湖泊等资源，发展滨水（水上）运动、游憩、观光和休闲度假等。依托衢江、须江、乌溪江等江河，沿江形成水上特色交通和水上运动产品。依托非水源地保护地带水库或溪流，形成汽车营地、度假村、滨水酒店、养生养老基地等产品。以信安湖风景区为抓手，串联南宗孔庙、古城等旅游资源，并向石梁溪、庙源溪等延伸，展现水韵衢州风光。依托五龙湖生态景观层次，以国家生态度假旅游实验区为发展模式，将五龙湖打造成国家生态度假区。以衢江航道为纽带，建设包括衢龙百里黄金水道旅游带、常山港百里黄金水道旅游带、江山港百里黄金水道旅游带 3 条百里黄金水道旅游带。

秀美山川生态旅游开发。依托江郎山、紫微山、大竹海、千里岗等山水生态资源，圈层式保护青山绿水，把观光游览与生态养生、科普教育、休闲娱乐等结合起来，形成内容丰富、功能齐全的综合性生态旅游体系，以江郎山和烂柯山为核心，打造一批生态休闲体验地。围绕“千年古道·锦绣江山”旅游城市形象，充分利用“江郎山”世界自然遗产的品牌优势，以江郎山、廿八都古镇两大景区为主体，联动清漾景区、戴笠故居、仙霞关等，共同打造一个集自然观光、历史人文、休闲度假等多功能于一体的“大江郎山世界遗产”品牌休闲区。以烂柯山景区为核心，以“烂柯仙境、养心圣地”为主题，综合提升景区品质，构建围棋情景体验型主题乐园，构建文房四宝、围棋和其他智力游戏产品文化创意产业园。

自然生态资源品牌创建。以衢州丰富的林、茶、根、石等生态资源为依托，传承民间工艺，打造生态品牌。石文化，依托砚瓦山村和砚瓦洞西砚源地打造石源文化主题休闲村落，以高规格奇石文博、会展和交易场所作为特色旅游吸引物，由观赏石商贸业延伸至奇石文化旅游业。茶文化，充分利用和挖掘开化龙顶茶，深挖龙顶茶文化，打造以龙顶茶为主题的养生度假集群、茶文化养生社区等主题养生度假旅游基地。根雕文化，依托丰富的根雕和精湛的根雕手工技艺，在根雕佛国、青梅园、集趣斋、百木同春的基础上，继续推进根雕文化产业建设，打造以根艺为主题、以生态为背景的根雕文化。

9.3.3 推广衢州生态文化传播

打造文化活动。做精做强孔子文化节、四省四市民间艺术节、毛氏文化旅游节、中国根雕艺术旅游节等大型文化活动，吸引国际、国内外的媒体和游客参与其中。积极探索沟西农民画、开化根雕等文艺创作基地，积极争取文艺创新作品在省内外、国际上的参演参赛，以文化活动和文化创作为依托，使衢州文化走出国门、走向世界。

加大宣传力量。制作衢州文化宣传片，在央视、省级媒体、网络等渠道传播。积极整合外宣、外事、外贸、文化、旅游等资源，建立文化交流协会、开设文化交流窗口，展示衢州生态文化良好形象，抓好“衢州有礼”区域品牌的营销宣传推介力度，打造名副其实的“仁爱之城”，使衢州成为高度文明和谐的“大花园”。培育外向型文化企业和对外文化交流的文化经纪人，积极支持他们“走出去”，拓展对外文化交流途径。健全衢州市生态文化发布制度，完善重大信息权威发布与政策解读机制，积极回应社会关切。

发挥流动服务优势。依托流动大篷车、流动文化馆、流动图书馆、流动博物馆、流动电影院为主体的“5＋X”流动文化加油站服务模式，将生态文化以流动的形式深入衢州各地，打通文化服务“最后一公里”。构建覆盖城乡、功能齐全的文化设施建设，推进衢州市非遗展示厅、柯城文化中心、龙游博物馆等文化设施建设，为生态文化的传播提供强有力的支持。

开发利用新型媒体。依托衢州文化网站、图书馆网站、“衢州·流动文化加油站”网络服务平台等媒介，为便于享受数字化服务的群体和在市外生活工作的群众提供文化服务，为生态文化传播提供便利。推进文化信息资源共享工程建设，实现全市行政村 100%覆盖。完成数字博物馆建设，在百度数字博物馆设置专栏。

创新文化志愿服务品牌。为进一步引导社会力量进入公共文化服务领域，通过衢州市文化志愿者联合会，建设生态文化志愿服务主阵地，推动文化志愿服务常态化管理，以天妃宫为主阵地，全市村（社区）为流动服务点，开展形式多样的文化志愿惠民服务活动。充分调动基层力量，推动社区等基层组织开展环境宣传教育活动，发展壮大社区环保志愿者队伍，建立社区环境联委会等机制。支持和鼓励对参与环境保护作出突出贡献的单位及个人进行表彰或奖励。

培养生态环保意识。开展衢州环保设施公众开放日活动，定期选择区内具备条件的污水处理、生活垃圾处理等设施，组织公众参观活动，以讲解演示、实地参观的方式培养环保意识。以农村文化礼堂、绿色学校为载体，将生态保护教育作为衢州市素质教育的重要内容，继续开展环保公益活动。加强公益性生态文化事业投入，搭建生态文化平台，建立衢州市环保科普教育基地。发挥图书馆、博物馆、科技馆以及体育文化设施传播生态保护理念的作用，提高生态文化基础设施的服务能力和水平。

9.4 绿色风尚体系构建研究

9.4.1 推进政府绿色行政

推进政府节能减排。制定政府机关有关节能的政策和措施，提高主动节能意识，有效减少能源消耗，提高资源利用率，节约财政支出，降低行政运行成本。如因地制宜建设改造节能型办公大楼，实施包括绿色照明、楼内通道指示窗改装、灯光自动控制、空调系统改造、建筑物保温、窗户改造、太阳能利用装置等方面的楼宇节能改造措施。建立政府能源消耗统计和报告制度，制定和实施政府机构能耗使用定额标准和用能支出标准，加强对主要耗能单位能源利用状况的监督和检查，严肃对重污染、多耗能企业的排查和处理，提高政府机构的节能意识和实施节能减排措施的能力。

推行绿色办公。制定政府机构节约用电、节约用水、节约用纸等方面的规范指南，提高办公用品利用效率，提倡使用再生纸；加强公务车日常管理，有效降低公务车油品消耗；鼓励政府机构高层建筑电梯分时段运行或隔层停开。推行电子政务和多媒体会议方式，充分利用高速、大容量、多媒体信息网络和现代化通信技术，进一步建设和完善政务信息资源共享交换平台，实现政府部门间数据共享和业务协同；鼓励视频会议，积极推动无纸化办公，逐步实现公文的电子化传输（涉密文件除外），降低行政成本，提高工作效率。

9.4.2 倡导公众绿色生活

倡导绿色生活方式。普及碳排放知识，倡导低碳绿色环保理念，提倡节俭理性的绿色生活方式，引导公众参与碳补偿活动，使节能、节水、资源回收利用逐步成为市民的自觉行动，不断提升城市文明程度。合理引导市民更多选择公共交通、自行车和步行等绿色出行方式。倡导市民按照国家标准合理控制室内空调温度。鼓励市民养成随手关灯、垃圾分类、节约用水等良好的生活习惯。切实推动公共场所禁烟规定落实。加强垃圾源头分类及减量化管理，积极探索党政机关、学校、大型商场、宾馆、饭店等机构或场所的生活垃圾“零废弃”管理试点。开展旧衣爱心回收活动，完善居民社区再生资源回收体系，有序推进二手服装再利用。

发展绿色生态交通体系。全面推进公共交通发展大提速，重点从政策优先、路权优先、规划衔接、设施衔接和出租车管理等方面打造衢州市“公交优先”的城市客运体系。建设中心城区慢行交通系统，优化自行车出行环境，鼓励居民采用自行车、步行等低碳环保的出行方式。促进清洁能源和新能源汽车发展，加快天然气车、电动车等新能源汽车在公共交通车辆、物流货车、集卡中的应用；水路运输形成以大吨位散货运输船舶、油品运输船舶和集装箱运输船舶占主导地位的运力结构，内河运输船舶实现标准化，加快渡船更新改造。加大“高铁＋电动车租赁”等模式的推广，加快充电桩、加气站等新能源汽车配套设施建设，加快交通能源互联网发展，基本形成适应重点城市运行需要的充气、充换电配套设施及安全服务体系。

完善扩大绿色回收体系。按城乡生活垃圾成分特点，按照大类粗分、简便易行的原则，将城区垃圾分为“可回收物”和“有毒有害”；将农村垃圾分为“可烂”和“不可烂”进行回收。城区以规模化、集中式处理为主，相对集中、就地处理为辅，建设完善垃圾终端处理设施。农村要按“户集、村收、乡镇运、县处理”模式处理，采取“一村一建”或“多村合建”方式。在“贺田模式”、绿色超市、绿色银行的基础上，积极探索垃圾分类“政府＋企业＋社会＋居民”运行模式，对微利或无利的可回收利用物，由公益性兜底回收企业参与回收，做到“应收尽收”。

搭建行动网络和平台。发布《生活方式绿色化指南》，帮助消费者获取新能源汽车、高能效家电、节水型器具等节能环保低碳产品信息。发布《生活方式绿色化行为准则》，引导公众线上线下积极践行绿色简约生活和低碳休闲模式。大力发展环保产业，支持公众开展环保科技、环保服务、绿色产品等领域的绿色创业，为公众绿色生活提供支撑。开展以绿色生活、绿色消费为主题的环境文化活动。鼓励将绿色生活方式植入各类文化产品，利用影视、戏曲、音乐及图书漫画等形式传播绿色生活科学知识和实践方法，以及传统生态文化思想、资源和产品，提升公众生态文明意识和道德素养。

9.4.3　促进社会绿色消费

鼓励绿色产品消费。继续推广高效节能电机、节能环保汽车、高效照明产品等节能产品。加大新能源汽车推广力度，加快电动汽车充电基础设施建设。组织实施“以旧换再”试点，推广再制造发动机、变速箱，建立健全对消费者的激励机制。实施绿色建材生产和应用行动计划，推广使用节能门窗、建筑垃圾再生产品等绿色建材和环保装修材料。推广环境标志产品，鼓励使用低挥发性有机物含量的涂料、干洗剂，引导使用低氨、低挥发性有机污染物排放的农药、化肥。鼓励选购节水龙头、节水马桶、节水洗衣机等节水产品。

扩大绿色消费市场。加快畅通绿色产品流通渠道，鼓励建立绿色批发市场、绿色商场、节能超市、慈善超市等绿色流通主体。支持市场、商场、超市等流通企业在显著位置开设绿色产品销售专区。组织流通企业与绿色产品提供商开展对接，促进绿色产品销售。完善农村消费基础设施和销售网络，通过电商平台提供面向农村地区的绿色产品，丰富产品服务种类，拓展绿色产品农村消费市场。

第 10 章　生态文明制度体系研究

践行“两山”理念能够有力推动生态文明建设迈上新台阶。探索制度建设的特色路径，能够进一步完善生态文明制度体系。本章探索开展了衢州市绿色金融发展指数核算评价机制，从建立健全生态补偿机制、区域协作机制、生态环境监管体制等方面开展了现状与问题分析，并研究提出了具体的对策建议。

10.1　“绿金指数”核算研究

中共十八届三中全会明确提出“加快生态文明制度建设”“要把资源消耗、环境损害、生态效益纳入经济社会发展评价体系，建立体现生态文明要求目标体系、考核办法、奖惩机制”“深化资源性产品价格和税费改革，建立反映市场供求和资源稀缺程度、体现生态价值和代际补偿的资源有偿使用制度和生态补偿制度”“健全生态环境保护责任追究制度和环境损害赔偿制度”“探索编制自然资源资产负债表。以资产核算账户的形式，对全国或一个地区主要自然资源资产的存量及增减变化进行分类核算”。

2015 年，中共中央、国务院印发了《生态文明体制改革总体方案》，该方案提出了“绿水青山就是金山银山”的理念，自然生态是有价值的，保护自然应得到合理回报和经济补偿。此外，国家支持各地区根据《生态文明体制改革总体方案》确定的基本方向，因地制宜，大胆探索、大胆试验。研究制定可操作、可视化的绿色发展指标体系。制定生态文明建设目标评价考核办法，把资源消耗、环境损害、生态效益纳入经济社会发展评价体系。根据不同区域主体功能定位，实行差异化绩效评价考核。健全国家自然资产管理体制，探索编制自然资源资产负债表，对领导干部实行自然资源资产离任审计，建立生态环境损害责任终身追究制，实行资源有偿使用制度和生态补偿制度等。明确到 2020 年构建起由生态文明绩效评价考核和责任追究制度等构成的生态文明制度体系。2018 年，习近平总书记在全国生态环境保护大会上强调，要加快构建生态文明体系，加快建立健全以生态价值观念为准则的生态文化体系，以产业生态化和生态产业化为主体的生态经济体系，以改善生态环境质量为核心的目标责任体系，以治理体系和治理能力现代化为保障的生态文明制度体系，以生态系统良性循环和环境风险有效防控为重点的生态安全体系。

开展上述工作的重要前提就是明确生态系统为人类提供产品和服务的能力以及人类活动对生态系统生产能力的损害。生态系统是自然资产的重要组成部分，对于支撑经济社会可持续发展、维护国家和区域生态安全发挥不可替代的作用。以生态系统服务功能评价的成果为基础，编制生态资产负债表，研究示范生态系统核算的理论和方法，将自然资产、资源消耗、环境损害、生态效益纳入经济社会发展评价体系，用 GEP 作为限制开发区域和生态脆弱区域的考核指标，建立体现生态文明要求的目标体系、考核办法、奖惩机制，深化资源性产品价格和税费改革，建立反映市场供求和资源稀缺程度、体现生态价值和代际补偿的资源有偿使用制度和生态补偿制度，健全生态环境保护责任追究制度和环境损害赔偿制度，引导全社会参与保护生态系统、恢复生态服务功能、遏制生存环境的恶化已成为各级政府和社会各界广泛关注的重大课题。研究 GEP 核算理论和方法，并开展应用示范是落实党中央与国务院关于推进生态文明建设部署的有益探索。在此基础上，衢州市开展基于 GEP 和 GDP 的“绿金指数”核算，有利于更好反映“两山”理论的实践状况。

10.1.1　“绿金指数”核算体系构建

10.1.1.1　“绿金指数”核算思路

针对生态文明制度建设的迫切需求，以生态系统服务功能及其生态经济价值评估为基础，按照生态系统生产总值（GEP）核算的理论框架，确定各项生态系统产品和服务（调节功能和文化功能）的功能量与价值量的核算方法与模型，明确各指标核算所需要的数据类型、来源和处理方法，利用 GEP/GDP 建立“绿金指数”，将资源消耗、环境损害、生态效益纳入经济社会发展评价体系，为“两山”理论实践成效评估、政绩评估考核、离任环境审计、资源有偿使用、生态补偿制度等制度建立和完善提供科技支撑。

10.1.1.2　生态系统生产总值（GEP）核算指标

生态系统生产总值（GEP）：生态系统为人类提供的最终产品和服务的价值总和。

生态系统最终产品与服务是指生态系统与生态过程为人类生存、生产与生活所提供的条件与物质资源。生态系统产品包括生态系统提供的可为人类直接利用的食物、木材、纤维、淡水资源、能源等。生态系统服务包括形成与维持人类赖以生存和发展的条件等，包括调节气候、水源涵养、保持土壤、调蓄洪水、降解污染物、固碳、产氧等生态调节功能，以及源于生态系统组分和过程的文学艺术灵感、知识、教育和景观美学等生态文化功能。

核算生态系统生产总值，就是分析与评价生态系统为人类生存与福祉提供的最终产品与服务的经济价值。生态系统生产总值是生态系统产品价值、调节服务价值和文化服务价值的总和。在生态系统最终服务功能价值评估中，通常将生态系统产品价值称为直接使用价值，将调节服务价值和文化服务价值称为间接使用价值。生态系统生产总值核算通常不包括生态支持功能，如有机质生产、土壤及其肥力的形成、营养物质循环、生物多样性维持等功能，原因是这些功能支撑了产品提供功能与生态调节功能，而不是直接为人类的福祉作出贡献，这些功能的作用已经体现在产品功能与调节功能之中。

生态系统生产总值核算的思路是源于生态系统服务功能及其生态经济价值评估与国内生产总值核算。根据生态系统服务功能评估的方法，生态系统生产总值可以从生态功能量和生态经济价值量两个角度核算。生态功能量可以用生态系统功能表现的生态产品与生态服务功能量表达，如粮食产量、水资源提供量、洪水调蓄量、污染净化量、土壤保持量、固碳量、自然景观吸引的旅游人数等，其优点是直观，可以给人明确具体的印象，但由于计量单位的不同，不同生态系统产品产量和服务量难以加总。因此，仅仅依靠功能量指标，难以获得一个地区以及一个国家在一段时间的生态系统产品与服务产出总量。为了获得生态系统生产总值，就需要借助价格，将不同生态系统产品产量与功能量转化为货币单位表示产出，然后加和为生态系统生产总值。

一是生态系统最终产品与服务的功能量核算，即统计生态系统在一定时间内提供的各类产品的产量、调节功能量和文化功能量，如生态系统提供的粮食产量、木材产量、水电发电量、土壤保持量、污染物净化量等。尽管尚未建立生态系统服务功能监测体系，然而大多数生态系统产品产量可以通过现有的经济核算体系获得，部分生态系统调节服务功能量可以通过现有水文、环境、气象、森林、草地、湿地监测体系获得，部分生态系统服务功能量可以通过生态系统模型估算、生态系统及其要素的监测体系、生态系统长期监测、水文监测、气象台站、环境监测网络等为生态系统产品与服务功能量的核算提供数据和参数。

二是确定各类生态系统最终产品与服务功能的价格，如单位木材的价格、单位水资源量价格、单位土壤保持量的价格等。自20世纪90年代以来，在生态调节服务和文化服务的价格确定方面取得巨大进展，根据生态系统服务功能类型，建立了不同的定价方法，主要有实际市场技术、替代市场技术和模拟市场技术。实际市场技术具体定价方法是市场价值法。替代市场技术具体定价方法有机会成本法、影子工程法、替代成本法、旅行费用法等，在评价中可以根据生态系统服务功能类型进行选择。模拟市场技术（又称假设市场技术），它以支付意愿和净支付意愿来表达生态服务功能的经济价值，在实际研究中，从消费者的角度出发，通过调查、问卷、投标等方式来获得消费者的支付意愿和净支付意愿，综合所有消费者的支付意愿和净支付意愿来估计生态系统服务功能的经济价值，其具体定价方法是条件价值法。

三是生态系统最终产品与服务的价值量核算，在生态系统最终产品与服务功能量核算的基础上，核算生态系统最终产品与服务总经济价值。可以用式（10-1）计算一个地区或国家的生态系统生产总值。

$$GEP=EPV+ERV+ECV \quad (10\text{-}1)$$

式中：GEP —— 生态系统生产总值；

EPV —— 生态系统产品提供价值；

ERV —— 生态系统调节服务价值；

ECV —— 生态系统文化服务价值。

生态系统生产总值是生态系统产品价值、调节服务价值和文化服务价值的总和。其中：生态系统产品价值核算包括农业产品、林业产品、畜牧业产品、渔业产品、水资源、生态能源等；生态系统调节服务价值包括水源涵养、土壤保持、防风固沙、洪水调蓄、固碳释氧、大气净化、水质净化、气候调节、病虫害控制价值；生态系统文化服务价值包括自然景观游憩价值。

表 10-1　GEP 核算指标

序号	功能类别	核算项目	说明
1	产品提供	农业产品	从农业生态系统中获得的初级产品，如小麦、大麦、大豆、油菜籽、药材、蔬菜等
2		林业产品	林木产品、林下产品以及与森林资源相关的初级产品，如木材、花椒、核桃等
3		畜牧业产品	用放牧、圈养或者两者结合的方式，饲养禽畜以取得动物产品或役畜，如牛、马、羊、猪、家禽等肉类产量、奶类、禽蛋、动物皮毛等
4		渔业产品	人类利用水域中生物的物质转化功能，通过捕捞、养殖等方式获取的水产品，如鱼类、其他水生动物等
5		水资源	可以直接使用的淡水资源，如农业用水、生活用水、工业用水、生态用水
6		生态能源	包括水能和生物质燃料，其中生物质燃料是指将生物质材料燃烧作为燃料，一般主要是农林废弃物（如秸秆、锯末、甘蔗渣、稻糠等）作为原材料，经过粉碎、混合、挤压、烘干等工艺，制成各种成型（如块状、颗粒状等）的，可直接燃烧的一种新型清洁燃料
7		其他	用于装饰品的一些产品（花卉、苗木）等，这些资源的价值通常是根据文化习俗而定的

序号	功能类别	核算项目	说明
8	调节功能	水源涵养	生态系统通过其结构和过程拦截滞蓄降水，增强土壤下渗，有效涵养土壤水分和补充地下水、调节河川流量
9		土壤保持	生态系统通过其结构与过程减少雨水的侵蚀能量，减少土壤流失
10		洪水调蓄	湿地生态系统通过蓄积洪峰水量，削减洪峰，减轻洪水威胁产生的生态效应
11		防风固沙	生态系统通过其结构与过程削弱风的强度和挟沙能力，减少土壤流失和风沙危害
12		固碳释氧	植物通过光合作用将 CO_2 转化为碳水化合物，并以有机碳的形式固定在植物体内或土壤中，同时产生 O_2 的功能，有效减缓大气中的 CO_2 浓度升高，调节大气中 O_2 含量，减缓温室效应
13		大气净化	生态系统吸收、阻滤和分解大气中的污染物，如 SO_2、NO_x、粉尘等，有效净化空气，改善大气环境
14		水质净化	水环境通过一系列物理和生化过程对进入其中的污染物进行吸附、转化以及生物吸收等，使水体得到净化的生态效应
15		气候调节	生态系统通过植被蒸腾作用和水面蒸发过程使大气温度降低、湿度增加产生的生态效应
16		病虫害控制	生态系统通过提高物种多样性水平增加天敌而降低植食性昆虫的种群数量，达到病虫害控制而产生的生态效应
17	文化功能	自然景观	为人类提供美学价值、灵感、教育价值等非物质惠益的自然景观，其承载的价值对社会具有重大的意义

10.1.1.3 生态系统生产总值（GEP）核算方法

GEP 功能量核算是指人类从生态系统中直接或间接得到的最终产品量和服务功能量。GEP 功能量核算包括三大类，即产品提供功能、调节功能、文化功能。生态系统服务功能是可以描述、测量的。

在 GEP 价值量核算中，直接利用价值用生态系统产品的市场价格估计，如产品提供功能主要使用市场价值法；间接利用价值主要用替代市场法和假想市场法进行评估，如调节功能主要使用替代市场法；文化功能更多使用模拟市场法和替代市场法。

①直接市场评价法

直接市场评价法应用于具有实际市场的生态系统产品和服务（如粮食），以市场价格作为生态系统服务的经济价值。评价方法主要包括市场价值法（Market Method）、费用支出法（Expenditure Method）、机会成本法（Opportunity Cost Approach）、恢复和防护费用法（Recovery and Preventive Approach）、影子工程法（Shadow Project Approach）。

如水源涵养和土壤保持主要采用影子工程法；气体调节采用碳税法和影子价格法；污染物降解一般采用防护费用法等。

②替代市场价值法

替代市场价值法用于没有直接市场交易与市场价格但具有这些服务的替代品的市场与价格的生态服务。通过估计使用技术手段获得与某种生态系统服务相同的结果所需的生产费用为依据，间接估算生态系统服务的价值。评估方法包括替代成本法（replacement cost technique）、旅行费用法（TCM）、资产价值法或享乐价格法（HPM）等。譬如一座公园，为其使用者提供了许多收益，但因不收入园费，直接收益无从看到。旅行费用法就是使用游客往返公园所花时间和货币费用信息估计公园的需求曲线，计算结果又用以计算公园使用者享用的消费者剩余，赋予公园使用者和其他人的受益以货币形态。

③模拟市场评估法

模拟市场评估法是对没有市场交易和实际市场价格的生态系统产品和服务，只有人为地构造假想市场来衡量生态系统服务的价值。其具有代表性的方法是条件价值法或意愿调查法（CVM）。通过假想市场情况下直接询问人们对某种生态系统服务的支付意愿，以人们的支付意愿来估计生态系统服务的经济价值。目前，较多采用 CVM 方法来估算景观娱乐价值和非使用价值。整个调查评估工作遵循以下流程：明确评价对象→确定调查范围→初步设计调查表→预调查→修正调查表→现场调查→数据汇总→结果分析。

GEP 功能量、价值量核算的核算项目、指标和评价方法如表 10-2 所示。

表 10-2 生态系统生产总值（GEP）核算方法

<table>
<tr><th>功能类别</th><th>核算项目</th><th>功能量指标</th><th>功能量评价方法</th><th>价值量指标</th><th>价值量评价方法</th></tr>
<tr><td rowspan="6">产品提供</td><td>农业产品</td><td>农业产品产量</td><td rowspan="6">统计数据</td><td>农业产品产值</td><td rowspan="6">市场价值法</td></tr>
<tr><td>林业产品</td><td>林业产品产量</td><td>林业产品产值</td></tr>
<tr><td>畜牧业产品</td><td>畜牧业产品产量</td><td>畜牧业产品产值</td></tr>
<tr><td>渔业产品</td><td>渔业产品产量</td><td>渔业产品产值</td></tr>
<tr><td>水资源</td><td>用水量</td><td>用水产值</td></tr>
<tr><td>生态能源</td><td>生态能源总量</td><td>生态能源产值</td></tr>
<tr><td rowspan="3">调节功能</td><td>水源涵养</td><td>水源涵养量</td><td>水量平衡法</td><td>蓄水保水价值</td><td>影子工程法（水库建设成本）</td></tr>
<tr><td rowspan="2">土壤保持</td><td rowspan="2">土壤保持量</td><td rowspan="2">修正通用土壤流失方程（RUSLE）</td><td>减少泥沙淤积价值</td><td>替代成本法（清淤成本）</td></tr>
<tr><td>减少面源污染价值</td><td>替代成本法（环境工程降解成本）</td></tr>
</table>

功能类别	核算项目	功能量指标	功能量评价方法	价值量指标	价值量评价方法
调节功能	洪水调蓄	湖泊：可调蓄水量	基于水文数据核算；或构建模型法	洪水调蓄价值	影子工程法（水库建设成本）
		水库：防洪库容	监测数据		
	防风固沙	固沙量	修正风力侵蚀 REWQ 模型	减少土地沙化价值	恢复成本法（沙地恢复成本）
	固碳释氧	固定二氧化碳量	质量平衡法	固定二氧化碳价值	替代成本法（造林成本）
		释氧量	质量平衡法	释放氧气价值	替代成本法（制氧成本）
	大气净化	吸收二氧化硫量	植物净化模型	二氧化硫治理价值	替代成本法（二氧化硫治理成本）
		吸收氮氧化物量		氮氧化物治理价值	替代成本法（氮氧化物治理成本）
		减少工业粉尘量		工业粉尘治理价值	替代成本法（工业粉尘治理成本）
	水质净化	减少 COD 排放量	水质净化模型	COD 治理价值	替代成本法（总氮治理成本）
		减少氨氮排放量		总氮治理价值	替代成本法（总磷治理成本）
	气候调节	植被蒸腾消耗能量	蒸散模型	植被蒸腾降温价值	替代成本法（空调/加湿器降温增湿成本）
		水面蒸发消耗能量		水面蒸发降温价值	
	病虫害控制	病虫害发生面积	类比法	病虫害控制价值	防护费用法（人工防治成本）
文化功能	自然景观	自然景点游客总人数	旅行费用法	景观游憩价值	旅行费用法

10.1.2 衢州市“绿金指数”研究

10.1.2.1 衢州市 GEP 核算

（1）生态产品提供价值

衢州市生态系统为人类提供农业产品、林业产品、水产品、水资源、生态能源等，这些产品是人类文明向前发展的基础。本章以 2015 年农林牧渔净产值作为衢州市生态系统给人类提供的农林牧渔产品服务的价值。

2015 年，衢州市生态系统产品提供功能的总价值为 167.60 亿元，其中农业产品价值为 71.08 亿元，林业产品价值为 11.98 亿元，畜牧业产品价值为 48.08 亿元，渔业产品价值为 7.1 亿元，水资源总价值为 17.49 亿元，生态能源价值为 14.68 亿元。

表 10-3 衢州市生态系统产品提供功能量与价值量

生态产品提供	核算指标	功能量	单价	价值量/亿元		总价值/亿元
农业产品	—	—	—	71.08		167.60
林业产品	—	—	—	11.98		
畜牧业产品	—	—	—	48.08		
水产品	—	—	—	7.10		
水资源	生活用水量/亿 m^3	0.831	2.6（元/m^3）	2.16	17.49	
	工业用水量/亿 m^3	3.620 1	3.6（元/m^3）	13.03		
	农业用水量/亿 m^3	7.361 9	0.07（元/m^3）	0.52		
	城镇公共用水量/亿 m^3	0.758 9	2.35（元/m^3）	1.78		
生态能源	水力发电量/（亿 kW·h）	27.7	0.53[元/（kW·h）]	14.68		

注：用水量采用 2016 年数据。

（2）调节服务价值

①水源涵养

生态系统通过林冠层、枯落物层和土壤层拦截滞蓄降水，从而有效涵蓄土壤水分和补充地下水，水源涵养功能量采用水量平衡法计算，水源涵养价值是指生态系统截留降水，涵养储蓄径流后，提供的水资源的经济价值，采用影子工程法，以水库单位库容工程造价确定价格，计算公式如下：

$$V_w = Q_w \times c \qquad (10\text{-}2)$$

式中：V_w—— 蓄水保水价值，元/a；

Q_w—— 区域内总的水源涵养量，m^3/a；

c—— 水库单位库容的工程造价，元/m^3。

据测算，2015 年衢州市生态系统水源涵养量为 93.73 亿 m^3，水库单位库容造价为 8.1 元/m^3，则水源涵养价值为 759.18 亿元。

②土壤保持

● 减少泥沙淤积价值

生态系统土壤保持量采用潜在土壤侵蚀量与现实土壤侵蚀量之差评价，土壤保持价值采用替代成本法，从减少泥沙淤积和减少面源污染两个方面进行评估。全国土壤侵蚀流失的泥沙有24%淤积于水库、江河和湖泊，因生态系统土壤保持功能减少泥沙淤积的价值为

$$V_a = \lambda \times \frac{A_c}{\rho} \times c \tag{10-3}$$

式中：V_a —— 减少泥沙淤积价值，元/a；

A_c —— 土壤保持量，t/a；

c —— 水库清淤工程费用，元/m^3；

ρ —— 土壤容重，t/m^3；

λ —— 泥沙淤积系数，取 0.24。

经核算，2015 年衢州市生态系统的土壤保持总量为 64.89 亿 t，减少泥沙淤积量为 15.57 亿 t，水库清淤成本取值为 17.88 元/m^3，由此估算减少泥沙淤积价值为 278.39 亿元。

● 减少面源污染价值

土壤侵蚀导致大量的营养物质（主要是 N、P）流失，造成大面积的面源污染，因生态系统土壤保持功能减少面源污染价值为

$$V_b = \sum_{i=1}^{2} A_c \times C_b \times P_i \tag{10-4}$$

式中：V_b —— 减少面源污染价值，元/a；

C_b —— 土壤中 N、P 的纯含量，%，据测定，全国范围内土壤中 N 含量为 0.37%，P 含量为 0.108%；

P_i —— N、P 环境降解成本，分别取值为 875 元/t、2 800 元/t。

据测定，衢州市生态系统土壤保持功能减少面源污染价值为 406.25 亿元。最后得到衢州市生态系统土壤保持价值为 684.64 亿元。

③洪水调蓄

水库、湖泊、塘坝等湿地具有蓄洪、泄洪、削减洪峰的作用，对减轻与预防洪水的危害发挥了重要作用。

基于可调蓄水量与湖面面积之间的数量关系，则湖泊洪水调蓄功能计算公式如下：

$$L_p = 134.83 \cdot \exp\left[0.927 \cdot \ln(L_a)\right] \tag{10-5}$$

式中：L_p—— 可调蓄水量，万 m^3；

L_a—— 湖面面积，km^2。

水库的洪水调蓄量可通过水库总库容和水库枯水期蓄水量之差计算如下：

$$R_p = T_v - S_v \tag{10-6}$$

式中：R_p—— 水库可调蓄水量，万 m^3；

T_v—— 水库总库容，万 m^3，

S_v—— 水库枯水期蓄水量，万 m^3。

衢州市生态系统洪水调蓄价值根据湖泊和水库调蓄能力乘以水库建设单位库容造价进行核算，计算如下：

$$E_a = (L_p + R_p) \cdot P_v \tag{10-7}$$

式中：E_a—— 洪水调蓄功能价值量，万元；

P_v—— 水库建设单位库容价格，元/m^3。

2015 年，衢州市湖泊①可调蓄水量为 1.43 亿 m3。水库可调蓄水量②为 21 亿 m3，综合利用以上参数，得到衢州市总洪水调蓄量为 22.43 亿 m^3，运用影子工程法，计算出洪水调蓄价值为 181.65 亿元。

④固碳释氧

生态系统固碳释氧功能量的评价指标选用固碳量（CO_2）和释氧量（O_2）。由光合作用方程式可知，植物生产 162 g 干物质可吸收 264 g CO_2，即 1 g 干物质需要 1.62 g CO_2，并释放 1.20 g O_2，而干物质量可根据植被净初级生产力（NPP）计算。因此，固碳量和释氧量可以通过固碳速率、植被净初级生产力（NPP）来核算。植物固碳价值为生态系统干物质总量乘以固碳价格。

采用造林成本法和工业制氧成本法分别核算衢州市生态系统的固碳价值和释氧价值，最后得到生态系统的固碳释氧价值。2015 年，衢州市生态系统固碳（CO_2）总量为 0.12 亿 t，释氧（O_2）总量为 0.09 亿 t，则衢州市 2015 年的固碳价值为 45.93 亿元，释氧价值为 64.51 亿元，得到固碳释氧功能总价值 110.44 亿元，单位面积价值为 124.87 万元/km^2。

---

① 无湖泊面积数据，以衢州市湿地面积替代。

② 无水库总库容和水库枯水期蓄水量，以水库兴利库容代替水库的洪水调蓄量。

⑤空气净化

植被具有吸收 SO_2、NO_x、滞尘等功能，降低大气中污染物浓度，改善空气质量。本章只考虑衢州市生态系统对 SO_2、NO_x 和阻滞吸收粉尘 3 个指标的功能量与价值。由于衢州生态系统大气污染物净化能力远大于衢州 SO_2、NO_x 和工业烟粉尘排放量，在这里核算大气污染物净化量及其价值时，直接运用全市 2015 年 SO_2 排放量、NO_x 排放量和工业烟粉尘排放量，分别乘以 SO_2、NO_x 和工业烟粉尘处理的费用。

经核算，2015 年衢州市主要大气污染物 SO_2、NO_x 和工业烟粉尘的排放量分别为 48 049 t、46 006.7 t 和 62 114.69 t，运用防治费用法估算得到空气净化的总经济价值为 2.20 亿元。其中，净化 NO_x 的价值最大（1.55 亿元），占空气净化价值的 70.25%。

⑥水质净化

水质净化污染物是一系列物理、化学和生物因素共同作用的结果，这里核算生态系统净化水质的能力主要考虑湿地生态系统吸收 COD 和氨氮 2 个指标。采用防治费用法进行衢州市湿地生态系统的水质净化功能和价值的核算。由于衢州市湿地水污染物净化功能潜力远大于衢州市 COD、氨氮等主要污染物排放量。在核算水污染物净化量及其价值时，直接运用全市 2015 年 COD 和氨氮排放量，分别乘以单位 COD 与氨氮处理的费用。

经核算，2015 年衢州市 COD 和氨氮的排放总量分别为 50 431.77 t 和 6 417.70 t，估算得到水质净化的总价值为 11.53 亿元，其中湿地生态系统净化 COD 的价值占水质净化总价值的 95.54%。

⑦气候调节

生态系统气候调节功能的价值主要是指吸热降温产生的价值。生态系统吸热降温价值量包括植物蒸腾和水面蒸发两个方面。植物蒸腾价值：据测算，1 hm^2 绿地夏季在周围环境中可吸收 81.1×10^3 kJ 的热量，全市绿地面积按森林和草地面积之和计算，根据达到同样效果用电量和电价可计算相应的价值量。水面蒸发价值：衢州市全年平均蒸发量约为 1 500 mm，根据衢州市水面面积和蒸发相同的水量所需的电量计算全市水汽蒸发产生的价值。

$$E_c = E_v + E_w$$

$$E_a = (F_a + G_a)\cdot H_a \cdot \rho \cdot P_e \tag{10-8}$$

$$E_w = W_a \cdot E_p \cdot \beta \cdot P_e$$

式中：E_c —— 气候调节总价值量，万元；

E_v —— 植物蒸腾价值量，万元；

E_w —— 水面蒸发价值量，万元；

F_a —— 森林面积，km^2；

G_a —— 草地面积，km^2；

H_a —— 单位绿地面积吸收的热量，kJ/km^2；

ρ —— 常数，1 kW·h/3 600 kJ；

P_e —— 电价，元/（kW·h）；

W_a —— 水体面积，m^2；

E_p —— 年平均蒸发量，m；

β —— 蒸发单位体积的水消耗的能量，kJ/m^3。

用电价格根据衢州市 2015 年居民第一档用电量价格的确定。

经核算，2015 年衢州市生态系统降温增湿消耗的总能量为 1 286.88 亿 kW·h，气候调节总价值为 692.34 亿元。其中植被（森林、草地）的气候调节价值为 655.98 亿元，占气候调节总价值的 94.75%；湿地生态系统的气候调节价值为 36.36 亿元，占气候调节总价值的 5.25%。

⑧病虫害控制

生态系统病虫害控制功能价值以衢州市人工林发生病虫害高出天然林所产生的损失进行核算。2015 年，衢州市林地总面积为 534 716.09 hm^2，按照人工林占 44.7%的比例来看，人工林面积为 239 018.09 hm^2。单位面积森林病虫害防治成本为 310.29 元/亩，则病虫害控制价值为 15.13 亿元。

表 10-4 衢州市生态系统调节功能量与价值量

功能类别	核算科目		功能量		价值量/亿元		
			功能量	单位	价值	小计	比例/%
调节功能	水源涵养	水源涵养量	93.73	亿 m^3	759.18	759.18	30.90
	土壤保持	减少泥沙淤积	15.57	亿 t	278.39	684.64	27.86
		减少面源污染-氮	0.24	亿 t	210.05		
		减少面源污染-磷	0.07	亿 t	196.20		
	洪水调蓄	湖泊调蓄量	1.43	亿 m^3	11.55	181.65	7.39
		水库调蓄量	21	亿 m^3	170.1		
	空气净化	净化二氧化硫	4.80	万 t	0.56	2.20	0.09
		净化氮氧化物	4.60	万 t	1.55		
		净化工业烟粉尘	6.21	万 t	0.09		

功能类别	核算科目		功能量		价值量/亿元		
			功能量	单位	价值	小计	比例/%
调节功能	水质净化	净化 COD	5.04	万 t	11.01	11.53	0.47
		净化氨氮	0.64	万 t	0.52		
	固碳释氧	固碳	0.12	亿 t	45.93	110.44	4.49
		释氧	0.09	亿 t	64.51		
	气候调节	植被蒸腾降温增湿	1 219.30	亿 kW·h	655.98	692.34	28.18
		水面蒸发降温增湿	67.58	亿 kW·h	36.36		
	病虫害控制	森林病虫害控制	0.049	亿亩	15.13	15.13	0.62
合计						2 457.11	100.00

（3）文化服务

截至 2015 年年末，衢州市共有国家 5A 级景区 1 个，4A 级景区 14 个，3A 级景区 13 个，其中年内新增七彩长虹景区、仙霞关景区、衢江盛世莲花农业观光园 3 家 4A 级景区，全年旅游总收入为 287.42 亿元，共接待国内外游客 4 382.16 万人次。根据核算，2015 年衢州市生态文化服务的总经济价值为 862.26 亿元。

（4）衢州市 GEP 核算结果

2015 年，衢州市生态系统生产总值为 3 486.97 亿元。其中，生态系统调节服务总价值最高，为 2 457.11 亿元，占衢州生态系统生产总值的 70.47%；其次是生态系统文化服务总价值，为 862.26 亿元，占衢州市生态系统生产总值的 24.73%；生态系统产品价值为 167.6 亿元，占衢州市生态系统生产总值的 4.81%。生态系统调节服务价值为生态系统产品价值的 15 倍，生态系统文化服务价值约为生态系统产品价值的 5 倍。

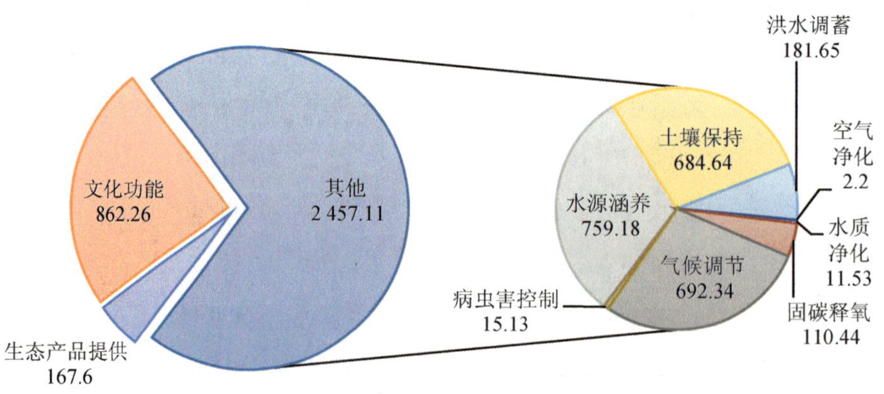

图 10-1　2015 年衢州市生态系统生产总值（GEP）构成（单位：亿元）

就核算的 10 种不同生态系统服务类型而言，文化服务价值最大，占衢州市生态系统生产总值的 24.73%，其次是水源涵养价值和气候调节价值，分别占 21.77%和 19.86%，空气净化价值和水质净化价值较低，仅占 0.06%和 0.33%。

结果表明，衢州市绿水青山给衢州市和周边相关地区提供了很多重要的生态产品服务，但是由于这些服务在过去实际唯 GDP 考核的社会经济发展过程中尚未得到全部认识，给衢州市社会经济的可持续发展造成了一定的影响。针对衢州市经济欠发达而生态良好这一特点，对衢州市进行了生态系统生产总值的核算评估，以期用直观的经济数据揭示衢州市良好的生态系统为衢州及其他地区人们带来巨大生态效益，认识到生态系统服务价值这一被忽略的巨大效益，认识到保护衢州市生态系统就是保护人们的福祉。

10.1.2.2　衢州市“绿金指数”分析

2015 年，衢州市 GDP 为 1 146.16 亿元。根据核算的 GEP 与当年的 GDP 比值来看，衢州市“绿金指数”为 3.04。对比生态环境部环境规划院对全国 2015 年生态系统生产总值及“绿金指数”核算结果，可以看出，衢州市“绿金指数”远高于全国水平（1.01）；将衢州市与所在的浙江省及长三角的上海市和江苏省的“绿金指数”比较来看，衢州市领先地位突出，分别是浙江、上海和江苏的 6 倍、22 倍和 10 倍；与相邻的安徽和江西相比，衢州市优势明显。

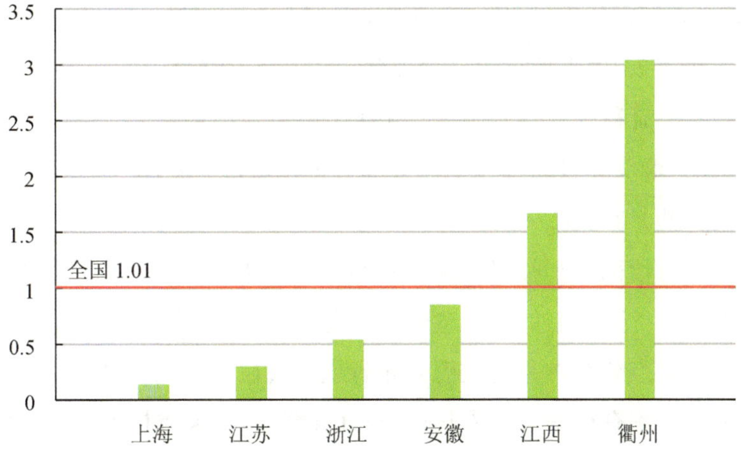

图 10-2　2015 年相关地区的“绿金指数”

经过比较分析，衢州市“绿金指数”远高于周边的安徽省、江西省、长三角和全国平均水平。这表明衢州市一方面要以“绿金指数”核算为基础，坚持保护优先，像保护眼睛一样保护绿水青山，像对待生命一样对待绿水青山；另一方面也要积极争取国家和地方的生态保护补偿，加快把绿水青山转变为金山银山，进一步打通转化通道，真正把生态要素转变为生产要素、生态财富转变为物质财富，实现绿水青山就是金山银山的重要转变。

10.2 衢州市生态补偿机制研究

10.2.1 衢州市生态补偿工作开展现状

10.2.1.1 公益林补偿

公益林补偿标准不断提高。1999—2001 年衢州市被列入浙江省生态公益林试点区，实行封山育林护林，每亩每年补助 2～3 元。2002—2003 年实行国家森林生态效益补助资金制度，每亩每年补助 7 元。从 2004 年开始实行森林生态效益补偿基金制度，对省级以上重点生态公益林进行补偿，损失性补助补偿对象为经营农户或乡村集体或合同承租人，另外还包括护林人员劳务费补助费，森林防火、森林病虫害防治、森林资源监测费用扩管理费用。2004—2005 年每亩每年补助 8 元，2006 年每亩每年补助 10 元，2007 年每亩每年补助 12 元，2008 年每亩每年补助 15 元，2009—2010 年每亩每年补助 17 元，2011—2012 年每亩每年补助 19 元，其中省财政 90%、地方配套 10%，2013 年每亩每年补助 25 元，2014 年每亩每年补助 27 元，2015 年每亩每年补助 30 元，2016 年每亩每年补助 31 元或 35 元，2013 年后按照 21 元/亩标准由地方配套 10%。其中，2016 年补偿标准有两种，主要干流和重要支流源头县（江山市和开化县）及国家级和省级自然区每亩每年补助 35 元；源头县及自然保护区外的县市每亩每年补助 31 元。截至 2016 年，共已发放补偿（补助）87 252 万元。

生态公益林的补偿范围和补偿对象不断明确。2004 年开始，浙江省建立森林生态效益补偿基金制度，对省级以上重点生态公益林进行补偿。补偿基金制度中补偿范围为国家林业局公布国家重点公益林和省政府公布省重点公益林中的有林地和灌木林地。公益林区划范围内尚未达到有林地或灌木林地要求的疏林地、未成林地，以及受益对象明确的风景林，不列入补助范围。省重点生态公益林补偿对象包括：①损失性补助：农户个人经营的补偿对象为经营农户，乡村集体统一经营管理的为乡村集体，租赁经营的在合同承租期内为承租人；②护林人员劳务费补助：对公益林实施管护的护林人员和专职护林人员；③监测支出补助：包括森林防火、森林病虫害防治、森林资源监测，补助对象是实施单位；④管理费用支出补助对象：县（市、区）林业主管部门和乡镇林业工作站（或乡镇政府）。

专栏 10-1 浙江省级以上重点生态公益林补偿标准与范围

2004—2005 年补偿标准每亩每年 8 元，其中损失性补助到农户 5 元，护林人员劳务费 2 元，监测和管理费 1 元。

2006 年，补偿标准每亩每年 10 元，其中损失性补助到农户 6 元，护林人员劳务费 2.5 元，监测和管理费 1.5 元。

2007 年，补偿标准每亩每年 12 元，其中损失性补助到农户 8 元，护林人员劳务费 2.5 元，监测和管理费 1.5 元。

2008 年，补偿标准每亩每年 15 元，其中损失性补助到农户 11 元，护林人员劳务费 2.5 元，监测和管理费 1.5 元。

2009—2010 年，补偿标准每亩每年 17 元，其中损失性补助到农户 13 元，护林人员劳务费 2.5 元，监测和管理费 1.5 元。

2011—2012 年，补偿标准每亩每年 19 元，其中损失性补助到农户 15 元，护林人员劳务费 2.5 元，监测和管理费 1.5 元。

2013 年，补偿标准每亩每年 25 元，其中损失性补助到农户 21 元，护林人员劳务费 2.5 元，监测和管理费 1.5 元。

2014 年，补偿标准每亩每年 27 元，其中损失性补助到农户 23 元，护林人员劳务费 2.5 元，监测和管理费 1.5 元。

2015 年，补偿标准每亩每年 30 元，其中损失性补助到农户 26 元，护林人员劳务费 2.5 元，监测和管理费 1.5 元。

2016 年，主要干流和重要支流源头县（江山市和开化县）及国家级和省级自然区每亩每年 35 元，其中损失性补助到农户 30 元，护林人员劳务费 3.5 元，监测和管理费 1.5 元；源头县及自然保护区外的县市每亩每年 31 元，其中损失性补助到农户 26 元，护林人员劳务费 3.5 元，监测和管理费 1.5 元。

省级以上重点生态公益林补偿程序清晰明了。专门设置省重点生态公益林补偿资金存折，专户资金委托银行直接打到农户、集体的存折中。初次确定补偿的程序：明确补偿对象—核实补偿面积—编制资金发放清册—公告公示—资金发放。工作程序：由村建档造册、公示，乡镇政府初审，区林业局再审，财政部门资金监管，金融部门代为发放。

表 10-5 2004—2016 年衢州市省级以上重点生态公益林补偿资金

补偿年度	省重点公益林面积/亩	补偿面积/亩	补偿标准/[元/（亩·a）]	补偿资金/万元
2004	2 773 694	2 663 037	8	2 130.43
2005	2 773 694	2 663 037	8	2 130.43
2006	2 832 135	2 798 517	10	2 798.52
2007	2 832 135	2 798 517	12	3 538.96
2008	2 850 835	2 831 791	15	4 440.54
2009	2 862 775	2 843 731	17	4 834.34
2010	3 613 721	3 605 078	17	6 128.67
2011	3 613 721	3 605 078	19	6 849.65
2012	3 664 224	3 663 880	19	6 961.37
2013	3 664 224	3 663 880	25	9 159.70
2014	3 664 224	3 663 880	27	9 892.48
2015	4 698 595	3 663 880	30	10 991.64
2016	4 698 595	4 698 251	31/35	15 463.77
合计	—	—	—	85 320.5

10.2.1.2 衢州市乌溪江饮用水水源保护专项资金

建立乌溪江饮用水水源保护专项资金。乌溪江库区是衢州市区唯一的饮用水水源地。为更好地保护库区的饮用水水源，建议设立“乌溪江饮用水水源保护专项资金”，从 2015 年开始每年筹集 1 000 万元专项资金，专项用于水源的保护、污染防治、宣传、调研、补助及其他管理工作，充分发挥政策资金的导向作用，重点鼓励生态移民、水源地保护、生态修复与整治。

10.2.1.3 江山市乡镇生态补偿财政转移支付

江山市建立乡镇生态补偿财政转移支付机制。建立乡镇生态补偿财政转移支付机制是江山市深化财政体制改革的一项重要内容。早在 2012 年，江山市开始着手研究这项工作，旨在全面推进生态文明建设和污染减排，促进生态环保和经济社会的协调发展。根据《关于进一步完善乡镇（街道）财政体制的通知》（江政发〔2014〕49 号），江山市的生态补偿财政转移支付分阶段实施，第一阶段为 2014—2015 年，在全市重点水源地保护区（峡口、白水坑、碗窑三大水库）所涉及的上余（塘岭地域）、碗窑、长台、张村、塘源口、峡口、廿八都 7 个乡镇试点，以“林、水、人口”等关系环境要素和绩效考核结果为财力分配因素，将发展地区收入分成的 20%部分用于实施经济发达地区向生态保护地区的财力补偿；第二阶段为从 2016 年开始，在全市乡镇（街道）全面实施。前两年各 500 万元，已全部支付到位；2016 年由市财政预算安排、未达标区域的处罚收入、乡镇（街道）财政收入体制分成集中 20%等多渠道方式筹措 2 000 万元，用于全市 19 个乡镇（街道）的全面实施。

10.2.2　主要问题

公益林补偿存在的问题。①2004—2012 年补偿资金中，由省财政拨付 90%，县（市、区）财政配套 10%。2013 年后地方按 21 元/亩标准配套 10%。前几年部分县市政府配套资金未完全到位，近几年已好转，已能纳入政府年度财政预算。②由于公益林存在权属纠纷，存在补偿资金未能及时发放的现象。③存在资金使用不规范，公益林的公共管护费用和管理费用与林业其他资金混淆使用。

钱江源国家公园体制试点生态保护资金不足。钱江源国家公园体制试点区现有财政收入状况不足以支付各种保护开支；资金投入主体不清晰，存在多头管理。财政投入仅占保护区资金的一部分，39%来自中央财政，20%来自地方财政。资金使用效率低，基础设施建设优先于保护区管理；根据资金设计总量，靠自身收入运行有困难。同时，试点区自然资源和文化资源类型丰富，规模较大，需要通过财政预算，设立专项保护资金用于生态资源环境保护。但当前该区域的生态保护资金不足、渠道不明确，资金来源方面存在一定问题。

尚未建立湿地生态补偿机制。湿地保护是跨部门、多学科、综合性的系统工程，是一项长期而艰巨的工作，需要大量资金。湿地保护的公益性性质，决定了政府投入是湿地保护资金来源的主渠道。衢州市虽然对湿地保护已引起高度重视，但对湿地保护工程投入仍然不足，在湿地调查、保护区及示范区建设、湿地监测、湿地研究、人员培训、执法手段与队伍建设等方面缺乏专项资金支持，制约了湿地保护管理事业的健康发展。而湿地保护管理最有效的办法是实行生态补偿制度，通过该制度的实行，一方面，可以使湿地保护行为得到应有的补偿，缓解经费不足；另一方面，也使得随意征占湿地的行为得到约束，确保湿地保护红线和湿地保存量总量控制。

10.2.3　衢州市完善生态补偿机制的建议

探索建立完善的生态补偿体系。建立自然资源开发使用成本评估机制、生态服务价值评估核算体系、生态损害评估技术体系，为生态补偿机制落地提供依据。强化市对县（市、区）单位 GDP 能耗、主要污染物排放、出境水水质、森林质量考核，为生态补偿奠定基础。抓住生态功能区财政政策扩围机遇，将衢州全域县城纳入省重点生态功能区小城市试点。积极争取省“两山”建设财政补贴，推动全市域践行“两山”重要思想。推动完善生态环保财力转移支付制度，提高源头性地区生态保护转移支付标准，加大各类生态环保补助资金向欠发达源头地区的倾斜力度。探索公益林分类补偿和分级管理机制。推动建立饮用水水源保护地和湿地生态补偿机制。探索建立生态环境损害赔偿机制。开展“山水林田湖草”生态保护修复利用的生态付费制度探索，健全“谁污染、谁治理，谁破坏、谁恢复”的市场化生态补偿机制。

10.2.3.1　建立流域上下游横向生态保护补偿机制

按照《关于加快建立流域上下游横向生态保护补偿机制的指导意见》（财建〔2016〕928 号）的要求，制定《衢州市流域上下游横向生态保护补偿机制实施办法》，建立流域上下游横向生态保护补偿机制。具体来讲，可将衢州流域面积 100 km^2 以上的一级支流流经的县（市、区）纳入实施范围，流域上下游政府自主协商开展横向生态保护补偿，通过签订协议明确各自的责任和义务。流域交界断面的水质水量作为补偿基准，以县（市、区）交界断面水质自动检测系统数据为考核依据，以高锰酸盐指数、氨氮、总磷作为考核指标。补偿标准由上下游地区根据流域的生态环境现状、保护治理成本投入、水质改善的收益、下游支付能力和下泄水量保障等因素，在 500 万～1 000 万元范围内协商确定。上游地区达到协议规定的补偿基准，下游地区支付上游地区补偿资金。未达到的，上游地区支付下游地区补偿资金。

10.2.3.2　建立完善生态公益林分类补偿和分级管理机制

推进生态公益林分级分类差异化补偿。落实生态补助政策，按照公益林补助标准，完善并推广实施“三类分类补偿法”。以开化试点“三类分类补偿法”为基础，把衢州市生态公益林分为一、二、三类实施分类补偿，科学、合理地修订与完善分类的标准与指标。

逐步提高生态公益林分类补偿标准。提高生态公益林分类补偿标准，及时调整一、二类生态公益林的补偿标准，并逐步拉开各类之间标准差距，建立与“分类补偿”相适应的公益林管理制度。

加大林业建设财政补贴力度。争取横向生态保护政策，主要是下游区域补上游，收益区域补保护地区，对承担保护和管理的地方政府和林业部门给予财政补贴。争取对自然保护区、森林公园等禁止开发区的财政转移支付，用于生态建设。实施对林机作业补贴和林机购置补贴政策，加大对农户和林机服务组织购买林机的信贷支持。建立以恢复森林资源为最低标准的合理利用森林资源补偿机制，对征占用林地严格按照国家规定计征森林植被恢复费，专项用于森林植被恢复和管护。对征占用省级以上公益林地的，专项用于补充公益林地的再造。

10.2.3.3　完善钱江源国家公园生态补偿政策

通过财政资金、社会捐赠资金的注入，为钱江源国家公园试点区生态保护及公益服务奠定基础；同时通过特许经营，开辟国家公园体制试点区的资金来源。针对试点区补偿机制，加大国家财政转移支付力度，省里出台配套政策，用于生态补偿、生态移民、生态修复及企业搬迁等方面。通过社区参与决策管理、参与就业等方式来协调社区居民与其他利益主体之间的利益分配关系，给予社区居民足够的移民安置补偿与生态补偿，制定社区发展战略，保障社区居民再生产与再就业。

10.2.3.4　完善饮用水水源地生态保护补偿政策

设立“高品质水体保护区专项资金”，适当提高补偿标准，健全源头水和水源涵养区、集中式饮用水水源地保护区生态补偿机制。完善乌溪江饮用水水源生态补偿机制。推动建立饮用水水源地生态保护补偿省级协调机制。加强与乌溪江库区上游地区的协调沟通，推动建立乌溪江水源保护省级协调机制，明确流域上下游地方政府的工作责任、考核办法和补偿机制。

10.2.3.5　探索建立湿地生态补偿机制

衢州市湿地保护投入资金不足，已经成为当前制约湿地资源保护与管理的瓶颈。要保证衢州市湿地保护管理工作的顺利开展，应将湿地保护纳入国民经济和社会发展规划，将湿地保护管理经费和湿地生态效益补偿经费列入区财政预算。确保在基建、设备、事业开支等方面投入足额的财力，才能夯实湿地保护与管理的工作基础。

积极争取湿地生态补偿资金。湿地保护管理工作是一项社会公益性质的大型生态建设工程，且点多面广，本着国家扶持、地方投入、社会各界大力支持的原则，努力建立“政府主导，地方为主，市场运作，社会参与”的多元化筹资机制，夯实湿地保护与管理的工作基础。首先，衢州市委、市政府要继续以“钱江源头筑屏障，一江清水送省城”为责任担当，大力实施“五水共治”，积极争取国家、浙江省对湿地资源管理的投入，着力解决当前湿地资源管理经费严重不足的局面。其次，在明确湿地产权的基础上，在保证湿地生态系统不受损伤、工程质量不降低的前提下，实行有偿占用湿地资源制度，试行引进民营资本，通过投资、捐赠、联合经营等方式，对湿地公园、湿地自然保护区实验区、外围保护带等湿地资源开展可持续利用工作，所征集费用反哺湿地保护、栖息地恢复等重要工程建设。最后，加强对外交流合作，通过与有关非政府组织、学术团体、基金组织的合作交流，争取国外官方和非官方的资金、技术和项目援助。

开展湿地生态补偿试点。根据衢州市及各县（市、区）财政情况、湿地保护与农村工作现状，各县（市、区）严格执行湿地保护利用规划和名录，在衢江乌溪江国家湿地公园、开化钱江源省级湿地公园、龙游绿春湖省级湿地公园等重点湿地保护地段、自然保护小区、重点水源保护区，开展生态补偿试点工作，对湿地生态补偿的主体、客体、标准、模式、机制和途径进行分析研究，加强对湿地保护行为的补助，鼓励公众对湿地保护的积极性。在积累相应经验、获得社会认可后，在全市推广。

加强湿地资源监测网络建设。衢州市湿地数量多、分布范围广、保护管理难度大。而且，湿地资源监测本身也具有技术要求高、工作连续性强等特点。首先，要统筹规划辖区内湿地公园的发展，有条件的要创建自然保护区，加大饮用水水源地的保护，建立县级自然保护小区，形成完善的湿地保护区网络。其次，要切实提高野生动植物及湿地生态系统健康质量的监测能力，尽快建立和完善全市统一的野生动植物及湿地保护监测网络。对湿地生物资源监测，可委托相关科研院所承担；对湿地非生物资源监测，可由各行业原有的监测站（点）完成。成立衢州市湿地资源监测专家组，负责审议衢州市湿地资源监测方案、监测结果等技术性工作。同时，要积极运用现代化信息技术，加强野生动植物及湿地信息管理。

10.3 区域协作机制研究

10.3.1 衢州市区域协作机制现状研究

10.3.1.1 衢州市区域协作机制基础

浙江省全面推进山海协作。2002 年，浙江省委、省政府作出实施山海协作工程的重大战略决策，主要是指以浙西南的衢州、丽水等山区为主的欠发达地区与沿海经济发达地区的杭州、宁波、绍兴、温州等市展开全方位的合作，进行产业大转移，促进浙西南地区的经济发展和东部沿海地区的经济转型。从 2002 年 5 月开始，衢州市委、市政府和各县（市、区）相继下发文件，部署实施“山海协作工程”，成立了由党政一把手负总责，分管领导抓落实的领导小组。同时，衢州市各级党委、政府主动“走出去”开展一系列的对接活动。两届书记、市长先后多次亲率市党政代表团赴杭州、宁波、绍兴、温州、台州等省内发达地区开展“山海协作”活动，推进项目合作。

衢州市启动新一轮“山海协作”。2016 年浙江省出台《关于进一步深化山海协作工程的实施意见》，通过调整结对关系、落实援建资金、引导浙商参与、规范制度运作等方式，推动 26 县与经济强县同步实现全面小康。衢州市与杭州市、绍兴市结对，衢州市所辖的柯城区、衢江区、龙游县、江山市、常山县、开化县分别与余杭区、鄞州区、镇海区、柯桥区、慈溪市、桐乡市结对。

结对县市开展八大合作，分别为加强国家战略实施领域的合作，突出七大产业的合作，拓展农业和农民增收的合作，推动特色小镇建设的合作，开展产业承接平台建设的合作，探索资源要素开发利用的合作，深化人才引育和技能实训的合作，深化民生和社会事业的合作。

衢州市结对县（市、区）围绕发展休闲旅游、养生养老等生态旅游业和现代服务业，推进开化—桐乡山海协作生态旅游文化产业示范区建设；深化衢江、鄞州万亩水田垦造项目建设合作，并总结推广；重点建设衢州（杭州）海创园，帮助衢州引进高科技人才和项目，并鼓励入驻园内的科技创新型企业赴衢州创办生产基地，促进科技成果转化。“十三五”期间山海协作工程要实现以生态经济为主的现代产业体系建设，实施产业项目 1 200 个以上，到位资金 2 300 亿元以上，其中信息经济、环保、健康、旅游、时尚、金融、高端装备制造七大产业的项目数和到位资金均占 65%以上。

皖、浙、赣、闽四省合创国家东部生态文明旅游区。国家东部生态文明旅游区涉及皖、浙、赣、闽四省 19 个市 123 个区县，面积约 23.3 万 km^2，总人口 4 280.7 万人。四省将按照“多规合一、统筹规划、逐步推进”思路，编制创建国家东部生态文明旅游区总体方案，加强政府协调、市场运作，联手打造国家东部生态屏障和世界级生态文明旅游目的地。

国家东部生态文明旅游区将以生态保护为核心，以绿色发展为路径，以“旅游＋”生态产业为引导，通过理论创新、制度创新、科技创新、文化创新、管理创新，以旅游产业统筹引领生态文明建设，建成综合改革实验区和山海融合生态旅游示范区，实现省际区域在生态资源保护、生态旅游开发、旅游精准富民、社区活力复兴等领域协同发展。

在总体定位的框架下，按照合理布局、优势互补、错位发展的思路，衢州的规划定位为国家级示范区内的四省边际旅游集散中心、旅游业态改革试验区、儒学文化旅游创新发展区、国家户外运动休闲中心，集中资源要素和政策措施，进行先行先试，达到示范引领、区域带动的作用。重点打造国家休闲区、南孔文化圣地和棋源文化仙地、衢州与杭州西湖、安徽黄山、江西三清山、江西庐山、附件武夷山、建德千岛湖六条文化旅游走廊。

10.3.1.2 衢州市现有区域协作机制存在的问题

自 2002 年起浙江省委、省政府就作出了推进区域协作的重大决策。衢州市委、市政府和各县（市、区）部署实施省内区域协作，推进项目合作。2016 年在浙江省进一步深化山海协作工程的指导下，衢州市与杭州市、绍兴市结对，开展多项合作，在一定程度上推进了相邻地区之间的经济、生态和社会的发展协作。但是必须看到，由于种种原因，现有的区域协作无论上从机制还是从效果上看，还存在很多困难与问题。主要表现在以下几个方面：

一是沟通协调机制有待健全。尽管衢州成立了由党政一把手负总责，分管领导抓落实的“山海协作工程”领导小组，两届书记、市长先后多次亲率市党政代表团赴杭州、宁波、绍兴、温州、台州等省内发达地区开展“山海协作”项目合作的推进活动，但是在区域协同保护和发展的信息交流方面，还有待建立联席会议、定期例会等长效机制，及时沟通区域协作中出现的困难与问题。

二是利益协调机制有待完善。由于实现区域协同保护与发展受到行政区划的影响和限制，能否寻找到合作双方的利益平衡点，建立有效的利益协调机制将成为区域协作至关重要的环节。现阶段的“山海协作工程”是政府间合作，在利益协调政策方面还需进一步完善，尤其应该加强生态保护地补偿政策的支持力度。

三是环境保护联防联控机制有待加强。据统计，自 2007 年以来“山海协作工程”在衢州市主要以工业为主的生产性投资大幅增长，全市规模以上工业企业由 2002 年的 433 家增加到 2008 年的 1 114 家，2008 年全市工业经济总量首超千亿大关，规模以上工业产值增幅连续 6 年超过 30%。由此可见，由山海协作所带来的工业污染负荷量也大幅增加，环境污染治理任务明显加重，山海协作的结对县市还需重点在环保联防联控方面加强区域合作，制定相应政策严格管控产业集聚区的环境治理。

四是共推共建机制有待健全。为响应“山海协作工程”，衢州市在市协作办的指导下成立了山海协作企业联合促进会，该社会团体组织已有会员企业 400 多家，主要组织举办或参加各类展销会、经贸洽谈会，但是在推进区域协同保护发展方面还需充分发挥政府和企业的纽带和桥梁作用，开展与有关政府和组织的合作和交流活动，做好信息传达沟通的服务平台，鼓励更多社会力量参与，成为区域协作的推动力量。

10.3.2 区域协作机制典型案例研究

10.3.2.1 广西壮族自治区首建环保区域协作机制

柳州、来宾、河池三市位于广西中部，地处华南经济圈、西南经济圈和东盟经济圈接合部，辖 27 个县（市、区），又同处于珠江流域西江水系。为了更好地促进区域环境保护，2015 年 9 月广西壮族自治区柳州、来宾、河池三市环保局局长在柳州签署了“柳来河一体化”环境保护合作框架协议，探索区域环境保护事宜，也是广西壮族自治区建立的首个环保联防联控区域协作机制。协议三方还分别设立了“一体化合作联络办公室”，由柳州市牵头协调三方日常工作。

三方签署的环保协议要求：①加强水环境保护，建立流域水环境保护合作机制、水质监测断面监测数据相互通报机制、饮用水水源环境状况信息共享机制。②强化大气污染联防联控、建设区域大气环境管理平台，建立环境空气监测和信息共享机制，建立区域大气环境质量预报系统，建立区域大气重污染事件应急预案，建立重大大气污染事件联合调查和评估机制。③在固体废物处置方面，逐步形成区域性综合利用与安全处置相结合的工业固体废物处置体系，探索共建共享危险废物处理设施等公共设施资源。④在环境突发事件应急方面，建立环境应急联动机制，当发生跨界环境污染事件（事故）时，共同开展调查、处置等。⑤在环境监察执法方面，加强日常环境监察执法工作交流与合作，联合开展各类环保专项行动。⑥在机动车环保管理方面，逐步推进机动车环保管理一体化。协议还在人员交流及业务培训、综合业务管理等方面达成一致。

10.3.2.2 苏嘉环保建立区域协作机制

江苏省苏州、嘉兴两市边界水污染防治以来建立了边界水污染防治联席会议制度。自 2005 年第四次边界水污染防治联席会议以来，吴江、秀洲两地严格按照国家“联合治污、联合治水”的要求，统筹环境污染治理，切实加强边界区域环保协作，江浙边界水污染防治工作取得了一定的成效。尤其是位于下游的秀洲区，自 2005 年以来全区以推进区域水污染整治为着力点，控制源头、加大投入、铁腕治污、立足减排，有效地改善了区域水环境质量。

秀洲区还按照国家相关要求加大了与上游地区的协调和沟通，积极主动做好与吴江盛泽的协调工作，目前，区环保部门平均每隔两个月向盛泽环保部门通报一次水质情况，并多次赴盛泽直接协商解决两地边界水污染联合防治工作中的重大事项。经过双方的共同努力，通过加强交流、定期通报、联合执法、同步监测等方式，秀洲、吴江两地已建立了比较系统的污染防治机制、联合执法机制、信息沟通机制和环境补偿机制，自第四次联席会议以来作为下游地区的秀洲区没有发生重大水污染事故。

苏州市与嘉兴市两地环保部门就加强浙边界水污染防治工作，建立健全了联席会议制度、污染环境预警机制和应急管理体系、加快产业结构的转型升级、各自加大对辖区内企业违法排污的查处力度，特别是建立定期例会制度和交叉检查机制，为两地联合治污开创了新的工作模式。

10.3.2.3 京津冀区域协同发展机制

成立京津冀协同发展领导小组。2014 年 2 月习近平总书记全面深刻地阐述了京津冀协同发展战略的重大意义、推进思路和重点任务。2014 年 3 月北京市成立由常务副市长牵头的区域协同发展领导小组。之后，国家层面国务院成立更高规格的京津冀协同发展领导小组以及相应的办公室，由时任副总理张高丽担任组长。

制定京津冀协同发展规划。2015 年京津冀协同发展领导小组完成了《京津冀协同发展规划纲要》的编制工作，并获得中央政治局会议审议通过，该规划纲要指出要在京津冀交通一体化、生态环境保护、产业升级转移等重点领域率先取得突破。2015 年 12 月京津冀就环境问题出台了《京津冀协同发展生态环境保护规划》，明确指出，京津冀地区是中国水资源最短缺，大气污染、水污染最严重，资源环境与发展矛盾最为尖锐的地区。问题的提出，为三地环境治理指明了方向和目标，也对京津冀三地环保部门，乃至三地政府“治污”能力和水平提出了挑战。

初步建立治污协作机制。“十三五”期间，京津冀打破三省市“一亩三分地”的思维定式，三地在协同治污方面不断摸索，在合作、政策、投入等方面都做了很多努力，2015 年 12 月京津冀三地环保部门正式签署《京津冀区域环境保护率先突破合作框架协议》，从定期会商、联动执法到统一重污染预警标准，率先从大气、水污染联防联控方面取得突破。在大气治理方面，三地推进控煤、控车、控尘、控工业污染、控新上项目的“五控”，成立京津冀地区大气污染防治专家委员会，提高区域大气污染治理的科学性和针对性。统一实施重污染天气预警分级标准，同步发布了重污染天气黄色预警，启动III级响应措施。预警标准的统一，为三地大气污染的联防联控奠定了基础。水污染防治方面，三地环保部门签署了《京津冀凤河西支、龙河环境污染问题联合处置协议》，正式建立京津冀凤河西支、龙河水环境污染联合执法机制。进一步防范跨京津冀凤河西支、龙河环境水污染纠纷和突发水污染事件管控，有效预防与处置跨京津冀流域水污染突发事件，确保区域内水质安全在资金保障方面，对于治理污染面积大、任务重的河北省，北京、天津担任起帮扶责任。开展结对帮扶廊坊、保定、唐山、沧州大气治理，签订了大气污染防治合作协议。北京支持廊坊、保定 4.6 亿元，天津支持唐山和沧州 4 亿元开展大气治理工作。

10.3.2.4 区域协同发展机制的经验借鉴

一是建立跨区域协调发展管理机构。任何一个城市或区域的保护和发展都与周边城市或区域有着密切的联系。然而，由于受“行政区划”等因素影响，各个城市在与周边地区协作和经济联系中，往往以实现自身利益最大化为目标，缺乏协同意识和整体观念，造成区域协调发展难以有效进行，导致区域保护与发展的质量和整体效益降低。因此有必要成立权威的区域协同保护发展机构，专职负责跨区域协调发展的相关政策制定、法律法规出台等工作，引导跨区域城市的分工合作和协调发展。比如，2014 年北京市成立由常务副市长牵头的区域协同发展领导小组。之后，国家层面国务院成立更高规格的京津冀协同发展领导小组以及相应的办公室，由时任副总理张高丽担任组长。领导小组对京津冀协同发展进行统一决策，统一管理，编制《京津冀协同发展规划纲要》，为三地在重点领域的协同发展指明方向和目标。

二是建立健全区域沟通协调机制。为了加快地区保护与发展，实现与周边区域的合作共赢，需要建立行之有效的区域沟通机制，及时沟通协作中产生的问题，商讨对策，共同解决受行政区划影响所产生的各种障碍。广西柳州、来宾、河池三市分别设立“一体化合作联络办公室”，由柳州市牵头协调三方日常工作。江苏省苏州市与浙江省嘉兴市两地环保部门就加强浙边界水污染防治工作，建立健全了联席会议制度和定期例会制度。浙江省嘉兴市的秀洲区与上游吴江盛泽还建立了比较系统的信息沟通机制。区环保部门平均每隔两个月向盛泽环保部门通报一次水质情况，并多次赴盛泽直接协商解决两地边界水污染联合防治工作中的重大事项。

三是建立区域利益协调机制。跨区域协同保护与发展，最重要的是正确处理城市间、地区间的利益关系，找到相互间的利益平衡点。由于大气污染具有区域性影响，因此在资金保障方面，对于治理污染面积大、任务重的河北省，北京和天津担任起帮扶责任。开展结对帮扶廊坊、保定、唐山、沧州大气治理，签订了大气污染防治合作协议。北京支持廊坊、保定 4.6 亿元，天津支持唐山和沧州 4 亿元开展大气治理工作。

四是建立区域联防联控机制。区域内的环境问题无论是大气、水还是土壤污染防治都需要建立联防联控机制，才能有效控制污染，使污染防治达到一定水平。广西柳州、来宾、河池三市强化大气、水、土壤污染联防联控。建设了区域环境管理平台、环境监测和信息共享机制。建立区域环境质量预报系统，以及重污染事件应急预案、污染事件联合调查和评估机制。苏嘉两地建立了污染环境预警机制和应急管理体系。京津冀就环境问题出台《京津冀协同发展生态环境保护规划》。在大气污染防治方面不断加强联防联控，在三地推进控煤、控车、控尘、控工业污染、控新上项目的“五控”，成立京津冀地区大气污染防治专家委员会，提高区域大气污染治理的科学性和针对性。统一实施重污染天气预警分级标准，同步发布了重污染天气黄色预警，启动Ⅲ级响应措施。

五是形成区域执法合力。法律法规的保障能够有效推进和实施区域协调发展，加强区域执法力度，多方形成合力，才能引导、促进区域共同开展协同保护和发展工作。广西柳州、来宾、河池三市在环境监察执法方面，不断加强日常环境监察执法工作交流与合作，联合开展各类环保专项行动。苏嘉两地各自加大对辖区内企业违法排污的查处力度，特别是建立交叉检查机制，为两地联合治污开创了新的工作模式。在水污染防治方面，京津冀三地环保部门签署了《京津冀凤河西支、龙河环境污染问题联合处置协议》，正式建立了京津冀凤河西支、龙河水环境污染联合执法机制。

10.3.3 构建“两山”示范区区域协作机制

10.3.3.1 构建原则

坚持以“两山”论为指导思想，从市域、省域乃至跨省的区域尺度，以协同意识和大局观念为指引，以加强绿水青山协同保护为抓手，以增进金山银山惠益共享为目标，以衢州地处四省边际为重要优势，建立区域协调管理、生态环境联合保护与整治、产业协作以及旅游合作的协同保护与发展协调机制。

10.3.3.2 总体框架

在衢州现有的“五水共治”“山海协作”“浙皖赣闽东部生态文明旅游区建设”的区域协作机制基础上，结合“两山论”思想，构建“一个核心，两条线路，三维尺度，四大机制”的“1+2+3+4”区域协作机制体系，为衢州“两山”实践示范区建设提供有力支撑。

一个核心：以区域协作为核心，区域内各主体共建多层次、宽领域、全方位的区域协作架构。

两条线路：区域内有关主体坚持保护与发展两条线并进，协同推进区域内绿水青山保护，实现金山银山共享的目标。

三维尺度：以市域、省域乃至跨省作为区域尺度，打造一个超行政区界限、共建共治、多赢共赢的协同发展平台。

四大机制：构建区域协调管理机制、生态环境联合保护与整治机制、产业协作机制，以及旅游合作机制。

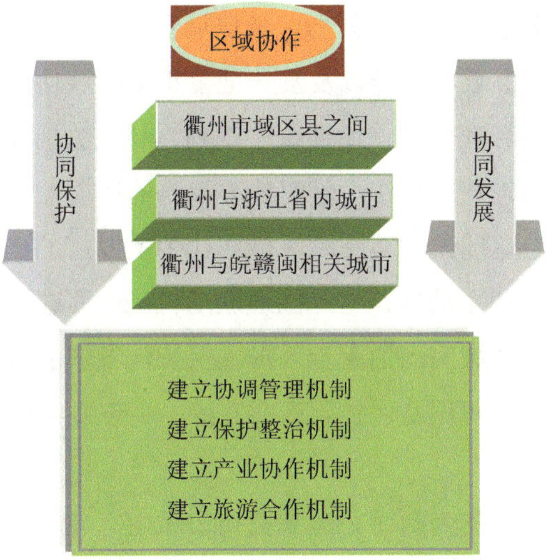

图 10-3　衢州市“两山”示范区区域协同保护与发展协作机制框架

10.3.3.3　机制体系

遵循“区域统筹、资源共享、优势互补、共建共享”原则，整合区域绿水青山资源，促进优质资源共同保护、高效利用，助推区域主体共享金山银山发展成果，构建“1+2+3+4”的区域协作机制体系。

表 10-6　“1+2+3+4”区域协作机制体系

<table>
<tr><td>一个核心</td><td>区域协作</td><td>协同意识
大局观念</td><td>市县乡镇
携手合作</td><td>区域联盟
杭衢合作</td><td>市域结对
四省对接</td></tr>
<tr><td rowspan="2">两条线路</td><td>协同保护</td><td rowspan="2">成立区域协同保护发展委员会</td><td>保护生态安全；联合整治污染</td><td>防止污染转移，实现绿色转移</td><td rowspan="2">推动东部生态文明旅游区经济、社会、生态融合</td></tr>
<tr><td>协同发展</td><td>—</td><td>共建生态经济带</td></tr>
<tr><td rowspan="3">三维尺度</td><td>市域范围</td><td>统筹规划合作；
创新考核体系</td><td>“智慧环保”全域管理；环境执法交流合作；互看互学管理经验</td><td>建立产业布局决策咨询机制、信息公开机制</td><td>旅游与优势产业对接，经济型与生态型乡镇结对，创建市域旅游示范区</td></tr>
<tr><td>省域范围</td><td rowspan="2">加强沟通配合，建立联席会议制度</td><td>—</td><td>特色产业协作；
承接平台建设；
人才技术引入；
新兴产业入驻</td><td>—</td></tr>
<tr><td>省际范围</td><td>—</td><td>—</td><td>四省四地共建全域旅游示范区</td></tr>
<tr><td colspan="2">四大机制</td><td>协调管理</td><td>保护整治</td><td>产业协作</td><td>旅游合作</td></tr>
</table>

以协同意识和大局观念为指引，创新区域协调管理机制。成立衢州“两山”示范区区域协作机构，由市委、市政府领导以及县一把手组成区域协同保护发展委员会。破解行政区划约束，创新政府管理体制，加强统筹规划、制度法规等政策设计，推进衢州市全城市、县、乡、村保护与发展合作。落实地方政府的环境保护责任，不仅考核其所辖区域的环境质量，还应当定期评估其在跨区域协作中所发挥的作用，以强化各级政府对跨区域环境保护的积极性和主动性，建立倒逼联动机制。推进衢州市与浙江省内周边城市、皖赣闽相关城市加强区域间沟通配合，形成保护与发展的合力。建立定期联席会议制度，有效预防、解决区域间环境保护、产业互撑、生态文明旅游区打造等方面可能面临的问题。

以加强绿水青山协同保护为抓手，建立衢州市域生态环境联合保护整治机制。以维护钱塘江上游生态系统整体功能为重点，加强全市 6 大类 28 个环境功能区的生态保护和利用，维护浙西乃至华东的生态安全格局。探索环境监管新模式，依托“智慧环保”平台“天眼”系统，实时预警监控全市域主要污染源。各县（市）、乡镇环保部门组建绿水青山保护小组，划片区责任到人落实环境执法，并建立执法情况通报制度。不断加强各县（市），尤其是经济强县之间的日常环境执法工作交流与合作，推进污染联合执法、交叉执法等执法机制的创新，联合开展各类环保专项行动。组织开展“四个平台”乡镇治理体系先行鲜活经验交流会，各县（市）互看互学基层治理“四个平台”建设经验做法，提升网格管理、全域整治成效，健全完善小城镇整治长效监管机制。

以增进金山银山惠益共享为目标，建立衢州与浙江省内城市产业协作机制。实施东融杭州战略，深入落实“1＋4＋X”杭衢战略合作协议。与杭州探索资源要素开发利用合作，深入挖掘柯城、衢江、龙游、江山、常山的绿色农产品、茶叶、根雕、陶瓷、特色纸品等品牌产品，依托城际交通网络和信息网络，加强城市间功能互补和经济联系，形成杭州—衢州“互联网＋特色产业”协作的区域联盟，形成相互依存、相互推动的区域生态产业链。以“山海协作”七大产业合作为依托，开展产业承接平台建设合作，重点建设好柯城、衢江、龙游、江山、常山产业园区。积极导入杭州等浙东发达地区优质人才技能与科学技术资源，合作共建钱塘江生态经济带。鼓励战略性新兴产业入驻衢州，推动“技术转移”，实现“绿色转移”。衢州各县（市）统一实行工业项目决策咨询机制，环保不达标的项目一律拒绝在衢州布局，统一搭建信息对外发布的网络和平台，及时共享产业布局等重要信息，促进社会共同监督，防止“污染转移”，促进区域生态系统与经济系统的良性循环。

以地处四省边际作为重要优势，建立衢州与皖赣闽城市旅游合作机制。转换发展思路，将农林牧渔业这些优势产业门类与以旅游业为引领的第三产业门类有效对接，充分利用衢州较好的休闲度假资源，鼓励衢州市域内经济型乡镇与生态型乡镇结对合作，围绕旅游休闲、生态养老，共建衢州“两山”生态旅游示范区。抢抓浙皖赣闽东部生态文明旅游区建设契机，与周边三省地区进行对接交流，将竞争关系扭转为联合发展的合作关系。发挥衢州四省边际旅游集散中心优势，构建衢州与杭州西湖、安徽黄山、江西三清山、江西庐山、福建武夷山、建德千岛湖六条旅游走廊，强化四省四地的旅游合作。与周边旅游城市制定实施全域旅游示范区实施方案，共同创建大旅游区特色旅游路线图，开发旅游指南型 App，借助全力打造全域旅游目的地、首个国家休闲区和东部生态文明旅游区的启动区，推动四省四地实现全域经济社会生态的融合。

10.3.3.4 能力建设

创新智慧环保监管平台建设。建立智慧环保天网系统，先后完成衢州区域内重点行业和企业排污口、规模化养殖场和城乡污水处理厂监测系统的安装，涵盖区域内所有废水、废气以及危险废物为代表的废土等污染源头，实行 24 小时在线监控。成立智慧环保监控指挥中心，建立一套全新的环保监管体制机制，做到及时预警、及时发现、及时处置的立体化监管。完善预警系统建设，将可能发生的污染事件，消失在萌芽状态。通过在线监测和大数据分析，为环保执法提供线索和证据，并作为重要力量引入环保执法监管。建立健全日常监管和随机抽查机制、环境问题有奖举报制度，加大环境执法检查力度，推动零点执法、错时执法。

创新环境医院服务平台建设。充分发挥“智慧环保”衍生成果“环境医院”的强大功效，探索环境治理新模式。依托省人才技术力量及本地环保力量，由省环科院与衢州市环保局签订战略合作协议，派驻各行业专家，围绕工业、农业、三产多领域，设立水污染防治、大气污染防治、固体废物污染防治、辐射污染防治等“专科门诊”和化验室。构建“一站式”服务平台，为全市环境监测、在线运维、环保咨询等提供服务需求，为政府环保决策、环保执法监管提供技术支持。针对具体环保问题，为存在环保隐患的排污企业提出有效对策。提供环境管理顾问服务，将环境医院引入环保执法监管，针对投诉较多的企业，开展全面的体检式执法，为环境执法提出整改依据和意见，帮助政府制订环境专项计划。

创新部门联动平台建设。成立智慧环保监控指挥中心，整合部门力量，实行联合办公、实战化运作，定期会商、交办、督办、反馈环保问题，确保一有异常情况，及时调度、第一时间处置。制定并严格落实“最严密的环保巡查制度、最严格的智慧环保预警体系、最严厉的环保惩处措施”等“三严”和“六一律”环保措施，实施错时、交叉、定点、举报等多手段执法，坚决刹住企业偷排漏排现象。加强环保行政执法与刑事司法衔接，建立环保、公安、检察、法院联席制度，部门联合执法机制，开展“零点”行动、“亮剑”行动。

创新公众参与受理平台。率先发布“爱环保”手机 App，实时公布环境质量、推送环保新闻、快速受理群众投诉，初步构建覆盖全市的环保公众交流平台。制订《衢州市“五水共治、四边三化、三改一拆”和环境保护违法行为举报奖励办法》，将举报最低奖金设为 3 000 元，奖励数额与案件罚款金额相挂钩，加大环境违法行为有奖举报力度，鼓励群众参与。建立环保志愿者队伍和环保产业协会，深化公众参与的深度和专业程度，实施“阳光排污口”工程，将企业排污口移到厂区外，统一铭牌标示，方便公众监督。开展“双随机一公开”执法，每季度通过摇号方式抽取本季度日常监管检查企业和执法人员，并邀请市人大代表、政协委员、媒体记者参加执法，增强环境执法的公正性和透明度。

10.4 生态环境监管体制研究

10.4.1 衢州市生态环境监管工作开展现状

全面强化法治保障。积极推进地方性环保法律法规的立法和制修订工作。坚持铁腕执法，严格落实新《环境保护法》赋予的按日计罚、刑事追责等强有力的执法手段。深化排污许可制度改革，实现排污许可证与环保审批、验收、执法的有效整合。建立健全部门联动执法等机制，注重环保行政执法与公众监督、舆论监督、司法监督的结合，构建公平、公正、透明的司法环境。全面提高执法效能，打造“横向到边、纵向到底”的密集型环境监管网络和“权责合一、统筹联动”的高效型执法体系。针对环境监察执法队伍薄弱的问题，积极探索“第三方排查、业务处室核实、执法支队处罚”的执法监管模式。

严格落实生态功能分区管控措施。积极推进全域生态功能区建设，划定“三区三线”，严格落实分区管控措施，打造引领全国的生态标杆。生态空间严格限定人口总量、建设用地、建设风貌、建筑高度、住宅总量，引导激励山区库区、生态敏感区农民向城镇集聚，谋划建设一批生态“无人区”。强化农民建房管控和风貌引导，坚持“六不能+四必须”，“六不能”即不能沿路沿河沿岸建房、不能在饮用水水源地保护区建房、不能在风景名胜区建房、不能占用优质耕地建房、不能在地质灾害隐患区建房、不能圈占大围墙建房；“四必须”即必须块状集中建房、必须限制建筑高度、必须统一建筑风格、必须美化绿化庭院，打造人与自然与建筑和谐共处的美丽乡村风景线。健全产业性项目投资决策咨询制度，原则上不再新建燃煤、燃油火电厂和炼钢、炼铁等燃煤冒烟工业项目。探索建立可再生能源消费量不计入（或抵扣）能源消费总量机制。

严格执行环境管理制度。衢州市严格按照国家和浙江省相关规定，有效衔接环境影响评价、污染物排放标准、总量控制、排污权交易、排污收费等环境管理制度，积极开展固定源排污许可证核发工作；不断完善环境信息公开工作，衢州市将环评审批、竣工验收审批、污染源监测、空气质量状况、行政执法情况等均在衢州市环境保护局网站上进行了公开，2016 年衢州市环境信息公开率达 100%。

探索建立生态环境管控信息系统试点。为破解环保审批范围不精细、环境敏感点不翔实、管控要求不明确、审批效率不高等重难点问题，2018 年 8 月，在开化县试点探索建立生态环境管控信息系统，打通生态规划、环评审批、监管执法等各个环节。该系统集成了取水口、排污口资料，环境功能区划、生态保护红线等各类规划，《环境保护法》《水污染防治法》等环保相关法律法规以及政策规范性文件，历史审批、监管、执法资料等大量信息，并分类设置法律法规、审批资料、其他资料 3 个模块，实现高效查阅。将试点区环境功能区划、生态保护红线、水环境功能区划、空间规划、国家公园规划、行政区划、饮用水水源保护区、省级特色小镇等 10 余项规划以图层叠加的方式展现在一张图上。通过各项规划的叠加展示，可以明确项目边界范围、周边环境敏感点情况、项目与规划的符合性情况等。

创新危险废物、医疗废物全过程监管系统。衢州市借助智慧环保的平台，在全国率先成功开发了危险废物全过程信息化监控系统，实现了危险废物全过程管理、全时段管理。2014 年，系统首先覆盖全市 22 家重点涉危险废物企业，监控的危险废物量已占全市的 65%。2015 年，全市新建设 35 家危险废物产生单位、25 家污泥产生单位和县级以上医疗机构的信息化监控系统前端，实现全市 90%以上的危险废物、85%以上的污泥、80%以上的医疗废物全过程信息化监控。同时，在全省率先实行危险废物专项申报、率先开展危险废物专项核查、率先推行危险废物统一运输。在此基础上，建立危险废物 GIS 系统，将危险废物产生单位、处置单位、污泥产生单位以及县级以上医疗卫生机构所有相关信息集成到一张 GIS 图上。2017 年，进一步完成医疗废物全过程监管系统，实现医疗废物贮存、转运及处置的全过程视频监控，实现全市域医疗废物统一集中收集处置和医疗废物 48 h 内的无害化收集处置。

10.4.2 存在的问题

生态环保领域改革距离落地见效仍有差距。衢州市坚持把生态制度作为建设生态文明的重要任务和保障，在生态环保制度改革领域出台了一系列重大改革方案，如河长制、自然资源资产负债表等。在具体推进过程中，由于缺乏配套政策，部分改革距离落地见效还有不小差距、不少困难。部门之间存在政策孤岛，一些具有明显关联性的改革任务，如自然资源资产负债表、离任审计、责任追究、考核评价等任务由不同的部门推进，横向联动和系统性不强，没有形成系统优势。此外，在推进相关改革过程中，配套法律法规和规章未能同步制修订，导致改革尚未完全进入制度化、法治化轨道。

生态环境监管制度有待进一步完善。衢州市严格按照国家和浙江省相关规定，有效衔接环境影响评价、污染物排放标准、总量控制等环境管理制度，不断完善环境信息公开工作。在推动生态环境管理体制改革，健全生态环境监管机制方面，如实现环境监管责任全覆盖，建立环保督察常态化机制，健全问责机制等，还有待进一步完善政策制度，推动环境监管责任落实到位，环境行政执法与司法高效衔接，环境案件管理与审理专业化、规范化。

10.4.3 完善生态环境监管体制的对策建议

推动生态环境管理体制改革。按照《深化党和国家机构改革方案》《关于省以下环保机构监测监察执法垂直管理制度改革试点工作的指导意见》等改革要求，统筹推进地方机构改革和省以下环保机构监测监察执法垂直管理制度改革。“横向”整合分散的生态环境保护职责，组建生态环境部门，统一行使生态和城乡各类污染排放监管与行政执法职责。“纵向”优化市、县环保部门职责，建立生态环境保护议事协调机制，环境执法中心向市县下移，市环保局统一管理、统一指挥本市范围内县级环境执法力量，将环境执法机构列入政府行政执法部门序列，依法赋予环境执法机构实施现场检查、行政处罚、行政强制的条件和手段，保障一线环境执法用车，建立权威、统一、有效的环境执法体制。完善执法人员前端移动执法终端配备和后台移动执法业务管理支撑系统建设，实现省、市、县三级移动执法系统的互联互通。构建“互联网＋环境监管”与综合服务平台，实现互联网与企业监管、环保政务、环境监测、污染源监控、固体废物管理、环境应急、信息公开多领域的深度融合。

健全生态环境监管机制。强化“三线一单”硬约束，加快确定衢州生态保护红线、环境质量安全底线、自然资源利用上线，制定环境准入负面清单，作为综合决策硬约束。完善生态环境监测体系，推进“天地一体化”的生态环境监测网络建设，强化环境遥感监测与应用，综合分析和评价不同尺度生态环境状况及变化。持续深化环境监察网格化管理体系建设，构建起纵向到底、横向到边的环境监管网络，实现环境监管责任全覆盖。建立环保督察常态化机制，对环境质量下降、群众反映强烈的重点问题展开省级督察，加强环保督察结果运用，健全问责机制。推动环境行政执法与司法的高效衔接，鼓励设立环保警察，推动环境案件集中管辖与审理专业化。

创新国家公园体制机制。以建设重点生态功能区为目标，以钱江源国家公园体制试点区为抓手，建立健全资源保护、游憩管理、特许经营、社会参与等生态文明制度体系，探索、改革创新国家公园体制试点区自然生态保护、科研监测、游憩利用工作的目标体系、考核办法、奖惩机制、责任追究及监督管理等内容，加快形成生产生活生态融合、人口资源环境和谐的体制机制。

建立完善重点生态功能区管理制度。以开化县国家级重点生态功能区示范区建设为重点，制定实施与重点生态功能区规划布局相适应的财政、投资、产业、土地、环境等政策体系和绩效评价体系，推进基于重点生态功能区的绿色发展财力奖补机制，探索建立重点生态功能区产业准入负面清单制度，开展生态环境损害赔偿探索性研究与实践。

对党政领导干部实行自然资源资产离任审计。加强经济责任审计与自然资源资产审计的协同配合，积极探索党政领导干部自然资源资产离任审计的目标、内容、方法和指标体系。重点关注领导干部任职期间对自然资源开发利用及管理、生态环境保护政策法规贯彻落实、资金管理使用及与资源环境相关项目建设运营等情况，客观评价领导干部履行自然资源资产管理责任，依法界定领导干部应当承担的责任。

第11章　规划实施保障机制研究

全面有效的规划实施和保障机制能够推动规划高效地执行和落地实施。本章从明确主体责任、考核评价、投入保障、工程项目、典型示范和宣传引导等方面研究提出本规划的实施保障机制，确保规划目标任务得到落实。

11.1　完善组织领导机制

强化党的领导。落实“一岗双责、党政同责”，各级党委和政府要将“两山”实践示范区建设作为生态文明建设和生态环境保护的政治责任的重要任务，对本行政区域的生态环境保护工作及生态环境质量负总责，主要负责人是本行政区域生态环境保护第一责任人。各相关部门要履行好生态环境保护职责，共同构建多方合力的生态环境保护大格局。

完善组织架构。建立由市委书记、市长挂帅的“两山”实践示范区建设领导小组，统筹协调规划、政策、项目等重大问题，推动形成职责明晰、协调推进的工作格局。领导小组下设办公室，负责协调督查具体工作和日常事务。各县（市、区）建立相应组织协调机构，并定期向市委、市政府报告进展情况。成立衢州市“两山”实践工作顾问组。

建立工作机制。进一步完善关于“两山”实践示范区建设的党委主导、政府负责、人大政协监督、各部门分工负责、全社会共同参与的工作机制，出台工作制度。建立市—县（市、区）两级联动协调机制以及部门间的协调机制，做到党政一把手亲自抓、负总责，使责任、措施和投入“三到位”，形成市委、市政府统一领导，各县（市、区）党委、政府分级实施，各部门相互协调，上下良性互动的推进机制。

11.2　建立考核评价机制

落实领导干部生态文明建设责任制。层层落实规划任务分解。抓好规划目标、指标、任务分解，明确时间进度要求，落实县（市、区）和部门的条块责任。落实市、县（市、区）、镇、村四级行政区划的规划实施责任。落实各部门规划实施责任，力求规划实施责任细化到局、处、科、股、人，对于目前存在实施责任有交叉的部分条目，根据交叉层面的不同，从市到镇由党委和政府主管领导主持责任细化落实会议，决定部门责任分工。

实施规划全过程管理。推进规划实施全过程管理，定期调度规划实施情况，建立实施督查通报和奖惩机制。加强规划任务实施进度、目标指标完成情况的季度、年度监测评估工作，分析研判、预警诊断重大规划实施问题。对规划实施进展缓慢、重点工程任务滞后或运行不稳定、政策措施落实不到位的地区和部门，实施预警通报。

强化督查考核。把“两山”实践示范区建设规划的各项工作纳入党委、政府年度工作计划，构建全方位工作的监督体系。建立“两山”评价考核机制，以“两山”指标体系为基础，制定科学、规范、严格的考核体系、督查方案和目标考核办法，半年一总结，全年一考核，将考核结果作为领导班子和领导干部综合考核评价的重要依据，将“两山”指数进展作为规划实施成效的“试金石”，落实规划实施责任。

11.3　推进重点项目实施

实施一批生态安全保障工程、环境质量改善工程、生态经济提升工程、生态文化建设工程、转化平台建设工程 5 个领域、19 个小类，共计 357 项的“两山”实践示范区建设重点实施和谋划工程，工程总投资约 4 406.94 亿元。项目投入以地方政府和企业为主，充分调动社会资金予以支持。加强组织实施，建立项目化、清单化工作推进机制，落实主体责任，明确完成时限和工作标准要求。加强项目用地保障，争取项目省级立项，保障项目落地。项目实施过程中，形成规划期内竣工一批、新建一批、储备一批的滚动推进机制。定期开展工程项目绩效评价，提高投资效益。

11.4　健全投入保障机制

加大政府资金投入。各县（市、区）政府中期财政规划和年度预算要结合规划提出的目标任务和财力可能，合理安排支出规模和结构，充分考虑规划实施需要，年度预算安排要优先考虑规划实施的年度需要。努力争取上级的项目和资金扶持，积极申报浙江省“两山”建设财政专项激励资金。强化财税政策引导，大力发展绿色金融，引导资金流向节约资源技术开发和生态环境保护产业，引导企业生产注重绿色环保，为符合条件的项目提供融资服务。

多渠道筹措资金。市县除谋划上市、绿色债券融资外，积极推动一批政府和社会资本合作（PPP）示范项目。发挥市场和非政府组织作用，调动和吸引风险投资和股权投资基金等社会资金投入“两山”实践示范区建设。充分发挥企业作为技术创新主体的作用，引导企业加大对生态环保领域的技术研发投入。探索扩大民间资本向科技创业投资的新途径，探索土地承包经营权、林权、茶园、农村住房、大型农机具、农业专利技术等为抵（质）押的信贷产品，引导民间资本参与“两山”重大项目建设。

11.5 营造合力推进氛围

加强社会舆论引导。充分发挥各种宣传媒体的作用，组织各类新闻媒体开设专栏或专题，广泛宣传“两山”理念、衢州实践与推进情况。加大宣传投入，创新宣传形式，增强宣传效果，营造有利于衢州市“两山”实践示范区建设的舆论氛围。

完善公众参与机制。全面畅通“两山”实践示范区建设监督渠道，建立民意反映监管平台，开通投诉监督电话，开辟电视、报纸曝光栏目，设立民情民意留言箱，设立微信和微博平台。注重发挥工会、共青团、妇联等群团组织及其他社会组织的作用，激发市民参与“两山”实践示范区建设的积极性、自觉性和主动性，广泛凝聚社会共识和建设力量。

建立“两山”研究中心。充分利用高校、科研单位、高新技术企业等技术优势和人才优势，深入开展“两山”理念及应用实践研究，为试验区建设提供智库支持；制定各类优惠政策和合理的分配机制，推进新技术落地，引入高端人才，形成政产学研用协同融合的科技支撑体系。

谋划举办衢州“两山”论坛。每年定期举办一次，邀请国家生态环境主管部门领导人、知名专家学者、国际机构代表、企业家、传媒人士等嘉宾出席，围绕“两山”理念的前瞻性、趋势性等问题开展探讨，交流“两山”实践经验，展示实践成果，推广典型案例，打造衢州“两山”实践示范区对外开放和交流、推进科学发展的高端平台。

推选“两山”实践杰出人物。每年进行“两山”实践年度贡献表彰，从政府管理贡献、企业贡献、公益贡献、群众贡献等角度表彰“两山”实践年度杰出人物。开展市级和县（区、市）级表彰，表现突出者作为“最美衢州人”年度人物候选人。

参考文献

[1] 习近平. 摆脱贫困[M]. 福州：福建人民出版社，1992.

[2] 孙侃.“两山”之路——美丽中国的浙江样本[M]. 杭州：浙江人民出版社，2017.

[3] 哲欣. 绿水青山也是金山银山[N]. 浙江日报，2005-08-24（1）.

[4] 哲欣. 从“两座山”看生态环境[N]. 浙江日报，2006-03-23（1）.

[5] 魏建华，周亮. 习近平：宁可要绿水青山　不要金山银山[N]. 中国青年网，2013-09-07.

[6] 黄承梁. 以人类纪元史观范畴拓展生态文明认识新视野——深入学习习近平总书记金山银山与绿水青山论[J]. 自然辩证法研究，2015，31（2）：123-126.

[7] 赵建军，杨博. “绿水青山就是金山银山”的哲学意蕴与时代价值[J]. 自然辩证法研究，2015，31（12）：105-109.

[8] 卢宁. 从“两山”理论到绿色发展：马克思主义生产力理论的创新成果[J]. 浙江社会科学，2016（1）：22-24.

[9] 郇庆治. 社会主义生态文明观与“绿水青山就是金山银山”[J]. 学习论坛，2016，32（5）：42-45.

[10] 周宏春. “两山”重要思想是中国化的马克思主义认识论[J]. 中国生态文明，2015（3）：1-12.

[11] 雷明. 两山理论与绿色减贫[J]. 经济研究参考，2015（64）：21-22，28.

[12] 胡咏君，谷树忠. “绿水青山就是金山银山”：生态资产的价值化与市场化[J]. 湖州师范学院学报，2015，37（11）：22-25.

[13] 沈满洪.“两山”重要思想的理论意蕴[N]. 浙江日报，2015-08-12（4）.

[14] 王金南，苏洁琼，万军. “绿水青山就是金山银山”的理论内涵及其实现机制创新[J]. 环境保护，2017，37（4）：1474-1482.

[15] 夏宝龙. 照着“绿水青山就是金山银山”的路子走下去[J]. 今日浙江，2015（16）：8-11.

[16] 裘东耀. 绿水青山就是金山银山——湖州推动生态文明建设的生动实践[J]. 政策瞭望，2015（9）：14-15.

[17] 单锦炎. 把绿水青山的生态优势转化为金山银山的发展优势[J]. 政策瞭望，2015（10）：25-26.

[18] 马国霞，於方，王金南，等. 中国2015年陆地生态系统生产总值（GEP）核算研究[J]. 中国环境科学，2017，37（4）：1474-1482.

[19] 杜艳春，王倩，程翠云，等. 从资源环境角度探析“两山论”[N]. 中国环境报，2017-12-13.

[20] 欧阳志云，王如松，赵景柱. 生态系统服务功能及其生态经济价值评价[J]. 应用生态学报，1999，

10（5）：635-640.

[21] 杜艳春，程翠云，何理，等. 推动“两山”建设的环境经济政策着力点与建议[J]. 环境科学研究，2018，31（9）：1489-1494.

[22] 沈满洪.“两山”重要思想在浙江的实践研究[J]. 观察与思考，2016（12）：23-30.

[23] 赵建军，杨博. “绿水青山就是金山银山”的哲学意蕴与时代价值[J]. 自然辩证法研究，2015，31（12）：105-109.

[24] 杜艳春，王倩，程翠云，等. 从资源环境角度探析“两山论”[N]. 中国环境报，2017-12-13.

[25] 杜艳春，王倩，程翠云，等. “绿水青山就是金山银山”理论发展脉络与支撑体系[J]. 环境保护科学，2018，44（4）：1-5.

[26] 牛文元. 中国科学发展报告. 2010[M]. 北京：科学出版社，2010：210.

[27] 全国生态环境十年变化（2000—2010 年）遥感调查与评估（简称“调查评估”）。

[28] Hoffmann W G. The growth of industrial economies[M]. Manchester：Manchester University Press, 1958.

[29] Hoffmann W G. Stadien und Typen der Industrialisierung[M]. Manchester：Manchester University Press, 1958.

[30] Hoffmann W G. British Industry, 1700-1950[M]. New York: AM Kelley, 1965.

[31] Chenery H B, Strout A M. Foreign assistance and economic development[J]. The American Economic Review, 1966, 56(4): 679-733.

[32] Chenery H B, Syrquin M, Elkington H. Patterns of development, 1950-1970[M]. London: Oxford University Press, 1975.

[33] Chenery H B, Robinson S, Syrquin M. Industrialization and growth[M]. Washington, DC：World Bank, 1986.

[34] Rostow W W. The stages of economic growth[J]. The Economic History Review, 1959, 12(1): 1-16.

[35] Rostow W W. The stages of economic growth: A non-communist manifesto[M]. Cambridge. UK：UK Cambridge University Press, 1990.

[36] Kuznets S. Economic growth and income inequality[J]. The American economic review, 1955, 45(1): 1-28.

[37] Kuznets S S, Murphy J T. Modern economic growth: Rate, structure, and spread[M]. New Haven: Yale University Press, 1966.

[38] 黄群慧，等. 中国工业化进程报告（1995—2015）[M]. 北京：社会科学文献出版社，2017.

[39] 王金南，吴文俊，蒋洪强，等. 中国流域水污染控制分区方法与应用[J]. 水科学进展，2013，24（4）：459-468.

[40] 万军，秦昌波，于雷，等. 关于加快建立“三线一单”的构想与建议[J]. 环境保护，2017（20）：7-9.

[41] 罗育池，蔡俊雄，靳孟贵，等. 无实测资料河流环境容量核算中设计流量推求[J]. 环境科学与技术，2008，31（3）：69-72.

[42] 陈建军，刘月，邹苗苗. 产业协同集聚下的城市生产效率增进——基于融合创新与发展动力转换背景[J]. 浙江大学学报（人文社会科学版），2016，46（3）：1-14.

[43] 刘占芳. 新疆制造业产业集聚与区域创新的实证研究[J]. 辽宁省交通高等专科学校学报，2016，18（4）：29-33.

[44] 宋伟轩，陈雯，陈培阳. 基于从业人口数据的长江三角洲内部职能分工与空间集聚特征[J]. 地理科学进展，2013，32（9）：1374-1382.

[45] Ellison G，Glaeser E L. Geographic concentration in US manufacturing industries：a dartboard approach[J]. Journal of political economy，1997，105（5）：889-927.

[46] Wang L，Madhok A，Xiao Li S. Agglomeration and clustering over the industry life cycle：Toward a dynamic model of geographic concentration[J]. Strategic Management Journal，2014，35（7）：995-1012.

[47] Weterings A，Marsili O. Spatial concentration of industries and new firm exits：Does this relationship differ between exits by closure and by M&A？[J]. Regional Studies，2015，49（1）：44-58.

[48] Behrens K，Bougna T. An anatomy of the geographical concentration of Canadian manufacturing industries[J]. Regional Science and Urban Economics，2015，51：47-69.

[49] Howard E，Newman C，Tarp F. Measuring industry coagglomeration and identifying the driving forces[J]. Journal of Economic Geography，2015，16（5）：1055-1078.

[50] 侯元兆，王琦. 中国森林资源核算研究[M]. 北京：中国林业出版社，1995.

[51] 毛智军，柳苗. 近 41 年浙江衢州地区蒸发量变化特征及影响因素分析[J]. 中国农学通报，2017，33（3）：135-142.

[52] 新民网. 江山全面推行生态保护补偿机制　大力发展生态经济[EB/OL]. http：//news.xinmin.cn/shehui/ 2016/05/12/30006162.html.